普通高等院校"十四五"规划行政管理国家级一流专业建设数字化精品教材

编委会

主 任

尹利民

副主任

袁小平　黎欠水

委 员（以姓氏拼音为序）

韩　艺　　江国平　　罗文剑　　聂平平

唐　兵　　文卫勇　　许祥云　　周庆智

社会工作研究方法

江国平 主编
银平均 郑庆杰 副主编

RESEARCH METHODS FOR SOCIAL WORK

参编者

李建斌	王会极	胡瑶星	王永芳	张 艳
汪 瑶	姚丽霞	肖兴钰	双祖艳	黄武星
彭 轲	雷芳霞	尹智凡	周冰倩	徐教鑫
闵 璐	刘逸欣	郑 楠	邓江一	吴可厚
赵 敏	兰海霞	付心月	马就武	吴颖蕾
张重阳	王金鸽	聂 庆	吴 坤	田若思
李思思	陈泳霓	欧阳文楷		

华中科技大学出版社
http://press.hust.edu.cn
中国·武汉

内 容 简 介

社会工作虽然是一门实务性学科，但离不开研究。研究是社会工作实务的基础，社会工作实务过程本身也有研究的成分。社会工作研究方法与其他社会科学研究方法有相同原理和基础，但也有其侧重点和运用策略。本书结合社会工作实务，简明扼要地介绍了各种研究方法，以便初学者尽快掌握社会工作研究思路和技能。全书按照绪论、定量研究、定性研究、混合研究四部分架构。其中，绪论部分包括研究过程、研究问题的形成、研究设计等共性内容，定量研究部分包括量化研究中的问卷调查法和实验法两个基本方法，以及高阶的 Meta 分析法。定性研究在介绍共性之后聚焦于访谈法、观察法和社会政策研究三种核心方法。混合研究聚焦于在研究中以不同形式同时收集与分析定量定性资料的方法，包括文献研究、个案研究、行动研究、纵贯研究和评估研究。

图书在版编目(CIP)数据

社会工作研究方法 / 江国平主编. -- 武汉：华中科技大学出版社，2024.11. -- ISBN 978-7-5772-0692-9

Ⅰ.C916-3

中国国家版本馆 CIP 数据核字第 20249JZ062 号

社会工作研究方法　　　　　　　　　　　　　　　　　　　　　　　　　江国平　主编
Shehui Gongzuo Yanjiu Fangfa

策划编辑：周晓方　宋　焱
责任编辑：刘　凯
装帧设计：廖亚萍
责任校对：张汇娟
责任监印：周治超

出版发行：华中科技大学出版社（中国·武汉）　　电话：(027) 81321913
　　　　　武汉市东湖新技术开发区华工科技园　　邮编：430223
录　　排：华中科技大学出版社美编室
印　　刷：武汉市籍缘印刷厂
开　　本：787mm×1092mm　1/16
印　　张：21.5
字　　数：504 千字
版　　次：2024 年 11 月第 1 版第 1 次印刷
定　　价：58.80 元

本书若有印装质量问题，请向出版社营销中心调换
全国免费服务热线：400-6679-118　　竭诚为您服务
版权所有　侵权必究

总 序

当前,全球化、信息化、市场化构成了现代社会的主基调,它们不仅促进了生产力的快速发展,而且带动了一系列社会变革。可以说,变化才是这个时代永恒的主题。无论在经济、社会还是政治等领域,协同、合作、共享、共同体等成为关键词,而这些又与"治理"紧密联系在一起。从传统的"管理"过渡到现代的"治理",这表明治理主体与客体的权力观念、利益关系及身份地位等都发生了不同程度的改变,而这种改变正是推动社会现代性发展的基本力量。

在迈向现代社会的进程中,政府的力量是不可或缺的,或者说,现代国家的政府正在以某种方式介入或承担着广泛的公共服务职能,为现代社会的转型提供动力。因此,从这个意义上说,一个高效服务型的政府是现代社会的重要标志。正基于此,我们提出要构建国家治理体系和治理能力的现代化,建设高效的服务型政府,以加快我国向现代社会转型。构建国家治理体系和治理能力现代化的时代需求,不仅推动了公共管理学科重心转移,而且也带来了公共管理专业结构的变化。现代经济学、社会学、政治学、心理学和法学等学科理论的相互交叉和借鉴成为现代学科发展的主流,新文科概念的出现加速了学科间相互跨界,以更好地服务于社会经济发展的需要。显然,公共管理作为一门应用性很强的学科,也应该广开门路,以开放包容的姿态,从其他学科吸收更多的营养,带动本学科的快速发展。可喜的是,近些年,我国公共管理学科不断从心理学、法学、经济学等学科中汲取资源,形成学科交叉,从而使公共管理学科呈现出蓬勃发展的态势,这不仅缩小了我国公共管理学科与国际公共管理学科的差距,而且提升了其社会服务能力,为我国国家治理体系和治理能力现代化建设提供了智力支持。

党的十八大报告指出,要推动高等教育的内涵式发展。那么,如何来推动高等教育的内涵式发展?在笔者看来,除了遵循教育发展、知识发展和人的发展的基本规律外,就是要重视学科的建设和发展,而学科建设的根本目的是培养高水平人才。显然,在学科建设的环节中,课程建设不可或缺,换言之,学科建设的层次需要通过高水平的教材建设来实现。因此,国内外著名高校都非常重视通过高质量、高水平的教材建设来推动课程建设,进而提高学科建设水平,最终实现高水平人才培养的目标。

1887年,伍德罗·威尔逊发表的《行政学之研究》标志着公共行政学的诞生。公共管理学经历了传统的公共行政、行为公共行政、新公共行政和现代公共行政几个重要的发展阶段，后又发展到公共管理、新公共管理和公共服务的阶段，至今已有百余年的历史。在中国，公共管理仍然是一门新兴学科，仍然处在从国外引进、借鉴和消化理论的阶段，公共管理学科的本土化还没有完成。为此，中国人民大学出版社引进了多种公共管理的经典教材，将"经典教材"系列、"公共管理实务"系列、"政府治理与改革"系列、"学术前沿"系列、"案例"系列和"学术经典"系列全方位引入中国。同时，该社还积极推进公共管理学科教材的本土化，组织国内著名的公共管理学者编写教材，积极向各大高校推送，这些举措对推进公共管理学科的发展起到了很重要的作用。

尽管如此，公共管理学科还处在不断发展的过程中，我国也正在进行大规模的政府机构改革，如"放管服"的改革、"省直管县"的改革、行政管理体制的改革等，这些改革的最新成果应该反映在公共管理学科的教材中，而现有的教材并没有体现这一趋势，没有把最新的改革成果嵌入教材之中。为了弥补这一缺憾，我们与华中科技大学出版社合作，组织编写了这套教材。与已有的公共管理类教材相比，本系列教材具有以下几个特点。

第一，前沿性。系列教材注重将最新的公共管理研究成果引入教材之中，反映公共管理最新的研究理论和学术主张，在内容上凸显其前沿性。比如，公共管理的前沿研究包括公共服务动机、公共服务的共同生产、绩效管理、数字政府、技术治理等领域，这些最新的研究内容在《公共组织理论》《绩效管理》等教材中得到系统的体现。

第二，交叉性。公共管理学科越来越注重借鉴其他学科的资源来丰富本学科的内涵，因此，本系列教材除了涉及传统的公共管理外，还注意吸收其他学科资源，充实和丰富教材的内容。比如，与其他同类教材相比，《管理心理学》《社会工作理论》等教材吸收了心理学、社会学、政治学等学科资源，具有明显的学科交叉性。

第三，数字化。本系列教材充分利用现代数字技术，把相关的知识点串联起来，每个章节都附带二维码链接，既方便学生学习和教师教学，又能使学生加深对知识点的理解，达到融会贯通的效果。

本系列教材是南昌大学行政管理国家级一流专业建设点示范教材的一部分，由南昌大学公共管理学院与华中科技大学出版社共同组织策划，得到了华中科技大学出版社人文社科图书分社周晓方社长的大力支持。为保证教材的质量，编写本系列教材之初，成立了由该领域诸多学者组成的编辑委员会来具体组织实施。另外，本系列教材的出版得到了南昌大学"十四五"双一流建设专项经费的支持，借此，谨向所有为本系列教材出版付出艰辛努力和大力支持的单位和个人表达崇高的敬意和衷心的感谢！

丛书编委会

2021 年 11 月 8 日

前 言

自21世纪以来，我国经济发展迅猛，社会变迁加剧，我国已进入中国特色社会主义新时代，社会主要矛盾已经转化为人民日益增长的美好生活需要和不平衡不充分的发展之间的矛盾。在此期间，我国社会工作专业得到长足发展，全国共300余所高校开设了社会工作本科专业，150余所高校开设了社会工作研究生专业。社会工作者在加强社会治理、提升人民的幸福感和获得感方面做了巨大贡献。

虽然，社会工作是一门实务学科，但其发展离不开相关的科学研究。如果想进一步发挥社会工作专业在社会发展中的作用，我们应推动社会工作研究。社会工作研究离不开对研究方法的掌握，社会工作研究方法和其他的社会科学研究方法基本一致，但有其侧重。遗憾的是，除了引进版译著外，国内关于社会工作研究方法的专著很少，这不利于社会工作专业学生敲开社会工作研究的大门。为此，我们有了编写此书的初衷。

社会科学研究范式各异，方法不一，囊括了很多细微的技术，这些技术看似容易，实则复杂，学生要全面掌握实属不易。为了便于学生在宏观上理解研究思路、从微观上掌握研究技术，本书遵循了两大编写原则。一是实操原则。相对于社会统计原理而言，研究方法原理较简单，但实际上很多学生学完研究方法课程之后很难直接上手，缺乏实例支撑，导致学生的理论和科研实践出现鸿沟。为此，我们在每个方法的理论性解释后尽量安排案例说明，增强学生的实操能力。二是社会工作专业导向原则。众所周知，社会工作研究方法和其他社科研究方法在基本原理上相同。市场上现有的研究方法书籍固然可以为学生提供指导，但其案例非社会工作专业类，会让学生产生隔阂感。鉴于此，本书安排了大量与社会工作相关的案例，尽量让学生在掌握原理后的运用过程中更顺畅。

全书的结构按照先总括后具体的原则编排，即先介绍社会工作研究的通用性内容（如社会工作研究与社会工作实务的关系、社会工作研究的一般过程等），后介绍具体的研究方法（如问卷调查法、访谈法等）。而具体的研究方法又分成三大类介绍，先是定量研究相关的内容，其后是定性研究，最后是混合研究。三大类研究也遵循先总括后具体的原则，即先有单独章节介绍定量研究、定性研究、混合研究，再在每个类别后介绍具体的方法。定量研究包括三个具体的方法，问卷调查法、实验法和Meta分析法。定性研究包括访谈法、观察法和社会政策研究三个具体方法。混合研究指的是在研究思路中同时含有定量和定性研究成分、在资料选取和分析中会同时采用定量和定性技巧的研究，具体包括文献研究、个案研究、行动研究、纵贯研究和评估研究。

为了让读者对社会工作研究有更深刻的认识，本书通过随书数字资源的形式，准备了社会工作研究的相关拓展知识，包括："社会工作研究中的证据为本""社会工作研究中的文化性""社会工作研究者的角色与研究伦理""社会工作研究项目的撰写"和"社会工作研究报告的撰写"等。

本书的完成得益于团队的协作。江国平主编负责全书的目标、思路、结构和案例的选择与编排。副主编银平均和郑庆杰负责一些章节的撰写和安排。各章具体分工是：第一章由江国平、李建斌、姚丽霞、黄武星、彭轲编写，第二章由银平均、马就武、吴颖蕾、张重阳编写，第三章由郑庆杰、银平均、吴可厚、邓江一、田若思、刘逸欣、兰海霞、吴坤编写，第四章由雷芳霞、张敏编写，第五章由张艳编写，第六章由王永芳和郑楠编写，第七、十章由王永芳编写，第八章由尹智凡编写，第九章由付心月、闵璐编写，第十一章由欧阳文楷编写，第十二章由汪瑶编写，第十三章由肖兴钰、双祖艳编写，第十四章由胡瑶星、周冰倩编写，第十五章由郑庆杰、李思思、姚丽霞编写。数字资源中"社会工作研究中的证据为本"部分由银平均、王金鸽、聂庆编写，"社会工作研究中的文化性"部分由王会极、徐教鑫编写，"社会工作研究者的角色与研究伦理"部分由李建斌编写，"社会工作研究项目申报书的撰写"和"社会工作研究报告的撰写"部分由郑庆杰、陈泳霓编写。欧阳文楷、双祖艳和徐教鑫对初稿进行了校对与整理工作。

本书得到了南昌大学"十四五"双一流建设专项经费的支持，再次表示特别感谢。

尽管我们竭力编写，但囿于水平和能力，书中难免有疏漏之处，恳请各位同仁和读者批评指正，我们将悉心接纳，力求进一步完善教材，满足广大读者需求。

2024 年 9 月于前湖

目录 contents

第一部分

第1章 社会工作研究绪论 ... 2
一、社会工作研究概述 ... 2
二、社会工作研究方法论 ... 4
三、社会工作研究范式 ... 5
四、理论与研究的关系 ... 7
五、社会工作研究与社会工作实务 ... 11
六、社会工作研究的一般过程 ... 14
七、社会工作研究伦理 ... 47

第二部分

第2章 定量研究 ... 51
一、定量研究的界定 ... 51
二、定量研究的特点 ... 51
三、定量研究的阶段划分 ... 53
四、定量研究设计 ... 55
五、定量研究资料收集 ... 56
六、定量研究数据的质量控制 ... 59
七、定量研究数据分析 ... 60
八、定量研究的优势与局限性 ... 66

第3章 问卷调查法 ... 68
一、问卷调查法概述 ... 68
二、问卷调查分类 ... 69

　　　　三、问卷设计　　　　　　　　　　　　　　　　　　　　… 74
　　　　四、概念测量　　　　　　　　　　　　　　　　　　　　… 83
　　　　五、抽样　　　　　　　　　　　　　　　　　　　　　　… 99

第 4 章　实验法　　　　　　　　　　　　　　　　　　　　　　… 113
　　　　一、实验的因果逻辑基础　　　　　　　　　　　　　　… 113
　　　　二、实验法核心概念　　　　　　　　　　　　　　　　… 114
　　　　三、实验效度　　　　　　　　　　　　　　　　　　　… 115
　　　　四、无关变量控制　　　　　　　　　　　　　　　　　… 118
　　　　五、实验类型　　　　　　　　　　　　　　　　　　　… 119
　　　　六、实验的基本流程　　　　　　　　　　　　　　　　… 125
　　　　七、社会工作实验陷阱　　　　　　　　　　　　　　　… 126

第 5 章　Meta 分析　　　　　　　　　　　　　　　　　　　　… 130
　　　　一、Meta 分析基础知识　　　　　　　　　　　　　　… 130
　　　　二、Meta 分析步骤分解　　　　　　　　　　　　　　… 133
　　　　三、Stata 软件 Meta 分析案例说明　　　　　　　　　… 138

第三部分

第 6 章　定性研究　　　　　　　　　　　　　　　　　　　　　… 154
　　　　一、定性研究概述　　　　　　　　　　　　　　　　　… 154
　　　　二、定性研究设计　　　　　　　　　　　　　　　　　… 156
　　　　三、定性研究资料收集法　　　　　　　　　　　　　　… 158
　　　　四、定性研究资料分析　　　　　　　　　　　　　　　… 160
　　　　五、社会工作介入乡村振兴的定性研究案例分析　　　… 166
　　　　六、定性研究的优势与局限性　　　　　　　　　　　　… 167

第 7 章　访谈法　　　　　　　　　　　　　　　　　　　　　　… 169
　　　　一、访谈法概述　　　　　　　　　　　　　　　　　　… 169
　　　　二、访谈步骤　　　　　　　　　　　　　　　　　　　… 174
　　　　三、乐队粉丝社群行为的访谈案例分析　　　　　　　… 183
　　　　四、访谈法的评价　　　　　　　　　　　　　　　　　… 185

第 8 章 观察法 … 188

一、观察法界定 … 188
二、观察法适用场景 … 188
三、观察法使用原则 … 189
四、观察法分类 … 190
五、观察的内容 … 192
六、社会工作实务中的观察 … 193
七、学校社会工作观察法的运用案例分析 … 195
八、观察法评价 … 199

第 9 章 社会政策研究 … 202

一、社会政策研究的起源与发展 … 202
二、社会政策研究的阶段划分 … 204
三、社会政策研究的特点 … 207
四、社会政策研究的意义 … 208
五、社会政策研究的类型 … 209
六、社会政策研究内容 … 212
七、社会工作者在社会政策研究中的角色 … 216
八、社会政策研究过程中的价值问题 … 217
九、美国贫困家庭临时救助计划的社会政策案例分析 … 217

第四部分

第 10 章 混合研究 … 221

一、混合研究概述 … 221
二、混合研究设计 … 223
三、混合研究资料收集 … 230
四、混合研究资料分析 … 236
五、高中生非理性消费行为混合研究案例分析 … 239
六、混合研究的优势与局限性 … 241

第 11 章 文献研究 … 244

一、非介入式研究 … 244

二、文献研究概述 ... 244
三、文献研究之内容分析 ... 247
四、文献研究之二次数据分析 ... 251
五、文献研究之历史与比较分析 ... 255
六、文献研究法评价 ... 255

第 12 章 个案研究 ... 257

一、个案研究概述 ... 257
二、个案研究价值 ... 258
三、个案研究原则 ... 260
四、个案研究类型 ... 260
五、个案研究的案例选择策略 ... 262
六、单个对象个案研究设计类型 ... 263
七、中青年失眠个案研究案例分析 ... 269
八、个案研究法评价 ... 273

第 13 章 行动研究 ... 276

一、行动研究概述 ... 276
二、行动研究的方法论基础 ... 279
三、行动研究的原则 ... 280
四、行动研究模型 ... 281
五、行动研究的步骤 ... 285
六、行动研究的类型 ... 287
七、移民妇女反暴力行动研究案例分析 ... 289
八、行动研究的评价 ... 291

第 14 章 纵贯研究 ... 294

一、纵贯研究概述 ... 294
二、纵贯研究分类 ... 295
三、纵贯研究的关键 ... 299
四、纵贯数据的收集 ... 300
五、定性纵贯数据分析 ... 301
六、定量纵贯研究数据分析 ... 305
七、纵贯研究中的潜在问题 ... 307

第15章　评估研究　...309

　　一、评估研究概述　...309
　　二、评估研究兴起的原因　...310
　　三、项目评估的意义　...311
　　四、项目评估目标　...312
　　五、项目评估的基本要素　...312
　　六、项目评估研究分类　...313
　　七、项目评估研究设计　...320
　　八、对服务对象的干预效果分析　...323
　　九、项目评估困境　...324
　　十、项目评估中的特殊伦理问题　...325

参考文献　...326

第一部分

第1章 社会工作研究绪论

一 社会工作研究概述

（一）社会工作研究界定

社会工作研究（social work research）指的是为了发展社会工作，在不同子领域开展的寻求科学、系统的社会工作一般规律，提高社会工作的技术水平和实务效果的调查研究。开展社会工作研究，从宏观上来说，可以全面了解社会政策的制定与应用，并推动政府部门制定社会政策或进行大规模干预措施，以改变社会不公正现象。从中观上来说，可以帮助社会工作专业领域发展得更好，提高社会工作服务的效率和质量。从微观上来说，可以了解服务对象的各种潜在需求，为其解决问题[1]。

社会工作研究与其他社会科学研究一样具有以下特点。第一，目的性。在数据收集和解释方面，它带有目的性和结构化的性质，而非简单地获取零散的数据信息。第二，严谨性。无论是在数据处理，还是在程序设计和伦理考虑等方面，社会工作研究都是一个非常严谨的科学过程。这要求在问题提出、概念化、设计和实践的所有要素上富含理性，以便读者理解研究人员是如何以科学的形式得出结论。第三，切实性。社会工作研究能够系统性地分析和处理社会工作，而非脱离实际生活孤立地开展社会调查[2]。

因为主题和所采用的理论与数据收集方法的不同，社会工作研究之间千差万别，但好的科学研究之间存在共性。美国社会学家贝克尔（Becker）等人在2006年开展了一项关于社会研究"质量"的研究。他们采用在线调查和焦点小组等多种方法从全球社会科学人员中收集资料，发现对于一项高质量研究而言，最重要的五个方面是：① 以适合受众的方式撰写；② 一个能科学解决问题的研究设计；③ 数据收集和分析的透明化；④ 严格按照研究设计操作的研究过程；⑤ 该研究对知识体系的贡献[3]。

（二）习近平新时代中国特色社会主义阶段的社会工作研究

现今世界处于百年未有之大变局时期，我国已进入习近平新时代中国特色社会主义阶

---

[1] 刘媛媛，王丽云. 社会工作研究方法教学与实践模式探讨 [J]. 社会工作（学术版），2011（5）：4-7.

[2] Pole C, Lampard R. Practical Social Investigation：Qualitative and Quantitative Methods in Social Research [M]. Harlow：Pearson Education，2002.

[3] Becker S, Bryman A, Sempik J. Defining "Quality" in Social Policy Research：Views, Perceptions and a Framework for Discussion. Lavenham：Social Policy Association，2006.

段。习近平新时代中国特色社会主义思想，是对马克思列宁主义、毛泽东思想、邓小平理论、"三个代表"重要思想、科学发展观的继承和发展，是马克思主义中国化最新成果，是当代中国马克思主义、21世纪马克思主义，是中华文化和中国精神的时代精华。习近平新时代中国特色社会主义思想，是我们党必须长期坚持的指导思想。这要求我们将习近平新时代中国特色社会主义思想的世界观、方法论和贯穿其中的立场观点方法转化为思想武器，内化于心，外化于行。在国际形势变化和国内社会发展进入新阶段的情形下，我们社会工作研究要以习近平新时代中国特色社会主义理论为指导，结合我国国情和专业知识，推动增进社会福祉，提升人民的获得感和幸福感，为实现民族中国梦添砖加瓦。

为此，社会工作研究要在紧抓新时代主要矛盾的情形下，遵循以下几个原则。

一是以人民为中心的原则。人民性是马克思主义最鲜明的品格。社会工作研究与社会工作实务都要坚持人民至上，始终站稳人民立场，把不断满足人民对美好生活的向往作为目标，科学运用专业理论和方法，结合具体问题，满足人民群众需要。

二是坚持问题导向的原则。在社会工作研究和社会工作实务中，我们要以问题为导向，聚焦我国发展中遇到的各种问题，尤其是新时代实践遇到的新问题，不断提出真正解决问题的新理念、新思路和新办法，推进理论创新和实践创新，切忌空谈和妄谈。

三是坚持系统观念的原则。世间万物都是相互联系、相互依存的，只有用普遍联系的、全面系统的、发展变化的观念，才能把握事物发展规律。社会工作研究和社会工作实务也要坚持系统观念，把握好部分和整体、当前和长远、微观和宏观的要求，把问题的发现和解决放在习近平新时代中国特色社会主义阶段的大背景下，从系统的角度审视要解决的问题，摆脱孤立看问题的弊病，既重视专业性干预，又重视整体性社会发展。

（三）社会工作研究的功能

社会工作研究作为一种为社会工作理论和实务提供科学依据的方法，以及作为改善社会条件的工具，有四个基本的功能。

1. 有助于社会工作实务获取科学知识

社会工作研究者有诸多获取知识的方法，包括权威人士提供的信息、社会工作者的直接经验和直觉、传统的价值观，而最重要的知识来源是社会工作研究，这是一种依靠科学方法发展知识的系统方法，包含五个步骤，即确定问题、定义问题、制订回答问题的计划、收集并分析数据、得出结论[①]。社会工作者在社会工作研究中学习的知识和技能（理论或实务），改变了他们看待、倾听和理解他人的方式，也产生新的干预视角和思路，使他们成为更出色的社会工作者。

2. 有助于社会工作实务者进行评估

实务过程中，社会工作者往往难以完整又精准地掌握干预的效果、成本等信息。通过

---

① Reid W J, Fortune A E. Research Utilization in Direct Social Work Practice [M]. Grasso A and Epstein I. Research Utilization in the Social Services. New York：Haworth，1992：97-115.

社会工作研究，社会工作者能够迅速了解到干预措施是否完全有效，什么时候坚持到底，什么时候采取纠正措施。社会工作者须对服务对象负责，为其提供有效的信息，服务对象有权知悉社会工作者在多大程度上满足了他们的需求和目标。此外，社会工作者须对那些资助社会工作服务的人负责，无论是通过公共基金、私人捐款，还是服务承包费，社会项目的获取越来越依赖于社会工作者提供项目开展成功的证据。

3. 有助于社会工作实务者和研究者间的沟通

一线的社会工作实务者和研究者通过社会工作研究准确、自信地进行沟通，从而促进干预效果的提升。当社会工作者有效地利用社会工作研究时，他们不仅仅是在进行专业的对话，更是在有效地进行沟通处理工作。

4. 有助于社会工作行业获取社会稀缺资源

对于社会工作行业来说，资源至关重要，关系着社会工作机构持续稳定运行、实务项目的开展和专业学科的发展建设等。在管理资源方面，社会工作研究能够优化流程方法，解决项目运行管理问题，吸引制度化资源倾斜，为整个社会工作行业提供优良的政策支持。另外，社会工作研究在实践过程中，需要更多地进行调研访谈等，在链接到研究对象与相关群体时，可以有效撬动政府机构、社团组织、学生志愿者群体等资源，为社会工作实务的开展提供巨大的帮助。

二 社会工作研究方法论

（一）方法论概念

方法论（methodology）是哲学层次上关于如何认识世界和改造世界的方法的理论，既是与本体论和认识论同一层次的理论，也是基于一定本体论和认识论层次的理论。作为一种指导研究的一般思维方法或哲学，它涉及基本假设、原则、程序、逻辑、规则等相关问题[①]。社会科学内部存在着多种方法论，研究者采用的整体性思路和具体方法不一。作为社会科学内的一门应用型学科，社会工作领域也是如此。

（二）社会工作研究方法论类别

社会工作研究中的方法论代表了一种研究的工作方式，每个方式都有一套规则、程序和制度。常见的社会工作研究方法论包括建构主义方法论、马克思主义方法论、实证主义方法论和反实证主义方法论。建构主义方法论认为不存在不可改变的客观事物和社

---

① 袁方．社会研究方法教程［M］．北京：北京大学出版社，1997.

会规律，社会事实是人们互动的结果，互动过程是一个不停的意义建构、解构和再建构的过程。马克思主义方法论在遵循辩证主义和历史唯物主义的前提下，强调研究过程的实践性和经验性。研究者在掌握大量资料的基础上，对研究对象进行详细剖析，最终形成对社会的整体认识。实证主义方法论注重社会现象的客观性和外部影响，相对忽略"人"的主观能动性影响，主张在研究过程中要保持价值中立，强调研究的实用功能和实践导向。反实证主义方法论否认知识的客观性，重视经验现象背后的主观因素，它有整体论倾向，偏向分析社会的宏观因素，但强调事物的不可复制性，注重研究人员和研究对象的互动[①]。

（三）方法论与研究方法

社会工作研究方法与社会工作研究方法论之间既有联系又有区别。社会工作研究方法论更多的是解释研究的原则与方向，是在哲学层面对研究方法的思考。研究方法论不是研究者思想中独立的部分，是和研究者脑中的其他哲学思想相关联的。哲学中的一些争论，如唯理论与经验主义、现实主义与唯心主义、主观主义与客观主义、一元论与二元论、决定论与非决定论等，都会在研究者的方法论思维上有所体现。

社会工作研究方法旨在找到解决研究问题的策略、过程与手段，包括数据创建、数据预处理和数据收集期间运用的技术手段，也包括研究人员在进行统计分析时使用的不同分析工具和技术。数据创建过程中使用的方法包括文献法、深度访谈法、问卷调查法、观察法等。统计分析方法包括量化的描述性统计分析方法（如平均值、众数、中位数、标准差、饼图、直方图、曲线图等）和解释性分析方法（如相关分析、回归分析、中介分析、调节分析、逻辑回归、方差分析、协方差分析、多元方差分析等）。其中，量化的解释性分析一般通过假设检验完成，部分应用性研究会使用区间估计结论。研究人员根据研究问题和既有资源选择适用的方法。有些研究问题是特征性的问题，定性研究方法比较适用，有些较广泛的社会问题则可选择定量研究方法。总体来看，研究方法是社会工作研究方法论的具体体现和操作手法[②]。

三　社会工作研究范式

研究方法论在社会工作研究中还常以范式（paradigm）的形式出现。美国著名科学史家托马斯·库恩（Thomas Kuhn）于1970年在《科学革命的结构》一书中提出了"社会科学研究范式"的概念。通过研究科学史，库恩认为除了具体的观察和理论必要性之外，

[①] 丁华芳. 社会工作研究方法论的研究综述与本土化思考 [J]. 青年与社会（中），2014（8）：290.

[②] Kumar R. Research Methodology—A Step-by-Step Guide for Beginners [M]. 3rd ed. New Delhi: SAGE Publications India Pvt. Ltd，2011.

其他因素也导致"最佳理论"的出现，这些因素中就包括数据。库恩将"范式"定义为"给定社区成员共享的整个信仰、价值观、技术等和一种观察世界的方式、框架"[①]。库恩认为，范式类似于一种心理图式，引导我们解决社会上的重要问题，提供可接受的理论以及解决问题所需的程序。库恩提出，范式反映了不断变化的价值观，因而会随着时间的推移而改变。他还认为不存在一个所谓的固定的现实供研究者客观地观察，因为客观现实似乎也随着范式的变化而改变。基于此，林肯及其同事提出，范式是学者本体论、认识论、价值论和方法论的综合体现[②]。

社会工作研究范式发生了多次转变。在19世纪20年代至30年代，社会工作实践的流行范式是基于主观主义的精神分析模式，并且参照了一定的医学模式。在20世纪60年代，社会工作研究领域兴起了整体论的生态系统框架，包括如何概念化他们的实践，如何进行研究等。不同的群体对社会工作研究范式的转变见仁见智，有些人认为这将影响普通大众看待科学的方式，有些人认为研究问题的类型受到研究人员的社会背景的影响。虽然社会工作研究的范式可以细分为若干类，但学界基本上还是以定量研究和定性研究划分为主。

（一）定量研究

定量研究是基于决定论和实证主义，通过严谨的逻辑演绎、数据收集、数据分析和科学推理得出研究结论的研究范式。定量研究依赖于数字型的资料，即数据。具体而言，是社会工作研究者采用抽样和问卷调查方法从研究对象处收集数据，并使用适当的统计方法进行数据分析，测试前期设立的研究假设。在定量研究中，几个关键组成部分是识别问题、设定假设、抽样、问卷设计、数据分析等内容。在这个循环迭代过程中，研究人员需要不断调整修正。如果研究假设得不到数据支持，研究人员需对理论进行更改。如果是整个理论框架（所有研究假设）没有验证成功，则需要重新建立理论框架，制定问卷，收集数据[③]。

（二）定性研究

定性研究在19世纪初以来就植根于人类学、社会学、心理学、语言学和符号学，远远早于定量统计技术的采用[④]。定性研究与定量研究相反，主要依赖于非数字数据（如访谈和观察内容），主张通过整体性视角，探索研究纷繁复杂的社会现象，找出其内在机制、规律、原因、过程。定性研究采用归纳逻辑，从信息丰富的案例中生成叙述性数据，强调

---

① Kuhn T. The Structure of Scientific Revolutions [M]. Chicago：University of Chicago Press，1970.
② Lincoln Y S, Guba E G. Naturalistic Inquiry [M]. Los Angeles：SAGE Publications，1985.
③ 童峰，拜争刚. 循证社会工作研究方法·理论篇 [M]. 北京：中国社会出版社，2018.
④ Berg B L. Qualitative Research Methods for the Social Sciences [M]. 6th ed. Boston：Allyn & Bacon，2007.

研究对象经验的深层含义和个人的诠释与意义①。定性研究不大适合统计分析，但也有研究者使用内容分析等技术对访谈和观察内容进行编码，再计算代码出现的频率，之后做量化分析。

在定性研究中，数据收集和分析常常并行，以迭代形式推动研究。具体而言，社会工作研究者在研究中进行数据分析，纠正方案中的潜在缺陷，或者进行调整，以更好地捕获感兴趣的内容②。研究人员如果意识到最初的研究问题无法产生新的或有用的见解，或者在资料收集和分析中发现新视角，则会改变最初的研究问题。从另一个角度看，这也是定性研究的一个有价值但往往被低估的好处，而在定量研究中是难以做到的。在定量研究中，一旦数据收集开始进行，研究问题无法更改，只能从头重做整个研究项目。定性研究和定量研究之间另一明显区别在于它们如何利用文献。在定量研究中，文献在研究过程的前三个步骤（问题的形成、文献回顾、理论架构）中发挥着重要作用；而在定性研究中，研究者在所有阶段都会参阅不同的文献。

四 理论与研究的关系

（一）何为理论

理论（theory）是人们按照已知的知识或认知，经由一般化（generalization）与演绎推理等方法，对自然或社会现象进行合乎逻辑的推论性总结。从某种角度来说，理论不仅表示一个学科的独立，也是一个学科走向成熟的标志。在社会工作研究领域，理论充当着先行者的角色，对社会工作者开展服务和研究发挥着重要的作用。

在社会学领域，理论常见的划分有宏观理论（macro theory）、中程理论（middle range theory）和微观理论（micro theory）。其中，宏观理论如结构功能主义偏抽象，微观理论如常人方法论则偏具体，而中程理论如参照群体理论或组织理论则介于二者之间。不同的理论逻辑概念和层次框架不同，可应用到不同的实践和社会研究中③。在社会工作领域的理论也可以大致分为宏观理论、中观理论及微观理论④。其中，宏观理论多来自社会学领域，更适合社区工作，微观理论多来自心理学，更适合个案工作。

宏观理论通常系统地讨论社会的结构性特征和规律，以及人在社会结构中的际遇、心理和行为。一般而言，它的解释范围比较大，并且抽象程度比较高。在一些社会研究中，宏观理论只是作为一种社会理论背景，并不直接参与实际调查和问题处理。社会研究人员

---

① Anastas J W. Quality in Qualitative Evaluation: Issues and Possible Answers [J]. Research in Social Work Practice, 2004 (1): 57-65.

② Bechhofer F. Quantitative Research in British Sociology: Has It Changed Since 1981? [J]. Sociology, 1996 (3): 583-591.

③ Greene R. Human Behavior Theory, Person-in Environment, and Social Work Method. Greene R. Human Behavior Theory and Social Work Practice [M]. New Brunswick: Aldine Transaction, 2009.

④ 风笑天. 社会研究方法 [M]. 5版. 北京：中国人民大学出版社，2018.

在分析问题时依据宏观理论的系统性视角，对社会现象进行整体的把握，产生一个全局性的考量。

中观理论介于宏观理论和微观理论之间，既不会涉及日常中的微观问题，也不是一种用来解释庞大的社会结构和变迁的理论。中观理论通常以社会中某一类现象、某一群体或某一组织为出发点，通过分析这类现象、群体或组织的特征和运行机制，得出一种相对具体的（既能直接面对经验事实，又能概括出不脱离经验事实的经验性）理论模型和思维框架。中观理论的解释范围或大或小、抽象程度或高或低，一般都可以用于指导经验研究。在社会学中，常见的中观理论有社会分层理论、角色丛理论、社会流动理论等①。

微观理论是针对个人层次的心理、行为或具体问题作出的逻辑性解释。微观理论可以表现为操作性的假设，概括不同变量间的关系或一个变量对另一个变量的影响，也可以表现为解释行动背后的意义。虽然微观理论的落脚点是个人层次的心理或行动，但也可以用来解释社会问题、分析社会现象、判断社会结果等②。

（二）理论构成要素

既然是一般化的解释，理论必然是一个由多要素构成的系统，一般包括概念、变量、命题或假设。这些基本要素各有特点，共同组合成理论，使理论具有完整性。通过了解理论的构成要素，可以帮助社会工作研究者更加清晰地理解并运用理论，从而提升社会研究的效率和影响③。

1. 概念

概念（concept）是反映客观事物本质属性的一种思维形式，包括定义某类事物、涵盖一类事物的范畴。概念是社会现象的本质属性和特征，它有效地表达了事物之间的差异状态。在社会研究中，概念提供了现实世界的研究问题（很多研究问题本身就含一个概念）、研究对象（某些研究问题是围绕研究对象的一个概念展开的），帮助社会工作研究者更好地理解研究内容。因此，概念在理论建构中起到了基础性的作用，理论是由不同的概念通过严谨的逻辑关系搭建起来的④。通过运用概念，理论变得更加浅显易懂，现象变得更加突出，研究变得更加有规律可循。

2. 变量

变量（variable）与概念具有很大的关联性，是操作化后的概念，常见于定量研究。社会研究很大程度上是为了解社会现象间的关系，研究人员一般对社会现象进行定义，形

---

① 黄锐. 社会工作一般理论的建构 [J]. 中国社会工作研究，2018（1）：29-43.

② Snizek W E. The Relationship between Theory and Research：A Study in the Sociology of Sociology [J]. Sociological Quarterly，1975（16）：415-428.

③ Payne M. Modern Social Work Theory [M]. 4th ed. Basingstoke：Palgrave Macmillan，2014.

④ 高鉴国. 社会工作理论的实务属性和分析构架 [J]. 中国社会工作研究，2019（1）：1-44.

成概念。在这些概念操作化之后，将成为每个研究单位上表现不一的测量维度（研究单位在该维度上取值或高或低）。这个维度就是该研究中的变量。因为很多概念较为复杂，可操作化为几个维度，于是也就有了几个不同的变量。这些变量可单独拿出来分析，也可合并为一个总变量，再分析它和其他变量的关系。变量说明了自然现象和社会现象会随着时间、空间、文化、群体、种族产生变化，最终呈现差异性的特征。在定量社会研究中，理论阐述了变量的不同属性以及关联状态。具体而言，理论操作化为若干个研究假设，而研究假设是对变量间逻辑关系的呈现。

变量最常见的划分是自变量（independent variable）和因变量（dependent variable），二者又可分别称为独立变量和依赖变量。自变量和因变量是我国学者多年来的译法，易引起混淆，例如，因变量常被误认为是导致其他社会现象的原因。我们认为根据变量在研究中的性质，把"independent variable"翻译为"因变量"，"dependent variable"翻译为"果变量"更好。这样，可以一目了然地理解它们之间的关系。自变量是能够引起结果的变量，因变量随着自变量的改变发生变化。自变量和因变量不是绝对固定不变的，同一变量在一组社会关系中有可能是自变量，在另一组社会关系中也有可能是因变量，如在常见的中介分析中，中介变量处于自变量和因变量中间的位置，是自变量和因变量之间关系的重要桥梁，它在受到自变量影响的同时又对因变量产生影响。

3. 命题与研究假设

命题（proposition）常见于定性研究，指对概念的特征以及概念之间的逻辑关系的阐述，多个具有逻辑联系的命题构成了理论，共同呈现对社会现象的解释。

研究假设（research hypothesis）常见于定量研究，指对不同变量之间的关系提出预设性的阐述，以概括它们的内在联系。研究假设也是对概念间关系的描述，但与命题不同是，其将概念操作化为变量了，而且把变量间的关系描述得更加微观、具体和精准（如 A 增加，B 随之增加）。研究假设是以社会中已有的现状事实和科学定理为依托，经过演绎和推理，对未知的事实及其逻辑规律提出的一种假定性描述。作为推断性的陈述，研究假设一般有三种陈述方式：差异式陈述、条件式陈述以及函数式陈述。

命题与研究假设都是对社会现象间关系的逻辑性陈述。命题中的社会现象用概念来表达，而研究假设中的社会现象用变量（操作化的概念）来表达。研究假设中对社会现象间关系的表达较命题中对社会现象间关系的表达更精确。部分学者认为命题不是定性研究专属，定量研究中亦有命题。定量研究中的命题是处于理论和研究假设中间的一个状态，即把理论演绎为若干个关于社会现象间具体关系的小理论（命题），之后再进一步将命题操作化为研究假设。普通学术活动中，不少学者没有严格区分命题和研究假设，经常交换使用。

（三）科学环

在1971年出版的《社会学中的科学逻辑》一书中，美国著名社会学家华莱士（Alfred R. Wallace）提出了社会研究的逻辑模型——科学环（scientific circle）（图 1-1）。科学环对社会科学的知识建构和研究思路做了科学的分析和概括。科学环的右侧是基于定量研究模式的知识建构过程，主要逻辑推理方式是演绎。科学环的左侧是基于定性研究模式的知识建构过程，主要逻辑推理方式是归纳。定量研究的过程是从抽象到具体，定性研究的过程是从具体到抽象。定量研究的理论建构思路是先建构抽象理论，再通过反面（虚无假设）论证理论的对与错；定性研究的理论建构思路是直接从不同个例中归纳和提炼抽象概念和理论解释。因为个例数量的有限和个例代表性的问题，定性研究中得出的理论一般化程度（即适用广度）较定量研究中得出的理论低①。

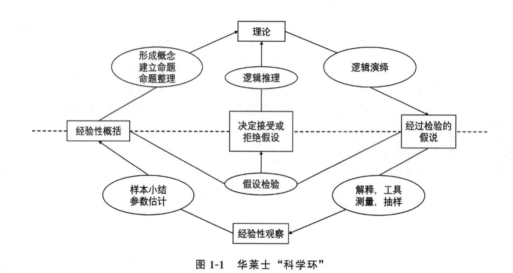

图 1-1　华莱士"科学环"

1. 理论建构模式一：从个体到一般的理论建构

定性研究的理论建构（theoretical construction）是通过一个从经验或个体提炼总结的过程完成的，一般从经验观察出发，经过归纳总结和推理，得出抽象化的概念和理论②。

经验归纳是定性研究理论建构标志性的特点。经验归纳指的是人们通过对特定自然或社会现象进行大量经验观察的资料累积而总结出的普遍性假设③。在社会研究过程中，由于某些限制条件，研究人员不必或无法研究所有的个案，此时通过经验归纳的方法可以对部分事件归纳总结，从而推断出总体情况。这些推断出的一类变量事件通常情况下具有某种或然性，而不是必然性。在经验归纳形成概括性的总结之后，研究人员需要进一步上升到理论解释。这样的理论解释常被称为扎根理论（grounded theory），即通过运用系统化的程序，针对某一社会现象深度挖掘来发展并归纳式地推导出的理论。扎根理论是基于经验，而非凭空想象的。这是一种从下往上建立实质理论的方法，经验证据的支持是必不可少的。

---

①　Wallace W L. The Logic of Science in Sociology [M]. Chicago：Aldine-Atherton, Inc., 1971.
②　范广军. 科学环的断裂：科社与国际共运学科的理论建构与理论检验 [J]. 科学社会主义，2007（2）：49-52.
③　关信平. 社会研究方法 [M]. 北京：高等教育出版社，2004.

理论假设是对现实中某些现象可能发生的结果的逻辑推演。在构建出完整的社会理论之前，往往需要发展多个理论假设，这些假设之间会存在一致性和独立性，为完整的社会理论提供逻辑基础和解释力[①]。

2. 理论建构模式二：从一般到具体的理论检验

理论检验（theoretical test）与理论建构处于相对的状态，是一个从抽象层次到经验层次的过程。它强调从具体抽象的理论出发（抽象理论来自预调查或思辨性思考），经过逻辑演绎，再通过实证数据来测试和检验理论的正确性。通常情况会有两种结果，一种是这些理论假设得到数据支持，符合现实情况，可称之为理论；另一种是经过概率抽样得到的数据不支持该理论假设，则需重新审视该理论框架，进行修订或检查研究方法是否存在错误[②]。

理论检验过程大致包括以下环节：① 建立理论框架，详细说明待检验的理论，理论框架可以是基于初步调研基础上的，也可以借鉴并糅合前人理论，还可以是自己思辨得来的；② 由理论演绎出一组经过概念化和操作化后的研究假设，研究假设中的概念必须是可以通过数字测量出来的，即每个研究单位（个体、组织等）在该概念上的程度都可以用一个数字来表示；③ 根据研究假设设计问卷，因为抽象的概念经过操作化后，核心变量的题项基本确定，此时的问卷设计更多的是整理、排版、修饰等细节问题；④ 根据概率原则抽取样本，再进行数据收集；⑤ 运用各种统计手法对数据进行分析，看看有多少研究假设可以得到证实，又有多少研究假设被证伪；⑥ 最后，对理论进行全面评价，检验理论构建的成果[③]。如果说理论全部或部分被证伪，则需进一步具体分析，调整理论，再次数据检验。在不断进行理论建构与检验中修正理论，从而得到经得起实践检验的一般化理论[④]。

五 社会工作研究与社会工作实务

（一）实证主义

科学知识形成于自然现象研究。基于科学基础上的自然学科发展迅速，以至于当化学、物理等自然科学已较为成熟时，社会科学研究还在蹒跚学步阶段。这种落差使得不少思想家反思如何进行社会研究。19世纪30年代法国思想家孔德（Comte）率先提出

---

① Mullaly B. Structural Social Work: Ideology, Theory, and Practice [M]. Toronto: McClelland & Stewart, 1993.

② 王俊生. 实证主义视角下的国际关系理论建构与理论检验 [J]. 中国人民大学学报, 2006 (4): 107-113.

③ 风笑天. 社会研究方法 [M]. 5 版. 北京: 中国人民大学出版社, 2018.

④ 李永根. 社会科学理论检验的复杂性与可错性 [J]. 辽宁师范大学学报（社会科学版），2007 (1): 8-10.

实证主义（positivism），思路是按照自然科学研究的模式进行社会研究，发展社会学学科[1]。

实证主义是定量研究的滥觞。但在孔德的构想中，倒没有现今定量研究的严密逻辑性和客观性，只是强调任何科学需通过观察或经验获得，排斥形而上的理性推断，反对讨论经验之外的抽象本质，相信知识的相对性。

经过穆勒（J. S. Mill）、斯宾塞（H. Spencer）等思想家的发展，实证主义逐渐完善。发展至今，实证研究的思维方式主要体现在五个方面[2]。第一，可测量性。实证研究只研究可被客观衡量的东西。通过这种思维方式获得的信息是基于对现实世界的客观测量，而不是基于某人的观点、信念以及过去的经验等。第二，客观性。那些正在受观察的研究对象和利益相关者不得以任何方式影响社会研究人员。研究人员在进行社会问题研究时需要保持客观性，确保他们的价值观在最大限度上不受干扰。第三，减少不确定性。社会科学中的所有研究都是由人进行的，因此个人偏见无法完全消除，研究和观察到的现象总是有可能错误的，从准确的观察和测量中得出的结论也可能存在误差，但研究人员要尽力保持客观和一致性，减少不确定性。第四，可复制性。实证主义研究人员强调方法的科学性和结论的可复制性，主张通过重复研究获得类似结果以提升研究结果的可信度和普适度。第五，使用标准化程序。为确保实证研究结果的可信度，社会研究人员需遵循实证研究的科学标准化程序和技术，以产生"真实和公正"的知识[3]。

社会工作研究和社会工作实践都是经实证的过程完成。在社会工作研究中，经验证据是论证中不可或缺的。在社会工作实践中，社会工作分析具体问题，根据前人研究或实践证据，运用相关理论，制定服务方案，切实改善服务对象状态。这种实证主义精神决定了循证实践在社会工作中必然受到高度重视。

（二）循证实践

循证实践（evidence-based practice）虽起源于医疗界，但主要受到实证主义精神的影响。循证实践发展至社会工作，指遵循实践以及科研证据进行社会工作实践。早在1917年，美国社会工作先驱玛丽·里士满（Mary Richmond）于《社会诊断》一书中就强调使用经验来理解社会问题的重要性[4]。在20世纪70年代，社会工作界燃起了在实践中以研究为基础的兴趣，并鼓励社会工作者把研究作为实践的一部分。美国社会学家布鲁斯·塞尔（Bruce Thyer）描述了基于证据的社会工作实践的全面历史，他将其称为"新瓶装旧

---

[1] 孔德是圣西门的秘书，著有《实证哲学教程》。Comte A. The Positive Philosophy of Auguste Comte (H. Martineau, Trans.) [M]. New York: Blanchard, 1855.

[2] Haaga D A F, Johnson S B, McCurry S, et al. Update on Empirically Validated Therapies, II [J]. Clinical Psychologist, 1998 (51): 3-16.

[3] Concato J. Observational Versus Experimental Studies: What's the Evidence for a Hierarchy? [J]. Journal of the American Society for Experimental Neuro-therapeutics, 2004 (1): 341-347.

[4] Richmond M. Social Diagnosis [M]. New York: Russell Sage Foundation, 1917.

酒"，塞尔认为无论我们是否选择将循证实践概念化，循证实践都是社会工作的驱动力[1]。

美国社会学家鲁宾（Rubin）和巴比（Babbie）认为循证实践具体关注四个方面：① 与实践相关的问题或关注的最佳证据；② 服务对象的价值观；③ 社会工作者的专业知识；④ 服务对象所处的现实环境背景[2]。科学研究发现需依靠社会工作者的批判性思维，将科学知识理性地应用于实践，并根据循证实践的四个组成部分制定并实施决策，然后评估决策的结果。循证实践是一个持续的过程，新的实践问题会不断涌现，循证过程也重新开始。社会工作者需理解和评估科学信息，通过循证实践的方法找出恰当证据以帮助服务对象[3]。

如前所言，循证实践需要借鉴社工研究成果，此时，我们需要思考社会工作研究本身。我们可能需要考虑这些问题：谁进行研究，谁来决定要研究什么，研究资源（时间和金钱）从何而来，为了进行研究，获得了哪些许可，研究人员在实践中做了什么，谁阅读研究报告，研究有什么影响，谁从研究中获益……因此，循证实践有些时候涉及社会组织、政治经济学、专业化等各方面的问题[4]。

（三）社会工作实务与研究的关系

很多时候人们难以发现实践与社会工作研究之间的联系。实际上二者之间本身浑然一体，不存在不可逾越的鸿沟。美国社会学家卡梅伦·马龙（C. Marlow）曾就社会工作研究和社会工作实务间的区别和互相支撑关系提出看法。在他看来，社会工作研究经常依赖于社会工作实务专业知识和技能，而社会工作实务也依托于社会工作研究的成果，二者相辅相成，互相促进。他还认为社会工作实践和社会工作研究都具有阶段性特征，每个阶段都有其特定目标和工作要点。表 1-1 是马龙关于社会工作实践和研究的关系的总结[5]。

表 1-1 社会工作实践与研究之间的关系

社会工作实务	社会工作研究
建立伙伴关系	使用参与式方法
明确挑战	决定问题

---

[1] Thyer B A. Science and Evidence Based Social Work Practice [J]. Briggs H, Rzepnicki T L. Using Evidence in Social Work Practice. Chicago：Lyceum，2004：74-90.

[2] Rubin A，Babbie E. Empowerment Series：Research Methods for Social Work [M]. 9th ed. Boston：Cengage Learning，2016.

[3] 杨文登. 社会工作的循证实践：西方社会工作发展的新方向 [J]. 广州大学学报（社会科学版），2014（2）：50-59.

[4] 张昱，彭少峰. 走向适度循证的中国社会工作——社会工作本土实践探索及启示 [J]. 福建论坛（人文社会科学版），2015（5）：160-166.

[5] Marlow C. Research Methods for Generalist Social Work [J]. 3rd ed. Belmont：Brooks/Cole，2001.

续表

社会工作实务	社会工作研究
确定方向	提出问题
识别优势	收集数据、抽样和设计
分析资源能力	组织和分析数据
解决方案框架化	研究写作
激活资源，建立联盟并增加机会	研究成果的利用
承认成功并整合收益	研究评估

六　社会工作研究的一般过程

从最初确定研究的主题到最终写出合乎要求的科学研究报告，社会工作研究有一个需要经历一定步骤的长期研究过程。研究过程的长短最终取决于研究者对研究主题的熟悉程度、资料的掌握情况和对研究技巧的驾驭能力等因素。对研究过程的了解，对于研究者而言极其重要，只有从整体上掌握研究的节奏，合理地分配时间和精力，才能避免研究过程遥遥无期地拖延下去。

社会工作研究有一系列的步骤，是一个复杂的工作过程。虽然并非每项具体研究都必须经历所有步骤，也并非各步骤的顺序固定不变，正如韦恩·布斯等所指出的"真实的研究过程是不断反复往返的，有时前进一两步，有时又退回来，接着可能又向前迈进"[1]。实际上，研究过程的各个环节是相互影响、有机联系的。简单来说，研究过程就是一个提出问题、寻找答案、给出证明的过程。

（一）选好研究主题

1. 什么是研究主题

社会科学中的研究主题是研究所涉及的某一类现象或问题领域，英文中与之相对应的单词是 subject/topic。通常情况下，研究主题或研究领域非常宽泛，其中包含许多具体的研究问题，例如，以"妇女问题研究"为研究主题或研究领域，该领域中所包括的子领域有女性健康问题、妇女教育问题、女性收入问题、妇女社会保障问题、妇女法律权益问题，等等。仅有研究主题，研究者还不知道自己究竟要寻找什么答案，只有形成了明确的发问，才能驱动研究向答案的方向迈进。但是研究的发问是从研究主题开始的，不断逐步

---

[1] 韦恩·布斯等. 研究是一门艺术 [M]. 陈美霞，等译. 北京：新华出版社，2009.

聚焦、收窄，直到形成清晰发问。例如，针对妇女教育主题，研究人员可以提炼出具象的研究问题，例如，"为什么西方社会女性的受教育权会受到限制？"社会生活丰富多彩，因此研究主题也多种多样，形成了不同层次和方面的研究领域，产生许多值得探讨的研究问题。对于每个研究者而言，只能结合个人的条件与兴趣，在众多的可能性当中进行选择。

2. 从何处确定研究主题

对于初学者而言，如何找到自己的研究主题，是整个研究过程的起点。我们需要回答：我要如何找到研究的主题？要到哪里去找有关这个研究主题的信息？如何处理这些信息？

1）基于理论的研究主题

理论源于实践，社会科学理论是对观察到的社会现象的概括性论述。理论的功能在于能够解释社会现象。理论是否成立就在于能否解释观察到的现象经验。因此，建构理论是社会科学研究的关键，同样也是社会工作研究的关键。实践本身在不断发展变化，其方向具有多样性，因此，实践经验得来的理论有时并不能很好地解释实践。这种理论与实践的矛盾就引发了理论发展的需要。

例如，涂尔干在《自杀论》中提出一个理论：利己型自杀的原因可能是个人被孤立于紧密的社会团体之外。换言之，当个体被排斥在社会团体之外，易导致个体心理上的崩溃。这种心理崩溃可能会引发自我摧残，极端形式即自杀。这里从经验现象中概括出一个完整的关系模式。借助这个关系模式就可以解释或预测社会现实，比如，不常去教堂的信徒自杀率高于经常去教堂的信徒；破裂家庭中成员的自杀率高于和睦家庭[①]。作为研究者，需要思考这个理论命题能否适用于当下的中国社会。根据这个理论，城市是陌生人社会，乡村是熟人社会，城市的自杀率应当高于乡村。但根据《中国卫生统计年鉴 2020》统计，2019 年中国农村自杀率高于城市。这就与理论预期相背离，需要对原有理论进行修正。我们可以基于这个理论来启动一项有关中国社会自杀问题的研究。

2）基于政策的研究主题

政策对社会生活的影响极其重要，政策决定了社会资源的分配，对相关社会领域的发展趋势和变动方向起重要作用。社会生活本身具有复杂性和不确定性，决策者可能受信息不对称的影响，对政策的社会基础和执行过程缺少深入理解，出台的一些政策产生的实行效果可能适得其反，导致出现很多非预期的后果，或者在执行中出现政策扭曲与变形。如果要及时修正政策，让政策回归正轨，就需要对政策实施中出现的非预期后果进行深入研究，搞清楚社会事实，分析探寻政策非预期后果的原因。

3）基于社会生活的研究主题

各个社会群体、社会组织或文化都有一些比较迫切需要解决的问题，基于社会生活发

---

① 林楠. 社会研究方法 [M]. 本书翻译组, 译. 北京：农村读物出版社, 1987.

现的研究主题往往是发现实践中那些不令人满意或有待改进的现象形成的某种困扰和焦虑。解决这些现实的困扰和焦虑，一则需要对现象本身做出合理的解释，让人们理解为什么会形成这种难以令人满意的状态。很多时候，一旦现象本身能够被理解，这种现象引发的困扰和焦虑不但消除了，现象还能变得可以被容忍和接受。二则需要采取某些措施和行动来对不令人满意的现象进行干预，以期在某种程度上解决现象问题。有效干预社会现实的前提是对现实有很好的理解，这也离不开对社会问题的研究。

3. 如何评价你的研究主题

选择研究主题是需要慎重对待的问题。往往我们认为有价值，并且很有兴趣去从事的研究，读者可能并不感兴趣，或者认为研究意义不足。也可能某项研究在最初阶段我们抱有很大兴趣，但随着研究的推进，我们的研究兴趣日渐消失，以至于最终完全放弃。因此，谨慎选择和评价研究的主题就变得十分重要。研究主题的选择上有一些基本的标准可供参考。

1) 找到真正很有趣的主题

个人兴趣是选择研究主题的最重要条件。人们常说"兴趣是最好的老师"，兴趣最强大的内驱力，对某个研究主题的兴趣越浓厚，越会使你自觉自愿地投入大量精力去关注该主题。一旦兴趣寡然，人们就不会主动投入时间，往往会拖到最后期限才匆匆交稿，最后的结果是难以做出高质量的研究。所以，研究主题往往起源于我们内心渴望知道答案的小问题。

2) 找到具有重要价值的研究主题

研究兴趣纯粹是个人主观的选择，而研究选题本身的价值则是相对客观的。有些个人有浓厚兴趣的研究选题，可能并没有太多研究的价值。比如，大学中的衣食住行、学习生活、人际交往、社会实践等，这些问题不一定具有专业价值。它是现实问题，但并不一定是专业问题。

如何判断某个问题是不是"专业问题"，是否具有专业价值呢？比较简单易行的方法是查找专业文献。如果某个问题在本专业领域内甚少有人研究，至少表明这个问题尚未得到专业认可。如果你一定要从事这个选题的研究，就需要从专业角度为这个选题找到足够的研究意义并进行充分的论证。关于这方面，美国社会学家米尔斯（W. Mills）提出的"社会学的想象力"给我们一个很好的解决办法，即将个人的遭遇上升为具有某种普遍意见的问题。

3) 把研究主题建立在可靠的研究基础上

研究条件决定从事某项研究的可行性。社会工作研究是以经验为导向的研究，其研究对象是现实生活中某一类的经验事实。能否对这些经验事实展开深入的观察与分析，往往取决于我们能否接近这些经验事实并获得充足的资料。很多天马行空式的选题之所以难以落地，就在于这些选题不具备真正研究的条件。

任何一项研究还受时间、经费和前期研究积累等条件的限制，这些也都是我们选题应当考虑到的。

（二）确定研究问题

研究始于问题，研究的目的在于寻求特定问题的答案。研究主题只是一个很宽泛的研究领域，它划定了我们研究的范围，但还没有形成真正让我们可以着手探究答案的问题。问题的质量在一定程度上决定了研究的质量，可以说，问题的选取决定了整个研究的价值与意义。如果没有问题的牵引，研究便没有方向，也无法形成明确而有价值的观点。

1. 什么是研究问题

相对于研究主题而言，研究问题是关于某社会现象的更加明确、具体的研究发问。一个好的研究问题具有以下特征。

1）重要性

任何研究都需要投入一定的成本，包括一定的时间、精力和物质资源，因此，研究者应当认真考虑所选择的研究问题的价值，是否值得投入这些资源。重要性这一准则便是衡量选题研究价值和意义大小的标准，只有选择真正有价值、真正重要的问题来研究，才可能产出高质量的学术文章。

学术研究最忌虚假问题，虚假问题指的是定位模糊或根本不存在的问题，例如，在中世纪被宗教统治的欧洲，神学家和哲学家们争论的"针尖上能站几个天使"就是典型的虚假问题。只有抓住真问题，才能做出从社会现实矛盾、真实困境出发的真研究。真问题的性质为研究的重要性奠定了基础。另外，研究选题要立足"致用"，能回答"有什么用"的问题。好的研究要有益于社会的发展，对社会有所贡献。有些选题的研究价值主要体现在理论方面，有些则体现在实践方面，也有些兼有理论和实践两方面的价值。选题在理论方面的价值或意义主要体现为研究对特定学科的发展、对某种理论的发展有贡献。理论价值又可以从理论建构和理论发展两个方面来衡量。理论是从一般性、普遍性层面对经验事实的概括和解释。理论建构指的是从经验研究出发，基于对现象的观察，发现现象的内在规律，提炼重要概念；理论发展指的是研究者与时俱进，根据时代背景和社会情况的变化对已有理论进行修正和完善。与自然科学不同，社会科学的理论往往具有地域性和时间性的特点，存在较强的时空条件限制。当时空条件发生变化，理论的解释性和适用性相应地且不可避免地有所下降，因此，根据不断变化发展的实际情况，不断发展、优化、完善理论，使之与当前的社会情况相适应就显得尤为重要。

选题在实践上的重要性主要体现在对实践的指导意义上，能够为深入理解现象和社会干预提供理论参考或理论框架。研究的实践价值在于为实际解决问题提供了思路及具体的对策，有利于指导人们采取具体措施解决问题。

2）聚焦性

聚焦性即聚焦于某一个小范围的某一现象的某一方面，研究问题一般不会过宽或过窄。过宽的话，研究无法完成，比如，"如何减少我国犯罪率"这个问题对研究者来说是个巨大的挑战，因为我国幅员辽阔，各地经济、人口结构、文化差异巨大，犯罪类型和原因各异，很难有简单统一的犯罪预防策略；"江西省农村地区小学生学习效能影响因素研究"这一课题中学习效能影响因素是研究的关键，而前面加了"江西、农村、小学生"这三个限定词，把研究聚焦到了一个较小的点上。

3）创新性

创新性强调的是研究应当产生与既有知识不同的新的认识，对问题有独到的认知与理解。科学研究应当带来知识的增量，不断深化人们对社会现象的认识。扎堆、跟风、随大流，低水平地重复已有的研究是进行科学研究的大忌，研究追求的是"言人所未言"，在不同的层面、视角、领域、范围上推进、深化研究，带来新的贡献。

创新是多方面、多层次的。最理想的、最富价值的创新是"从无到有"的创新，从无到有的飞跃式创新对人类具有极大的贡献。当然，此类创新在人文社会科学领域少见，完全没有探索过的领域相对较少。对于大多数社会科学的研究而言，创新主要是指从旧到新的推进，即在研究思路、研究方法、选择对象、透视视角、选取理论、研究结论等方面另辟蹊径，与前人的研究有所不同，形成了某种独特的东西。创新性研究的贡献在于启发人们从不同角度、不同方面去认识世界，进而丰富人们对事物的认知，深化人们对事物的理解。

4）可研究性

可研究性即研究人员按照现有的学科知识可以收集到相关资料对课题展开研究，如"量子力学视角下我国西北地区特定人员的心理弹性随机抽样调查研究"对社会工作研究者而言就是不可研究的，因为我们社会工作专业能否运用量子力学做相关研究是个大问题，而且对于特定人员的随机抽样调查因为缺少抽样框而根本无法展开研究。

5）可行性

可行性是指研究者是否具备完成研究选题所需要的主客观条件。如果说重要性衡量的是选题是不是"值得去做"，可行性则衡量的是选题"能不能做"。一般来说，越是具有重要价值和研究创新的选题，越是需要相应的主观和客观条件来支撑。也就是说，越有价值的研究选题，可行性越低，两者呈负相关关系。这也在一定程度上导致重要研究和创新研究的难度颇大，有时甚至完全没有可行性。

主观条件主要是指研究者自身的条件，既包括研究经验、研究能力、调查能力、知识积累、生活阅历、组织能力、操作技术等方面，也包括研究者的年龄、性别、民族、语言、体力、身份等生理因素。例如，研究者想研究少数民族群体，但又不懂语言，不通风俗，研究便难以开展下去。

客观条件指的是进行研究所依赖的外部环境或条件，例如，研究资料的获取，研究对象是否接纳，研究涉及的单位、部门是否能够给予必要的支持与配合。另外，还有研究是否有相应的经费支持，研究的时间是否充裕等。

6) 具体性

具体性即研究问题不但要聚焦某一个社会现象，还要具体到该现象的某一方面，聚焦于某一角度，比如，儿童的反社会行为可以从多个理论视角出发研究，研究者可聚焦某一视角，如聚焦影响因素，也可以聚焦反社会行为的纠正，或对儿童的成长影响等方面，这些可以在研究问题中反映出来。

7) 复杂性

复杂性指的是研究问题的解决需要研究人员运用专业视角和分析手法进行相关研究才可以获得解答，如研究问题过窄，研究者则可以通过少量明确的数据进行解释，没必要展开研究，例如，"××省农村初中生的辍学率是多少"这个问题可以通过教育局的统计迅速得到解答，就无须研究了。

8) 相关性

相关性即该研究问题与现今社会工作专业和我国社会的发展密切相关，如某研究是关于"新西兰毛利人在数字时代的文化变迁"则与我们国家和社会工作没什么关联了，因此意义不大。

9) 适合性

适合性准则是对研究选题与研究者个人特性是否相符的考量。个人特点包括但不限于研究者对选题的兴趣、研究者的自身优势，以及研究者与研究对象之间的距离等，其中最主要的是研究者对选题的兴趣。

适合性与可行性的差别主要在于，适合性强调的是在诸多可能性当中哪一可能性才是"最佳"选择，而可行性强调的是研究的可能性。符合可行性原则的选题往往不止一个，但哪一个选题最适合、最可能做出新贡献，则需要研究者仔细评估、认真审视。

研究者对选题的兴趣是适合性原则的第一要素，兴趣也是研究最重要的驱动力之一。研究者如果没有兴趣，仅仅是出于投机或求稳的心理，选择某一当下的热点问题进行研究，在其研究过程中往往会因缺乏研究兴趣而变得十分痛苦，迫于任务压力只得勉力为之的研究者往往也难以深入研究。

研究者的自身优势也是适合性原则的重要考量方面，研究者应对自身擅长的领域有清晰的认知，并尽量选择与自身长处相吻合的研究选题。熟悉是擅长的基础，对一个领域越是熟悉，掌握的信息越丰富，知晓的情况越翔实，就越擅长这一领域的有关研究。相反，如果知之甚少，对研究选题十分陌生，就需要付出较高的学习成本，深入推进研究存在的困难也较大。

研究者与研究对象之间的距离也是适合性原则不容忽视的重要方面，这里所指的距离包括物理距离，也包括社会距离。一般来说，研究者与研究对象之间距离越近，越有利于研究者获得相应的研究数据和资源，也更有利于研究者深入理解行动者的内在意义世界。相反，如果研究者与研究对象的社会距离很远，两者很难形成共鸣，研究者对于研究对象的行动与意义也就难有深入的理解。例如，青年学者选择研究青年问题，有利条件相对就多，而选择研究"临终关怀""死亡焦虑"等问题时，由于社会距离较远，有利条件则相对就少。

上述几个方面既是好研究选题的特征，也是衡量研究选题是否合适的标准，这些标准之间相互关联，相互依赖。例如，重要性是最基本的准则，涉及选题的意义和价值，确定选题是否值得去做；创新性是比重要性更高的要求，涉及选题能否实现新的突破，产生新的价值；可行性是最关键的准则，决定选题能不能做，而适合性则是在可行性基础上的更高要求，决定研究的质量高低。这些标准层层深入，研究者需从不同方面对选题进行综合衡量。

2. 问题明确化

在社会科学的研究中，提出问题是一个循序渐进、逐步深化的过程，从议题、难题再到形成明确的提问，这个过程被称为"问题的明确化"，也称"问题的具象化"。

当问题处于议题阶段时，研究者需要从一个相对宽泛、宏观、抽象且包含诸多具体研究问题的研究领域中找到某种具体的、与主观预期存在矛盾的、有落差的问题。提出一个有价值的难题并非一件易事，研究者必须具备深厚的知识储备和敏锐的洞察力，形成理论上或政策上的预期，捕捉到矛盾与难题中的冲突与差异。

从某种意义上而言，提出问题就是一个将难题逐步转化为具体的提问的过程。面对同样的难题，提问的方式不同，引导出的研究方向自然也大相径庭。总的来说，提问的过程是一个"问题具象化"的过程，即研究领域由宽到窄、研究方向由模糊到清晰的思考过程。

一般来说，一个好的社会学研究问题，要么是有新的材料或数据，要么是有新的理论视角[1]。新的材料或数据，即研究者发现了一个新的社会现象或收集到了新的研究材料。例如，疫情过后，大批青年选择从大城市回乡创业，针对这一青年创新创业的行为趋向，如果目前学术界相关规范研究还比较少，那这便是一个新的研究问题，此时研究者可以对这种行为趋向做一个描述性研究，或者寻找一种理论做相应的研究解释。此外，针对同样的或不同情境下的经验现象，运用新的理论视角去解释或验证也是一个新的研究问题。

明确研究问题可以帮助研究者明确资料收集的边界。有些研究问题适合用量化方法来分析，如医学界某种药品对某种疾病的干预效果，而另一些问题则可能适合用定性方法分析，如对养老机构中老人主观的生活质量的研究。由此，我们常说，一旦研究问题确定了，研究方法也往往随之确定。如果是描述性研究，研究问题中的关键词一般只有因变量 Y，如"我国超大城市独生子女家庭亲子关系特征研究"主要关注点在因变量 Y 亲子关系特征；如果是解释性定量研究，研究问题中一般同时含有自变量 X 和因变量 Y，如"新生

---

[1] 胡荣.定量研究[M].北京：北京大学出版社，2021.

代农村流动人口的社会认同与城乡融合的关系"研究中的关注点是自变量"社会认同"对因变量"城乡融合"的影响。

3. 研究问题类型

提问的方式多种多样,我们可以将它们划分为三种类型,即"是什么""为什么""怎么办"。

"是什么"是最常见的提问,无论是 what,how,还是 who,when,where 等,都是对基本事实所进行的提问。在一个新的研究领域中,研究者对基本事实的内容、过程、特征、性质并不了解,便会发问,事实究竟是什么(what)?事情是如何形成的(how)?对"是什么"提问的回答,引导出来的是对现象、事件的叙述。但是,一个现象、事件的发生有许多个侧面,叙述也有很多角度,正所谓"横看成岭侧成峰,远近高低各不同",研究同样要把握好叙述的视角,同时研究者必须明白这只是诸多视角中的一个,并非事物的全貌。研究所追求的并不是面面俱到,而是某一视角下深刻的认知与理解。

"为什么(why)"这个层面的提问针对的是事物形成及发展的原因,研究目的主要是探究事物之间的因果关系。在因果关系中,研究的现象被视为"因变量",探寻的原因被称为"自变量",社会科学研究所强调的变量思维就是对自变量与因变量间影响关系的思考,通过追问"为什么"来探寻自变量与因变量之间的因果关系,从而形成机制研究。社会机制是一系列较为稳定的因果关系。多种多样的社会机制构成纷繁复杂的社会生活,这些社会机制体现了事物之间的复杂关联,A 现象的变化往往会引发 B 现象的相应变化,即一种现象会引起另一现象的变化,例如,社会冲突的根源在于社会压制、冲突有助于群体内部的凝聚与团结等。研究者将这些社会机制归纳、总结、提炼为规律和理论,准确掌握社会生活中的各种因果机制,有助于预测事物发展的方向,也为有效干预社会生活提供了支持与指导。

第三类问题是问"怎么办(how to do)",此类问题的着眼点在于研究的实践价值。以社会工作专业为代表的实务型专业的研究的出发点和落脚点往往都在于解决实际存在的社会难题,学以致用,切实为有困难、有需要的群体提供他们所需要的帮助和服务。探索"怎么办"的研究旨在寻求问题的解决之道,提出良策,解决问题,因此又被称为"对策型研究"或"实务型研究"。所谓良策必然是对症下药,因此在提出对策之前,研究者必须对"是什么"和"为什么"的有关问题做出明确而清晰的解答,即"是什么"和"为什么"是"怎么办"的前提,在"是什么"和"为什么"的基础之上提出的对策才有针对性和实效性。

4. 研究问题来源

1) 个人经历

研究与研究者之间并非彼此完全独立、互不相关的,研究也并非机械、冰冷的工作。实际上,这二者之间有着密切的关联,很多时候,研究都不可避免地带有研究者独特的思维风格与烙印，也只有融入研究者的体验和思考，研究才变得更有活力，更具价值与意义。

（1）个人经历与选题的关联

① 个人经历孕育研究选题

社会科学的研究课题就是研究者所处的社会生活，研究者就生活在其研究课题中。或缓慢或迅速的社会变迁影响着研究者自身的生活，同时也激起了研究者的困惑、焦虑和关切。很多时候，从事社会科学研究的工作人员的研究选题都源于其所处的生活。社会学经典读物《社会学的想像力》的作者米尔斯曾说过，"最有名望的思想家不会把研究工作与日常生活相割裂，也绝不能容忍这种分割，而是力求将两者结合，相得益彰"[①]。

个人的生活经历及其所处的生活环境孕育了研究者最初的选题，并引领他们走向具体的研究领域。例如，著名社会学家费孝通教授最初在东吴大学学习医学专业，但在后期生活中他目睹了中国社会存在的严重问题，对研究如何使中国社会摆脱危机产生了浓厚的兴趣，于是转向学习社会学。1935年，费孝通在清华大学获得社会人类学硕士学位后，在赴广西大瑶山进行田野调查时不慎受伤，在家乡江苏省吴江县（今苏州市吴江区）养伤期间，与姐姐费达生一起在开弦弓村推广新式纺织技术，并入户调查，收集各方的资料。之后，他以开弦弓村调查收集的资料为基础写出了《江村经济》这本著作。1936年，费孝通到英国伦敦继续攻读博士学位。费孝通一生都对自己的家乡极其关心，改革开放后，他又多次回访江村，观察江村的变迁，并写出了多篇再访江村的文章。可以说，费孝通一生的研究工作都与其生活经历密不可分[②]。

② 个人经历激起研究热情

个人经历对于选题的重要意义在于，只有真正带有个人烙印、思考与理解的选题才能够激起研究者浓厚的研究兴趣。研究是一个漫长而枯燥的过程，若无足够的兴趣，绝难做到乐此不疲。研究者孜孜不倦、津津有味地探求旁人眼中晦涩乏味的问题的主要原因往往在于，在研究者眼中，研究有助于自己更好地诠释与理解生活，消除生活中的焦虑与困惑。

通常情况下，在评判研究的价值与意义时所强调的都是选题的学科意义或实践意义。这些外部意义固然重要，但个人层面的内在意义也同样不容忽视。个人经历既是孕育研究选题的摇篮，也是激发研究兴趣的重要根源，研究者可以从选题中找到属于其个人的价值与意义。在百年未有之大变局的新时代背景下，生活在互联网时代的当代年轻学者将自己的生活经历与社会科学研究相结合，推进了社会科学研究主题的迭代更新。近年来，《社会学研究》《社会》等业内重要刊物所刊载的论文研究选题愈发多元化，涉及网约车司机、快递行业、互联网大厂、网红群体、同侪压力等，这些都属于新现象、新问题，只有对快速变化的社会生活保持敏感，才可以从中找到新的突破点，推进研究选题的更新，回应社会关切，切实解决社会问题。

[①] C·赖特·米尔斯. 社会学的想像力[M]. 陈强，张永强，译. 北京：生活·读书·新知三联书店，2001.

[②] 大卫·阿古什. 费孝通传[M]. 董天民，译. 郑州：河南人民出版社，2006.

③ 个人经历推进研究深度

与以外部客观世界为研究对象的自然科学不同，社会工作的研究对象是具有主观能动性的富有意义的人类社会生活。在社会工作研究中，研究者除了需要进行自然科学研究所需的外部观察，还需深入了解行动者的主观世界，洞察和理解行动者的主观动机与意义世界，这就需要借助研究者的专业知识与理论的积累和个人的生活阅历。研究者的生活阅历是理解研究对象主观动机和意义世界的钥匙，社会工作研究中对于研究者个人生活阅历的借重使得社会工作的研究更为丰满、鲜活，更贴合实际社会生活，更具生命力。

与之相对应，缺少相应的生活经历则会在一定程度上造成理解上的阻碍。留学海外的学生往往难以融入欧美学术主流，其重要原因便在于缺少当地的生活经历，对当地的生活体会不够深彻。著名社会学家默顿（Merton）曾经提出"局内人主义"（insider doctrine）的概念，他认为一个社会的"局外人"（outsider）无论有多少学养，都难以接近、认知这个社会或文化的真相，原因就在于相应生活经历和体验的缺失[①]。

(2) 如何从个人经历中找到选题

生活中并不缺少有价值的研究选题，只是缺少对问题的发现与洞察，在具有敏锐洞察力的研究者眼中，社会生活中处处皆学问。正如美国社会学家彼得·伯格所说，"社会学家的兴趣就是人类的所作所为、所思所想，他们不耻下问、求知若渴、寻根究底……不论是影响人类终极信仰的事件，抑或是人类情绪波动的时刻，都会激起他们的好奇与兴趣"[②]。从事社会工作研究的人需要对社会生活保持强烈的好奇心，这种好奇心是在生活中形成探究意识的根源，他会与遇到的形形色色的人攀谈、闲聊。美国作家彼得·海斯勒（中文名何伟）深受其社会学家父亲的影响，据彼得·海斯勒回忆，父亲对人们的生活抱有极大兴趣，"只要父亲和我坐在车站、旅馆大堂之类的无事可做时，他就会随机选中某个人，问我从这个人身上有没有观察到什么，他的穿着如何；走路姿势如何；可能从事的职业是什么；出现此地的原因又是什么……"[③]这种日常观察训练为海斯勒的洞察力打下了坚实的基础，他所写的"当代中国纪实三部曲"对1996—2007年的中国社会生活进行了细致入微的描述，轰动一时。

从个人的经历中找到合适的研究选题离不开研究工具的助力，这一方面米尔斯在《社会学的想像力》中早已给出指引，他认为若要成为治学有方的学者，就务必建立自己的"学术档案"，将自己日常生活中的发现、心得与体会记录下来，并加以整理归纳，以此来引导、检验自己的思考与发现[④]。坚持记录观察到的现象及体验，对于寻找合适的研究选题具有重要意义，这对于处于各个阶段的研究者而言都是不可或缺的。

---

① Merton R K. Insiders and Outsiders: A Chapter in the Sociology of Knowledge [J]. American Journal of Sociology, 1972 (1): 9-47.
② 彼得·伯格. 与社会学同游 [M]. 何道宽, 译. 北京: 北京大学出版社, 2008.
③ 彼得·海斯勒. 奇石——来自东西方的报道 [M]. 李雪顺, 译. 上海: 上海译文出版社, 2014.
④ C·赖特·米尔斯. 社会学的想像力 [M]. 陈强, 张永强, 译. 北京: 生活·读书·新知三联书店, 2001.

2）社会生活

除个人的生活经历之外，那些与研究者自身没有直接关联的社会生活中的公共问题同样是研究选题的重要来源。个人经历相对有限，发端于个人经历的选题范围也相对狭窄，个人经历可以作为研究工作的出发点，但不能止步于此。以"回应社会关切，解决社会问题"为重要目标的社会工作研究，应当放眼全社会，关注影响社会生活的重大公共问题。华人社会学家金耀基指出，社会科学研究者关注的根本性问题是："到底什么样的社会才是最正常、最公平、最有现代性的社会？"[1]研究者应当具备相应的社会责任感，关注所进行的研究工作的现实意义和社会价值，研究与社会公共利益密切相关的现实问题，经世致用。在社会转型的过程中，新问题、新现象、新矛盾层出不穷，亟待社会科学提出理论解释，提供行动方案。与此同时，经济及社会发展也面临许多实际问题与突出矛盾，也需要研究者面向实际问题，提出切实有效的优化方案或解决方案。一般来说，社会生活中的具体选题来源有以下几个。

（1）媒体报道

媒体报道在很大程度上拓宽了个体的视野，打破了个人生活经历有限性的阻碍，让研究者看到诸多个人无法亲身经历的事情。在媒体高度发达的信息社会及移动互联网时代，不仅有报纸、电视、广播等传统媒体，如《中国青年报》《经济观察报》等都对社会现象、时事热点有独到而深刻的见解；微博、微信公众号等网络新媒体也蓬勃发展，新媒体的发展使更多的人能够发现经济社会发展所面临的困境与问题，了解社会大众的呼声与需求。同时，个人社交媒体的兴起让个体间的交流成为可能，每一个人都可以将自己的见闻、感悟在合法的范围内在网络上传播。

（2）公共政策

公共政策包括政府颁布的法律法规和制度文件以及政府直接采取的各种举措。社会生活中的很多问题都与公共政策密切相关，如教育、住房、医疗等。政策渗透在社会生活的方方面面，政策因素已经变成社会生活的一部分，从一定意义上来说，政策实践本身就是一种"社会事实"[2]。政策对社会发展往往具有导向性的作用，政策往往预示着公共资源投放的方向，预示着国家优先发展的领域。因此，关注政策形式与走向、了解社会发展方向对于发掘有价值、有意义的研究课题至关重要。

了解公共政策主要可以从两个方面着手，一是政策文本，二是政策的执行或实施过程。政策文本包括官方发布的政策法规及重要报告等，这些文件大多都是纲领性的、原则性的阐述，要了解具体的细节还需进一步关注后续出台的、更具体且具有实操性的方案。政策还需放入当时特定的历史背景和社会环境进行综合考量，政策的执行与具体时空条件密切相关。从社会生活的角度或自下而上的角度来看，处于不同站位的社会成员对公共政策也存在不同的认知与理解，出于对自身利益需求、价值偏好和习惯传统的考量，社会成员会根据个体的情况对政策做出相应的反应，有些反应可能与政策预期相符，也可能与政

---

[1] 周晓虹. 重建中国社会学（上）[M]. 北京：商务印书馆，2022.
[2] 桂华. 政策研究的"理论"价值[J]. 开放时代，2022（1）：108-111.

策预期相悖。与此同时，还必须考虑到中国幅员辽阔，各地情况又千差万别，同一政策在不同地域的政策效果也不尽相同。理解政策实施过程的具体机制，还有助于公共政策的不断改善，使政策的制定与实施更加符合社会实际情况。

（3）社会调查

社会调查是超越个人生活经历有限性的另一重要途径，在进行社会实践与社会调查的过程中，可能会遇到诸多与预期不一致的情况。预期与现实的不一致便形成了问题，这种"经验意外"需要研究者对其做出解释与认知，因此，预期与现实的差异便是绝佳的选题来源。

一般来说，"经验意外"大多源于调查，无法直接从书本中获得。书本上的理论是对已有经验的解释，但实践不断在发展与演变，原有的理论很可能难以解释新现象、新问题，导致理论与现实经验产生矛盾和冲突。在进行社会调查时，研究者需对理论预期与现实经验的冲突保持高度敏感，从冲突之处入手找寻研究选题。

在社会调查中发掘研究选题并非一件易事，因为社会生活纷繁复杂，所以社会调查也需要一定的时间沉淀，若无长期的观测很难发现社会现象表层下的机制与机理，短暂的、走马观花式的社会调查很难对社会现象形成深切理解。时间跨度相对较大的社会调查对发掘研究选题的帮助更大，较长时间的现场调查与深入观察也更有助于探索现象之间的关系并做出合理化的解释。

3）文献阅读

发掘研究选题的另一个不能被忽视的重要来源是文献阅读，研究选题可以从阅读学术著作、期刊论文甚至大众读物中形成。在进行文献阅读的过程中，文献作者的观点可能对读者有所启发，读者进而可能产生灵感，形成自己的观点与思考，并提出自己的研究选题。

首先，社会工作研究者应当关注本专业领域的学术期刊，《社会工作》《社会工作与管理》《中国社会工作研究》等专业期刊每年都发表大量研究论文，这些论文代表本专业学者在各个研究领域中的最新探索。其次，在知识经济和信息化社会，科学技术与学科知识发展呈现相互交叉、相互渗透、相互融合的趋势。在学科交叉地带会形成一些新的研究领域，研究者可以在多学科的综合和比较中产生新思想，发现新问题。因此，与社会工作专业相关，提供跨学科信息来源的权威期刊也需时常关注，如《中国社会科学》《社会学研究》《社会》《社会学评论》《人口研究》《青年研究》《妇女研究论丛》。学术期刊是研究者获得启发与灵感的重要来源，除此之外，非专业的大众读物有时也有助于发掘研究选题，如各种党报、网络新闻平台等媒体，也经常刊载对社会政策和社会现象的讨论，也能激发读者兴趣、引发读者思考。

从文献阅读中找寻研究选题离不开"积极阅读"的习惯，在阅读中主动探究问题的积极性是发现问题的前提和基础，如果只是一味地被动接受读到的信息，对读到的内容不加批判、不进行反思，文献阅读也难有效果。阅读文献时还需有批判与质疑的精神和思维。"尽信书不如无书"，阅读文献时需运用批判性思维，以审视的眼光看待文献。社会工作中的循证实践工作法也强调未加证明的知识并不可靠，阅读时要辨析作者的观点和证据，分析观点是否有足够的证据支撑，与经验是否相符，能否实现逻辑自洽。

研究者在阅读文献时还应当培养联想的意识和思维习惯。一般来说，社会科学理论存在地域性和时间性的条件限制，具有普遍适用性的理论也相对有限，此时，辩证与联想的重要性就凸显出来。这些具有特定时空条件的理论的价值主要是具有启发性，研究者要善于从文献中找到启发与灵感，把文献与关切的问题联系起来，从不同方面、不同角度、不同层次进行思索，由此及彼、由表及里，不断丰富思考，启发新思路，提出新问题。

（三）做好文献回顾

1. 什么是文献回顾

文献回顾，也称文献综述或研究现状。当我们初步选择了研究主题后，还不能十分肯定这个研究主题的价值，也不清楚究竟如何着手这项研究时，我们就需要进行文献回顾。文献回顾是系统地寻找、识别和分析与我们研究主题有关的研究文献，通过查阅和分析这些文献，掌握该领域的研究现状，并且为我们的研究找到突破方向的过程。文献回顾的主要任务包括检索文献、识别文献、阅读文献和文献评述。

2. 文献回顾的作用

文献回顾已经成为研究论文、报告中必备的写作内容，几乎所有研究成果都有文献回顾的部分。但还是有很多人并不理解文献回顾在研究中的意义，这导致很多文献回顾形式大于内容，对论文的积极贡献甚少，即使删掉文献回顾对论文的表达也没有影响。其实，文献回顾对于任何一项社会科学研究来说，都具有十分重要的功能。其最基本的作用表现为四个方面。

1）帮助你尽快了解研究的领域

一般而言，对于一项研究选题，前人通常都已经做过一定的研究，积累了不同程度的研究成果。后来者应当充分利用前人的知识积累，尽可能避免无意义的低水平重复，应向前推进该研究。做文献回顾，通过大量收集、研读、分析该研究领域的重要文献，就能使研究者熟悉已有的研究，逐渐明确目前这一研究领域聚焦的研究问题、采取的分析概念、主要的研究方法和基本观念等。了解该研究目前达到的研究水准后，研究者就可以站在前人的肩膀上继续攀登，避免闭门造车。

2）有助于衡量研究主题的重要性

通过收集和阅读已有的研究文献，研究者会逐渐明白自己的研究选题是否具有研究的专业价值。也许我们查找文献时发现，该领域的研究成果十分丰富，各种著述和论文饱和，而且阅读后发现很难再有新的研究突破，这种选题可能出现了"过密化"，再扎堆进入就可能会陷入无意义的重复。有的研究者可能认为有一些选题非常具有新意，查阅文献时发现本专业领域没有或很少有相关的研究。事实上，这未必表明该选题很有创意，很有可能意味着你所研究的问题未必是在本专业领域得到认可的问题。作为初学者，我们应当保证我们的选题行走在专业领域，得到专业的认可，否则费尽力气做出来的研究可能最后被认定为缺少专业价值。

3) 找到可供借鉴和参考的研究成果

如果不是闭门造车，我们保持开放的心态，就可以从前人的研究中获得大量的启示。通过吸收借鉴前人的研究，努力向前持续推进研究，我们就可以做出自己的贡献。借鉴当然不同于抄袭。抄袭是原封不动地将别人的文字复制到自己的文章中，这是一种有违学术伦理和学术诚信的恶劣做法。借鉴是学习前人的研究思路、分析概念、研究方法及表述方式等，活学活用、举一反三。尤其对于初学者而言，模仿和借鉴是成长过程中极其重要的步骤，在熟悉前人的成果后，通过模仿和借鉴可逐步形成自己的表达和风格。

4) 形成具有回应性和对话性的研究

文献回顾最终要落脚到对话的层面，对话的目的是通过表达异议从而推进已有研究。如果只是一味模仿和借鉴已有研究，没有形成自己新的想法，交出来的东西无非是习作，不具有知识积累的价值。我们需要在文献回顾中运用批判性思维与前人的研究进行对话，发现已有研究的不足和短板，质疑前人研究的可靠性，从而找到我们自己的突破点，这样才有表达的价值。通过文献回顾，找到批判靶子，研究就有了针对性和方向感，不至于信马由缰、散漫无边，研究者的研究和既有研究建立起联系，融入知识共同体。对话还可使论文具有更高的可读性和趣味性，体现研究者具有想象力和批判力的思维力度。初学者最大的毛病往往是缺少对话意识，不会大胆质疑已有研究，只是一味自说自话，表达的往往是"正确的废话"。

3. 文献回顾的基本任务

1) 查找文献

在信息化时代，绝大多数文献都已经实现了数字化，因此研究者可以很轻易地搜寻到相关研究领域的海量文献。但我们真正需要的、高质量的文献被掩盖在泥沙俱下的信息洪流之中，难以识别。面对海量的数字化文献，研究者要有很好的信息搜索技巧和识别能力，才能实现沙里淘金，在海量数据库中辨识出真正需要的文献。

查找文献的基本技巧包括两个方面。一是需要掌握利用学校图书馆的网络资源的技巧。一般而言，各个高校每年都花重金购买了包括CNKI（中国知网）在内的各种文献数据库，我们需要不断尝试如何熟练地使用这些不同类型、不同功能的数据库。二是充分运用"滚雪球"的办法。几乎所有重要的文献里，都提供了相应的文献注释和参考文献，这些为我们进一步搜索该领域的文献提供了线索，我们从这些文献信息中拓展搜寻的范围，就可以不断拓宽文献的范围。

2) 阅读文献

基于便捷的网络，我们可轻松下载海量文献资源。但是，要读完这些文献，是一件旷日持久、费时费力的浩大工程。事实上，我们不太可能也不需要读完所有的文献。庄子说：“吾生也有涯，而知也无涯，以有涯随无涯，殆矣。"在研究过程中，文献回顾所能花费的时间总是很有限的，但文献是浩如烟海的，不加甄别地去阅读，是没有出路的。阅读文献应当坚持以下几条原则。

第一，聚焦研究主题。由于时间宝贵，凡是不与研究主题直接相关的文献，要坚决排除。这需要很强的目的性、针对性，很多研究者缺少明确的目标，阅读时随心所欲，看似很认真地埋头阅读，实际上效率很低，陷入漫无边际的文献海洋中难以自拔，久而久之就失去了耐心。

第二，进行分类阅读。即使是与研究主题直接相关的文献，由于文献质量不同，研究者阅读时所花的精力也应有所区分。对于那些高质量的基本文献，应当精读，弄懂弄通，吃透消化。而对于那些质量一般的普遍文献，则应当泛读，抓取关键信息即可。在文献分类上有一个比较有用的方法，即帕累托的"二八定律"。帕累托发现，任何领域真正重要的部分只占二成，而其他八成都不重要。也就是说，重要的文献永远只是少数，我们要抓着这"关键少数"。

第三，做文献笔记。所谓"不动笔墨不读书"。阅读文献时应当将文献的关键信息及时记录下来，如基本观点、运用的理论、分析概念、研究方法等。同时，要对读过的文献进行评述，写下读后感。这些记录下来的素材都是研究中宝贵的资料，有些将来甚至可以直接引用到论文中。人的记忆力是有限的，随着时间的推移，留下的印象会越来越模糊。我们需要通过笔记的方式留存记忆。同时，做笔记也有助于我们对读到的东西进行消化，使读到的信息条理更清晰。

3) 文献综述

文献综述的技巧，一言以蔽之就是实现"结构化"。我们读到的繁多文献来自不同年代，出自不同人的笔下。作者的观点各异，侧重的内容各不相同，同时又有交叉，有相似或相近之处。文献综述最重要的工作是把这些看上去杂乱无序的文献理出一个头绪来，使其变得结构井然。

研究者可以按照时间顺序，把主要文献之间的传承关系梳理清楚，分析出该研究领域的来龙去脉，从而指明未来应当拓展的方向。

研究者也可以按照不同阵营划分的方式，辨别出不同的阵营，有正方、反方、中间派等，然后将不同文献划入相应的阵营，分析它们之间是如何相互批判或呼应的。通过辨别不同阵营，研究者得以明确自己的立场，既找到同路人，也找到批判的靶子。这样做可以让自己参与学术对话，把自己的研究融入既有的研究体系。

4. 文献回顾应避免的问题

由于不理解文献回顾的真正作用，初学者的文献回顾部分往往质量较差，对已有文献的掌握停留在较低的层面，表现出来的问题主要有以下几种。

1) 相关性较差

很多初学者的文献回顾是"为赋新辞强说愁",为了完成特定格式和凑字数而写。他们的文献回顾不是聚焦在研究问题之上,寻找研究对话,而是把某个论文题目切割、拆分成若干研究领域,然后分别叙述各个研究领域的基本状况,对于所要讨论的研究主题缺少关注与讨论。这体现了一种答题的思路,完全没有批判性思维,无法对研究主题展开严肃的对话与反思。

2) 简单堆砌

一些研究者没有从整体上把握已有研究的现状,只是随机地、浮光掠影地阅读了几篇文献。文献回顾部分只是简单罗列读过的几篇文献内容,"张三说……李四说……"这种文献回顾充其量只有"述",没有综合、评述已有的文献,只呈现出一些散乱、碎片的点。读者难以从整体上了解已有研究的重点、中心和全貌,更不知道前人是如何评判已有研究的。

3) 乱扣帽子

有些研究者虽有一定的对话意识,但实际未发现既有研究的不足或并没有发现新的研究突破点,于是在文献回顾中采用大而化之、空洞无物的语言对既有研究展开"批判"。比如,要么说既有研究仅有先入为主的理论讨论,缺少经验事实的支撑;要么批评既有研究仅有碎片化的经验调查,缺少理论提炼和概括。这都属于乱扣帽子。事实上,对任何一个领域的研究,经验和理论两个方面总是不完备的,总是可以持续推进的。因此,我们需要针对某个具体的经验或理论的不足之处展开对话,而不是乱扣帽子。

(四) 构思研究设计

识别问题的原因或弄清楚事物发生的机制是大多数社会科学研究的目标。但是,对社会现象因果关系的有效解释并不容易获得,唯有按照一定的原则和方法,方可得出具体有效的结果。换言之,在研究初始,研究人员需要确定一个良好的研究设计。

因此,明确研究设计的内涵及其在研究中的作用,以及如何做出能够付诸实施的研究设计就十分必要了。研究设计主要包括三个方面的内容:一是确定研究类型和研究方式;二是研究课题的具体化和操作化;三是制定研究的具体实施方案[①]。

1. 什么是研究设计

研究设计(research design)是社会工作研究过程中的一个重要环节,是处理研究类型、研究过程、数据收集方法和数据分析方法等方面的总体计划。具体来说,在正式的研究之前,研究者应确定好研究问题、研究思路,以及数据收集与分析方法等。一般认为,

---

① 林聚任. 社会科学研究方法 [M]. 济南:山东人民出版社,2017.

研究设计的三个关键要素，分别是确定定量或定性研究、横断面或纵贯研究的思路、研究分析单位与数据分析方法。这些内容的确定建立在研究者深度理解研究问题的性质、涉及面、特征，并对之做出清晰而又严谨的界定的基础上。之后，研究者确定解决研究问题的细节，包括如何收集高质量的数据和如何逻辑严谨地论证。如果这些基本要素都已准备齐全，该项研究就具备了推进的条件。因此，研究设计不仅仅是写给研究者自己的，往往也是论文开题或申报科研项目的基本材料。

2. 研究设计的必要性

任何研究的实施都需要一个系统的开展方法，从而识别研究的问题或事物发生机制。研究设计聚焦于"怎样去研究"的问题。一个好的研究设计从方法的角度考虑如何以科学严谨的方式开展这项研究，从而可以在最大限度上保证研究的可靠性。从理论架构到概念界定，到研究对象的确定，再到围绕概念的数据收集以及后面相应的数据分析，研究人员不能留下任何逻辑缺陷，否则会给评论者留下批评的可能性。例如，你的研究问题是中国人的抗逆力，但你的问卷却是关于中国人的挫折感，这就产生了偏离，后面就无法解释原本的研究问题；再如，研究对象是中国儿童，但你的数据却只是从云南省收集的，这就意味着样本的代表性出了问题，即使数据是围绕研究假设和概念收集的，数据分析的结果也无法推论至中国儿童。正如著名学者西姆（Sim）和莱特（Wright）所指出的那样，"理论、研究问题、研究设计和研究方法等之间存在着复杂的关系"[1]。

3. 研究设计的哲学基础

研究者的个人思想、行为以及科学研究受其自身关于世界、自然现象、社会现象、历史、未来的哲学立场的影响，加之研究者的哲学立场形成于生命历程早期，具有潜在的固定性，因此在研究中起重要作用。与社会科学研究相关的哲学立场部分主要由本体论和认识论组成，它们引导研究者选择方法论立场和解释性策略，可以说是研究者们的导航系统。

1) 本体论

本体论又称"存在论"（ontology），"ontology"一词来源于希腊语"onto"和"logia"，指的是"社会探究方法中对社会现实本质的一种特定主张或假设——关于存在什么、它的样子、什么单位构成它，以及这些单位如何相互作用的主张"[2]。本体论传统上被认为是形而上学（metaphysics）的重要组成部分，旨在描述现实的结构或对存在的研究[3]。简单地说，本体论研究"什么是存在"。在历史上，马克思之前的本体论有广义和狭义两种不同

---

[1] Sim J, Wright C. Research in Health Care: Concepts, Designs and Methods [M]. Cheltenham: Stanley Thorne, 2000.

[2] See the Stanford Encyclopedia of Philosophy.

[3] Heidegger M. Being and time (J. Stambaugh, Trans.). New York: State University of New York Press, 1996.

的存在，在马克思主义之后将其融入了实践中。本体论一直存在现实主义和非现实主义的争论。例如，现实主义者认为"……实体的存在独立于被感知，或独立于我们关于它们的理论"[①]。以疾病为例，现实主义本体论认为疾病实际上是"世界上存在的事物"，与我们作为研究人员的输入无关。反现实主义本体论拒绝疾病独立存在的观点，认为疾病是一种文化建构，每个文明都可从自身的角度去定义疾病，一个人的疾病可以被定义为染色体异常、犯罪或另一个人的罪恶[②]。这些本体论立场影响着研究者如何调查疾病、通过何种调查获得数据以及用于证明观点的策略。

2）认识论

"认识论"（epistemology）一词来源于希腊语中的"epistem"和"logia"，它是一种关于如何获得知识或认知的立场。认识论是哲学的一个重要领域，认识论是与认识的实质有关且产生发展规律的哲学理论，即是探讨人类认识的实质、架构，认识与客观实在的联系，认识起源、范围与发展的过程及规律，认识的真理标准等问题的理论学说[③]。认识论一般包含三个前提：客观的物质世界是可以知道的；人类既能了解现实世界的现象，又能通过现象来了解事物的本质；人的认知能力是无穷的，这个世界只存在尚未知的东西，没有无法知道的东西。

作为哲学的一个分支，认识论考察知识的本质、获得、局限性和正当性，依据著名学者詹姆斯·克罗蒂（Crotty）提出的框架，认识论立场基本可以分为三类：客观主义（objectivism），建构主义（constructivism），主观主义（subjectivism）[④]。客观主义者认为，意义和有意义的现实是意识运作的一部分。建构主义者认为意义是在我们与世界现实的接触中存在的，是有其文化、社会、历史和政治背景的，没有思想就没有意义，意义不是被发现的，而是被建构的。主观主义者坚持的观点是经验和意义都是独立于一个固定的现实的，因此，主观主义者倾向于参与式行动研究（participatory action research）方法。

4. 研究设计原则

当研究人员确定了一个研究问题后，需要依据一定的原则来指导研究开展。从这个意义上来看，研究设计的选择由研究设计的原则驱动。下面我们列举一些社会工作研究设计常遵循的原则。

1）数据规范原则

根据所使用术语的定义和明确假设的表述，有必要精确地指定检验假设必须获得的数

---

① Phillips D C. Philosophy, Science, and Social Inquiry: Contemporary Methodological Controversies in Social Science and Related Applied Fields of Research [M]. Oxford: Pergamon, 1987.

② Illich I. Medicine Is a Major Threat to Health: An Interview by Sam Keen [J]. Psychology Today, 1976 (12): 66-67.

③ See the Encyclopedia Britannica of Epistemology.

④ Crotty M J. The Foundations of Social Research: Meaning and Perspective in the Research Process [M]. Los Angeles: SAGE Publications, 1998.

据种类。每一个假设和假设的每一部分都必须经过仔细审查，要有高度匹配的数据，以便充分检验它。

2）自然主义原则

我们所生活的世界中发生的事件、人和过程是由自然现象组成的，不需要借助超自然或形而上学的力量。

3）科学怀疑原则

所有的科学主张应该被认为是可疑的，直到有可信的经验数据证实。

4）经验原则

一种倾向于通过观察或实验系统地收集证据，再使用令人满意的证据去证明观点，整个过程因科学性和标准性可被他人复制和再次验证。

5）理性原则

相信理性和逻辑是科学探究的有用工具，相信对人类行为的准确和有效的描述将是理性的，逻辑是顺畅的。

6）实证原则

相信通过经验资料论证的科学研究可以获得关于客观世界的有效知识。

7）现实原则

除了观察者的感知之外，世界具有独立或客观的存在。

8）客观性原则

从研究的角度来看，客观性是指研究人员为真理而奋斗，而不是试图找到支持他们自己的信念或理论的结果。客观性的理想要求研究以一种能产生公正客观结果的方式进行。研究人员需努力保持客观，避免自己的信念、情感或偏见干扰对知识的追求，通过数据来推动研究。

9）可靠性原则

可靠性是指如果研究人员使用相同的程序和方法，那么一个调查应该可以反复得出一致的结论。对于定量研究，如果一个结果只能由一个研究人员或在一个实验室工作的单一研究团队获得，而不能由其他实验室获得，那么其研究的可靠性就值得怀疑。

10）可复制原则

在实验法研究中，要得出任何可靠的实验结果，只做一次实验都是不够的，需要多次成功的实验才能公布实验结果。如此，实验结果才是可以被他人复制的。

11) 随机性原则

为了证明和保证实验或问卷调查结果的可靠性和可复制性，研究者需要严格遵守样本抽取的随机性或等概率性。

5. 研究设计要素

研究设计会包含许多不同的要素，大致可分为一般要素和特殊要素。这些要素大多数情况下相互依赖，不同的要素组合会影响研究的开展情况。此处具体介绍一般要素的内容。

1) 一般要素

在一般层面上，研究设计涵盖了规划和执行一个研究项目中涉及的所有问题，在具体层面上，需要研究人员通过科学理性的安排防止并排除错误性替代解释。研究设计意味着将研究者置于实证世界中，将研究问题与数据联系起来，在研究问题和解释性理论之间提供一座桥梁，为回答研究问题提供具体方法。

首先，研究设计为研究项目制定了一个研究项目的逻辑结构和在执行时将遵循的计划[1]。具体而言，研究设计要解决以下问题：要研究什么对象、现象或变量关系；在什么条件下生成数据；要生成什么类型的数据；从谁（或什么）中收集数据；在什么时间点生成数据；使用什么方法来生成数据；对后续数据做什么分析。

其次，研究设计是为完成研究而设计的实施程序。澳大利亚社会工作领域研究学者奥尔斯顿（Alston）和鲍尔斯（Bowles）认为研究设计中的程序性内容包括召集咨询小组、为研究阶段建立一个可行的时间表、确定招募研究参与者或获取数据来源的步骤、获得必要的伦理批准或机构许可、确定研究结果传播的方法、项目的成本计算和预算计划[2]。

最后，研究设计要包含相应的资源说明，确保研究设计的可行性。所有的研究在时间、金钱、合适的设备、仪器的可用性以及现有研究人员的数量和专业知识等方面都会受到资源的限制，清除这些潜在障碍是研究设计必不可少的。

2) 因果解释

因果解释又分为定律化因果解释和个体化因果解释。人们普遍认为，对因果问题的研究可以回溯至亚里士多德时期[3]，那时人类就知道通过数量分析、演绎分析或解释性分析等手段，归纳出事物/现象发展的原因。当一个变量先于或能够在某种程度上预测另一个

---

[1] Sim J, Wright C. Research in Health Care: Concepts, Designs and Methods [M]. Cheltenham: Stanley Thorne, 2000.

[2] Alston M, Bowles W. Research for Social Workers [M]. Sydney: Allen & Unwin, 1998.

[3] 孙龙. 社会学方法论上的两种因果解释范式——涂尔干与韦伯思想的比较及其启示 [J]. 江苏行政学院学报, 2003 (1): 64-69.

变量时，就会存在通常所说的自变量和因变量关系或因果关系，即在某一个现象上，一种指数（变量）的上升或下降会导致另一种指数（变量）上升或下降。定量研究人员常用实验性或非实验性的研究设计来检验因果解释，这两种设计找出其成因的方法并无太大差异，只是实验设计对其他干扰性因素排除得较为干净。

对因果关系的解释可分为通用性和个性化两大类。前者是定律化因果解释，后者是个体化因果解释。

（1）定律化因果解释

定律化因果解释（nomothetic causal explanation）是一种对许多案例或事件具有普遍分析能力的解释，其假设是基于先前理论或研究者的探索性研究，强调该因果解释的通用性，即能在较大层面上解释类似的社会现象/社会问题。

定律化因果解释一般试图对因果关系进行概括化（generalization），即我们常说的理论化，所以它们通常把现象间的关系简化成一种通用的语言，如数学公式：X 导致 Y 或 $Y=3.2X+e$。从广义上讲，数学公式虽能更加准确地衡量社会现象，但不是万能的。

（2）个体化因果解释

个体化因果解释（idiographic causal explanation）是对具体事件、思想或行为的一系列的解释，是针对某一具体/富有特色的社会现象进行解释。此时，研究者通常使用定性的、归纳推理的方式，对研究对象进行深描。

个体化因果解释一般在研究末期逐渐形成，研究人员不会在初期做出"X 导致 Y 减少/增加"的预测。它的初步命题很可能在研究者从参与者身上获得更多信息时发生改变，研究者会从信息中提炼出新概念，或者引入新概念至最初的命题中。所以，持个体化因果解释观点的研究者对新兴的话题持开放态度，并会根据情况的不断变化，相应地改变命题。同时，寻求个体化因果解释的研究人员认为把现象简化为数学公式，即使用数学语言来表达社会现象规律，会丧失语义和语境之间的联系。

（3）满足因果关系的标准

① 关联度

判断因果关系的第一个标准是自变量和因变量之间的一种经验性的（或观察到的）相关度。

证明关联度的最佳手段是实验。在实验法中，对实验组和控制组进行变量控制，确保二者在自变量上基本类似，再通过干预与否和因变量的变化考察自变量与因变量的关系。当两组在因变量上的区别基本是由干预引起的，自变量和因变量间的关联度由此建立了。美国学者赖希（C. Reich）和柏曼（J. Berman）曾用实验法研究了参与金融知识普及和金融行为之间的关系，发现实验组的群体接受金融知识后更愿意参与金融活动，但不是线性关系，当金融知识过度饱和时，参与意愿又有所下降。

在非实验设计研究中，自变量和因变量之间的关联度也可以证明，因未完全排除其他干扰因素的影响，抽样的随机性只能在一定程度上保证关联度的可信性，没有实验法严谨。

② 时间顺序

关联度是建立因果关系的一个重要标准，此外，还需要保证因变量的变化发生在自变量改变之后，这就是时间顺序的标准。这点在实验法中基本可以确保，但在横断面研究中有些难度，因为自变量和因变量的数据是同时获得的，我们无法在逻辑上确定自变量变化和因变量变化的时间顺序。虽然统计学可以证明自变量和因变量间的联系，但横断面研究设计并不能确定哪一个是最先出现的。鉴于这个局限性，一些定量研究专家建议多采用纵贯设计。

③ 非虚假性关系

非虚假性关系是判断自变量和因变量是否存在因果关系的另一个重要标准。因果关系需要将所有其他的解释排除在外。在非实验研究中（包括不严格的实验法），相关性可以在某种程度上证明自变量和因变量间的因果关系，但不能完全证明二者间的因果关系，因为两个变量之间的关联，除了假设的自变量对因变量的作用之外，还可能由其他因素造成。如果这种现象发生，我们称之为虚假关系（两个变量之间的关系实际上是由第三个变量引起的）。例如，夏天冰激凌的销售量和裙子的销售量之间肯定具有紧密关联度，但实际上二者没有因果关系，它们都是由天气这一第三个变量引起的。

3）分析单位与观察单位

如果研究者没有厘清研究中的分析单位与观察单位，就很容易对因果关系做出错误的判断。

（1）概念

分析单位（unit of analysis）是研究中的基本单位，是类似于"秒、米、公斤"的单位概念。在研究中常常总结分析单位的特征以解释某一类社会现象。它针对的是研究课题的目的所指的主体，可存在于个体、群体、组织、社区、制度、社会系统六大层面。观察单位（unit of observation）是用来测量观察数据的最基本计量单位，观察单位可以是一次笑脸、一句感谢、一个帮助人的动作，甚至可以是一块区域等。

分析单位是研究最终解释的主体，而观察单位是为了做出科学解释从分析单位那里收集资料的单位。分析单位和观察单位可以是一致的，也可以是不一致的，通常情形是分析单位大于观察单位。比如，研究问题是关于婚姻中的暴力行为，分析单位是个体，观察单位则是个体每天的暴力行为，该个体有多少次暴力行为就算多少次。有经验的研究人员从研究假设中可以一眼看出分析单位和观察单位，因为研究假设中的自变量和因变量操作化后都是具体可测量的。

（2）推论错误

在通过分析得出研究结论的过程中，研究者可能会因错误对应分析单位与研究对象的关系，从而得出错误的推论。通常有两种错误，其一是生态谬误，其二是还原论。

① 生态谬误

生态谬误（ecological fallacy），又称层次谬误、区群谬误。生态谬误可以被定义为运用宏观的分析单位进行调查，然后用微观的分析单位进行总结[①]。它是将社区特征与群体特征、群体特征与个人特征相混淆的错误，是将根据整体或群体分析单位所得出的结论直接运用于个体时所出现的错误，也是一种在分析统计资料时常犯的错误。例如，在进行针对中专生对电子产品上瘾的研究中，我们以学校为分析单位展开研究。当全国各地不同的中专学校为我们提供了其学生对电子产品上瘾的数据时，我们通过分析数据得出，电子产品上瘾现象在有电子专业的学校里比在没有电子专业的学校里更常见。因为分析单位是学校，故结论也要停留在学校层面，如果我们将结论应用到校园里的学生个体时，如断言张三因为是电子专业，所以更易对电子产品上瘾，就犯了生态谬误。类似的例子有很多，如城市甲的平均智商高于城市乙的平均智商，但我们不能说城市甲中的小张比城市乙中的小刘智商高。

② 还原论

与生态谬误相对应的还原论（reductionism），也称化约论，指的是把从微观层次的数据和分析得出的结论推论至宏观层次的单位，比如，数据是关于个体的，但结论是关于城市或群体的。可以看出，还原论是典型的以偏概全，形象一点来说，一个系统由它的部分组成，但系统具有部分没有的特点，即整体性特质，毕竟事物整体大于部分之和，比如，我们人类有各种器官，器官组成一个人体后，就构成一个有思想有灵魂的人，远大于器官之和。因此，我们在微观层次分析单位收集的数据不可简单地推论至总体，否则就易犯还原论谬误。

6. 研究类型

社会工作研究的内容极为丰富，与之相应的是研究方法的多样性。这些方法的目的、过程、数据收集和分析手法大不相同，我们可以从以下维度去进行简单的分类。

1）根据研究目的划分

（1）探索性研究

探索性研究（exploratory research）是指在现有研究较少的情形下，研究人员对研究对象尚未有较深的感性和理性认识，对研究思路未有清晰的认识时开展的初步研究。研究人员一般围绕研究问题了解研究对象发生了什么，对他们的意义是什么，原因是什么，旨在通过捕捉大量的非结构性信息来获得对研究问题的较深认识及后续研究思路。例如，如果你关注的是战争地区难民儿童这类学界关注较少的人群，没有多少文献可用来指导研究者，探索性研究的意义会较大。

值得注意的是，在现有研究较多的领域，探索式研究的意义较小。例如，"对于忽视孩子的父母来说，常见的干预措施是什么？"，如果将这个作为一个研究问题，并没有多大意义，因为大量现有的资料可以告诉我们常见的干预措施。

---

① 程开明. 生态谬误：不可忽视的统计现象[J]. 中国统计，2021（11）：33-36.

(2) 描述性研究

描述性研究一般是用来描述或定义一个特定的现象，通过对研究对象的各种描述总结出规律和共性，在条件允许的情形下进行概念形成或理论提升。描述性研究是对特定问题进行初步研究的关键，包括收集事实（数据）这一部分，故描述性研究可以说是解释性研究的重要中间环节。例如，在关于无家可归者的研究中需要理解谁是无家可归者，无家可归者需要的是什么，他们现在的身心状况如何等问题。这样，作为社会工作者，才能研究怎样帮助他们。

描述性研究对社会工作而言尤其重要，因为社会工作者可借助描述性研究来展开和推动服务甚至推广专业。例如，就微观层面来说，对特殊群体的状况描述和干预描述可以让社会了解到需要救助的群体的状况和社会工作的贡献。在宏观层面上，政府的历年数据（如关于精神和身体健康的描述性数据）可以让社会了解整个国家大体的社会工作需求度和贡献率。

(3) 解释性研究

解释性研究是指通过量化或质性方法对资料进行分析概括，了解相关现象背后的原因或机制，以及现象产生的影响，预测此现象如何随其他现象变化，起到预测发展趋势和预防社会问题的功能[①]。可见，解释性研究一般致力于回答"为什么"的问题，为此，研究人员需要排除其他的原因，并且证实事情的先后次序，以及两者之间的联系。因为它的实用性功能，解释性研究在所有研究中显得尤为重要。例如，了解"为什么人们会无家可归"或"失业率是否会影响无家可归者的发生频率"就比"什么人无家可归"这个问题更重要，毕竟，这种研究可了解社会现象背后的原因，并帮助政府提出针对性政策建议。

对于社会工作者而言，回答了"为什么"就找到了问题解决的根，接下来就可以根据原因设计针对性干预方案。利用前文的案例，对于学生电子产品上瘾的解释性研究可能旨在理解学生为什么会上瘾，通过研究，社会工作者可以知道学生电子产品上瘾症是为了心理解压，还是受朋辈影响，或者因为电子游戏带来的成就感。对其原因有了清晰的认识，后面的干预设计就可以有的放矢，效果明显。

(4) 行动研究

行动研究（action research）有多种起源，其中包括勒温在美国的心理学实验和巴西教育家保罗·弗里尔（Paulo Friere）的扫盲运动和教育项目[②][③]。行动研究较多情形下是为解决某一群体或社区的社会问题，在开展行动研究时，研究人员会与利益相关者（那些对调查结果有兴趣的人或组织）进行合作，利益相关者会就研究项目的目的、研究问题、设计和结果提出一些建议，以期为社会和相关研究人员提供有用的研究成果。与其他研究

---

① 萧浩辉. 决策科学辞典 [M]. 北京：人民出版社，1995.

② Adelman C. Kurt Lewin and the Origins of Action Research [J]. Educational Action Research，1993（1）：7-24.

③ Reason P. Participation in Human Inquiry [M]. Los Angeles：SAGE Publications，1994.

相比，行动研究的目的有所不同，它是为了在个人和社区等层面上创造改变，结果导向强烈，是研究和干预相结合的特殊性研究，尤其适合社会工作的学科性质。

行动研究虽然没有太多新的研究方法技巧，但它以一种不同于传统研究的方式推动科学研究进程。例如，在一个社区或一类目标人群中有哪些问题值得研究呢？传统的研究人员可能会看文献或者运用他们的实际知识来提出和解决问题，而运用行动研究方法的研究人员会与目标人群本身进行协商，以了解他们认为最迫切的问题及最佳的解决办法。通过这种方式，行动研究在某种程度上颠覆了传统的研究方法。其研究人员更像是顾问，他们为目标人群提供必要的工具和资源，以实现目标和解决社会问题。

（5）诊断研究

诊断研究（diagnostic study）与描述性研究类似，常常是整个研究的一部分，但也有单独的诊断研究项目。诊断研究常常利用探索性研究所获得的事实资料开展研究。社会工作领域的诊断研究分两大类：一类是对服务对象进行的心理或行为状态研究，为后面的需求评估和干预计划奠定基础；另一类是对社工或社工机构而言的，意在评价干预方案，分析社工或社工机构在实务操作或管理过程中存在的问题，寻找需要改进的方面，以提升服务质量。

研究者在用诊断研究时都必须运用系统、科学的方法，以实事求是的态度，通过事实确定问题。有人称诊断研究就是寻找问题的一种研究，这种问题可以按性质严重程度来确认。比较严重的是真的出了问题，导致服务无法开展或对服务对象造成了伤害。不太严重的是服务过程或服务效果离目标有些偏差。诊断研究在发现问题后，还需要认清问题中的重要因素，确定这些社会因素间的复杂关系，再根据对问题的分析提出相关的建议。诊断研究虽然运用较多，但社会工作领域较少用"诊断"一词，因为那意味着将服务对象视为病人，在弗洛伊德之后，心理学界在用"诊断"一词时也较为谨慎。

2）根据数据性质划分

（1）定性研究

定性研究主要依靠非数字数据，如通过参与者观察、访谈和焦点小组得来的质性数据，旨在深度捕捉和理解研究对象的社会生活。它强调研究对象自己的观点、事物对他/她的主观意义，通常采用归纳逻辑分析手段得出结论。定性研究要求研究者置身于研究对象所处环境，并将研究对象个体行为与其所处的复杂社会文化情景结合起来加以考察，从而解决"为什么"的问题。

（2）定量研究

定量研究主要通过对数字资料的分析（如以问卷法和实验法等获得的数据）展示和分析人类社会生活与社会问题。定量研究基于演绎逻辑，先设理论，再根据理论设计问卷、收集数据，最后通过数据验证理论。

（3）混合研究

混合研究是一种将定性研究与定量研究相结合的研究方式，它采用严格的定量和定性研究方法，将它们进行有效整合，并利用每种方法的优势，来收集和分析数据，并整合各种数据，从而更加全面、具体、准确地理解研究对象，并推出结论。

3）根据研究人员的参与程度划分

(1) 非介入性研究

"非介入性研究（unobtrusive research）"最早由美国社会学家尤金·韦伯（Eugene Webb）于1966年在其著作《社会科学非介入性研究方法》(*Unobtrusive Measures：Research in Social Sciences*)一书中提出，非介入性研究指的是一种无须与研究对象进行互动的数据收集方法。非介入性研究不干扰研究对象，是定量与定性研究中都可用到的方法，具体如文献研究、非参与式观察研究等。社会科学界经常以非介入性研究来了解研究对象的现状、问题与需求。例如，《自杀论》的作者——法国社会学家涂尔干（Durkheim）就曾详细调查了法国各地区、时期的自杀情况。美国明尼苏达大学维娜（E. Weiner）2010年曾用历史比较法分析过往的报纸、审判记录等来研究历史上犹太人和非裔美国人在纽约市公立学校经历的种族歧视及校园不平等，她的研究让众多读者了解到美国校园中的不平等现象，引发了广泛的社会关注[①]。

此类研究中，研究者不需要担心其研究会对研究对象产生影响。这是非介入性研究的重要优势之一。非介入性研究的另一个优势是成本相对较低。因为"参与者"很多时候是无生命的物体（如网络日志、电视节目、历史演讲），而不是实实在在的人，所以资料收集的费用相对较少。但由于非介入性研究中研究者分析资料所产生的目的和研究者现在的目的可能完全相反，所以在这类项目中有时会出现有效性等问题。这是非介入性研究难以避免的缺点。

(2) 半介入性研究

半介入性研究是指研究者在资料收集中与研究对象有一定的接触，但没对研究对象产生较大影响的一类研究。典型的非介入性研究方法有问卷法、访谈法、参与式观察等。在参与式观察中，大多数情况下研究对象会意识到研究人员的存在，不会有较大的行为反应或变化。对于问卷调查，研究对象可以从问卷中了解到大致的研究问题，问卷中的问题对研究对象今后的行为或心理影响可以忽略不计。但需要承认的是，在精确的心理实验研究中，前测对后测有一定的影响。

(3) 介入性研究

介入性研究是指研究者完全参与或高度参与研究对象的生活，研究过程对研究对象的行为和心理有一定影响的一种研究。介入性研究的典型代表是行动研究。社会工作者在行动研究中与研究对象一起工作，分享想法、知识和经验，以便所有人都从互惠和协作的互动过程中受益，每个人都将自己独特的知识和技能运用在一个共同的项目中，为项目中的人群谋利益和发展。作为社会工作研究者，他们希望利用自己的专业技能来提高社会公正和生活质量，帮助人们挖掘潜力、利用资源、解决问题。以行动研究为代表的介入性研究的目标是满足研究对象的需求，核心是推进社会地位和权力差异的减少以及增进信任和互惠。

---

① Weiner M F. Power, Protest, and the Public Schools：Jewish and African American Struggles in New York City [M]. New Brunswick：Rutgers University Press，2010.

4）按照时间维度划分

（1）横断面设计

横断面设计（cross-sectional studies），也称横剖研究、横断面研究，指在某个时间点上就某个问题对研究对象进行资料收集和分析，是一种跨越年龄和时间的常见研究类型。最典型的是在某个时间点展开的问卷调查。横断面设计在社会科学中广受重视，可用于比较不同阶层、不同年龄层、不同性别、不同职业、不同文化程度的群体在社会测量维度的差异。比如，我们对城乡少年的抗逆力进行横向比较研究，看家庭的社会经济背景是否对其抗逆力有影响，如果数据中社会经济状况好的少年抗逆力差，而社会经济状况差的少年抗逆力较好，则说明家庭的社会经济状况和少年的抗逆力情况呈负相关。

横断面设计具有使用资源较少、研究成本低，短时间内能收集到不同群体信息的优势。其劣势在于：因只集中收集某一时间点的资料，缺乏时间维度上的资料佐证，所以一般适合样本量较大的研究，其结论不可纵向推论；对于个案研究，横断面设计收集的数据是有限的，难以撑起一份研究。

（2）纵贯设计

纵贯设计（longitudinal studies），也称追踪研究，是对某一个人/群体进行的心理或行为如何随时间变化的追踪调查的研究。它更易发现社会现象和人类心理与行为的规律，有助于做出预测和做好防范。纵贯研究通常分为三类：第一类是趋势研究（trend study），是指在不同时间段对某群体进行抽样调查以研究这类群体随时间的变化（如每10年都对小学生进行抽样）；第二类是同质群研究（cohort study），又称队列研究，指针对具有相同特质的某一群体在不同时间点收集数据进行分析，旨在研究该群体随时间的变化（如每隔10年都对曾在2000年读小学的人群进行抽样）；第三类是同组研究（panel study），指在不同时间点对同一样本进行数据收集与分析，它每次都调查同一组人，没有抽样。

纵贯设计得出的结论更具有规律性，预测风险时比横断面设计的功能更强大。纵贯设计如同时追踪多个个体或群体的资料，则可以对个体或群体在某个问题上的发生率进行横向比较。比如，研究人员对父母患有精神分裂症的儿童和父母没有精神分裂症的儿童进行追踪研究，如有数据发现，父母患有精神分裂症的，其孩子患有精神分裂症的发病率明显高于其他孩子，那么可以认为父母患有精神分裂症是儿童患有精神分裂症的一个影响因素。但纵贯设计在时间和资源上的成本耗费要比横断面设计大得多；而且重复的数据收集会影响到研究对象对测量的回应，从而影响到研究结果；同组研究常面临的另一困境是受试者因各种原因退出（如失去兴趣、搬家、疾病），结论的有效性和推论性会受到影响。

（3）交叉序列设计

交叉序列设计（sequential design 或 cross-sequential design），是一种结合横断面设计和纵贯设计的研究方法。交叉序列研究设计的出现是为了解决单纯的横断面设计或纵贯设计可能产生的弊端。其"一列"类似于一个横断面设计，而"一行"则类似于一个纵贯设计。比如，在一个关于年龄增长和智力关系的研究中，抽取三组研究对象，各100人。第一组研究对象在2020年是20岁，研究人员在研究对象20岁、50岁和80岁时，即2020年、2050年和2080年对他们进行数据收集。第二组研究对象是在2050年时是20岁的人，在他们 50 岁时（即 2080 年）进行数据收集。第三组是 2080 年时 20 岁的研究对象。这样的交叉序列设计可以完美地将横断面研究和纵贯研究的优点结合起来，在尽量控制综合成本的前提下，避免单一方法可能出现的实验弊端，从而达到想要的研究效果。

横断面设计、纵贯设计和交叉序列设计，三者的主要区别在于分析时聚焦的变量，是年龄的关系，还是同质群体间的差异，抑或是历史时间的关系。交叉序列设计的优势在于以下三点。第一，相较于横断面设计和纵贯设计，交叉序列设计更具科学性，即对因果关系的建立拥有更好的基础，它既可以比较不同群体间的差异，又可以比较三个群体在时间维度上的不同。第二，其耗费的时间和人力成本相对更少，效率更高。第三，交叉序列设计不仅能够发现变量的变化关系或模式，还能识别所观察到的变化的发展起源，从而使得研究人员对研究问题获得更深层次的理解。但交叉序列设计具有重复测试、等效测量和受试者对测量的敏感性下降等问题，以及抽样复杂、耗时较长、研究参与者流失、对资源依赖、实践难度较大等缺点。但是，当交叉序列设计能够顺利开展时，其优点远多于缺点。

7. 常见研究方法

研究者在确定研究范式、研究思路和研究类型后，就需要决定具体的研究方法。在定量研究和定性研究范式下，各有几个具体的研究方法，它们都有一定的优缺点。

1）问卷调查研究

问卷调查研究（survey research）是最常见的定量研究方法。在问卷调查研究中，研究人员以问卷的形式向调查对象提出一组预先确定的问题，再根据参与者的回应数据做统计分析，从而验证研究假设。问卷调查研究的经济效益明显，其科学程序和具体工具严谨可靠，具有通用性；但缺乏深度，有些问题流于表面，难以询问特殊的问题，也无法根据调查对象的反馈进行追踪询问。

2）实验研究

实验研究（experiment research）是最能保证自变量和因变量关系的研究[1][2]。实验法适用于社会工作中大多数研究，尤其是微观层次的研究。实验研究的原理是通过对照组将干扰因素去除（控制混淆变量），然后对实验对象实施干预，看干预对实验对象是否有影响。它具有能有效控制干扰（混淆）因素、可重复性、非自然性等特点。

3）叙事研究

叙事研究（narrative research）用于深入研究各种社会、心理或医务社会工作者的临床问题，通过了解事情（如研究对象的心理、行为、人际关系等）发展的过程，再通过对叙事分析（尤其是重构）来解决服务对象的问题。叙事个案研究法可适用于多种研究情

---

[1] Philip Kotler, Gary Armstrong. 市场营销原理［M］. 7 版. 赵平，戴贤远，曹俊喜，译. 北京：清华大学出版社，1999.

[2] 袁荃. 社会研究方法［M］. 武汉：湖北科学技术出版社，2012.

形，有助于解决不同类型的研究问题，但由于叙事性研究法过于依赖轶事和叙事说服，对于它是否反映了事物真实的一面，这一点值得商榷。

4）民族志研究

民族志研究（ethnographic research）可以用来对不同文化中的个人和个人的特征进行精准的描述，也可以描述社会或群体内部的制度、组织和社会生活。民族志研究是对一个或多个群体共享文化的研究，它对某个群体状态的改变有一定的帮助，也可以将社会变革传播到全球多文化的社会中。美国学者利（Leigh）将民族志研究描述为一种在社会工作中"理解个人的文化行为、价值观、语言和世界观"的过程，并且告诉社会工作者如何"满足个体的文化需要"[①]。

5）参与式观察研究

参与式观察研究（participant observation）来源于"田野工作"（field work），指研究者在公开或不公开自己真实身份的情形下参与研究对象的日常生活（一起活动），通过观察得出结论的研究方法。在参与式观察研究中，控制研究人员的主观感受对误差产生的影响至关重要，因为虽然观察视角综合且全面，但研究结论易受研究人员的潜在偏见影响。

6）文献研究

文献研究（documentary research）是指收集、整理各种形式的文献，再对文献进行内容分析或二次分析，形成对事实的科学认识的方法。它的优势体现在：① 节省时间和金钱成本；② 易于收集量大且具代表性的样本资料；③ 易获得研究人员自身无法获得的资料。它的局限性在于：① 所收集的资料可能不包含研究人员想要的变量，研究人员只能根据数据确定自变量和因变量，有违研究初衷；② 某些数据具有时效性，它可能不包含研究人员最感兴趣的问题。

7）焦点小组

焦点小组（focus group）可以简单地理解为小组访谈，是社会学研究中常用的方法之一，即组织具有相同特质的6~12名研究对象（如某一社区居民）围绕研究问题展开讨论式访谈，一般是半结构化和非结构化的。在社会工作研究中，焦点小组经常被用来评估在一个社区中是否真的需要一个新的社会项目或社会服务，或者如何开展某个服务项目。很多时候，焦点小组和社工小组的工作融合在一起。焦点小组有成本较低、能较快产生研究结果、灵活性较强等优势，但它也有代表性不足、成员间的从众心理造成数据失真、数据缺乏结构性等局限性。

8）深度访谈

深度访谈（in-depth interview）是最常见的定性研究方法，是研究人员围绕研究问题

---

① Leigh J W. Communicating for Cultural Competence [M]. Needham Heights: Allyn & Bacon, 1998.

对研究对象展开深入、详细的访谈，一般是无结构式访谈和半结构式访谈。这种研究中，语言是研究人员捕捉研究资料的主要来源，通过语言内容分析，研究人员能够更好地捕捉到受访者个人的感受、思想和感知的复杂性。深度访谈具有厘清复杂事件的过程或机制、有效理解多元文化的优点，但它又具有内容与诠释的主观性、不对等的权力关系、时间和精力成本较高、易造成受访者情绪失控等局限性。

8. 研究范式与方法的选择

每一种研究方法都有助于解决某一类型的研究问题，有其优势和不足，因此，对于研究人员来说，最终决定选择何种研究方法取决于研究的目标和性质以及研究条件等因素。选择研究方法时通常会遵循以下四个原则。

1）课题性质

研究问题涉及社会生活的方方面面，类型万千。严格来说，各类研究方法都适用于各类研究课题，但实际上哪种方法更合适取决于该研究课题的性质。如果是关于过程、机制之类的研究课题，定性研究方法更加适合；如果是关于社区成员的行为和态度的研究课题，定量研究方法更能帮助解决问题；如果是一个学界研究很少的研究课题，定性的探索性研究更加合适，因为可以借此厘清事物间的复杂关系，帮助研究人员把握好新社会现象的影响因素，以防被先入为主的观念带偏。在社会工作研究中（尤其是个案研究），要深度了解研究对象的内心过程、情绪、经历等，定性研究方法运用得更广泛些。在一些研究中，为了对研究对象进行较为准确的需求评估和干预效果评估，研究人员也会采用量表对研究对象进行测量。

2）资料的可获得性

资料的可获得性是指研究人员在研究某一课题时，收集所需研究数据和相关信息的难易程度。现今，大多数社科研究都是实证研究，论证过程需要资料的支撑。不管是定量研究还是定性研究的资料，都需要研究人员收集数据，所以数据收集对研究人员来说是一个挑战。在实地研究中，如何进入研究场地是很多研究人员头疼的事。一些特殊的研究中，研究人员入场都困难，遑论数据收集。早些年的社会调查很多是入户进行的，在越来越注重隐私的现今做入户调查非常不容易，为此社会学家总结出不少"一只脚先进门"的入户调查经验。基于此，在选择一个具体研究方法的时候需要考虑自己是否有能力收集研究需要的资料。

3）对研究对象权益的保护程度

对研究对象权益的保护是指在研究中若涉及伦理问题（如研究对象的隐私、安全等），研究人员需要遵守相关法律法规，进行相关评估，确保自己的研究方法不会给研究对象造成伤害。所有的研究都是为了解决社会问题，推动社会发展，研究对象是研究的利益相关者，研究人员有责任保护他们的基本权益。这一点在社会工作研究中尤为明显，因为社会工作服务和研究的对象很多是弱势群体，很容易受到各种伤害，包括心理的、物质的和身体的。

4）研究支持资源

在选择研究方法时，最后需要考虑的一个重要因素是支持资源，即有可能对研究产生限制的条件，比如，对相关数据的访问权限、研究经费、时间成本、相关硬件设施等。首先，研究者需要考虑数据的来源和数量以及如何去收集这些数据，这都可能会导致研究方法的不同。例如，研究人员要采用随机抽样，必须有一定的社会资源获得抽样框，否则随机抽样难以开展。定性研究的进场也需要一定的社会资源，有相关人士介绍或引荐更容易获得研究对象的同意和支持。其次，研究经费在一定程度上决定了研究方法的选择。一些研究从研究问题性质上看需要采用问卷调查的方法开展，而且需要大样本，这对经费有一定的要求，是研究人员要着重考虑的。再次，时间要求也影响了研究方法的选择。比如，采用纵贯研究方法，可能需要10年甚至更长的时间去完成；采用实地研究法（人类学家经常采用），也可能需要在研究场地住上一年。这在一定程度上决定了研究人员是否愿意采用纵贯研究。最后，硬件设施也影响了研究方法的选择，如电脑、统计软件、采访笔等。

9. 设计研究方案

如前所述，研究人员准备进行一项研究时，需要思考这些问题：为什么要研究这个课题？需要研究什么问题？学术界对这个问题研究到了哪一步？自己怎样研究这个问题？使用何种方法？需要什么保证条件？研究人员完成以上问题的思考时，研究设计也就完成了，接下来需要将研究设计以方案的形式呈现出来，供评审人员或导师审阅。一份完整的研究方案应当包括以下主要内容。

1）研究目的和价值

分析研究课题的目的和价值是进行研究的先决条件。一项课题的规划、组织等一切工作都要围绕课题的目的和价值进行。课题具有明确目的和可靠价值，赞助机构才会同意赞助此项研究。只有对选择的课题有了明确的定位，才有可能在研究中实现突破，也才能保证实际研究操作过程的顺利进行。设计研究方案，首先要说明为什么要进行这项研究，开展该研究有什么理论价值和实践价值。

理论价值一般通过文献回顾体现。通过研究人员的文献回顾，读者可以知道学术界对该问题的研究到了哪一步，哪些方面还有欠缺，研究人员的课题可以做哪些补充，在哪些方面可以实现创新，这些创新在学术上有什么意义。实践价值通过该问题的普遍性和严重性以及该研究能在什么程度解决该问题来体现。研究方案要展示研究可以为决策部门提供什么样的参考，能在什么层面、什么维度提出什么具体的建议等。

2）具体研究内容

研究内容是对所要研究的问题的具体分解和细化。研究问题的复杂性决定了研究人员需要从多维度、多视角、多层面去论证。通常而言，研究人员需将问题分解为几个相关的子问题，同时界定这些研究问题中的重要概念及相互关系。这些子问题的解决一方面构成了具体的研究内容，另一方面，为总问题的解决做了铺垫。

3）研究类型和方法

在确定具体研究内容后，研究人员应展示他将采用哪种研究范式和具体研究方法对总问题和具体的子问题进行资料收集和分析。如前所述，根据不同的研究课题和研究目的，可以采用不同的研究方式。研究方案要告诉评审人员该研究是调查研究、实验研究、实地研究抑或文献研究。不同的研究方式有不同的研究程序，也有不同的要求和收集分析资料的方法，如问卷调查法、实地调查法、实验法、文献法等。一个课题可以使用多种研究类型和方法，但所有安排都不能脱离研究的目的。如采用定量研究，还要展示具体的抽样方法、概念测量方法以及统计分析手法；如是定性研究，也需要呈现抽样方法、资料收集内容（访谈或观察大纲）。

4）明确研究人员、组织情况及时间安排

一般而言，研究是一个团队工作，因此，研究方案还要展示研究组织者如何考虑调研人员的选择、培训和组织等问题。在组建调研队伍的过程中，除了考虑个人的综合素质外，还必须考虑调研人员的整体结构，明确分工。

同时，研究方案要确定工作环节，对研究的进程和时间做出安排，制订明确的时间计划表。对研究要投入的时间提前做好规划，将研究过程分成若干阶段，研究每个阶段的时间期限，这样才能保证研究的顺利推进。

5）确定需要的物质手段和经费预算

物质手段和研究经费是研究得以顺利进行的重要条件。每一项研究都要投入一定的人力、物力和财力。在研究设计中对这些因素进行规划和计划，就可以保证研究的顺利实施，而不至于半途而废。研究需要的物质手段主要指调查工具、技术手段、分析手段和各种材料。研究的经费主要包括调研人员的差旅费、劳务费、会议、印刷制作等费用等。

（五）资料的收集

资料的收集是通过对社会现象的观察、测量与探究来获取社会信息的过程。如前所述，在这一过程中可使用多种方法，如问卷调查法、实地调查法、实验法、文献法、访谈法、量表法、观察法等。不同方法的资料收集过程差异很大，为了获得高质量的数据（具有深度、广度、客观性的数据），每个研究方法都有很多细节需要高度关注，研究人员需严格按照相关程序和细节要求收集资料。

关于资料的收集方法，还应注意的两点是：第一，某一种资料收集方法不可能适用于所有的研究课题或研究领域，每种方法都有其优缺点和适用范围；第二，在任何具体的社会研究中都可以采用多种不同的资料收集方法，这些方法可以相互补充、相互验证，以克服单一方法或技术的局限性。

(六)资料的整理与分析

资料收集工作完成后,紧接着就是资料的整理与分析,即把原来无法分析的原始资料,运用一定的方法,整理成系统的、完整的资料,或者对原始资料进行检查、校正、编码、输入、清理等,然后在此基础上进行分析[①]。

原始资料通常是粗糙、杂乱的,虽然代表着事物的某种特征,具有社会实在性,但它们本身并不能深刻揭示事物或现象的本质,只有对其进行去伪存真、由此及彼、由表及里的处理,才能把握其内部的规律性,反映出事物的本质。对资料的加工处理包括两个方面。第一,资料的整理,即对收集到的资料的真实性、准确性、合格性、完整性等进行审查,并通过分类、分组和编辑汇总等,使其条理化、系统化。第二,资料的分析,它是资料处理的核心环节,它通过对资料所包含的被研究事物的各个部分、各个阶段和属性的考察,对本质与非本质、偶然与必然因素的区分,把握事物的本质特征、属性、功能、结构与规律性,进而对所研究的事物做出正确的解释,并得出结论。因此,资料分析不仅决定了收集到的资料是否有价值,而且能够很好地检验假设和理论,或者适当地回答所研究的问题,它还能以可以理解和令人信服的形式描述研究成果。通过分析,研究者就可以将认识从具体提高到抽象、从个别提高到一般,并可从中发现新问题、提出新假设,使研究更加深入。从某种意义上说,分析的水平决定着整个研究的水平。

(七)撰写报告

研究的最后环节是撰写研究报告,向课题资金方呈现研究过程和研究结果。研究报告是一种书面的、主要以专业读者为对象的交流形式。一篇好的研究报告在写作上最重要的标准就是准确、清楚。准确是体现研究的科学性、严密性的关键因素,而清楚的叙述,则是表达和交流研究成果所应具备的最基本的条件。

研究报告是科学论文,其要求注重语言的准确和对事实的陈述。首先,需要语言准确,语句简短。作为科学论文,研究报告是以它论证的严谨和严密的逻辑吸引读者,因此它的语言是以准确性和简明性为主要特征的。其次,要求对事实的陈述要做到客观,不要进行价值判断,不要在叙述过程中使用主观的、带有情感成分的语言,只求做到将事实告诉读者,而不是去说服读者,要相信读者具有自己的判断能力。最后,在行文过程中尽量避免使用第一人称。为了体现研究报告的客观性和正式性(非私人的),在陈述时一般采用第三人称或非人称代词[②]。

研究报告的内容和结构一般包括四个主要部分:第一,导言(即说明研究问题以及进行这一研究的理由);第二,研究方法;第三,研究结果(即说明在研究中发现了什么);

---

① 张伟,金江军.智库研究与管理方法[M].北京:中共中央党校出版社,2017.
② 魏巍.社会调查研究方法[M].南京:江苏凤凰科学技术出版社,2017.

第四，讨论（即通过横向和纵向比较说明研究的发现意味着什么，从发现中还能得到其他什么，以及还可以继续做些什么）。

研究报告应从序言部分的大背景开始，逐渐转变到较为专门化的领域，再到提出研究者自己的研究问题，之后介绍研究方法和结果，此部分可以言简意赅。紧随其后的结果讨论是研究报告逐渐拓展的部分，可以向读者展示研究结果的价值及应用，全面的序言可以向读者提供问题形成的背景及意义。

七 社会工作研究伦理

（一）社会工作研究伦理的必要性

社会工作研究是为了追求知识，但其中也具有与社会工作目标相一致的政治和道德目标，即实现社会正义并改善个人、群体和社区的社会条件。实现这些目标常要思考伦理（ethics）问题。无论是在问题发现、需求评估、服务设计，还是抽样调查、项目评估等阶段，社会工作研究者都需要遵循社会工作伦理，使研究过程顺利进行。

社会工作者协会的道德守则规范了社会工作者的伦理责任，督促其以合乎道德的方式进行研究。例如，社会工作研究者在初步接触研究对象时，需占用研究对象大量的时间和精力，扰乱其常规活动。同时，研究通常会要求透露个人信息。社会工作研究中对伦理的慎重考虑不仅能促进研究过程的推进，还能保护研究对象的隐私、提升人员的专业规范化，为整个调查研究带来持续的保障。

社会工作研究者应该做到以下几点：确保研究目的是追求知识；及时了解现有的最佳研究证据，为实践提供信息；确保所有研究对象的自愿性和充分知情同意权（充分了解研究的风险、益处和目的）；同意参与研究的主观决定权；在研究过程中不产生欺骗行为；允许研究对象随时退出研究；为研究对象提供适当的支持服务；保护研究对象免受伤害；实行保密原则，确保研究对象的身份信息和披露的其他信息受到保护等[1]。这些在社会工作研究者实施研究前就必须考量[2]。

（二）不同层面的社会工作研究伦理

在宏观、中观和微观层面，社会工作研究有不同的伦理问题。研究人员在面对这些问题时可对症下药，充分考虑研究对象的差异和共性，以及他们所处的社会环境。

---

[1] National Association of Social Workers. Code of Ethics [J]. Journal of Aggression, Maltreatment & Trauma, 2005 (3): 395-422.
[2] Steven J, Franklin G M. Ethics of Cancer Clinical Trials in Low-resource Settings [J]. Journal of Clinical Oncology, 2014 (28): 3192-3196.

在宏观层面上，社会工作研究者应该考虑对社会的期望，主要的关注焦点是社会。西方最典型的案例是关于是否使用二战期间纳粹收集的数据或引用纳粹已发表的研究。由于这些数据是以不道德的方式收集的，多数学者认为不应该在任何当前的科学调查中使用。

在中观层面，社会工作研究者应该考虑对社区的责任。理想情况下，研究结果将通过确定社会问题进行干预，使目标人群受益。此外，社会工作研究者还须考虑社会工作职业的责任，他们是站在社会工作行业长达一个多世纪以来建立的声誉上进行研究活动的。

微观层面上，社会工作研究者必须考虑自己的行为和个别研究对象的权利是否在合乎伦理的范围之内，是否侵犯了他人的权益。这时主要的关注焦点是个体，尤其是个人的权利是否受到保护。在收集资料时需获得研究对象的同意，在研究对象的理解水平内向研究对象提供有关研究的目的、方法、要求、风险、不便和可能的结果等信息（包括发布研究结果的可能性和形式），由研究对象自愿选择是否参与。另外，研究报告撰写时要尊重研究对象的隐私权。

中英文关键术语

社会工作研究（social work research）
归纳法（induction）
演绎法（deduction）
范式（paradigm）
变量（variable）
研究假设（research hypothesis）
科学环（scientific circle）
循证实践（evidence-based practice）
研究主题（research subject）
研究问题（research question）
文献回顾（literature review）
研究设计（research design）
研究方法（research method）
研究报告（research report）
研究设计（research design）
定律化因果解释（nomothetic causal explanation）
个体化因果解释（idiographic causal explanation）
分析单位（unit of analysis）
观察单位（unit of observation）
生态谬误（ecological fallacy）
还原论（reductionism）
研究主题（research subject /topic）

研究提问（research question）

问题明确化（clarification of the problem）

局内人主义（insider doctrine）

复习思考题

1. 社会工作研究有哪些特点？
2. 社会工作研究有哪些功能？
3. 社会工作研究中的逻辑推理有哪些方式？它们存在什么样的关系？
4. 社会工作研究范式的主要划分有哪些？
5. 请简要归纳总结在进行社会科学研究时，具体有哪些步骤。
6. 研究主题是整个研究过程的起点，作为一名社会工作者，应该如何选择一项研究主题？
7. 如何避免在撰写文献综述中所遇到的相关性较差、简单堆砌、乱扣帽子等问题？
8. 在构思研究设计时，要考虑到哪些因素？研究设计对于开展一项具体的研究有什么作用？
9. 什么是研究设计？
10. 研究设计的原则有哪些？
11. 社会工作研究内容极为丰富，研究方法也具有多样性。请从不同维度对研究类型进行分类。
12. 对于研究人员来说，研究方法的选择会影响研究结果的好坏。因此，在选择研究方法时，研究人员需要考虑哪些主要因素？
13. 研究始于问题，在不同的语境下，"问题"的含义并不相同，请简要归纳总结社会科学研究中问题的含义及明确化过程。
14. 可靠的选题来源是确定问题的前提和基础，请简要归纳总结社会科学研究中选题的主要来源。
15. 请根据自己的个人经历与社会生活，选定一个研究选题。
16. 请根据本书提出的选题衡量标准来对你提出的选题进行评判。

第二部分

第 2 章 定量研究

定量研究也称量化研究,是社会科学研究的一个重要方法。区别于定性研究注重人与人之间意义的理解、交互影响、生活经历和现场情境,定量研究依靠对事物的可量化部分以及相关关系进行测量、计算和分析以达到对事物本质的一定程度的把握[①]。

一 定量研究的界定

定量研究借鉴自然科学中的研究方法,以经验的数据为依据,以严密的逻辑为准绳,以量化分析为主要手段,探究社会生活的各个领域,并揭示事物或现象的规律性,其价值在于,从样本群体中的数据获得的结果可以用于概括或解释样本背后的人群。具体来看,它以对某种社会现象的解释性理论为依据,通过调查、二手量化资料或实验等方式获取数据资料,并借助统计程序,以表格、图形或模型等形式,最终客观呈现社会现象之间的数量特征或数量关系。因此,其研究过程具有很强的客观性和确定性[②]。

从研究问题层面上讲,定量研究特别适合用于研究以下三类问题:第一,需要用数据来描述的答案,如某机构有多少社工本科毕业生;第二,精确地研究数值变化,如某机构的服务对象今年相对去年是增加了还是减少了;第三,解释某种现象,如什么因素可以预测小学生的霸凌行为,这类问题一般通过假设检验完成。其中第一类和第二类问题是"描述性"问题,探索回答某一社会现象"是什么"和"怎么样",第三类问题则是"推理性"问题,用于回答为什么会出现某一社会现象或问题。

受限于本身方法论的局限性,定量研究虽适合用于检验理论和假设,却不适合用于去深入研究某一社会现象或某一特别复杂的问题等,但如果我们检验完某一问题和假设后,还想进一步探究该问题背后的社会根源或错综复杂的影响因素,则可采用混合研究方法。混合研究方法综合了定量研究与定性研究,其研究设计取决于研究问题本身想要深究什么或发现什么,而非某一预先设定的认识论立场。由此,随着研究条件的日趋改善和研究者们对社会发展探究的深入,混合研究被广泛用于各种社会研究之中。

二 定量研究的特点

定量研究运用标准化的测量工具将社会现象简化为数字与数字之间的关系,并采用统

[①] 马秀麟,邬彤. SPSS 数据分析与定量研究 [M]. 北京:北京师范大学出版社,2020.
[②] 欧阳康,张明仓,社会科学研究方法 [M]. 北京:高等教育出版社,2001.

计的方法来进行分析，试图在类的层次上探讨社会现象之间的关系。由此，它有着与定性分析不一样的特点。

（一）实证主义范式

定量研究以经验论或实证主义为基础，通过逻辑原理和推理认识事物的本质。定量研究讲究严谨、客观和控制，认为事实是绝对的，只有一个由仔细测量决定的事实；认为个人行为是客观的、有目的的、可测量的；必须用正确的测量工具去测量行为；个人的价值观、感受和观点等不会影响测量。

（二）结构化

结构化首先指的是定量研究数据收集工具的标准化。为了能够用标准化的方式收集研究数据，研究者在开始研究前会将概念和变量进行操作化，变成可以测量的指标或量表。例如，在对10000名一线社会工作者的工作幸福感进行测量时，我们使用的是同一份问卷，不管对方是在哪个省份工作，是男是女，换言之，尽管研究对象存在这样或那样的差别，但所使用的问卷是完全一样的、标准化的问题。定量研究的结构化其实是研究论文或报告的结构标准化，即一般都含有研究问题、理论框架（含文献回顾和研究假设）、研究方法、研究发现、讨论与结论等部分。

（三）样本量需达到一定数量

定量研究是对研究对象进行数量上的分析，因此其样本数量需达到一定要求，因为量化研究的主要目的是通过样本数据得出关于总体的结论，这就要求样本能代表总体，样本量不能过小。全国性的调查，样本量一般要达到1000以上。一些网站提供简单的样本量计算服务[①]。

（四）结论可重复性

定量研究在研究开始前就有着明确的研究计划、研究假设、研究问题；在收集研究数据时，研究者会采取适当的手段把研究目标以外的种种影响排斥在研究之外，如采用量表或实验等方式进行测量；在进行数据分析时，软件的计算方式相同。总的来讲，研究者与研究对象相互独立，较少互相影响。因此，定量研究的研究过程一般可复制，其最终得出的结果也具有普适性特点，较少受时空和社会环境影响。

---

① See Australian Bureau of Statistics.

三 定量研究的阶段划分

定量研究是人类认识社会现象的一种科学研究活动，为保证研究的顺利进行，必须按照人类对社会的认识规律，科学地安排定量研究的每项工作。通常而言，定量研究可分为准备、调查、研究与总结四个阶段。

（一）准备阶段

定量研究的准备阶段需完成确定课题、初步探索和研究设计三项任务。确定课题需要研究者考虑理论与实践价值，以及创新性与可行性之间的矛盾关系。理论性，即研究课题具备的理论价值，如学术界公认的重大前沿问题或填补理论空白点的研究课题具备理论研究意义和学术价值。实践性要求研究者选择的研究课题对于解决现实问题存在意义，或者对社会发展起推动作用。创新性要求研究者对一个已被研究的课题进行全新的诠释，包括但不限于研究角度、理论依据、研究对象、研究方法、研究内容等的创新。从研究发展角度而言，研究课题的创新性越强，其研究意义则越大。但一项研究课题的开展并不能只考虑创新性，还要考虑其可行性，它受到诸多主、客观因素的制约，比如，研究经费和研究者自身条件（如理论水平、宗教信仰、语言或身体素质）等。

初步探索包括文献综述和实地调查。在确定研究问题后，研究者需要对自身确定的研究问题所涉及的研究领域内的文献进行广泛的阅读和理解，并在此基础上形成自己的见解与研究思路。实地调查则是在正式调查前先到现场去走访、询问，以便了解一些现实发生过但过往研究中有所遗漏或未提及的相关研究问题。在初步探索阶段中，需要研究者努力将文献综述和实地调查结合起来，逐步设计出自己的调查方案，并形成初步的研究设计。

一份科学的研究设计是保证定量研究取得成功的关键步骤。在研究设计阶段，需要研究者明确调查目的、确定分析单位、制定抽样方案、设计调查问卷和制定实施方案五个方面的内容。分析单位即进行调查和抽样的基本单位。社会研究中，定量研究的分析单位主要有个人、群体、组织、社区和社会产物五大类。分析单位对于一项定量研究至关重要，同一个现象如果选择的分析单位不同，则会产生不同的理解和解释。例如，研究问题是疫情后大批外出务工者选择回乡创业的现象，分析单位可以是个人，也可以是群体（如35周岁以下青年和35周岁及以上青年两个群体），以个人为分析单位可以得出疫情后青年创新创业的行为偏好，若以群体为分析单位则可以得出特定的青年群体创新创业发展的趋势。一般而言，分析单位等同于抽样单位，但有时候分析单位也可能与抽样单位不同，研究者可依据研究问题、研究目的、研究理论、社会经验确定分析单位。

（二）调查阶段

定量研究的调查阶段是研究者依据所确定好的研究设计，进入调查现场收集研究数据。定量研究常用的收集研究数据的具体方法有问卷法、量表法、文献法、实验法等。不同的研究问题和研究设计适用于不同的资料收集方法。无论使用哪种资料收集方法，研究者都需要保证按照统一的要求和程序以及标准顺利完成资料收集任务。同时还需注意，不同调查阶段需侧重不同问题，调查初期，研究者需要尽快与调查对象建立友好关系，努力争取调查对象的充分理解和合作，以便获取真实可靠的研究资料；调查中期应注意总结并及时与合作伙伴交流经验，及时发现数据收集过程中的新问题和新发现；调查后期则需要研究者对收集到的资料进行初步的整理与分析，以便及时发现可能遗漏的资料或可能存在的问题，并及时补充遗漏的资料或更正错误的资料。

（三）研究阶段

定量研究的研究阶段又可大致分为资料整理、资料分析、理论分析三个阶段。资料整理即对收集到的研究资料进行严谨的归纳与整理。这个阶段，需要研究者对研究资料进行审核、编码和汇总。对研究资料进行去粗取精、去伪存真，可使研究资料数字化、系统化、条理化，从而为下一阶段的数据分析打好基础。定量研究中的数据分析就是运用统计学原理和方法来研究社会现象的数量关系，揭示事物发展的规模、水平、结构和比例，说明事物发展的方向和速度，为进一步开展理论研究提供准确而系统的数据资料[1]。常用的数据分析有描述性统计、差异性分析、统计模型建立与专项统计。

单纯的数据分析并不能说明事物为什么会具有差异性或相关性，此时就需要借助理论来对数据分析结果进行解释和说明，并进一步对研究假设进行验证和论证。所谓理论分析，即在对研究资料进行整理分析的基础上，借助抽象思维对研究资料进行进一步升华，将对研究资料的感性认识上升为理性认识。目前，定量研究中并未对理论分析形成一整套统一的方式，美国社会学家特纳在《社会学理论的结构》中将理论要素概括为概念、陈述、变量、格式，采用矛盾分析法、历史分析法、因果分析法、比较分析法、功能分析法和系统分析法可以帮助研究者完成理论分析阶段的任务[2]。

（四）总结阶段

研究者在定量研究的总结阶段需完成撰写研究报告和总结研究工作两项任务。研究报告是整个定量研究的缩影，定量研究的研究报告应包括但不限于标题、致谢、目录、图标索引、摘要、导言、文献回顾（一般含理论框架和研究假设）、研究方法、研究结果、讨论、结论、注释和参考目录等几大部分内容。研究报告除了以上的共性结构，行文也有客观的共性。因为结构性和客观性，定量研究报告相对于定性研究报告要容易一些。尽管每次研究的研究问题不一致，但定量研究的研究套路却是不变的，对每一次定量研究工作的总结，都有助于积累成功经验和吸取失败教训，为后续社会研究做好经验积累。

---

[1] 胡荣. 定量研究 [M]. 北京：北京大学出版社，2021.
[2] 乔纳森·H. 特纳. 社会学理论的结构 [M]. 7版. 邱泽奇，张茂元，等译. 北京：华夏出版社，2006.

四　定量研究设计

研究设计是定量研究过程中的重要一环，是实施社会科学研究的总体计划，研究者依据研究设计进行研究。在研究设计这个环节需要仔细考虑确定研究设计的目的，即它们是否适合目前的研究目标，以及这样做是否有违研究伦理。

（一）定量研究设计要素

一份常规的研究设计通常包含以下内容[①]：
① 需要研究哪些对象、现象或变量；
② 要获得哪些类型的数据；
③ 在什么时间、地点获得数据；
④ 从哪些途径来获得研究数据；
⑤ 如何分析数据；
⑥ 组建一个调查小组；
⑦ 为可预计的研究阶段制定可行的时间表；
⑧ 研究结果的呈现形式；
⑨ 项目研究预算和成本控制；
⑩ 可能涉及的道德伦理问题。

从以上内容可知，简单来讲，定量研究的研究设计就是为研究者提供一个基本的研究思路细节，以便研究者明确应该收集什么样的资料来回答提出的研究问题。研究者根据研究问题的性质和主客观条件选择最佳研究设计，决定采用横断面研究或纵贯研究思路，设定什么理论框架，采用什么抽样方式，如何收集数据，做什么量化分析等。如果是有经费支持的研究，这些在撰写经费申请书时基本确定了。如果是自己的研究论文，研究者需要自己写研究设计方案。

（二）定量研究设计的类型

我们可将研究分为探索性、描述性和解释性三大类。定量研究设计可以套用这种分类。不同类型的研究对应不同类型的研究设计。

如前所述，探索性研究是指在研究者对研究题目的范围和概念不太清楚、对研究对象的内在联系不熟悉、不能确定假设和研究方向，并且缺乏前人的研究信息和理论、无法提出具体方法以进行科学研究的情况下，所用的一种研究方法。此类研究要求收集与研究问

---

① Thyer B. The Handbook of Social Work Research Methods [M]. 2nd ed. Los Angeles：SAGE Publications，2010.

题有关的各种预备资料，探索和形成关于研究课题的假设，或者为现象的一个或数个层面做集中的分析研究做好准备，从而为今后的周密研究提供基础和指导。鉴于它的探索性质，探索性定量研究大多是采用定性研究思路（实地调查、访谈、观察等）完成。真正的定量探索性分析是因子分析。因子分析可帮助研究者发现或确定某个现象（可以是影响其他因素的 X，也可以是受其他因素影响的 Y）的维度，具体可分为探索性因子分析和验证性因子分析。探索性因子分析可通过 SPSS 软件完成，而验证性因子分析需通过 AMOS 软件完成。

如研究者的研究目的是通过对某些总体进行描述，以发现总体在某些特征上的分布，他可以采用描述性研究设计。最常见的描述性统计分析是众数、异众比率、中位值、四分位差、均值、标准差。描述性统计可用表格或图（圆瓣图、直方图、曲线图等）表示。针对描述性研究问题的研究设计，可以采取横向比较或纵向比较的方法。横向比较就是将具有某种相同特征的两组或以上的数据进行比较，纵向比较则是对同一组人群不同时期的数据进行比较。这样的比较能够为研究者对单一数据分析提供一种参照背景，发现引起研究问题的核心变量。例如，A 市青年占城市创新创业人数的 40%，我们并不知道是高还是低，但若是和其他城市比较或与过去五年进行比较，就能分析 A 市青年占城市创新创业人数的占比情况以及近五年的发展趋势。

如果研究者想探寻现象背后的原因或结果，解释现象发生变化的内在规律，他需采用解释性研究设计。在做这类研究设计时，研究者需事先判断变量之间是否存在因果关系，即要注意变量之间是否存在实际的相关关系；以及这种相关关系存在时间的先后（原因变量在前，结果变量在后）；同时排除变量之间的虚假关系可能性这三个条件。这三个条件都满足才可认为具有初步因果关系。例如，养老机构的建设与老人入住养老院养老之间存在正相关，但是养老机构的建设与老人入住养老院之间可能并不存在直接的因果关系，而是存在第三个变量，即老人养老观念的改变。由此，在面对存在因果关系的研究问题时，研究设计应力求满足因果关系的三个条件，尤其是第三个排除虚假关系可能性。这就要求研究者在进行研究设计的过程中，力求确保模型中其他解释变量已被消除或控制，从而让自变量和因变量之间的关系更可靠。有了初步的因果判断，后续还要通过统计分析证明这种因果关系确实存在。因果关系的证明一般通过卡方检验、方差分析、回归分析等统计手法完成，具体看自变量 X 和因变量 Y 是哪个层次的变量。在回归分析的基础上还衍生出中介分析、结构方程模型、调节分析。这些通过统计软件 SPSS、AMOS、Stata 等可完成。

五　定量研究资料收集

与其他研究方法一样，定量研究的资料收集也受时间、空间和资源的限制。如何在有限资源范围内有效且高效地收集研究问题所需资料是每一个定量研究者需考虑的问题。

（一）资料收集的途径

1. 问卷调查

问卷调查依托问卷收集资料并对此进行统计分析。问卷设计一般需按照一定的原则和程序完成，如理论框架遵循原则、信度与效度原则、易于回答原则等。特别需要注意的是问卷中一定要有自变量和因变量的题项，否则后续统计分析无法完成。这些题项通常构成关于测量自变量和因变量的量表。

问卷中的题项有态度、行为和状态三类；前者说明被调查者对某些议题的看法，如社会工作本科生对社会工作专业的满意度；中者代表被调查者的实际行为，如社工实践过程中运用到的专业服务技能有哪些；后者涉及被调查者的人口社会特征、个人经历和其他信息，如文化程度。具体设计什么题项视研究问题而定。

正式问卷调查之前还需进行抽样，即研究人员按照抽取方案实际抽取问卷调查对象。最理想的抽样是概率抽样，因为这种方法可以使研究者通过研究总体中某些具有代表性的个体来进一步掌握总体的真实面貌，更深刻地认识客观世界并对未知的客观世界进行合理推论。在条件不满足的情形下，研究者只能采取非概率抽样方案，如果是非概率抽样，写研究结论的时候要特别谨慎，不可动辄言"总体……"。样本质量进行评估是十分重要的，也是初学者容易忽视的地方。样本抽取完毕并不意味着抽样的结束，研究人员还应该在此基础上对样本误差（主要为抽样误差和测量误差）及代表性进行检验，以避免由样本偏差过大而导致研究的失败。

问卷法有经济性、参与性、匿名性、稳定性等优势，对于某些研究问题来说是一个最佳选择。但问卷调查不允许探查和澄清参与者的答复，也不允许收集更多信息，对被调查者有一定的文化水平要求，不太适合识字困难或中文不是第一语言的人。研究者在做研究设计时需充分考虑这些因素。

2. 公开数据源

公开数据源是指由政府、组织机构或个人公开提供的数据集。这些数据集通常可以在公共数据库、开放政府数据平台等地方找到。公开数据源适用于需要从公共领域获取相关数据的情况，比如，基于第七次全国人口普查的数据，我们可以进行全国流动人口空间分布、教育资源供给、老龄化等定量研究。

3. 实验法

实验法是研究者结合研究问题和研究目的，制造一定的实验环境，创设相关实验条件，有目的地选择实验对象，从而探究自变量与因变量之间关系的一种研究方法。相较于问卷调查和公开数据源，实验法在社会科学研究领域的使用频率较低，但通过实验法收集到的资料,却最贴合研究问题。

实验法能够同时满足因果关系同一时空、前后时间顺序、相关关系、排除其他变量影响的条件,因此在验证因果关系方面,实验法有着无可替代的优势。

(二)联系样本个体

样本抽取完成只是确定了数据收集的对象,下一步是联系被抽中的个体,并邀请他们完成问卷调查。研究人员通常通过正式机构、当地部门、私人关系或直接与被调查者联系来完成调查。在实践中,这些方法可以结合使用。例如,在调查某省高中生躁郁症状况时,可以通过教育部门、学校老师、社区负责人或在学校门口邀请同学们的方式来联系样本对象。

(三)资料收集人员

收集资料的人员既是研究参与者,也是收集资料的工作人员。资料收集人员在依托问卷调查、实验法和查询公开数据源收集各种资料的同时,还需确保资料来源的广泛性和可靠性。如果是大型调查,数据收集很难通过几个研究者完成,需要通过调查团队完成。在招募调查者时需考虑他们与受访者互动的性别、年龄和教育程度等因素。招募本地调查者可以节省成本,因为他们更容易接触到受访者,交通费用也较低。电话访问和计算机辅助调查则需调查者具备一定的电脑操作能力。一名合格的资料收集员至少应具备以下几方面的特征。

其一,具备一定的数据收集和分析经验,熟悉常用的数据收集和分析工具。

其二,具备良好的沟通能力和人际交往能力,能够与各种人群进行有效的交流和访谈。

其三,具备较强的责任心和团队合作精神,能够在压力下保持冷静,完成任务。

其四,对社会科学研究有浓厚的兴趣,愿意不断学习和进步。

调查者培训是正式调查开始之前必不可少的环节。培训目的在于让调查者理解研究内容,包括调查目的、对象、管理环节和质量要求,以便顺利开展调查工作;提高调查者的访问能力、题目编写能力和提问能力;熟悉设备使用方法和技巧;帮助调查者建立访问成功的信心。具体过程如下。

第一,与调查者一起阅读调查者手册,确保他们完全理解规范、问题本身以及提问的原因,并熟悉问卷的结构和注意事项。

第二,在其他调查者面前进行演示访问,增加其信心。

第三,让调查者分组互相练习访问技巧,能够做到运用问卷访问自如。

第四,每位调查者完成三到五次正式访问后,与研究者核对问卷并解答问题。

第五,分配实际的调查任务,并持续监督调查者的工作。

六 定量研究数据的质量控制

定量研究是通过分析样本数据得出关于总体的结论,因此样本数据质量的高低决定着结论的正确与否。影响样本数据质量的因素有以下几个。

(一) 样本代表性

这是推论的基础之一。要使样本数据具有代表性,关键是采用概率抽样方法。概率抽样方法有很多,每种方法都有其优缺点,研究者需谨慎选择,使抽样误差最小。

(二) 问卷质量

数据质量通过问卷获得,因此问卷质量的高低影响着数据质量的高低,主要体现在测量过程和问题的设计上。测量概念的量表需具有较高的信效度,问题设计也不可一题多问或具有引导性。

(三) 参与者问卷回答的态度

数据质量一方面需要研究者做好防范工作,另一方面也需要被调查者积极配合。这需要他们愿意认真完成问卷的填写。他们随意填写或刻意撒谎将导致错误结论。

(四) 二手数据的权威性

如果是二手数据分析,则该二手数据的权威性将影响研究结论的正确性。研究者需考虑原始数据收集者的背景、收集目的、问卷设计、抽样等因素。一般来说,政府的官方数据更可靠。

为保证问卷调查数据质量,做好问卷调查管理是必要的,包括数据收集期间的调查进程管理、访问员管理、督导管理、质量管理与意外管理。调查进程管理强调监督访问进度,可通过问卷完成时间了解进展。访问员管理体现在访问质量(访问量、完成率、访问时长等)和对调查者的后勤保障上(如食宿、交通、补贴等)。督导管理建立对调查者和问卷质量的统一意识,并跟进和改进工作。质量管理指的是对问卷回答质量进行管理,是前面三个管理的体现。美国公共意见研究协会(AAPOR)制定了四个问卷调查质量指标,即样本接触率、访问完成率、问卷回收率、有效问卷率[①]。

---

① See AAPOR (American Association for Public Opinion Research) website.

调查负责人在统筹调查活动之外还需要衔接和沟通，向研究者定期汇报调查进展、质量参数和问题解决方案，并提出改进建议；处理意外事件时，要根据应急方案及时稳妥处理，确保人员和数据安全。

为更好地开展问卷调查，调查负责人需要准备督导手册和调查者手册。

1. 督导手册

督导手册包括指导调查者运用技巧帮助完成访问，解决遇到的问题；回收问卷时核查完整性；电话调查中进行全程督导，监听回放和核查数据等；关注质量参数变化（访问时间、拒访率、访问进度）。

2. 调查者手册

调查者手册用于解释特定问题和澄清困惑，在调查者遇到问题时起重要作用。例如，调查家庭成员总人口数时，要解释什么条件算是家庭成员，如寄养在亲戚家的孩子是否算家庭成员等。

七 定量研究数据分析

在社会工作研究中，研究人员需要对研究资料进行数字化处理，这样才能对研究数据做进一步的统计分析。

（一）数据的整理与录入

1. 审查

在收集完毕后对问卷资料进行审查，主要包括完整性、统一性和合格性三个方面。例如，检查统计报表是否填写完整，问卷回收率是否达到要求，以及每份资料上是否有过多空白，无效问卷需要被剔除；此外，还需注意每份问卷的填写方法和相同指标的量度单位是否统一；提供资料者和被调查者身份是否一致等。

2. 编码

数据分析需借助计算机程序完成，为了能让计算机程序顺利地完成数据分析，研究人员需要让问卷的所有回答转成数字。问卷中有些问题的回答是数据，如年龄或教育年限，对此，可直接输入数据。有些问题则需要将前期收集到的研究资料进行编码，即为研究中每个题项的回答类别分配单独的代码编号。例如，性别、政治面貌等，此时需为每个回答分配编号，如题项"性别"，1代表男性，2代表女性；对于"政治面貌"，1代表群众，2代表团员，3代表党员；对于"我愿意和朋友分享快乐"，1代表非常不同意，2代表不同意，3 代表无所谓，4 代表同意，5 代表非常同意。对于定类变量，这些数字只是起代表作用，并没有数量意义。而对于未作出回答的题目，通常会用"999"表示。

3. 录入数据

数据需要通过软件（如 SPSS、SAS、Stata、R）分析，因此需要先把数据输入软件中。研究者可以将数据直接输入软件数据矩阵或先录入 Excel 电子表格中，再导入 SPSS 中[①]。

如研究者使用光学扫描表来收集数据。可将涂黑的数据表放入读数器，机器将黑色标记转换成数据，再导入分析程序。如果研究者采用在线调查，受访者回答时系统会将其答案输入数据库中，而不需要一个访谈者或数据录入员的介入。

4. 汇总与整理

对分类编码后的数据进行汇总和初步整理。大型调查时可能需要多名数据录入员同时工作，他们完成录入后需要进行汇总，将多个文件整合为一个（Excel 或其他格式）。之后需要对数据进行整理，为后续的分析做准备。研究人员可以对数据进行相应的编辑，如修改、删除、复制、粘贴等。这一阶段的主要任务是检查是否存在录入错误，并通过描述性统计来观察数据录入情况。常见的错误包括将"7"输入为"77"或者将"1"输入为"11"。研究团队通常会进行抽查核实，即在编号的问卷中按系统抽样原则每隔 10 位抽查一份问卷进行录入核实。

5. 数据编辑

不少统计分析有前提条件，否则软件无法完成。观察变量的分布情况，对于定距变量，如不符合正态分布，可能需要转换（平方、立方、开根号、求对数等方法），使之呈正态分布。除了一些常规编辑，定量研究数据编辑还经常用到"转换"菜单下面的"计算"。所谓"计算"就是利用现有数据库中的变量，按照一定的数学公式或逻辑表达方式，产生一个新变量的过程[②]。对量表而言，这是必须完成的一个步骤，因为量表是测量某一个概念的若干个问题，这些问题反映在每个个体上都有自己的数值，在分析的时候，需要将这些数值合并为一个能代表这个概念的数值[③]。

---

① 具体步骤为：打开 SPSS 软件，选择菜单：文件→打开→数据，SPSS 会打开数据窗口，此时将文件类型勾选为"Excel"格式，之后点击"SPSS 数据库构建"，再点击"打开"按钮。在后面弹出的询问窗口，勾选"从第一行数据中读取变量名称（V）"，之后点击确定。在数据录入或导入完毕后，研究人员需重点关注变量的"类型"和"测量"两个属性。点击左下角的"变量视图"，在弹出的窗口里，有"类型"和"测量"选项。当录入变量是数字时选"数字"，当录入变量为汉字或其他语言字体时，则选择"字符串"。测量类别中依据变量是否为定类变量、定序变量、定比变量或定距变量，分别选择类别、有序、标度。

② 武松. SPSS 实战与统计思维 [M]. 北京：清华大学出版社，2019.

③ 李克特量表一般是求均值。如变量呈非正态分布，也可以通过"计算"（如求对数，求平方）建立一个呈正态分布的新变量。

（二）描述性统计分析

描述性统计分析是对调查所得的数据资料进行初步的整理和归纳，以找出这些资料的内在规律，主要包括频率分布、集中趋势分析和离散趋势分析。针对每个变量（或单变量，一般是人口学变量、自变量和因变量）展开分析。

1. 频率分布

频率分布显示变量取值的数量或百分比。例如，在一线社会工作者工作幸福感调查中，发现有 83 名男性、219 名女性；有 202 名是非独生子女、100 名为独生子女；6 名处于分居状态、3 名离异、170 名未婚、123 名已婚；162 名一线社会工作者在自身户籍地工作，140 名在非自身户籍地工作。

2. 集中趋势分析

集中趋势分析是对一组数据分布中心的估计，具体表现为用一个数字表示一个变量一组取值（即样本）的反应。常用于评估集中趋势状态的指标有平均数、中位数（观察属性排序分布中的中间属性）和众数，其中平均数是最常用的集中趋势的衡量标准。

平均数用于定距/定比变量，用于描述一组数据在数量上的平均水平。分组数据的均值需考虑组中值和权重（即每组的人数）。

中位数最适合用于定序变量，是将一组数据按照从小到大的顺序排列，位置居中的那个数，例如，"1、2、3、4、5、6、7"这组数字的中位数就是 4。由于中位数并未充分利用原始数据的所有信息，因此其代表性没有平均数好。

众数适用于定类变量，是一组数据中出现频次最高的那个数。例如，"1、2、1、3、4、1、5、1"的众数就是 1。

3. 离散趋势分析

在统计中，把反映现象总体中各个体的变量值之间差异程度的指标称为离散程度[①]。常用于评估离散趋势状态的指标有极差、四分位差、方差、标准差。

极差适用于定距、定比变量，即用某个变量中的最高值减去最低值的方法来计算，如样本中收入最高的是 5000 元/月，最低的是 1500 元/月，极差为 3500 元。因为极端值的存在，极差并不是一个很好地反映变量分布的度量。

四分位差与中位值相对应，适用于定序变量。四分位数是将一组数据由小到大（或由大到小）排序后，用 3 个点将全部数据分为 4 等份，与这 3 个点位置上相对应的数值称为四分位数，分别记为 Q1（第一四分位数）、Q2（第二四分位数，即中位数）、Q3（第三四分位数）。四分位差是处于第一个四分位和第三个四分位值之间的差。四分位差反映了中

---

① 蒋志辉，朱哲，马爱艳. 社会调查研究方法［M］. 北京：北京邮电大学出版社，2017.

间50%数据的离散程度，其数值越小，说明中间的数据越集中；其数值越大，说明中间的数据越分散。

方差与均值（平均数）对应，适用于定距/定比变量，是每个个体（或单位）取值与均值的离差平方的均值，描述的是个人取值离其样本均值距离的平均状况。例如，样本取值为3，4，4，5，4，则样本均值$x=4$，样本方差$\sigma^2=$（3－4）2＋（4－4）2＋（4－4）2＋（5－4）2＋（4－4）2/5＝0.4。如果某研究显示样本方差偏大，说明样本内部在某个变量上的差异很大。标准差就是方差的平方根。

标准差越大，表明离散程度也越大；反之越小。平均数相同的两组数据，标准差未必相同。标准差一般和均值配套使用。如果某班级的抗逆力（1到5之间）均值为3.85，标准差为0.8，那么读者可以知道该样本中抗逆力偏高可达到4.65（3.85＋0.8），偏低也有3.05（3.85－0.8），整体而言，抗逆力不错。

变异系数用于比较不同度量单位变量之间离散趋势大小，其计算公式为：$C \cdot V=$标准差/平均数×100%。例如，学生身高平均数为160cm，标准差为5cm，体重平均数为50kg，标准差为4kg。身高的变异系数（5/160）小于体重变异系数（5/50），由此可得出身高的离散趋势小于体重的结论。

（三）推论统计分析

1. 群体间差异显著性分析

所谓差异显著性分析，即在两组或多组数据中比较分析彼此间是否存在显著性的差异，是以假设检验形式从样本数据得出关于总体状况的一种分析，可以说是相关分析的一种特殊形式。一般而言，差异显著性分析用于分析定类变量和定距变量间的关系，比如，男性和女性间的抗逆力是否有显著性差异，不同政治面貌的学生在抑郁程度上是否有显著性差异。显然，这些不同组别的样本数据不可能完全相同，但这种差异在总体中是否具有显著性很重要，如不具有显著性，差异可以忽略。如果组间差异性具有显著性，则说明分组的维度（如性别）和测量的变量（如抗逆力）间具有相关性。差异显著性分析可以分为均值差异检验和百分比差异检验；还可以分为两组间的差异显著性分析和多组间的差异显著性分析（即方差分析，ANOVA）[①]，如男性和女性生育三胎的观念在总体中是否有显著性差异，来自不同家庭结构（核心家庭、联合家庭、离异家庭、丧偶家庭、再婚家庭等）的儿童的抗逆力是否有显著性差异。方差分析不但可以告诉我们多组间的差异是否具有显著性，还可以通过"事后多重比较"对那些组别进行两两比较。

2. 非参数检验

在研究总体人数不是很明确（如全市留守儿童或全市被家暴的儿童）的时候，关于总

---

① 两组间差异显著性分析在 SPSS 软件中的操作路径为：分析→比较均值→独立样本 t 检验。多组间差异显著性分析操作路径为：分析→比较均值→单因素 ANOVA 检验。

体的参数无法得知,一些检验的前提条件没有满足而无法进行。此时,可采用非参数检验。最常见的非参数检验是对两个定类变量在总体上是否相关的卡方检验①。

相对于参数检验,非参数检验对数据及数据分布类型的要求不严格,检验方法灵活、计算也相对简单,因而更易于掌握,适用范围也更广泛。然而非参数检验对总体要求不高,适用于任何分布类型的数据资料,但其本身方法又缺乏针对性,因而当数据满足参数检验时,若再使用非参数检验则会大大降低检验功效。同时,非参数检验并未使用原始数据,而是单纯使用等级或符号秩,由此其检验的有效性也大大低于参数检验。总体而言,参数检验与非参数检验各有其优缺点,研究人员可依据研究目的及研究资料现状,进行妥善选择。

3. 相关及其检验

社会工作研究为理解社会问题与其他社会现象间的关系,并有针对性地设计干预方案,会对变量做相关分析。通过相关分析得出的相关系数在−1到1之间,代表相关的方向和强弱。一般情况下,相关系数绝对值为0.8到1,高度相关;0.6到0.8,强相关,0.4到0.6,中等程度相关;0.2到0.4,弱相关;0到0.2,极弱相关或无相关。如果数据来自总体的一个样本,则在相关分析之后会对相关系数进行显著性检验。如果相关系数具有显著性,则认为总体中的社会现象A和社会现象B之间也具有相关性,否则认为没有相关性。因为变量分定类、定序、定距、定比4个层级,可以有多个组合。不同组合间的相关系数不同,检验方法也不同。社会工作研究者常用的SPSS中有常见的相关系数计算和检验②(见表2-1)。

表2-1 不同变量间适用的统计系数分布表

两个变量的测量等级	相关系数	是否描述对称关系	取值范围	有无减少误差意义	SPSS上有无该系数
定类与定类	Lambda	对称	[0, 1]	有	有
	Lambda-y	不对称	[0, 1]	有	无
	Tau-y	不对称	[0, 1]	有	有
定序与定序	Gamma	对称	[−1, 1]	有	有
	dy	不对称	[−1, 1]	有	有
	Tau-a	不对称	[−1, 1]	无	有
	Tau-b	对称	[−1, 1]	无	有
	Tau-c	对称	[−1, 1]	无	无
	rho	对称	[−1, 1]	有	有
定距与定距	回归系数	非对称	正负无穷大	有	有
	积矩相关系数	对称	[−1, 1]	有	有

---

① SPSS25中的具体操作路径:分析→非参数检验→旧对话框→卡方。
② SPSS25中的具体操作是"分析—相关—双变量"。

续表

两个变量的测量等级	相关系数	是否描述对称关系	取值范围	有无减少误差意义	SPSS上有无该系数
定类与定距	Eta	非对称	[0，1]	有	有
定类与定序	Lambda	对称	[0，1]	有	有
	Tau-y	不对称	[0，1]	有	无
定序与定距	Eta	非对称	[0，1]	有	有

4. 回归及其检验

回归分析是通过方程来分析社会现象间内在规律的一种数据分析方法。相关性分析揭示了变量间共同变化的一致性程度，但一般无法估算出变量间的影响程度。相较而言，回归分析不但具有相关分析的优势，还能精准地算出社会现象 A 对社会现象 B 的影响力。回归分析的最终目的是要建立一个因变量和多个自变量之间的回归方程式，从而明确各个自变量对因变量的作用程度[1]。在建立回归方程式的过程中，如果所有自变量都是一次项，则称为线性回归，如果出现高次项的自变量或带有某个自变量的指数项或对数项，则为曲线回归。如果因变量是定类变量，则用逻辑回归[2]。

5. 中介分析与调节分析

如果研究者认为在 X 对 Y 的影响过程中，有其他的一些因素介入，可以做中介分析和调节分析。中介分析认为 X 对 Y 的影响看似是直接和重要的，但实际上是通过 M 这个中介因素完成的。在引入中介因素 M 后，X 对 Y 的直接作用力不再具有显著性或作用力大幅度下降，此时，X 对 Y 的作用主要是通过 X 影响 M，再通过 M 影响 Y。调节分析认为 X 对 Y 的影响受到调节因素 W 的左右。调节因素一般是定类变量，如性别、城乡背景、专业背景、家庭结构等。例如，某社工认为小时候父母的爱对大学生的抗逆力有影响，假如数据分析结果显示，当 W（性别）取值 1（即男性）时，幼年父母的疼爱对大学生的抗逆力没影响，而当 W 取值 2（即女性）时，幼年父母的疼爱对大学生的抗逆力有显著性影响，则相信性别在幼年父母疼爱和大学生的抗逆力之间起着调节作用。中介分析和调节分析可以通过 SPSS 外挂附件 process 完成。另外，调节分析还可以通过在 SPSS 回归分析中将 X 和 W 相乘再放入回归方程完成。

---

[1] 一般意义上的模型表达式为：$Y = A + B_1 X_1 + B_2 X_2 + B_3 X_3 + B_4 X_4 + B_5 X_5 + \cdots + B_i X_i$。其中，$X$ 是自变量，B 为回归系数，即 X 变化一个单位时 Y 变化的单位数，代表 X 对 Y 的作用力大小，A 为常数项。

[2] SPSS25 中的具体操作为：分析—回归—线性或逻辑回归。

八 定量研究的优势与局限性

（一）定量研究的优势

总体而言，定量研究的优势是它的标准化和精确化程度较高，逻辑推理较为严谨，具体如下。

第一，它是一种较为客观、科学、公正、系统的研究方法，对现象之间普遍的因果关系进行精确分析，从而进一步推进理论的抽象化和概括性。

第二，定量研究的理论较为成熟，有完整的操作系统，研究结果具有一定的普遍应用价值。

第三，在实验过程中，会严格控制实验中的变量，没有研究主体的思维的干扰，结果较为客观。

第四，在进行数据分析时，采用自然科学的方法，用数字事实说话，更有说服力。

（二）定量研究的局限性

虽然定量研究具有质性研究所不具有的优点，但也有它自身不可克服的缺点，具体如下。

第一，定量研究严格要求研究的主体与客体互相分离，从而忽略了研究客体的主动性。

第二，定量研究由于对大量样本的少数特征做精确的计算，难以获得更广泛的信息，容易忽略深层的动机和事物发展的具体过程。

第三，确立变量之间的因果关系具有一定的挑战性。由于社会现象或事物发展具有复杂性，在众多影响因素交织的情况下，难以精准把握变量之间的因果关系。

第四，有时候定量研究只能获得表象的信息和特征，难以把握问题深层次的实质。在社会工作研究中，案主和社会工作者之间的互动、问题与社会环境评估、人的心理和外在因素之间的关系等，大多数情况下都与当事人之间的心理交互影响相关。单纯的定量研究无法深入当事人或事件背后被人们赋予的特殊含义和价值内涵，使研究流于表面，不能很好地把握事物的本质特征和深层次的原因。

中英文关键术语

定量研究（quantitative research）
测量（measurement）
信度（reliability）
效度（validity）

样本代表性（representativeness of sample）
描述性统计分析（descriptive statistical analysis）
推论性统计分析（inferential statistical analysis）
方差分析（analysis of variance，ANOVA）

复习思考题

1. 简述收集数据的方法有哪些。
2. 简述研究总体与样本之间的关系。
3. 简述概率抽样的类型有哪些。
4. 简述定量研究的特点。

第 3 章　问卷调查法

问卷调查是社会研究中最常见的方法之一。在社会科学研究中，大家说到定量研究一般是指问卷调查研究。在学生眼里，问卷调查法好像很简单，设计一份问卷，找人填写，再根据问卷数据做描述性分析就完成了。实则不然，从问题的提出到设计、抽样、数据分析，每个环节都要遵循严谨的逻辑。

一　问卷调查法概述

（一）问卷调查法的形成

问卷调查法是通过由一系列问题构成的调查表来收集资料，从而对研究总体得出一定结论的研究方法。问卷调查法由来已久，如古埃及曾有人口普查，马克思曾向法国工人邮寄问卷调查工人状况。随着分析手法的发展，问卷调查被广泛应用于研究人们的态度、信念和行为。

社会工作中的调查研究起源于 19 世纪中期的欧洲，最初集中在贫困劳动者的收入和支出上，目的是确定救济补助金标准。20 世纪初的匹兹堡调查证明了调查方法对社会改革的作用，并引发了社会调查运动。现在的社会工作领域中，问卷调查主要用于探索、描述和解释宏观社会现象以及微观个人行为与心理。例如，某社工机构实施一个新社区项目时，前期需求调研和后期评估都可以通过问卷调查完成。对此，问卷调查具有三大功能：验证机构的前期假设，了解社区的社会问题和服务对象；了解社区资源和居民对资源的使用情况，以制订有针对性的服务计划；建立基线，对比服务介入前后的改变，进行成效评估。再如，一个公共教育项目旨在提高人们对虐待或忽视儿童的意识，可以通过调查儿童或家长来了解公众意识和家长行为的变化。

（二）问卷调查法的特点

问卷调查是一种实证研究方法，需要将问卷、随机抽样和统计分析相结合，具有自身的特点。

1. 样本量大

相对其他方法，问卷调查需要更大样本。样本量可从 200 人到上万人不等，甚至需要进行全国性人口普查。大样本可以保证结论的稳健，但成本较高，还需要使用软件如 SPSS、Stata 或 SAS 来处理数据。

2. 高效性

问卷调查能在较短时间内收集大量数据，提高效率并节约经费。近年来，随着科技进步，许多问卷调查通过手机应用软件、电子邮件和在线调查进行数据收集，便捷地联系世界各地的被调查者，触及更大范围的研究。

3. 匿名性

社会工作研究中经常涉及敏感话题，如受害史和犯罪史等。这类问题在访谈中可能遇到研究对象的阻力。问卷调查采取不记名的原则，数据收集、录入和统计具有高度匿名性，研究人员可以获取被调查者可能不愿在面对面访谈中分享的信息。

4. 灵活性

问卷调查具有一定的灵活性。调查可以在被调查者方便的时间进行，以提高问卷回收率。对于不在场的调查对象，可以采用电话调查和邮寄问卷相结合的方法。如果样本数量不符要求（如调查对象中途退出、数据质量不过关等），可以通过随机抽样补录。

5. 推论性

问卷调查通常通过概率抽样获取样本，从样本数据可以推论到研究总体。调查过程和问卷是程序化和标准化的，严格的问卷调查研究结论可以复制，而其他方法如定性访谈无法做到结论的一致性。然而，问卷中措辞不当或模糊性的问题可能导致不同被调查者的理解不同，降低量表的信度和样本数据的可靠性，从而影响推论的准确性。

二 问卷调查分类

从不同的角度出发（如调查规模、问卷题项类型、作答方式等），问卷调查法可以有不同的划分。

（一）按照调查规模划分

1. 普查

在条件允许和需要的情形下，研究人员可以对整个研究总体进行问卷调查。如果研究对象是某社区 60 岁以上的长者，则可以对整个社区的长者进行全面的调查。如果研究问题是某市特殊教育学校学生的抗逆力状态，可以利用抗逆力量表对该市所有特殊教育学校学生做调查。

2. 抽样调查

因为研究总体的庞大和随之而来的时间与经费困境，绝大多数问卷调查采用的是抽样调查，即从总体中抽取一定数量的样本，再从样本数据中得出结论。如果是概率抽样，可以把研究发现推论至总体；如果是非概率抽样，结论仅限于样本。

（二）按照问卷题项类型划分

1. 开放式问卷

开放式问卷又称无结构问卷。在设计时，设计者不需要列出答案，只需在问题下面留出一块空白即可，留白大小根据问题的内容、回答者的文化程度、研究者提这些问题的目的等因素进行综合考虑。参与者可以自由地以任何方式回答问题。开放式问卷适合以下情况：你的目标不是量化分析，而是进行定性研究时；研究者想对自己的想法进行初步测试时。开放式回答可以在实际调查中帮助研究者提出更好、更有见地的问题，为结构式问卷设计做好铺垫。

2. 封闭式问卷

此类问卷又称结构式问卷，是定量研究常采用的问卷类型，形式包括具体问题及可供被调查者选择的答案两部分。封闭式问卷比开放式问卷更简单，容易进行统计上的量化和分析，参与者容易回答。下面对结构式问卷中常见的题目形式进行逐一介绍。

1）填空式

这种形式常用于那些对回答者来说既容易回答，又方便填写的问题（通常只需填写数字），一般是关于研究对象的社会背景信息。

例1　您的实际年龄：_____岁。
例2　您家总共有几口人？_____口。
例3　您家几个孩子？_____个。

2）是否式

答案选项只有肯定与否定两种，回答者根据自己的情况选择其一。

例1　您是待业青年吗？　　是□　否□
例2　您是否住在本市？　　是□　否□
例3　您是否打算调动工作？是□　否□

3）多选一形式

给出的答案选项在两个以上，回答者选择其一。这是结构式问卷中采用得最多的形式。

例1 您的婚姻状况（请在所选答案上画圈）：

A. 未婚　　　　　　　B. 已婚　　　　　　　C. 离婚

D. 丧偶　　　　　　　E. 其他

例2 您的文化程度（请在所选答案后的方框内打√）：

A. 小学及以下□　　　B. 初中□

C. 高中□　　　　　　D. 大专及以上□

例3 我通常有信心和来自不同背景的人打交道（请在所选答案后的方框内打√）：

A. 非常不同意□　　　B. 不同意□　　　　　C. 不清楚□

D. 同意□　　　　　　E. 非常同意□

4）多选形式

在一些定类问题中，研究者会设置多项选择题，即在一个问题中，被调查者可以选择多个选项。这类问题一般是定类变量，即答案中有多项情形符合被调查者。

例1 下面哪个符合你的身份认同？

A. 中国人；B. 社会工作者；C. 奋斗者；D. 爱好多样的人；E. 外向的人；F. 随遇而安的人；G. 勇于尝试新鲜事物的人；H. 不愿与别人争斗的人；I. 爱干净的人。

3. 半开放半封闭式问卷

半开放半封闭式问卷是指在设置答案时，既有固定的选项，也有让被调查者自由发挥的空间，以下是两种基本表现形式。

1）在选项中添加"其他"项

例1 你选择社会工作专业的原因有哪些？（请在所选答案后的方框内打√）：

A. 我喜欢社会工作帮助人的理念□

B. 受家人的影响□

C. 希望可以帮助他人□

D. 我的分数无法选择更好的专业□

E. 朋友告诉我这个专业非常好□

F. 我的老师帮我做的选择□

G. 国家重视，今后就业容易□

H. 其他＿＿＿＿

2）在封闭式问题放置开放式问题

例1 你认为社工助人自助这一理念是否可行？

（1）可行

(2) 不可行

(3) 不可行的原因是_____

（三）按照作答方式划分

按照被调查者对问卷的作答方式，可以划分为被调查者自己填写的自填式问卷和调查者手持问卷面对面请被调查者回答的访谈式调查。

1. 自填式问卷

自填式问卷是被调查者自己填写的。被调查者可以独立填答问卷，不受调查者的影响。因为是被调查者独立填写，研究人员无法了解被调查者填答时的环境因素，数据的可靠性有时候受到质疑。自填式问卷主要有以下几种方式。

1）逐个发放问卷

调查者逐个发放问卷给被调查者，解释调查的目的和要求。被调查者填写完毕后，调查者逐一收回。

2）邮寄问卷

通过邮局给被调查者发送问卷，附上自我介绍信和回邮信封。被调查者自行填答并邮寄给调查者。这种方法的优点是费用较低，而且被调查者没有与调查者接触，能填写敏感问题，问题的形式可以多样化；缺点是需要被调查者具备阅读能力，还可能被误认为垃圾邮件。

3）集中填答

研究人员在同一地点聚集被调查者完成问卷调查，适用于同质群体，如学生、组织雇员。此方法中尤其要关注的问题不是问卷回收率，而是它的适用情景，因为大多数情况下，研究者难以如此集中同质群体进行调查。此外，研究人员在调查过程中应注意被调查者间的讨论对作答的影响。

4）网络在线调查

通过电子邮件或在线网站完成调查是现今较为流行的方法。被调查者收到电子邮件，点击链接填写问卷。现在有一些专门的在线调查网站，如问卷星、问卷网、SurveyMonkey等。其优势是方便被调查者，适用于熟悉网络的年轻人，数据可轻易导出，便于快速处理；但也有一些缺点，如因底层人士和文盲较少使用网络，所以被调查者的代表性不足，难以做到概率抽样，回复率也难以保证[①]。

---

① 可通过提醒、抽奖激励、控制作答时长、美化界面等方式提升回复率。

2. 访谈式调查

访谈式调查是一种通过对话进行的调查方法，调查者会逐个问题向被调查者提问，被调查者回答问题，然后调查者填写问卷。相比于自填式问卷，访谈式调查可以让调查者解释问题，调整和控制调查过程，提高回答率，并改善问卷的质量评估。具体有两种形式：电话访问调查和面对面调查。

1）电话访问调查

电话访问调查是调查者就问卷通过电话与被调查者交谈，快速获取调查数据的方法。这种方法有很多优势。首先，调查者可以通过电话号码清单随机抽样，也可以使用计算机软件进行抽样，样本具有一定的代表性。其次，计算机辅助电话软件（如CATI）可以给调查者提供提示，依照随机的顺序提供回答选项，防止回答顺序出现偏差，并自动跳过不需要回答的问题（带前置条件的问题）。此外，调查者可以向被调查者解释问题，要求澄清，并促进问卷的完成。

电话调查也存在一些潜在的问题。首先，被调查者可能会将电话误解为营销电话，然后挂断或屏蔽。其次，为了提高问卷的完成率，研究人员通常会在被调查者非工作时间拨打电话，这对调查者而言有些困难。

进行电话访问调查需要注意一些事项。首先，调查者必须按照设计好的问卷逐个问题进行电话访问，不可以随意提问，这与结构化访谈不同。其次，调查者必须能够清晰地口头传达问题和答案选项。在给调查者的说明中，必须详细说明如何问每个问题。最后，调查者必须做好心理准备，因为被调查者接受电话访问时可能会被其他家庭成员打断，调查者需要有相关的准备和应对策略。

2）面对面调查

这是一种调查者和被调查者面对面交谈，调查者依照问卷口头提问并记录被调查者的答案的调查方法。常见的入户人口普查就是这类形式。

调查者进行面对面调查时要遵循一定的原则，具体包括以下内容。第一，着装上与被调查者的着装相近，仪容整洁。第二，行为举止方面要亲和友好、态度诚恳、落落大方、有感染力。第三，对问卷具有一定的熟悉度，必须仔细阅读调查问卷及说明书。第四，遵循问题的原意，调查者必须经过仔细的训练，熟悉问卷，注意提问措辞和提问顺序。第五，准确无误地记录回答，特别是在开放式题目中。第六，在某些问题中可能需要进一步追问答案。过程中调查者要始终遵循非指导性的原则，对不完整或模棱两可的回答进行追问探寻。例如，被调查者回答开放式问题时，可提问"还有别的吗？""以什么方式？"等。第七，调查者要扮演好"中立媒介"或"价值无涉"的角色，即调查者不应影响被调查者对问题或所给答案的看法，调查者只是一个"不偏不倚"的中立媒介，进行问题和答案的传递，切忌诱导或引导被调查者。如果调查者有影响被调查者回答的一贯行为或倾向，那么整个区域的问卷数据质量都会受到影响。

面对面调查的优势体现在以下几个方面。第一，与其他调查法相比，它拥有更高的回复率。一般情况下，一项设计得当的访谈调查的完成率可以达到80%～85%。第二，可以减少被调查者出现不理解问题或答案选项的情况。在被调查者遇到"不知道"的情况下，调查者能够解释相关问题和答案。第三，调查者可以通过观察和提问了解被调查者回答的真实性。例如，在进行某住户生活水平或其他状况的调查时，调查者可以通过住宅的质量等级，被调查者的普通话表达能力，被调查者对某些问题的一般反应等了解其状况。

3. 混合调查模式

为了问卷的完成率，很多时候研究人员采用多种问卷调查法，该方法也被称为混合调查模式。这种模式的流行是因为每种调查方式（如逐个发放问卷、邮寄问卷、集中填答、网络在线调查、电话调查、面对面调查等）都有其优势和局限性。研究人员可以结合这些方式，有效利用其优势，避免其劣势。例如，在某一调查中，针对老年被调查者，可选择面对面调查的方式；针对年轻被调查者选择网络在线调查的方式。

混合调查模式除了能提高回复率和样本代表性以外，还能降低成本、提高及时性、减少测量误差。人们如果能够以自己喜欢的方式回答问题，会以更审慎的态度面对问题，对待敏感问题也可能会更加坦诚，或者不带偏见地填答。

三 问卷设计

（一）问卷结构

问卷设计时，研究者需要清楚了解问卷的结构。一般来说，问卷包括标题、封面信、指导语、问卷主体和附件五个部分。

1. 标题

标题是问卷的"眼"，研究者要开宗明义，客观准确地反映研究的主题。问卷标题不似调查研究的选题一样学术，反而要求言简意赅、代表性强、用词准确。比如，如果调查家庭收入，标题就要明确是指年收入还是月收入。问卷标题还可以创新，以提高被调查者的积极性。有时学术研究的题目学理性强，被调查者难以理解，因此研究者不必将研究课题的原文作为标题，也不必过于详细，可以适当简化。

2. 封面信

1）调查的主办单位或个人的身份

这可以直接在封面信中说明，比如，"我们是××大学社会学系的学生，正在进行一项……调查"，或者通过落款来说明，比如，"××大学社会学系××问题调查组"。同时，附上单位的地址、电话号码、邮政编码、联系人姓名等，体现调查者的诚意、调查的正式性和组织性，易得到被调查者的信任。

2) 调查的内容

简洁明了地说明调查的实际内容,既不能含糊不清、欺骗被调查者,也不要过分详细地大谈调查的具体内容。可以用一句话概括主要进行的调查,比如,"我们正在进行食品质量方面的调查"或"我们想了解人们对离婚现象的看法"等。

3) 调查的目的

对目的做出恰当的解释,可以从调查的社会价值和实用价值两方面进行论述。社会价值是指调查是为了促进国家社会的发展,以获得调查对象的认同和接受,比如,"为了解社区居民服务需求和对社区工作服务质量的状况,我们组织了这项调查"。实用价值是指此项调查能够改善民生福祉,封面信中应对该部分叙述得当,以便取得被调查者的配合,比如,"我们想通过了解高校学生的日常生活、工作、学习、娱乐和思想政治等方面的情况,为党和政府制定有关政策提供科学依据"。

4) 调查对象的选取方法

说明采取何种方法抽取样本或被调查者如何成为研究对象,以消除被调查者的顾虑和压力,比如,"我们根据科学的方法选定了一部分居民作为全市居民的代表,您是其中的一位"或"我们从全市八所中学随机抽取了一部分学生作为调查对象"。

5) 权责和保密说明

加上不记名的说明和对回答保密处理的许诺,减少被调查者的心理压力,比如,"本次调查只供学术研究使用,不作其他用途,对填写信息和内容进行保密,您也无须透露任何个人隐私信息"。

6) 其他

除了上述内容外,还要说明填答问卷的方法、要求、回收问卷的方式和时间等具体事项。封面信的结尾处要真诚地对调查对象表示感谢。

问卷封面信常见的错误有:内容介绍过于简单;内容啰唆,不够简明扼要;语言过于专业化,调查对象不易理解;语言过于学术或过于官方,使调查对象产生心理不适。

3. 指导语

指导语即用来协助被调查者正确填答问卷,对调查者如何顺利完成问卷调查工作的一组陈述性说明。指导语有卷头指导语和卷中指导语两大类,对问卷填写起到了重要的指导作用。

卷头指导语的作用是对填表要求、方法、注意事项等做出的总说明,一般以"填表说明"的形式出现在封面信之后,正式调查问题之前。而卷中指导语是针对某些特殊问题提供具体指示,通常以题目后面的括注形式出现。例如,"可选多个答案""请按重要程度排列""若不是，请直接从第 15 题开始回答"等。总之，对于问卷中可能使回答者感到困惑的地方，都可以提供相应指导。编写指导语最重要的是简明易懂。

4. 问卷主体

问卷主体为题项和答案选项。题项可以根据其性质和回答方式划分几类。需要注意的是，题项的设计要确保包含自变量和因变量，否则后续无法进行统计分析。

1）按回答方式划分

按照答案是否固定、可选择，分为开放式或封闭式问题。开放式问题是指被调查者可以自由地以文字形式回答的问题，不受选项限制；封闭式问题则在问题后提供了选项，答案的内容和形式通常是固定的。

2）按提问内容划分

这种方式可以将问题分为事实性问题和目的性问题。事实性问题涉及被调查者的背景资料，如性别、年龄、职业、婚姻状况和收入等。这些问题可以作为背景信息，也可以用作控制变量、调节变量、中介变量，还可以做方差分析；目的性问题则与研究项目的自变量和因变量相关，即研究中的关键变量。提出这些问题是为了分析自变量和因变量之间的关系，以满足研究目的。

5. 附件

问卷附件包括编码说明和访问情况表等其他资料。小型的问卷调查很多时候没有这些附件。

1）编码说明

编码是为每份问卷、每个问题和每个答案分配一个唯一的数字代码。编码不仅能够简化数据，还便于计算机处理资料。计算机软件通常只能分析处理数字，因此需要将资料转换成数字，这个过程就是编码。

编码对于封闭式问卷是必需的，分为预编码和后编码。预编码在调查前完成，以便在问卷回收后高效处理数据。后编码则根据实际调查情况在数据收集完成后进行。编码具体步骤如下。

（1）给每份问卷编号。通常手写在问卷左上角或右上角，并按顺序录入数据。其目的是便于查验原始数据和核实数据来源。如果数据异常，问卷无编号，研究者就难以追踪数据来源。

（2）给每个问题编号。在统计软件中，尽管研究者可以直接用变量名，但变量较多时，统计分析时选择变量十分费劲。因此，许多研究者给问题编号，以方便后续分析。通常使用 Q1、Q2、Q3 来指代问题 1、问题 2、问题 3。

（3）给每个问题的每个答案编号。如，男性标为 1，女性标为 2。这种编码可以排版于问卷中，也可以在问卷后附上一个编码表。给普通问卷编码较为容易，但给带有前提条件的问题编码较为复杂。针对复杂问题，问卷因篇幅不能一一列举时，可以在编码说明中详细描述。

2）访问情况表

该表包含调查的时间地点等基本信息，用于了解调查情况，以便后期回访和监督。表中右下角要标上调查者标号、调查时间等信息。

（二）问卷设计原则

设计一份完整、逻辑严密的问卷对调查研究至关重要。因此，问卷设计需遵循一定的原则，包括一般性原则和 BRUSO 原则。

1. 一般性原则

一般性原则的可操作性较弱，旨在为研究者设计问卷提供参考和理论依据。

1）以被调查者为出发点

问卷设计需从被调查者角度出发，考虑他们的利益和情绪，使问卷调查得以顺利进行。但许多研究者常常只考虑研究目标，导致回收的问卷质量较差。

（1）题量不宜太多。从调查者的角度看，问题越多，收集的数据就越多。但从被调查者的角度考虑，问题过多意味着需要花费较长时间来填写问卷，容易感到困扰和疲倦。因此，为在最大限度上保证问卷填答质量，建议整份问卷的题量以填答者能在 30 分钟内完成为宜，如能把题量控制在 40 个左右，10 分钟完成更好。

（2）问题易于理解和填答。尽量避免被调查者进行费力的回想或计算。例如，对于面向小学生家长的调查问卷提问"孩子 3 岁前，每月平均抚养费约为多少元？"或"您 2008 年的总收入是多少元？"此类问题需要被调查者长时间思考和回忆，降低了问卷数据的质量，也降低了样本的代表性。

2）立足点：研究假设的验证

问卷中的问题应该基于所采用的理论框架，以验证研究假设。研究者需要将理论框架转化为可测量的问题，覆盖所有相关自变量、因变量、中介变量和调节变量。转化的过程就是操作化。问卷中不应包含理论框架未涵盖的问题，所有问题都应围绕研究假设展开。

3）关键点：确保信度与效度

问卷中的量表需要保持一定的信度和效度。信度指量表针对不同被调查者和不同时间段具有理解上的一致性和可靠性，不存在可左可右、忽高忽低的问句。为提高信度，问题应用简单明了、没有歧义的语言陈述。效度指问卷中量表能准确度量需测量概念的能力。问卷设计需要确保每个问题与所要测量的概念之间具有紧密的逻辑关系，不问无关的问题。

2. BRUSO 原则

1）简明性（brief）

限制问题字数不宜超过 25 个字，逗号不超过 3 个。问题越长，被调查者越会感到困惑，可能只粗略阅读而不深入思考。

2）相关性（relevant）

确保每个问题的清晰度和传达意图与研究目的相关，以保证问卷评估的效度。

3）明确性（unambiguous）

避免模棱两可的语言。比如，"在过去的一年中你和教师交谈过多少次？"这个问题可能会引起歧义。和任意教师交谈？交谈是指特定谈话还是随意谈话？哪种方式的交谈？这都会因被调查者的不同理解而存在差异。

4）具体性（specific）

避免使用专业或学术术语，避免使用缩写短语。比如，像社会正义、赋权和抗逆力等这样的词是社会工作专业领域的专有名词，在其他领域可能没有共同含义。缩写词也属于专业术语，可能会导致不同的解读。例如，AAA 可指地区老龄化机构，也可能是美国汽车协会或其他含义。

5）客观性（objective）

确保问题客观，不具有诱导或压迫被调查者做选择的倾向。比如，"现今社会大多数人选择社区养老，请问你倾向于社区养老还是居家养老？"这个问题具有明显的诱导性和压迫性，具有从众心理的人会在此压力下选择社区养老。

（三）问卷设计步骤

问卷设计的步骤大致包括探索性工作、初稿、评估、定稿与印刷。

1. 探索性工作

在设计问题前，研究者需初步了解调查对象的基本信息和环境情况，并深入调查对象的生活环境进行实地调查和访问并收集相关资料。接着，研究者需围绕研究问题进行模拟和比较，获得关于问题设计的第一手资料，包括设计问法、措辞、可能的回答选项等。这些数据帮助确定开放性问题的含糊答案、对封闭性问题初步地构建回答选项。此后，需要对问卷进行试调查、评估、反复改进，不断完善问卷设计。

2. 初稿

进行了探索性的工作过后，研究者可以着手问卷初稿制作。我们可以将这一过程简洁化为以下步骤。

首先，设计问卷框图。

其次，设计问题并排序。

再次，检查问题。

最后，打印初稿。

构建问卷时应遵循简约原则，只列出必要的问题。按照逻辑顺序，首先列出人口统计变量问题（性别、年龄、教育程度、婚姻状态），然后是自变量和因变量题项。为避免被调查者产生疲劳或厌烦心理，可以将简单的人口学问题放在最后。此外，为防止答题惯性（如所有问题都选择5），研究者会打乱自变量、因变量、调节变量和中介变量题项的顺序。设计问卷题项有两种方法可选。

1）卡片法

根据问题的类型进行排序，形成相应的问卷，是一种先分后总的方法，该方法具体操作步骤如下。

(1) 研究者把每一个问题及答案单独写在一张卡片上，如果有30个问题，就会有30张卡片；

(2) 依据不同的主题内容，将卡片分类，相似问题或询问相同事件的问题归为一类；

(3) 在分好的每一类中，按照一定的逻辑编排出问题的先后顺序；

(4) 根据一定的逻辑排出各类主题的顺序，使其成为一份完整的问卷；

(5) 从不同的角度检查问题的逻辑性，进行再次调整或补充，最后形成初稿。

2）框图法

框图法是从研究的理论框架出发，通过对框架进行填充，形成问卷。具体操作步骤如下。

(1) 在纸张上画出理论的各个部分及前后顺序框图；

(2) 反复思考问卷各个部分的顺序；

(3) 写出每一部分的问题及答案，将每一部分的问题进行排序；

(4) 对问题的形式、排序进行修订，形成问卷初稿。

3. 评估

问卷制作完初稿后，需要进行评估以确保其质量。评估方法包括客观检验法、主观评价法、焦点小组评估法和深度访谈评估法。

1）客观检验法

常用的客观检验法是预测试，也称试调查（pilot test）。研究人员将问卷初稿打印十几份，并在调查总体中选择一个小样本，使用该问卷进行调查，以发现可能存在的问题，如冒犯性问题、敏感性问题、模糊的问题、遗漏问题、答案不适用、答案未穷尽、答案有歧义等，并提前进行修正。以下是一个关于网络在线调查的预测试例子。

某研究小组在2022年做了一项有关大学生网络游戏行为的全国网络调查。在正式收集数据之前，他们进行了广泛的预测试和预测试会议。首先，他们邀请三位认识的学生分别用Macbook和Windows电脑浏览问卷网页，并提供可视性、可读性的反馈意见。随后，他们邀请大学生志愿者进行三次预测试，每次预测试后都收集反馈意见，并根据反馈意见做出相应的改进，最终版的问卷更具吸引力，更易于阅读和作答。

客观检验法对问卷进行客观评估和分析，有助于研究者判断问卷初稿的质量。以下是一些评估指标。

（1）回收率：回收率低于60％可能意味着问卷存在较大问题，需要修改或重新设计。

（2）有效回收率：减去废卷后的回收率更能反映问卷的质量。如果回收率高于80％，但有一半的问卷未填写，也表明问卷有问题。

（3）未答题目分析：若某几个问题普遍未被回答，需仔细检查这些问题并分析原因，如问题难度过高可能导致调查对象放弃回答。

（4）填错题目分析：为了优化问卷，需要仔细检查问题语言是否明确，并添加与问题相关的提示，以减少填写错误。

2）主观评价法

主观评价法是将设计好的问卷初稿送给专家、被调查地区或组织的关键人物（如人大代表或社区领导）以及从被调查人群中抽取的个体，让他们根据自己的经验和认识对问卷进行评论，指出其中的不足或错误。一般来说，专家会从外部效度和内部效度两个方面评估问卷质量，即评估问卷的问题与测量概念的相关性，以及问题组合是否连贯、合理、有逻辑。

除了某些小型问卷调查采用主观评价法外，大部分问卷调查往往采用客观检验法，有的调查也同时采用两种方法。

3）焦点小组评估法

焦点小组评估法通过小组讨论的方式深入了解问卷中合理与不合理之处。小组成员通常由调查对象组成，旨在让研究者准确了解调查对象对问卷的看法，同时意识到不同被调查者对问卷的看法。

4）深度访谈评估法

深度访谈评估法则通过一对一的形式直接了解调查对象对问卷的看法，找出存在的问题。然而，这种方法要求调查者有访谈技巧。

4. 定稿与印刷

问卷经过评估、修改，最后定稿。在问卷定稿后就进入排版印刷阶段，此时，有几点需要注意：尽量使用标准纸张方便复印和邮寄；选择易于阅读的字体和字号；适当考虑经费和时间因素。

（四）题项设计的注意事项

问卷设计还要关注题项设计的注意事项，以确保问题准确客观，便于被调查者理解。

1. 避免问题答案选项间的互斥性

封闭式问题的答案不能相互重叠或包含，不能使回答者可以选择多于一个的答案（即有两个以上的答案都符合他的情况），否则数据不准确。

2. 保证问题答案选项间的穷尽性

问卷中每个题项的答案选项必须既是穷尽的，又是互斥的。研究者需要列出所有可能的回答，避免让回答者没有答案可选。例如，调查受教育程度的题项如果只给出"高中"和"大学"作为答案，那么辍学者、小学、初中、研究生学历者该如何选择呢？在拿不准答案穷尽性的时候，可以在列举主要答案后加上"其他（请注明_____）"选项进行补充。如果大量被调查者选择"其他"，说明已列举的类别不够恰当，需要修改答案设置。

3. 一题只能一问

避免具有双重含义的问题（即询问两件事情但只期望得到一个回答）。每个问题最好分开提问。具有双重含义的问题如："您的父母是工人吗？"，父母是两个人，所以这个问题不合适。

4. 忌诱导式问题

问题设计要客观中立，避免带倾向性和诱导性，不使用带有感情色彩的词语或前提性假设。避免给被调查者压力或引导。例如，在了解抽烟习惯时，避免"研究表明，吸烟导致人得肺癌的概率大幅度上升，你赞同吸烟吗？"这种带有预期回答的倾向，给被调查者造成心理压力，或者有诱导的嫌疑。

5. 遵循回应者应知原则

不问被调查者不知道的问题。确保每个问题在需要回答时，被调查者拥有相关知识。比如，关于对我国的《未成年人保护法》是否满意的问题，应先通过一个过滤性问题询问其了解程度，如"您了解我国目前的《未成年人保护法》吗？"，再向了解情况的被调查者提出前面的问题。

避免使用可能不是每个人都能理解的术语或短语。在任何情况下，尽可能避免在问题中使用首字母缩略词，但如果必须使用，至少注释一次。

6. 避免含既定观点的问题

预设信息且包含潜在答案的问题会导致回答偏差。例如，"你停止打孩子了吗？"这个问题隐含着"你有孩子并且一直在打孩子"的假设。无论"是"或"否"的回答都暗示着被调查者以往或现在打过孩子。

7. 尽量少用或不用否定句式

使用肯定句式来提问可以减少歧义。尤其要避免双重否定，因为它容易给被调查者带来理解困难。被调查者可能误将否定问题看作肯定问题，并做出错误回答，使数据失去可靠性。

8. 避免敏感问题

直接提问敏感问题通常会导致高拒绝率。因此，最好采取间接询问方式，并注意措辞委婉。例如，"你偷过东西吗？"这样的问题容易让被调查者感到不舒服，进而隐瞒或拒绝回答。比如，调查"年收入"时可以考虑使用收入范围而非具体数字来询问。

9. 避免问题顺序效应

研究发现，题项顺序会对数据产生影响，这是因为某些问题放在一起会对被调查者产生一种心理暗示，让被调查者倾向于做某种回答，即顺序效应（item-order effect）。顺序效应十分常见，但经常被忽视，因为研究者不考虑这点似乎也能完成数据收集。事实上，不考虑顺序效应往往是问卷质量低的原因之一。顺序效应引发的典型问题是被调查者都选择某一答案（如 6 或 7）以致数据离散不均匀，无法进行基于正态分布的统计分析。

根据加州大学洛杉矶分校教授芬克（A. Fink）的研究，顺序效应产生的原因有以下几个。第一，首因效应和近因效应：被调查者倾向于选择最初的或最近的回应，尤其是在采用李克特量表的时候。第二，记忆效应：人都有记住易记内容的倾向。比如，量表中前面的问题容易记住，会对后面的内容产生影响。第三，被调查者会因为调查疲劳或对调查主题缺乏兴趣而不做思考，按照问题的惯性回答，而量表中问题间的惯性较大[①]。

为避免顺序效应，问卷设计可考虑以下几点原则：第一，将熟悉、简单易懂的问题放在前面，较复杂或较难回答的问题放在后面，以避免被调查者一开始就产生畏难心理；第二，优先呈现能引起被调查者兴趣的问题，将容易引起紧张与顾虑的问题放在后面；第三，开放式问题置于问卷结尾部分；第四，先询问行为方面的问题，再询问态度方面的问题，最后询问个人背景资料；第五，自变量和因变量的题项交错排列。

10. 避免社会期望效应

社会期望偏差，也被称为评估恐惧，当你询问被调查者某些可能不被社会接受的行为

---

① Fink A. How to Ask Survey Questions [M]. Los Angeles：SAGE Publications，2002.

或态度问题时，他们可能会为了迎合社会期望做出虚假回应。但有些研究工具（如 Conflict Tactics Scale）能巧妙地提问不受社会接受的行为或态度问题，使得被调查者可能更愿意分享一些被污名化的行为。

四 概念测量

社会工作研究中经常遇到抽象的观念性、心理性概念，如抗逆力、抑郁、亲社会行为、亲子关系、团体凝聚力、心理慰藉等。如果采用量化研究模式，这些概念最终需要以数字资料形式呈现。这就涉及问卷调查中的一个重要环节，即概念测量。

（一）测量界定

测量被定义为根据特定的规则将数字或其他符号赋予一个概念的特征或属性的过程。例如，"贫穷"是社科研究中经常使用的概念，它可以被定义为"一种社会物质生活贫乏的现象"，也可以被定义为"一个人或一个家庭的生活水平达不到特定时代社会接受的最低标准"，还可以定义为"对人类最基本的能力和权利的剥夺"。不管是哪种定义，都具有一定的抽象性。虽然大家都明白贫困的大致意思，但在问卷中不能直接询问"是否存在物质生活贫乏"，也不能询问"生活水准是否被社会接受"，更不能询问"是否感觉到自己的能力和权利被剥夺"，因为每个人对物质生活的贫穷标准是不一样的，对自己生活水准是否达到所在社会可接受的程度的看法也没有统一的标准，对自己的能力和权利是否被剥夺也缺乏标准。这就显现出研究过程中对研究现象进行概念化的重要性。

测量有四大要素。第一，测量客体，即研究者拿测量工具要测量谁，要在谁身上发现所需要的信息。客体的确定十分重要，因为测量工具具有明显的群体指向性。很少有适用于所有群体的测量工具。第二，测量内容，即测量什么概念。这个概念应该是研究者的研究主题。第三，测量法则，即怎么测研究者的概念。测量工具有多种形式，每种形式的内在逻辑、计数法则，权重系数以及最后的统计方法都不一样。研究者需在做研究设计时就确定采用哪种形式。第四，数字和符号。测量之后的结果是数字，那意味着研究者要确定测量中指标通过什么形式表示差异，如从非常不同意到非常同意，是用 1~5，还是 1~7，抑或是 1~10？

（二）概念与概念化

1. 概念

测量从抽象概念的具体化开始，概念是某类事物的属性或特征在人们主观上的反映，换言之，是建立在对具体事物进行抽象的基础上形成的对该类事物的一致性认识。定义概念之所以重要，一是因为在研究中我们所测量的概念都需要合理且有据可依，二是在进行实证研究时，概念定义即我们想要表达的意思，但是如果缺乏对这个概念定义的共同理解，其他人对所做研究的理解也可能会有所不同，三是概念的定义并非单一的。如我们要研究社会工作职业的社会认同度，其中有两个概念：社会工作职业和社会认同[①]。关于社会认同这个概念，并没有一个真正明确的定义，不同的定义在不同人群和学科领域里有不同的认可度。定义可能会随着时空的推移而改变，在文化环境和个体之间呈现出明显的差异。[②]

2. 概念化

概念化是指对事物进行范围确定和属性/特征抽象的过程，为研究中的现象指定明确共识的过程，是整个测量与科学研究的基础。概念化工作首先要基于现有社会理论和前人研究，然后再对关键概念进行准确的定义。概念化包括概念维度确定，概念定义与指导研究的理论框架的匹配性，以及确立构成这个框架的基础假设。

定性研究通常采用归纳的方法来进行概念化。在归纳法中，概念产生于对所观察到的事物的思考。定性研究者不会事先决定概念对研究的重要性，概念意味着什么，以及应该如何测量等，而是首先记录他们在调查中听到或看到的内容；其次对这些材料进行主题抽象，再凝练出概念。

（三）操作化

对社会现象进行概念化之后就需要对概念进行操作化。概念的测量过程具体来看是一个操作化的过程，即把概念定义的抽象内涵、维度与外延弄清楚，再根据概念的内涵、维度和外延把具体的可操作化的题项确定下来。操作化过程的最终产品就是一组具体指标（indicator），这些指标被用来说明概念的属性。研究者在概念定义之后需要根据定义将概念的维度（即分几个方面）确定下来，如此，一级指标得以确定，之后针对每个一级指标再次划定维度，确定二级指标，然后用一个或几个具体的问题把每个二级指标体现出来。这个过程实际是把靠思维去理解的模糊概念"变成"看得见摸得着的东西，例如，把抽象的"爱"操作化为具体的"愿意为对方做饭、照顾对方、付出生命"等。再例如，获得感可以被定义为"获得利益、好处所产生的感觉、感受，指向对获得物的评价或评估"，它可以操作化为物质获得的充足性、均等性、便利性、普惠性四个维度[③]。这个过程可以分两步走，也可以分更多步走，具体看概念的抽象程度和内涵的丰富程度。

---

① 张丽芬. 社会工作职业的社会认同度：测量指标及其政策意义[J]. 山东社会科学，2018（7）：121-127.

② Kimmel M. Guyland：The Perilous World Where Boys Become Men[M]. New York：Harper Collins, 2008.

③ 阳义南. 民生公共服务的国民"获得感"：测量与解析——基于MIMIC模型的经验证据[J]. 公共行政评论，2018（5）：117-137，189.

概念操作化之后就成为研究者中的变量，在问卷中被调查者一般可以用数字来回答。即使是观念性的题项也会通过一定的形式转换为数字（如通过李克特量表）。

变量在问卷中可以是一个题项，也可以是多个题项，视概念的抽象程度而定；假如是多个题项，一般这几个题项就是测量这个概念的量表，在后期的统计分析中，需把这些问题以某种数学形式（如均值）合并。

在彭念一等的"社会经济发展综合评价方法研究"的项目中，他把生活质量概念化为"既包括客观的生活条件又包括主观的生活感受，因此生活质量指标体系应该是主客观指标的复合"。因此，他从收入状况、居民消费、社会安全、教育状况、健康状况、资源与环境、城市环境和社会服务八个维度（一级指标）建立了符合我国国情的生活质量综合评价指标体系。每个一级指标下面又操作化为几个二级指标，如教育状况分为教育投入、受教育机会、教育成果三个方面。之后，教育投入操作化为用于教育的公共支出占 GDP 的比重、小学师生比率、人均教育经费三个可用数字表达的三级具体指标；受教育机会操作化为学前教育占相应年龄组的比重、中学总入学率、中学净入学率三个指标；教育成果操作化为成人文盲率和预期受教育年限两个三级指标[①]（见图 3-1）。

（四）测量工具

1. 量表作为测量工具

在社会科学研究中，测量工具一般指的是量表，量表也是概念测量过程的最终形式或成果。现实研究中，研究者可挪用前人开发的成熟测量量表，也可改编前人量表（一般出于本土化需要），但对于一些较为前沿的概念，研究者需通过前期调查、概念化和操作化等程序自己设计测量量表。

因为概念的复杂性和抽象性，量表通常由测量概念的若干个单一题项构成，通过组合多个单一题项以尽可能全面测量该概念，使之成为整体性单一变量，其中，重要的一点是这些题项之间存在结构性关联。例如，测量一个人所拥有的社会支持情况，可考虑个人拥有的家庭支持、工作单位支持、朋友支持等维度，之后在每个维度设计多个相应的题项，最后由多个维度下的不同题项构成研究量表。对于这些题项的回答从非常不同意到非常同意，被赋予不同的分值，如 1~7。再如，测量虐待老人也需要考虑多个维度：瘀伤、经济责任以及关怀的文化表达等，因为只考虑其中一个维度并不能够准确地测量这个概念[②]。每个题项可以赋予不同的权重，例如，在抑郁量表中，"自杀念头"的重要性大约是"忧郁"的 3 倍，在最后计算抑郁程度的时候，可以将"自杀念头"这个维度的取值乘以 3 以显示它的重要性[③]。

[①] 彭念一，李丽. 我国居民生活质量评价指标与综合评价研究 [J]. 湖南大学学报（社会科学版），2003（5）：21-25.

[②] 张敏杰. 美国学者对虐待老年人问题的研究 [J]. 国外社会科学，2002（5）：66-70.

[③] 汤毓华，张明园. 汉密顿抑郁量表（HAMD）[J]. 上海精神医学，1984（2）：61-64.

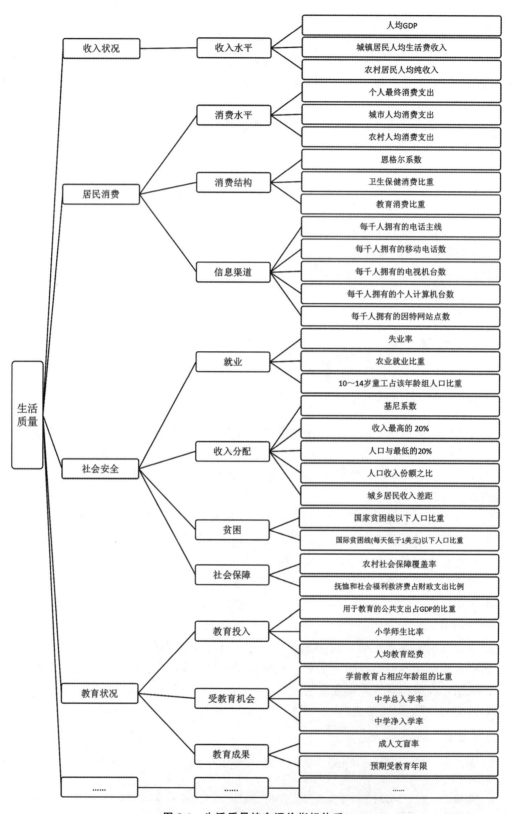

图 3-1 生活质量综合评价指标体系

2. 标准化测量工具

针对许多关于社会现象的概念，学者已经开发出一些信度和效度很高的测量工具（即量表），而且有统一的程序来确保每次使用该测量工具时都以同样的方式进行管理和计分，被学界广泛使用并称为标准化工具，社会工作研究经常需要使用标准化工具。标准化工具既可以让被调查者自己作答，也可以通过调查者以访谈的形式问被调查者。

在选择测量标准化工具时一般需考虑三个方面的因素。其一，测量需求是什么（为什么测量、测量什么概念、采用哪种类型的测量方式、在哪测量、什么时候测量）。其二，研究者能找到能够测量概念的测量工具。其三，对该概念测量的其他替代办法。

标准化测量工具有三种基本类型：评分量表、总和量表、修正量表。评分量表通过自我或他人的判断来给一个人与被测变量的关系分配一个分数（或值）；总和量表结合所有问题的答案形成一个被测概念的整体评分；修正量表一般用于评估一些特殊问题或现象对被调查者的影响。

1）评分量表

评分量表的特点是在一个连续统一的某一点上，或者在一组有序类别的某一位置上，对个人、对象或事件的各种特征进行评定，而且每个类别都被赋予了数值。

个人评分量表可以由被评估者（自我评定）或其他重要人员（如父母、配偶、社会工作者）完成，有时被评估者和重要他者被要求完成相同的评分量表，以便提供不同的意见。评分量表共有四种类型：图表评分量表、分项评分量表、比较评分量表、自锚式评分量表。

（1）图表评分量表

在图表评分量表中，变量是从一个极端值到另一个极端值的连续统一体，例如，从低到高或从大到小。连续统一体的点等间隔地排序，并被赋予数值。大多数点都有相关描述，来帮助被调查者在量表上找到其正确的位置所在。例如，表 3-1 中初中生被要求通过一个标记来评估他们的焦虑程度（从非常焦虑到非常平静）。

表 3-1 焦虑测量评分量表

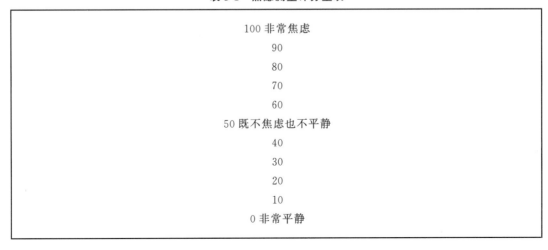

图表评分量表的主要优点是容易使用，缺点是研究者在编写适当的描述性文字时，注意在连续统一体的两端不要使用过度极端的用词以免误导被调查者。

(2) 分项评分量表

分项评分量表是给被调查者提供一系列变量陈述，然后要求被调查者对这些变量陈述进行排序，又或者要求被调查者在多个陈述中选择自身最赞同的陈述。例如，在下面的分项评分量表中，要求被调查者对与自我形象相关的问题进行选择[①]（见表 3-2）。

表 3-2　自我描述分项评分量表

如果有人让你描述自己，而你只能说出关于你自己的一件事，你最可能先说以下哪件事？（在问题的左边打√）
＿＿＿＿＿＿我来自（家乡）
＿＿＿＿＿＿我为（雇主）工作
＿＿＿＿＿＿我是一个（职业或工作类型）
＿＿＿＿＿＿我是一个（社团成员关系或偏好）
＿＿＿＿＿＿我是（学校）毕业生

分项评分量表的信度受描述性陈述的数量和描述性陈述中明确的类比定义影响，即研究者提供描述性陈述越多，选项描述得越明确，被调查者可选择的选项则越多，所选选项越贴合自身实际的可能性也越大。在数据收集过程中，不同调查者会使用自身的参照系对描述性陈述做出不同的反应，因此，即使是再精确的分项描述也无法完全保证分项评分量表的信度，也由此，当调查对象群体的同质性较低时，研究者应避免使用分项评分量表。

(3) 比较评分量表

在比较评分量表中，要求被调查者比较被评分的个人（或事件）与其他人。例如，学校要求教授对申请进入研究生院的学生打分，此时学校可能要求他们将所要评估的学生与另一个他们所熟知的学生进行比较，然后对这个学生进行排名。比较评分量表的一种变体是等级排序量表，要求评分者根据某种特征对个体（对象或事件）进行排序。以下是某公司领导人按等级标准对四名工作人员的工作积极性进行排名的一个例子（见表 3-3）。

表 3-3　职工的工作积极性比较评分量表

以下是贵部门推荐晋升的四个人，请将他们的工作积极性从最高到最低排序（在姓名的左边标序）
＿＿＿＿＿＿李洋
＿＿＿＿＿＿杨萍
＿＿＿＿＿＿张兴
＿＿＿＿＿＿赵梅

---

① Warwick D, Lininger C. The Sample Survey: Theory and Practice [M]. New York: McGraw-Hill, 1975.

比较评分量表的假设是基于评分者对比较组有一定的了解。如果该量表为一个小众群体设计，那么这个量表可能不适用于其他群体或其他环境。

（4）自锚式评分量表

自锚式评分量表与其他量表相似，要求被调查者根据许多陈述性的项目给自己打分，所陈述的多为假设性的行为或心理状态，分数通常是从低到高，但是分值连续统一体上每个点的具体参照物是由被调查者定义的。这种类型的量表具有较好的表面效度，而且容易实施。例如，那些在团体治疗中难以保持诚实的病人被要求完成以下问题，这些问题是用来测量他们自己对诚实的看法，这样做的好处是他们不必尝试与任何外部群体进行比较，能够直接反映被测者所感受到的[1]（见表3-4）。

表3-4 诚实度自锚式评分量表

你觉得自己在团队中能够保持诚实的程度：
1　2　3　　永远不能诚实
4　5　6　　有时可以诚实
7　8　9　　永远可以完全诚实

2）总和量表

不同于评分量表要求被调查者对感兴趣的话题做出单一的判断，总和量表要求被调查者回答多个问题。总和量表围绕要测量的事物属性提出一系列陈述，这些陈述既包含正向陈述，也包含负向陈述，由被调查者按照对每一条陈述肯定或否定的强弱程度进行表态，然后折算成分数，最后将被调查者对全部陈述的打分加总，用这个总分数来说明其态度。

总和量表被广泛地用于个人或家庭问题评估、需求评估和其他类型的项目评估。通常将态度类别分为强烈同意、同意、中立、不同意或强烈反对；对于正面描述，5个等级的分数依次为5、4、3、2、1分；对于反面描述，5个等级的分数正好相反，依次为1、2、3、4、5分。李克特量表属于评分总和量表最常用的一种，只有把这些项目用加总的方式所得最后分数才是有效的，单独或个别项目的分数是毫无意义的（见表3-5）。

表3-5 社会支持评定量表

问题	态度					得分
	非常同意	比较同意	中立	不同意	非常不同意	
1. 您有多个关系密切、可以得到帮助和支持的朋友。						

---

[1] 李霁，邹寿长. 诚信、尊重与平等：团体心理治疗的伦理底线 [J]. 医学与哲学，2003（9）：52-54.

续表

问题	态度					得分
	非常同意	比较同意	中立	不同意	非常不同意	
2. 近一年来您经常和家人、朋友、同事住在一起。						
3. 您的大多数邻居都很关心您。						
4. 您的大多数同事都很关心您。						
5. 您经常从您的配偶处得到很多的支持和照顾。						
6. 您经常从您的父母处得到很多的支持和照顾。						
7. 您经常从您的儿女处得到很多的支持和照顾。						
8. 您经常从您的兄弟姐妹处得到很多的支持和照顾。						
9. 您经常从您的其他家庭成员（如嫂子）处得到很多的支持和照顾。						
10. 过去，您在遇到急难情况时，曾在大多数时间都能够得到经济支持或解决实际问题的帮助。						
11. 过去，您在遇到急难情况时，曾在大多数时间都能够得到安慰和关心。						
12. 您一般遇到烦恼时会主动向他人倾诉。						
13. 您一般遇到烦恼时会主动向他人寻求实际的帮助。						
14. 对于团体活动您会经常参加。						

3）修正量表

因为社会生活的复杂性，有些被调查者所遇到的特殊问题或现象可能会对他/她产生较大的影响，为了评估这些特殊问题或现象对被调查者的影响，研究者发明了修正量表。修正量表是根据被调查者的情况或对情况评估后而为被调查者量身定制的量表，其目的是发现被调查者遇到特殊情形的反应。常用的修正量表有语义差异量表和目标达成量表。

(1) 语义差异量表

语义差异量表通过一系列表述来测量被调查者的态度，包括被调查者对所研究概念的三个感知维度：评价（不好—好）、效力（弱—强）和灵活度（慢—快）。每一条陈述被设计为一对双极词组，两极之间设有 7 个标分格，各标分格的分值从反面到正面依次为 -3、-2、-1、0、1、2、3，要求被调查者对每一对词组指定一个标分格，最后以所有双极词组的平均分值作为态度的测量值。下面这个量表（见表 3-6）用于测量病人对他们居住的疗养院的感受[①]。

表 3-6 疗养院评价语义差异量表

以下是一些可以用来描述一般疗养院的词汇。对于每一对描述词，我们希望你圈出最贴近你对疗养院感觉的数字。例如，如果你觉得疗养院更好而不是更坏，圈一个更接近"好"的数字，即你圈出来的数字越接近"好"，你就越觉得疗养院是个好地方。 好　　 3　2　1　0　 −1　 −2　 −3 　　坏 美　　 3　2　1　0　 −1　 −2　 −3 　　丑 快乐 　3　2　1　0　 −1　 −2　 −3 　　悲伤

语义差异量表被广泛用于文化的比较研究、个人及群体间差异的比较研究，以及人们对周围环境或事物的态度、看法的研究等。但需注意的是，语义差异量表不能完全跨变量进行比较，因此研究者在选用语义差异量表时，需考虑研究变量的测量是否适用于评价、效力和灵活度这三个维度。

(2) 目标达成量表

目标达成量表被广泛用于评估被调查者或项目结果，一般会描述具体的变化领域，并确定可能的结果范围，这些结果包括最不利的或最有利的结果。该量表可以由家庭委托人、社会工作者或其他有关人员填写。表 3-7 是一个 9 岁男孩目标达成量表的例子，它包括三个方面的问题：超重、独处时间太多，以及在学校表现出行为问题。

表 3-7 目标达成量表示例

后果	维度 1 超重	维度 2 独处时间	维度 3 学校表现出行为问题
可能认为更多不利的后果（分数 −2）	增 3 斤	在自己的房间待 12 个小时及以上	打架和时间隔离
更少的有利后果（分数 −1）	减 1 斤	在自己的房间中待 10 个小时及以上	打架
期望后果（分数 ±0）	减 5 斤	基于他人建议去活动室	没有丢分

[①] Atherton C, Klemmack D. Research Methods in Social Work: An Introduction [M]. Lexington: D. C. Heath and Company, 1982.

续表

后果	维度 1	维度 2	维度 3
	超重	独处时间	学校表现出行为问题
更多的有利后果（分数+1）	减 7 斤	基于自我能动去活动室	因行为修正而给分
可能认为更多有利的后果（分数+2）	减 10 斤	参加活动	因合作而给分

3. 非标准化测量工具

1）什么是非标准化测量工具

我们选择一种标准化测量工具，不仅因为它是由别人开发和测试的——这为我们节省了不可估量的时间和麻烦，而且还因为它在内容一致性、管理和评分方面的优点。然而，研究实践过程中，因为概念的复杂性，并非所有研究都能找到适合自身研究目的的标准化工具，一些标准化工具过于冗长、复杂，难以评分和解释，并不符合研究者的课题，在这种情形下，研究者需要自己建构量表，这种未经广泛信效度检测的量表就是非标准化测量工具。

例如，妈妈（此例设为严女士）对她女儿婚姻的困扰不是社会科学学者普遍关心的问题，没有现成的量表，研究者若做此研究就需要自己建构测量妈妈感受到的困扰量表，再通过将严女士在各项目上的得分相加来评估她的"总困扰"（见表3-8）。如果是前后测研究，比较严女士的总困扰分值，研究者可以知道干预的效果。

表 3-8 子女婚姻的困扰评定量表

下面是一些关于你女儿婚姻的陈述。请在每个语句的左侧空格处写上适当的数字，以显示每个语句对你的困扰程度。
1＝一点也不麻烦
2＝有点麻烦
3＝相当麻烦
4＝非常麻烦
_____ 我女儿结婚后就要搬走了。
_____ 我女儿的丈夫不是城市户口。
_____ 我女儿的丈夫以前结过婚。
_____ 我不喜欢我女儿的丈夫的原生家庭。
_____ 我女儿的丈夫失业了。
_____ ……

2）非标准化测量工具的优势

非标准化测量工具的主要优点是它是为研究对象量身定制的，是站在研究对象的视角设计的,完全适合特定的对象,甚至可能是由研究对象本人设计的,或者至少是在研究对象的帮助下设计的。如果我们已经开发出自己的工具,这种优势就比我们从一位碰巧有类似研究对象的同事那里借来的工具更可能发挥有效作用,毕竟同事的研究对象与我们的研究对象有些差异,也不能确定我们是否正在以和同事相同的方式运用评分工具。如果我们开发自己的工具,就更容易管理和计分,工具所提供的有用信息是相对直接的,完成起来是可行的,而且是研究对象可以接受的。

3) 非标准化测量工具的局限性

由于工具是非标准化的,其信度和效度还没通过广泛的检验。上例中,关于信度,我们不知道不同测量之间的分数差异是否意味着严女士对女儿婚姻的态度真的发生了变化,还是这种差异是由于工具随着时间推移的不稳定或测量误差所致;关于效度,我们不知道这个工具在多大程度上是有效的(量表上的题项在多大程度上包括了严女士对女儿婚姻感受的各个方面)。也许真正困扰她的是她认为女儿患有情感障碍,不适合与任何人结婚。如果她自己没有提到这一点,量表上就没有任何题项可以揭示这一点,所以研究者就永远不知道她内心的想法。换句话说,我们无法确定工具在多大程度上可靠又有效地测量了严女士对她女儿婚姻的态度,也许由于这个工具过于关注女儿未来的丈夫,测量的是严女士对她女儿丈夫的态度,而不是她对女儿婚姻的态度。

(五)测量工具评估

当需要测量某一干预措施是否有效,或者评估某一项目实施效果如何时,我们希望观察到的变化是因为干预措施,而不是因为测量工具不稳定或不准确。而为了确保达成这一目的,研究者需要评估测量工具的信度与效度。

1. 测量信度

信度是指量表的稳定性,具体表现为当被测量的对象没有改变时,重复测量会产生一致或等效的得分结果。信度是测量效度的先决条件:如果得出的测量结果不一致,那说明该量表中的题项有歧义,测量对象每次的理解不一样。

1) 复测信度

在这种类型的信度测试中,工具的信度是通过确定重复测量结果的相似程度来计算的。如果同一个人的分值在前后几次的测试中是稳定的,研究人员可以相信这个工具是可靠的。评估复测信度测量结果优劣常借用统计学中相关性系数比较,如果某一测试和下一个测试之间的分值相关性在 0.7 以上(越高越好),我们则有理由认为该工具信度可接受。

这种信度测试的优点是容易实施,不需要使用额外的题项,不需要担心使用不同的题项会得到不同的结果,非常适合纸笔类型的测量。其主要缺点是被调查者可能会因熟悉而适应测量工具,从而导致分数可能是一致的,因为被调查者对他们以前的反应存有记忆,在随后的测试中重复这些反应。前后测量的时间间隔并不固定,基本原则是等待足够长的时间，以使被调查者几乎没有机会进行回忆，但也不要等太长时间，以免被调查者因发生行为或心理变化而出现对题项的理解差异。复测信度测量中，多次测量的条件需保持一致（如环境、时间、地点等），避免因外部因素导致测量结果不同。

2）复本信度

复本信度是制作两个等值但题项不同的量表来测量同一群体，之后计算两个测量结果间的相关系数，以此确定量表的可信度。打个比方，当学生参加补考，老师只有保证补考试卷与前面的试卷难度一样，才能保证两次测验公平，且学生得分具有可比性。

复本信度的优点是被调查者的测量分值不大可能仅仅因为他已经熟悉量表而出现偏高或偏低的情况，其缺点是制定等效的替代测量工具具有一定难度，耗时较久。

3）分半信度

分半信度又称内部一致性信度，指将一个测量工具（量表）按照一定方法（通常为奇偶分组方法）分成对等的两份后，对被调查者进行数据收集，之后计算两份测量之间的相关系数，分半信度相关系数越高，则表明信度越高，或内部一致性越好。将一个量表分半的方法有按奇偶性分半、按题目难度分半、按题目内容分半等。

分半信度的主要优点是它像复本信度的方法一样，可以防止被调查者因回答相同的问题出现分值偏高或偏低；与复本信度测量方法不同的是，只需要使用工具进行一次测量就可以收集必要的信度数据，也因为只有一次测量，它减少了实施多次测量而造成的不稳定问题。分半信度的缺点是难以将量表分成两个完全等效的小量表。

4）评分者信度

评分者信度指多个评分者给同一批被调查者的量表作答评分的一致性程度。与复测信度、复本信度和分半信度均适用于客观测验不同，评分者信度多用于心理投射测验、道德判断测验、创造性思维测验等答案不固定且掺杂主观判断因素的测试中。其具体做法是研究者随机抽取针对某一量表的 N 分作答，由两位或多位受过训练的评分者对 N 分作答按记分规则分别给分，之后通过皮尔逊积矩相关法、斯皮尔曼等级相关法以及肯德尔和谐系数法判断评分者间评分的一致性，通常评分者打分之间相关系数达到 0.9 以上，量表才被认为具有信度。

5）评分者内部信度

评分者内部信度指研究者对同一被调查者在两个或以上时间点的测量结果进行关联度评估。在评估被调查者的行为、心理或其他进展时，评分者内部信度尤为重要。例如，虽然 GAF（global assessment of functioning，总体性功能量表）具有较低的评分者信度，但同时被发现具有相当高的评分者内部信度[1]。事实证明，很多时候尽管不同的评分者无法达成一致，但是一个评分者可以提供有效的前后一致性报告。

---

[1] 乔颖，何燕玲，赵靖平，等. 个体和社会功能量表信效度研究[J]. 中国医药导报，2012（26）：11-14.

2. 测量效度

效度是指量表能在多大程度上准确测量其计划测量的概念内涵。测量工具与要考察的内容越吻合，则效度越高；反之，则效度越低。一个概念的有效测量要做到以下几点：第一，与该概念的其他明显有效测量密切相关；第二，与该概念的已知或假设相关；第三，与不相关概念的测量无关[1]。效度测量可通过四种不同的方法进行评估：表面效度、内容效度、标准效度和结构效度。

1）表面效度

表面效度（face validity）指研究者在表面上对量表进行有效性主观判断，看量表题项与测验目的是否一致。如果量表与被测量概念的意义明显相关，与其他概念不相关，那么这个量表就是有效的。例如，测量家庭妇女的焦虑感，询问其是否完成了家庭作业显然是没有效度的，因为她没有家庭作业要完成，而询问她是否经常有做不完的家务或很难做好家务则具有效度。

2）内容效度

内容效度又称逻辑效度，是指量表中题项对将测的内容或行为范围取样的适当程度，换言之，看测量内容是否抓住了概念的各个维度和深度，也即测量内容的适当性和相符性。所以，内容效度意在检测一个抽象概念与指标之间在理论和经验上的逻辑一致性，或者测量结果和概念共识之间的相关关系。如研究者为测量社会支持制定了一个量表，该量表注重物质支持，忽略了精神支持。显然，这个量表的内容取样范围与业界共识有一定的距离，可以推断无效。与表面效度一样，单纯依赖内容效度也存在不足，因为专家们可能对某项测量所提供的内容范围持有不同意见。例如，一个测量强迫症的量表（The Yale-Brown Obsessive Compulsive Scale，Y-BOCS）会问："即使某样东西没有实际价值，你也很难丢弃它吗？"如果专家认为虽然囤积行为可能与强迫症有关，但许多没有强迫症的人会紧紧抓住他们从未使用过的东西不放，于是他不同意这个题项可以代表强迫症的概念，就不会认同其效度。

"表面效度"和"内容效度"这两个术语在专业文献中经常互换使用，经常被错误地认为是同义词。实际上，二者有一定的区别。二者的区别在于效度证明的证据充分性和严谨性。表面效度基于对测量目的和测量内容表面关系的主观判断，没有严谨的逻辑证明，更像是非正式的效度验证；内容效度虽也是对测量目的和测量内容关系的证明，但是是基于经验证明、统计分析和逻辑推理的，因此更加正式、系统和全面。

3）标准效度

标准效度（criterion validity）是通过制定一个较为理想的标准来衡量一个测量是否有

---

[1] Brewer J, Hunter A. Foundations of Multimethod Research: Synthesizing Styles [M]. Los Angeles: SAGE Publications, 2005.

效。人为确定/选定的效度标准的分值,被称为效标分数。效标分数一般采用对该概念测量的平均值或社会公认的测量分值。检测过程是把被调查者在新测量工具上的分值和效标分数进行相关分析,如二者之间存在高度相关性,则认为新测量工具具有标准效度。一般而言,测量工具背后的概念和效标分数背后的概念是密切相关的。比如,验证一种用来测量学生在某科目中表现如何的工具,先用该工具测量学生第一学期的学习情况,然后将该测量分数与他们的平均绩点进行比较,此时,效标分数就是平均绩点。标准效度所使用的效标分数应尽可能有效且可靠,如果选择了不准确或不可靠的标准,则测量工具本身将无法得到充分的验证。标准效度又可以分为并发效度和预测效度。

(1) 并发效度

并发效度,也称共变效度或同时效度(concurrent validity),指一个测量工具与该变量的既有其他有效测量工具之间的相关程度。如在既有测量有效的情况下,新的测量同时有效,则认为具有并发效度。例如,研究者设计了一个抑郁测量量表,他可以将之与另一个已通过验证的抑郁测量量表进行比较,观察两个量表对于相同对象是否具有相同的结果,倘若两个量表测量结果相似,则有理由相信研究者自己设计的测量量表具有并发效度。

并发效度也可以通过对内部差异较大的样本进行测试检验。假设有一个关于工作伦理的量表,让一群已经领取社会救济的人填答。从总体上来说,这个量表应该能够区别出两类人:一类是乐于接受工作机会并去工作的人,另一类是即使有工作机会也不愿意工作的人。这两类人在量表得分上应该会存在分数差异,因为具有较强工作伦理价值观的人不想依靠社会救济且渴望自己有就业机会;相反,那些工作伦理价值观较弱的人会尽可能地争取使用社会救济的机会,而非就业机会。如果这两种类型的人在工作伦理量表上的得分相同,说明这份量表没有有效地测量工作伦理这个概念,不存在并发效度。并发效度检验法的原理是将其中一组分值作为效度分数,另一组作为测试分数。

(2) 预测效度

预测效度(predictive validity)是指一种量表具有根据当前的表现或状态预测被调查者未来表现或状态的能力。例如,一份智商测试能准确预测儿童长大后的教育成就,我们则可以说该智商测试具有预测效度;理科大一学生的数学成绩如果和他们大四时的平均成绩绩点高度相关,则该数学测试则具有高度的预测效度。再如,具有预测效度的精神病理学量表不仅能区分那些需要精神病治疗的青少年,还要能发现那些一年后需要精神病治疗的青少年。

并发效度和预测效度都与预测有关,并且都使用了一些对所研究变量有效可靠的外部标准,两者的区别主要在于时间:一是并发效度高的量表能预测被调查者当前的表现或状态,而预测效度高的量表能预测被调查者未来的表现或状态;二是并发效度是在同一时间使用一个工具进行测试,再将其分数与外部标准进行比较,而预测效度需要在两个不同的时间点(现在和未来)进行比较测量才可以确定。

4) 结构效度

结构效度关注理论、概念和变量之间假设关系的检验。具体地说,它确定量表中的题项能在多大程度上准确反映出概念的维度。量表的结构效度检测一般通过聚合区分效度和因子分析完成。

一般通过三步完成效度检验。第一，提出具有解释性的概念。第二，从对概念的理论分析中得出维度假设。第三，通过统计软件检验这些假设。如果某概念基于理论分析有四个维度，但因子分析却显示量表中只有三个因子，我们认为该量表的结构效度不够。

（六）测量误差

虽然信度和效度较高的测量工具（量表）可以很好地测量出被调查者在某概念上的真实状况，但也还是存在测量误差的可能性。测量误差是指测量工具上的所有不能归因于被测者的响应变化。

测量误差可分为两类，分别是观测误差（对被调查者的不良测量）和非观测误差（对调查事件的遗漏）[1]。观测误差又可分为系统误差和随机误差。测量误差对测量结果的准确性产生不利影响，因此，研究者必须尽可能找出研究中潜在的误差来源，并控制或减少它们的影响，尽可能提升测量结果的准确性。

1. 系统误差

系统误差是指那些一贯或系统地影响测量精准的因素。就其本质而言，这些因素关系到测量工具的设计、环境的倾向和被调查者相对稳定的心理和行为。

就问卷而言，研究者的倾向性设置或题项的措辞欠佳可能导致系统误差：① 题项文本过长，因此被调查者不适；② 题项描述不够准确，引起被调查者误解；③ 在题项中使用两个及以上的否定词，引起被调查者误解；④ 一个题项包含了两个问题，让被调查者不知如何回答；⑤ 题项中含有专业术语或学术术语，让被调查者不明白题意；⑥ 题项描述过于绝对化或存在偏见；⑦ 题项顺序没有打乱引起被调查者的连贯性回答。

就被调查者而言，人口统计特征（如智力、教育、社会经济地位、种族、文化和宗教信仰等）是出现系统误差的常见来源。因为具有某些特征的人在行为、心理和思维上会有一定的习惯性。他们可能会存在以下这些情况：① 过去经验影响判断；② 回答呈现"同意"或"不同意"的趋势；③ 想要展现出积极的态度因此做出符合社会期望/调查者的回应；④ 为了让自己看起来更加客观中立而选择中立的答案。

2. 随机误差

随机误差，顾名思义，是因为无法控制的偶然性因素使得被调查者的测量值产生随机分布的误差。与系统误差不同，随机误差没有一定的趋势或方向，且服从统计学意义上的"正态分布"[2]。从这个意义上说，随机误差不可消除，只能增加测量次数使测量均值与真实值无限逼近。随机误差可能来自以下三个方面。

---

① Groves R M. Survey Errors and Survey Costs [M]. New York：John Wiley，1989.
② 在样本较大的情形下，随机误差呈现正态分布，对测量不产生影响，因为每个个体回应中出现的误差不是一样的，总体呈现相互抵消的现象。

1) 被调查者的临时状态

被调查者每天的状态是不一样的，如身体或心理健康、情绪、动机、灵敏度、无聊或疲劳的状态等。这些会在细微处影响他们的回答。

2) 测量中的环境因素

外部因素或情境因素也可能在测量中导致不必要的误差，包括物理环境（位置安排、工作空间、噪音、照明或磁带录音机的存在）和社会环境（如被调查者的匿名程度，有无亲朋同事在场或知晓）。例如，社工帮街头少年做一个越轨心理测量，在少年家里、社工办公室、咖啡店做的结果肯定有些差异。

3) 测量中的调查者因素

因测量工具的运用而产生的随机误差常常是因为运用中缺乏规范性。例如，没有经过充分培训的调查者可能会添加、省略材料或改变问题的措辞[①]。调查者的行为举止和外表，以及种族、性别、年龄和社会经济地位等特征，也会影响被调查者的反应。例如，当被调查者发现全程面容平淡的调查者突然因为自己某一个回答而笑容满面时，被调查者在接下来的回答中可能就会倾向于给出类似的回答，抑或是当被调查者发现调查者信仰佛教时，可能会下意识给出与佛教信仰相关的回答等，此时调查者必须意识到自身所呈现的形象可能对被调查者产生的影响，并尽量减少与被调查者之间人口结构差异的影响。

3. 误差控制

不管是系统误差还是随机误差，研究者都可以想办法去控制，将误差减少到一定程度。通过前文发现，测量误差主要来自研究者、被调查者、测量环境。这三者导致的测量误差有的是系统性（即规律性的），有的是偶然性的。研究者应具备严谨的反思精神，在测量之前和之中都去思考测量的准确性，做到工具标准化、过程理性化。如为了激发被调查者的配合，研究者可培养与被调查者的融洽关系，激发被调查者对工具的兴趣，引发合作，花时间熟悉，增加动力，减少焦虑，确保被调查者能够完成任务。例如，研究者可选择一个有利于被调查者回应的环境，像对丈夫和妻子进行单独的面试，以获得他们对婚姻的真实态度。再如，在测量过程中，使用明确的、标准化的指示，以及对调查者、观察员和管理人员进行预演或试运行的事先准备，都将进一步减少管理错误。

（七）测量与循证实践

循证实践已是社会工作界的基本共识。循证实践中的重要组成部分就是整个社会工作实务过程需要各种证据支撑，如案主需求的证据、实务过程中服务对象的改变证据、服务结束时的干预效果证据等。如果某项研究和实务采用定量研究的思路，这些证据都需要用

---

① 标准化有助于最大限度地减少影响测量过程的主观性，并最大限度地提高测量的可比性和客观性。

到测量，所以说，测量是社会工作实践中的不可或缺的组成部分，测量结果直接影响了社会工作研究与实践的开展。

社会工作实务中不但需要测量，还需要高质量的测量。很多时候，研究质量部分取决于测量质量，例如，系统误差可以降低或否定一个研究的内在效度或外在效度。研究者需要确定所呈现的证据是由干预而不是由测量工具的选择、设计和实施引起的。

五 抽样

（一）抽样调查的缘由

对一项研究来说，如果能够对总体中的每一个个体都进行调查，那么所得到的结果最具有普遍性，也最能反映总体的特征。但是当一项研究涉及的总体非常庞大且无法直接观察时，普查的方法就难以进行。此时，研究者不得不采用适当的方法来选择一群可以反映总体特征的被调查者，然后根据这一小群体的数据来准确地描述总体的特征。在此过程中，选择能准确代表总体的小群体的方法就叫作抽样（sampling）。

通过抽样得到的群体对总体状况或现象进行研究就称为抽样调查。抽样调查是一种非全面调查方式，相比普查，它具有成本低（节省时间和费用）、速度快以及运用范围广泛的特点。另外，对调查人员的严格选拔和培训使得抽样调查的过程和数据质量更可控，所得出的结论更具真实性和准确性。因此，其成为研究者的首选调查方法。

（二）推论至总体的保证

调查研究的研究对象在人口特征、态度、经历、行为等各个方面都具有很强的异质性。研究者如果想通过样本数据推论总体状况，则需要仔细考虑抽样方式的选择，即研究者需要严格采取特定的抽样程序和抽样标准从总体中选取出具有代表性的个体从而得出关于总体的准确描述。

一个具有代表性的样本是指样本所呈现的表征与总体的特征相符合。如果研究者要研究性别差异对大学生职业选择的影响，总体中包含30%的男性，那么一个有代表性的样本也应该包含大约30%的男性。应注意的是，样本不需要在每一方面都具有代表性，其代表性只需体现在研究所关注的方面，比如，上述关于性别差异对大学生职业选择的影响研究中，总体中身高在180cm以上的个体占20%，样本中身高情况就不必要与之对应，因为身高并不是与此项研究相关的特征。

随机选择是确保抽样代表性的关键。在随机选择中，每个个体都有相等的被选中的机会，不受外在因素的影响。最简单的随机选择的例子是抛硬币。一枚完好的硬币抛出去之后，出现正面或反面的情况与之前抛出去所出现的情况无关，无论连续出现多少次正面，下一次抛出产生正面的概率依旧是50%。随机选择要求研究者避免有意识或无意识的偏见，是确保个体选择过程中不出现系统偏差的最佳方法。

综上所述，样本结论可推至总体是因为样本具有代表性，而样本代表性由随机抽样确保。

（三）抽样基本术语

1. 总体与样本

总体（population）是研究者所研究的个体的集合。在社会科学研究中，研究者关心的是总体的状况。根据研究问题的不同，总体可以是某个群体（全国的中学生、某个地区的留守儿童）、某类组织（某个县的所有社工站）、某类行政单位（一个省的所有县）。

样本（sample）是抽取的单位集合，如研究的落脚点是个人，样本是个人集合体，如研究的是家庭，则是一定数量的家庭集合体。

2. 参数值和统计值

参数值（parameter）是总体某一维度或方面（既定变量）的数字描述，如总体在某方面的均值（某城市所有家庭的年收入均值或某地区所有学生的英语平均成绩）、标准差、方差、总体中某一群体的比例等。

统计值（statistic）是样本某一维度或方面（既定变量）的数字描述，如样本的均值（从某城市抽取的 300 户家庭的年收入均值或某地区抽取的 500 名学生的英语平均成绩）、标准差、方差、样本中某一群体的比例等。

抽样调查的重要目的之一就是通过样本的统计值来推论总体的参数值，如从样本均值推论总体均值，从样本中某群体占比推论总体中该群体的占比。西方民意测验专家经常从几千投票人的样本中推论出全国投票人可能投票给谁并确切地说明估计的误差范围是多少。从样本统计值推论总体参数值的方式有三种，即点估计、区间估计和假设检验。

3. 个体与抽样单位

个体是从总体中选择出来的收集信息的单位。在调查研究中，个体通常是具有某些特征的人，也可能是家庭或组织等单位。

抽样单位（sampling unit）是被抽取的基本单位，可以是个体，也可以是群体。在单一层次抽样中，个体和抽样单位是一致的，比如，要研究一所学校的学生的学习压力，那么这所学校的每一名学生既是个体又是抽样单位。在多阶段抽样中，个体和抽样单位则不一定是相同的，如果想了解一个县区内中学生的学习压力，我们可以先抽取学校，此时学校为第一级抽样单位，然后在学校中抽取班级，此时班级就是第二级抽样单位，最后在班级里抽取学生，这时学生即第三级抽样单位①。

---

① 袁方. 社会研究方法教程 [M]. 北京：北京大学出版社，1997.

4. 抽样框

抽样框（sampling frame）是抽样单位的完整名单，如抽样单位是个人，抽样框则是个人花名册；如抽样单位是班级，抽样框则是所有班级的列表。抽样框需满足两个条件，一是不能遗漏抽样单位，确保每个单位都在里面，如果新转来的学生不在学校名单之列，那么这份名单作为抽样框是有偏差的，抽选出来的样本的代表性会下降；二是不能重复，确保每个单位只出现一次。

抽样框可以是真实存在的，也可以是抽象的。随机抽样中的抽样框一般是真实具体的，如一所学校的学生花名册就是具体的、真实存在的。非随机抽样的抽样框可能是抽象存在的，如对无家可归者的生活状况进行调查时，抽样框是随着调查的进行而逐步建立起来的，此时的抽样框是抽象的。

5. 纳入和排除标准

纳入标准（inclusion criteria）是个体或子集必须具备某些特征才能被纳入抽样框的资格。如果研究者要进行一项关于抑郁症患者的社会歧视现状调查，被纳入样本的个体必须为抑郁症患者。相对而言，排除标准（exclusion criteria）指的是个体或子集不具备某一特征从而丧失被纳入抽样框的资格。如果研究者主要对工作场所的歧视感兴趣，那在调查过程中就可能会排除那些没有工作过、目前正在上学的个体。排除标准和纳入标准是相对的，如果纳入标准包括 18 岁及以上的个体和子集，排除标准则是 18 岁以下的个体和子集。

6. 内部效度和外部效度

内部效度（internal validity）指的是研究者对自变量引起因变量变化的自信程度。实验研究对此尤其重视，拟通过特别设计排除干扰因素，确保因变量的变化基本是由自变量引起的。外部效度（external validity，有时称为泛化性）是一项研究的发现能推论到总体之外的群体的程度。一项研究越能适用于更大的人群，该研究的外部效度就越高。例如，一项研究是关于中国老年人的，如果其结论对于欧美、中东或非洲老人都适用，则认为其外部效度高。

（四）抽样类型

1. 概率抽样

概率抽样（probability sampling）是指总体中的每一个个体都有相等被选中的机会且被选中的概率不为零[①]。概率抽样基于这样一个基本理念：如果总体中的每一个个体被选

---

① Engel R J, Schutt R K. The Practice of Research in Social Work [M]. Los Angeles: SAGE Publications, 2017.

为样本的概率是相同的，那么这样的样本就具有代表性[①]。概率抽样的最终目的是从总体中选出一组由个体组成的样本，该样本的数据分析结论可以准确地适用于总体。概率抽样的基本做法是以随机的方法抽取样本。通过随机方法选择的每一个个体被选中的机会都是偶然的，没有系统性偏差，也没有研究者的主观因素影响，所以概率样本比非概率样本更具有代表性。常用的概率抽样方法有简单随机抽样、系统抽样、分层抽样、整群抽样、多阶段抽样和 PPS 抽样。

1）简单随机抽样

简单随机抽样（simple random sampling）是最基本的一种抽样方法，即研究者从总体中随机选取多个个体来组成样本。简单随机抽样又分为重复抽样和不重复抽样。重复抽样是指研究者把每次抽到的个体进行登记之后又放回总体中并继续进行下一轮抽样。不重复抽样则是研究者把每次抽到的个体进行登记后不再放回总体中，被抽中的个体不再参与下一次的抽样。在大规模的社会调查研究中，总体中包含的个体数量比较多且样本通常只是总体的一小部分，无论是使用重复抽样方法，还是不重复抽样方法，选择出来的样本差别都不是很大。

抽样框的大小会直接影响简单随机抽样如何进行。如果抽样框比较小，研究者可以通过抽签、抓阄、抛硬币、掷骰子等方式进行抽样。如果抽样框很大，研究者则需要借助随机数表来进行抽样（表 3-9）[②]。

表 3-9 随机数表

编号	1～10					11～20					21～30					31～40					41～50				
1	22	17	68	65	81	68	95	23	92	35	87	02	22	57	51	61	09	43	95	06	58	24	82	03	47
2	19	36	27	59	46	13	79	93	37	55	39	77	32	**77**	**09**	85	52	05	30	62	47	83	51	62	74
3	16	77	23	02	77	09	61	84	25	21	28	06	24	25	93	16	71	13	59	78	23	05	47	47	25
4	78	43	76	71	61	20	44	90	32	64	97	67	63	99	61	46	38	03	93	22	69	81	21	99	21
5	03	28	28	26	08	73	37	32	04	05	69	30	16	**09**	**05**	88	69	58	28	99	35	07	44	75	47
6	93	82	53	64	39	07	10	63	76	35	84	03	04	79	88	08	13	13	85	51	55	34	57	72	69
7	78	76	58	54	74	92	38	70	96	92	52	06	79	79	45	82	63	18	27	44	69	66	92	19	09
8	23	68	35	26	00	99	53	93	61	28	52	70	05	48	34	56	65	05	61	86	90	92	10	70	80
9	15	39	25	70	99	93	86	52	77	65	15	33	59	**05**	**28**	22	87	26	07	47	86	96	98	29	06
10	58	71	96	30	24	18	46	23	34	27	85	13	99	24	44	49	18	09	79	49	74	16	32	23	02
11	57	35	27	33	72	24	53	63	97	09	41	10	76	47	91	44	04	95	49	66	39	60	04	59	81

① Thyer B. The Handbook of Social Work Research Methods [M]. Los Angeles：SAGE Publications：2001.

② 随机数表是通过计算机随机生成从 0 到 9 十个数字所组成的数表。因是随机生成的，每个数字在表上的顺序无规律，但出现的次数大致相同，即表中每个位置上出现哪一个数字是等概率的，故随机数表保证了每个个体被抽取的概率相等，从而确保了抽样的随机性和公正性。

续表

编号	1~10					11~20					21~30					31~40					41~50				
12	48	50	86	54	48	22	06	34	72	52	82	21	15	65	20	33	29	94	71	11	15	91	29	12	03
13	61	96	58	95	03	07	16	39	33	66	98	56	10	56	79	77	21	30	27	12	90	49	82	23	62
14	36	93	89	41	26	29	70	83	63	51	99	74	20	52	36	87	09	41	15	09	98	60	16	03	03
15	18	87	00	42	31	57	90	12	02	07	23	47	37	17	31	54	08	01	88	63	39	41	88	92	10
16	88	56	56	27	59	33	35	72	67	47	77	34	55	45	70	08	18	27	38	90	16	95	86	70	75
17	09	72	95	84	29	49	41	31	06	70	42	38	06	45	18	64	64	73	31	65	52	53	37	97	15
18	12	96	88	17	31	65	19	69	02	83	60	75	86	90	68	24	64	19	35	51	56	61	87	39	12
19	85	94	57	24	16	92	09	84	38	76	22	00	27	69	85	29	81	94	78	70	21	94	47	90	12
20	38	64	43	59	98	77	68	07	91	51	67	82	44	40	98	05	93	19	78	23	32	65	41	18	
21	53	44	09	42	72	00	41	86	79	79	68	47	22	**00**	**20**	35	55	31	51	51	00	83	63	22	55
22	40	76	66	26	84	57	99	99	90	37	36	63	32	**08**	**58**	37	40	13	68	97	87	64	81	07	83
23	02	47	79	18	05	12	59	52	57	02	22	07	90	47	03	28	14	11	30	79	20	69	22	40	98
24	95	17	82	06	53	31	51	10	96	46	92	06	88	**07**	**77**	56	11	50	81	69	40	23	72	51	39
25	35	76	22	72	92	96	11	83	44	80	34	68	35	48	78	33	42	40	90	60	73	96	53	97	86

随机数表的基本使用步骤为：① 根据研究问题、目的、对象等因素决定所需样本量；② 对抽样框中的所有个体进行连续性编号；③ 随机（抓阄或抽签）抽取行列号，以该行列号交界的数字为起始位置，朝上下左右任一方向连续抽取样本；④ 根据在随机数表中抽取的数字，在抽样框中选择与之相对应的个体编号，忽略随机数表中超出抽样框的数字，直到达到样本量[①]。假如一所中学有1632名学生，现在要从中选出6名学生进行访谈，我们需要先对这1632名学生按照0001~1632依次进行排序，因为总体是四位数的个体，所以我们需要在随机数表中任意选择四列（如果总体中共有三位数的个体，则只选出三列数字，以此类推），比如，第27~30列，然后再任意挑选一个起始位置，比如第2行开始（即表3-9中数字7709），自上而下选择6个位于0001~1632之间的数字，当随机数表中的数字不在0001~1632的范围内或一个数字重复出现时则跳过，这时选出来的数字为0905、0528、0020、0858、0777，然后对照已有的学生序号找出这几个序号代表的学生。当选中的几列数字无法选出足够的个体时，我们可以再随机选中四列，按照上述步骤再次进行抽取，直到满足需要为止。

简单随机抽样适用于总体数量不大且内部构成同质性程度较高的研究。例如，研究者想了解某一所中学学生的学业压力，简单随机抽样是一个不错的选择。如果研究者的研究包含不同地区的多所中学，采用简单随机抽样则可能产生较大的误差，一方面是因为总体

---

① Krysik J L. Research for Effective Social Work Practice [M]. 4th ed. London：Routledge，2018.

的数量较大，制定抽样框比较困难；另一方面是因为不同地区之间的学生差异比较大，总体内部异质性比较高，简单随机抽样不能较好地体现这种差异[①]。

2）系统抽样

系统抽样（systematic sampling）又称为机械抽样或等距抽样。系统抽样可以被认为是简单随机抽样的一个变种，同样适用于同质性较高的总体，操作步骤如下[②]。

（1）确定样本量并建立抽样框。

（2）计算抽样间隔。抽样间隔的大小取决于总体的大小（N）和预期的样本量大小（n）。计算公式是抽样间隔 $K=N/n$，此时 K 既是抽样间隔，也是总体中第 K 个个体，如 K 为 10，则每 10 个里面抽一个个体。

（3）在第 1 个个体到第 K 个个体之间，采用随机的方法选择一个个体，记为 t；

（4）从随机选择的第一个个体 t 开始，根据抽样间隔依次选择每个个体，选出的个体序号依次为 t，$t+K$，$t+2K$，…，$t+(n-1)K$；

（5）样本抽取到总体的末尾时结束。如果抽取到最后时还不满足样本要求，可以累加之后从头抽取。

比如，我们想要了解一所中学内学生的学业压力，学校一共有 500 名学生，按顺序编号为 1~500，而我们想要从其中抽取 50 名学生进行调查，此时的样本大小即为 50，抽样间隔为 $K=500/50=10$，然后我们需要在第 1 个到第 10 个之间随机选择一个个体，假如我们随机选出的个体序号为 6，则抽取出来的第二名学生的序号应该为 16，第三名应该为 26，以此类推，直到抽够 50 名学生为止。

需要注意的是，当抽样间隔不为整数时，就需要交替使用大于或小于抽样间隔的整数，比如，我们要抽取出 200 名学生进行调查，则抽样间隔变为 $K=500/200=2.5$，此时就需要交替选择 2 和 3 作为抽样间隔来抽取个体，随机选择的第一个个体就应该在 1 到 3 的范围内，假设随机选到的第一个个体为 2，那抽取到的第二个学生的序号则为 4，第三个则为 7，第四个为 9，第五个为 12……，以此类推，直到抽出 200 名学生为止。

在实际的社会调查研究中，系统抽样相较于简单随机抽样具有一定的优势。一是系统抽样只有在抽取第一个个体时需要进行随机抽样，不需要将随机选择的数字与抽样框中的个体序号一一匹配，当样本容量较大时，系统抽样容易实施，可以节省大量时间；二是系统抽样是按照一定的间距依次进行抽样，样本中个体的分布更加均匀，可以降低抽样误差[③]。

当个体的排序呈现明显的周期性变化且与抽样间隔一致时，采取系统抽样可能会导致某类个体出现的次数过多或不足，从而产生较大的抽样误差。比如，我们想要了解夫妻对婚姻生活的满意程度，总体中的每对夫妻都是按照男性在前、女性在后排序的，无论抽样

[①] 风笑天. 社会学研究方法 [M]. 北京：中国人民大学出版社，2001.
[②] 艾尔·巴比. 社会研究方法 [M]. 邱泽奇，译. 北京：华夏出版社，2018.
[③] 袁方. 社会研究方法教程 [M]. 北京：北京大学出版社，1997.

间隔是奇数还是偶数，最终都会导致样本内只有男性或只有女性，这样的样本就不具有代表性[1]。

3) 分层抽样

分层抽样（stratified sampling）一般是根据研究对象的某个维度的特征，将研究总体划分为不同的子群体，然后从这些子群体所形成的层级之中随机抽取个体，组成子样本，最后再将子样本合并组成总体的样本。分层抽样的优点表现在两个方面。首先，如前所述，和异质性高的研究总体相比，从同质性高的总体中抽样，抽样误差较小，当总体中的个体在研究所关注的特征方面（如性别、年龄）存在明显差别时，使用分层抽样则可以把异质性较高的总体划分为几个同质性较高的子群体，然后在同质性较高的子群体中进行随机抽样，从而可以获得更具代表性的样本，以减小抽样误差[2]。在样本量相同的情况下，分层抽样的精确度更高；其次，在分层抽样中，样本来自不同的子群体，这样可以确保总体中占比较小的子群体也能抽到足够的个体，从而使得每个子样本对于相对应的子群体来说也具有较高的代表性，如此，便于进行层内统计分析以及不同子层之间的比较[3]。

对于分层抽样而言，确定好分层的标准是至关重要的。某些研究的主要变量（如性别、年龄）有约定俗成的分类标准，研究者不必去寻找新的分层标准。但在实际的社会工作研究中，从研究所关注的维度出发划分不同子群体的标准可能不明确，比如，我们想要了解某大学的毕业生在工作一年内的收入情况，最好的分层标准就是他们的工作收入，按照不同的收入标准划分为若干层进行抽样，但是在调查之前我们不了解他们的收入情况，因此研究者可以将分层维度放在其他最相关的变量上，例如，可以将专业作为分层标准，然后在不同的专业中进行抽样。一般来说，划分子群体的维度与研究所关注的变量的相关程度越高，抽样得到的样本代表性就越高。另外，子群体的数量越多，每一层抽取的样本数量越大，样本就越具有代表性。需要注意的是，确定分层的标准时，一定要保证层内的同质性和层间的异质性，同时每一层之间也应该是互相排斥的，即每个个体能且只能属于一个子群体。

分层抽样有两种具体抽样方式，即等比分层抽样和非等比分层抽样。两种方法最大的区别在于每一层的抽样数量上，在等比分层抽样中，样本中各个子层的比例应该与每个子层在总体中的比例相对应；在非等比分层抽样中，需要将总体的样本量除以子层的数量，然后在每个子层中抽取相同数量的样本，如此，每一层在总体中的比例与样本中各个子层的比例是不相等的。[4]

当研究者只想了解总体的某些特征时，等比分层抽样更加适合。如果研究者需要对每个子群体都进行分析并想概括出不同子群体之间的差异，非等比分层抽样更合适，因为某

---

[1] Engel R J, Schutt R K. The Practice of Research in Social Work [M]. Los Angeles: SAGE Publications, 2017.

[2] 艾尔·巴比. 社会研究方法 [M]. 邱泽奇, 译. 北京: 华夏出版社, 2018.

[3] Grinnell R M Jr., Unrau Y A. Social Work Research and Evaluation: Foundations of Evidence-Based Practice [M]. 11th ed. Oxford: Oxford University Press, 2018.

[4] Krysik J L. Research for Effective Social Work Practice [M]. 4th ed. London: Routledge, 2018.

个子群体在总体中占据的比例可能很小，那么抽出来的样本数也会非常少，而通过少量的样本数量进行分析是非常困难的。分层抽样的优点是适用于结构复杂、个体数量较多、不同单位之间差异明显的研究对象。但进行分层抽样前必须了解每种类型的个体在总体中所占的比例，创建子群体使得分层抽样比简单随机抽样或系统抽样烦琐一些[1]。

4）整群抽样

无论是简单随机抽样、系统抽样，还是分层抽样，研究者都需要拥有一个总体中所有个体的列表，但是在实际的社会工作研究中，研究者很可能没有这样的列表可使用。即使有可能获得总体的列表，但在总体中个体数量较多时，调查成本也会变得很高，此时，整群抽样（cluster sampling）方法更加适合。

整群抽样一般是先把总体分为若干个子群体（一般是按照总体中自然出现集合分群，如班级、社区等），然后在所有的子群体中随机选择若干个，将抽取的子群体中的所有个体组成总体的样本。如某项研究是关于上海市小学生霸凌现象的，研究者可以以班级为单位，把上海市所有小学的班级组成抽样框，再随机抽取一定数量的班级，直到样本班级的人数加起来达到样本量。

整群抽样与其他抽样方法最大的区别在于，整群抽样是以子群体作为抽样单位，而不是以单个的个体作为抽样单位，因此整群抽样在划分子群体时应该尽量保证子群体间的低异质性、子群体内部的高异质性。这与分层抽样划分子群体的标准刚好相反。

整群抽样可以使大型的研究项目更加易于开展，在没有个体元素抽样框的情况下也可以顺利进行。整群抽样是以子群体为抽样单位进行抽样的，这就导致使用整群抽样方法所获得的样本有时过于集中，不能很好地代表总体特征，造成较大的抽样误差。另外，如果每个子群体内包含的个体数量不相等时，抽到数量较小的子群体会导致大量个体被忽略，进一步增大抽样误差[2]。

抽取的子群体的个数以及在每个子群体中抽出的个体数量会影响整群抽样的样本代表性，那么我们应该选择多少个子群体以及每个子群体内应该选出多少个个体呢？在理想的情况下，研究者应该最大化地选择子群体以及每个子群体中的个体数量，这样一来样本的代表性就会更高，更加能够代表总体的特征。但是，选择的子群体的数量越多，调查的成本也就越高，抽样调查的优势也就越不明显。此时需要研究者做出取舍。另外，研究者也需要考虑每个子群体中个体的同质性，因为子群体内的个体同质性越低，要代表整个子群体需要的个体数也就越多。

5）多阶段抽样

在实际的社会工作研究中，整群抽样常常和多阶段抽样（multi-stage sampling）结合使用。多阶段整群抽样即在已经选定的子群体中再次进行随机抽样，如有必要，在下一级

---

[1] Marlow C R. Research Methods for Generalist Social Work [M]. 5th ed. Boston：Cengage Learning，2010.

[2] 陈卫，刘金菊. 社会研究方法概论 [M]. 北京：清华大学出版社，2015.

的子群体中再次随机抽样。如前面例子，在调查一所中学学生的学业压力的研究中，研究者可以以班级作为抽样单位进行第一阶段的抽样，在学校中随机选出若干个班级，然后以学生作为抽样单位进行第二阶段的抽样，在选出的班级中随机选取若干学生，共同组成总体的样本。这种抽样方式即为第二阶段抽样。如果把调查范围扩大到一个县区内的所有中学，就可以依次把学校、班级、学生作为抽样单位，进行第三阶段抽样，同理还可以进行第四阶段抽样、第五阶段抽样……需要注意的是，抽样的阶段越多，出现抽样误差的概率也就越大，因为每个阶段都有可能会引入抽样误差。如果最后的抽样单位是班级（不再从班级中抽取学生），那就是多阶段整群抽样。

6）PPS 抽样

多阶段整群抽样是建立在子群体的规模相等且子群体之间与子群体内部同质性都比较高的基础上。很多时候研究中的子群体规模不一定是相等的，如 20 所中学的人数规模或某个中学中班级的人数规模。当规模不等时，在各个阶段的抽样过程中，人数多的班级和人数少的班级被抽中的概率是一样的，反过来，这造成班级人数少的学生被选中的概率大于班级人数多的。此时，研究者可以根据子群体的大小为其提供不同的被选概率，从而使得每个个体最终都有相等的被选机会，这就是"概率与规模成比例"的方法，简称为 PPS 抽样（probability proportional to size sampling）。

PPS 抽样可以看作是多阶段抽样、等比分层抽样和等距抽样的结合。它的原理是以阶段性的不等概率换取个体间的最终等概率被抽取。实施 PPS 抽样有个前提条件，即研究者要知道每个子群体的规模，其具体步骤是：① 列出子群体及其规模（该群体中个体的数量）；② 将子群体规模逐个累加，列出数量段，如一号子群体中有 100 名个体，则为 1～100，二号子群体中有 150 名个体，则为 101～250；③ 采用等距抽样思路，将总体数量除以样本量，计算出抽样间隔，如总体 10000 人，样本量为 100 人，则抽样间隔为 100；④ 通过简单随机抽样方法，在第一个抽样间隔内（即 0～100）内抽取一个个体，之后按照抽样间隔等距抽取个体；⑤ 将所有抽中的个体所在子群体放入第二阶段抽样；⑥ 将样本量除以第二阶段的子群体数量，得出每个子群体应抽取的个体数量，如 100/5＝20，则为 20 人，需特别注意的是，如果某个子群体因人数众多有 N 个个体被抽中，则该子群体要记为 N 次；⑦ 在选中的每个子群体中随机抽取相等数量的个体，如果某子群体被选中 3 次，则在该子群体中要抽 3 倍的个体数量，如每个子群体应抽 20 人，某子群体被选中 3 次，则需抽 60 人。

2. 非概率抽样

非概率抽样（non-probability sampling）是指个体被选为样本的可能性不确定或不等。非概率抽样经常与定性研究结合在一起，经常被用于试点研究、探索性研究或概率抽样无法进行时。与概率抽样相比，非概率抽样更容易管理，成本也更低。它是一种快速收集初始数据的方法，有助于研究者在进行更广泛的研究之前了解大致的情形。通过非概率抽样得到的样本难以代表其背后的群体，但这并不意味着它们是任意抽取的，或者没有任何特定目的。常用的非概率抽样有目的抽样、配额抽样、滚雪球抽样和方便抽样。

1）目的抽样

目的抽样（purposive sampling）又称判断抽样，是指研究者围绕研究的主要目标，在自己主观分析的基础上确定抽样标准并挑选样本的过程。研究者的主观意志、判断能力以及专业熟练程度对抽样的过程会造成很大影响。在目的抽样中，每个个体的选择都是有目的性的。研究者事先确定好抽样的标准并严格按照这一标准寻找出合适的参与者。

在进行目的抽样之前，研究者需要了解总体特征。因为研究者只有在了解研究对象的基本信息、观点、行为、经历的基础上才能确定他们是否符合标准。目的抽样能够在最大限度上调动研究者的主观能动性，特别是当研究者对所研究的领域和主题较为熟悉且经验也较为丰富时，使用目的抽样具有很大的优势。在大多数情况下，目的抽样可以帮助研究者发掘有意义的变量并建立分类模型。在人力、物力等条件的限制下，目的抽样尤其适合小规模研究。

2）配额抽样

在配额抽样（quota sampling，又称定额抽样）中，研究者需要根据总体的特征在不同子群体中分配比例，再根据比例分配在子群体中选择个体组成样本，使样本具有与所研究总体相同的特征分布。在进行配额抽样时，研究者应先根据调查研究的需要或研究对象的特征在某个维度（如性别、政治面貌、年龄等）将总体进行分类，然后根据该维度对总体进行分层[①]。配额抽样特别适合研究者对研究总体熟悉，总体内子群体间差异明显，子群体内同质性较高的情况。配额抽样和分层抽样过程较为类似，主要区别在于分层抽样在每个子群体中是按照概率抽样原则抽取，而配额抽样则无须按照概率抽样原则抽取。

3）滚雪球抽样

滚雪球抽样（snowball sampling）是指研究者首先确定了几个合适的研究对象，然后通过这些最初的参与者介绍确定其他的研究参与者，随着研究的继续，样本越来越大，类似于滚雪球。对于难以接触或难以识别的群体（如被污名化群体、无家可归者等），滚雪球抽样比较适用，因为有以前的参与者为研究者做担保，潜在的参与者对研究者产生一定的信任，愿意积极参与调查。很多时候，研究者还需要采用有针对性的激励手段鼓励被推荐的参与者。因为参与者推荐的一般是其社会网络中的个体，同质性较高。滚雪球抽样的局限性在于会在一定程度上降低样本的代表性。

4）方便抽样

方便抽样（convenience sampling）又称偶遇抽样，是指研究者出于自己的方便，在特定的时空范围内选择研究对象，如周末在街头、公园、商场随机拦截人员做调查。方便抽样能够在最大限度内减少调查的成本和投入。方便抽样在研究者对研究问题和研究对象有较深了解时，代表性尚有一些保障，否则代表性很低。例如，社会工作者想研究某三线城

---

① 郝大海. 社会调查研究方法[M]. 北京：中国人民大学出版社，2019.

市的儿童亲子关系，研究者因为自己住在某国际学校附近，便去该校门口以方便抽样的形式做调查，其研究结论是很难推论到整个城市的。

（五）抽样方案

抽样是一个烦琐的过程，容不得差错，因为任何一项抽样调查都必须先制定抽样方案。抽样方案包括以下几项内容。

1. 明确调查研究的总体

制定抽样方案的第一步是明确研究对象及其总体。社会工作研究有时侧重于个人，有时侧重于家庭、组织或整个社区等。研究者需要明确与研究密切相关的总体具体是什么。社会工作研究者应该根据研究问题，通过地点、时间、人口特征、行为、成员、态度和信仰等维度来定义研究总体。需要注意的是，在社会工作研究中，有时研究总体与数据收集的实体是不完全相同的。例如，社会工作研究者可能对学龄前儿童感兴趣，但实际的调查总体可能是学龄前儿童的父母，因为学龄前儿童可能无法回应研究者的调查需求。

2. 选择抽样方法

使用何种抽样方法在很大程度上取决于研究目的。非概率抽样常用于探索性研究以及概率抽样不可行的情况。另外，较大研究的试验阶段也常常采用非概率抽样。

概率抽样是定量研究常用的方法。它更适合描述性和解释性研究，因为概率样本允许研究者将从样本中得到的结论推论到总体。

研究者在确定非概率抽样或概率抽样思路后就需要确定具体的抽样方法。非概率抽样主要有目的抽样、配额抽样、滚雪球抽样等。概率抽样主要包括简单随机抽样、系统抽样、分层抽样等。

3. 编制抽样框

抽样之前需编制好抽样框。抽样框中的所有元素称为抽样总体，抽样框中的元素可以是个体，也可以是组织、社区，具体是什么要看研究问题。如是多阶段抽样，每一阶段抽样框包含的元素是不一样的，如第一阶段的元素可以是城市，第二阶段的元素可以是城市下辖的区，第三阶段的元素则是街道，而第四阶段的元素可以是小区。所包含的个体数量越接近总体的实际数量，则研究的误差就越小，因此，研究者需要获得一个全面且准确的抽样框。

例如，当研究总体是一所中学内的所有学生时，抽样框可以是从学校教务处获得的学生名单。这种情形下，抽样框已经存在，研究人员通过一定的方式获得一份现成且完整的名单即可。在社会工作研究中，社会工作研究者必须通过实地考察来亲自制定抽样框并仔细评估这一抽样框的质量，如抽样框是否是最新的，它是否包括了总体中的所有个体，信息的获得是否存在错误和偏见。研究者必须确保抽样框中的所有元素都能被纳入抽样过程。假设某研究者有一个包含 150 个人的抽样框。在这些人中，100 人提供了联系方式，另外 50 人没有提供联系方式。此时，如果研究者仅对提供联系方式的 100 人进行抽样，样本就会出现偏差，因为那些拥有联系方式的人可能在某些重要方面（个性或动机）与那些没有联系方式的人存在很大不同。

4. 确定样本量的大小

影响样本量的大小的一个关键因素是研究者选择的是概率抽样方法还是非概率抽样方法。虽然样本量的增加能大大强化研究结果的代表性以及推论至更大群体的可能性，但研究者不会盲目地扩大样本量。

在非概率抽样中，样本量的大小受研究目的、研究对象和研究者对该研究问题的了解左右。研究者如果对研究问题和总体较为熟悉，知道其大致情形，知道多大的样本量能基本代表总体，如不熟悉，可能会扩大样本量。对于一些较难接触的研究对象，研究者只能采用较小的样本量。

在概率抽样中，样本量的决定更加理性和精准，样本规模一般由以下因素决定。

1）研究所期望的精度

样本的精度在很大程度上取决于研究者愿意接受的抽样误差。抽样误差是样本和研究总体之间的差异程度。研究者如果想尽可能缩小误差范围，就应该在人力及物力允许的情况下扩大样本的规模。在确定可接受的抽样误差时，研究者必须明确置信度，即抽样的可靠程度（如95%）。研究者如果想进一步拓展研究结论的应用范围，那也应该尽可能地扩大样本规模。

2）总体在核心变量上的内部差异程度

当总体中的个体在研究的关键维度上（即自变量和因变量）差异不大，那么个体间具有很强的同质性。在面对这样同质性较强的总体时，研究者所抽取的样本就可以小一些。如果总体中的个体在研究的关键维度上存在较大差异性，那么个体间具有很强的异质性，此时，研究者所抽取的样本应大一些。

3）变量的数量和分析计划

样本量必须足以支持分析，因此其大小必须考虑到后期的统计分析。此时，研究者还考虑变量的数量。一般来说，研究变量较多（如若干个自变量，还有中介变量、调节变量等），样本量需适当增大。如需进行群体内部差异性分析的方差分析，样本量需适当增大，否则某个类别的个体会因数量过小无法进行分析。

4）无回应率或损耗率

研究者在决定样本量时还需提前考虑到研究问题的私密性和群体特征。在感觉到研究对象有拒绝回答问卷的可能性时（即无回应率较高），研究者需适当考虑增大样本量。在一些追踪调查或实验研究中，如参与者可能流失严重以至于后面的数据量会减少，研究者也需提前考虑增大样本量。例如，经过充分考虑和计算，样本量定为1000，研究者会抽取1100，以防有些研究对象中途退出或回答无效。

5）样本量计算公式

在考虑以上因素的基础上，统计学家发展出了以下样本量计算公式。其中，Z 值是置信度对应的标准值，σ 是总体标准差，p 是总体中某子群体的百分比，e 是研究者自己允许的错误容差。

A. 根据总体标准差的样本量计算公式如下：

$$n = \frac{Z^2 \times \sigma^2}{e^2}$$

B. 根据总体中子群体占比的样本量计算公式如下：

$$n = \frac{Z^2 \times p(1-p)}{e^2}$$

在总体参数（如总体标准差、总体中某群体的比率）未知的情形下，研究者无法通过上述公式精准计算样本量，因此，样本量大多是研究者根据前面四个因素大致推算的。

（六）抽样误差

1. 抽样误差概念

抽样误差（sampling error）是指由抽样引起的样本统计值与总体参数值之间的差异。抽样误差属于随机性误差，具有无倾向性和不可避免的特点。一般说来，影响抽样误差的因素有研究者个人因素、样本量、总体内部差异、抽样方法和抽样调查的组织形式等。它有以下规律：① 如果其他条件不变，总体内部离散程度越高，即内部差异越大，抽样误差越大；反之，则越小；② 其他条件不变，样本单位数 n 越少，抽样误差越大；反之，则越小。

2. 抽样误差的度量

虽然抽样误差难以避免，但是是可以度量的。统计学中通过标准误差（standard error，SE）来衡量样本统计值（如均值、比例等）对总体参数估计的精确性，即抽样误差。均值标准误差的计算公式为：$SE = \sqrt{\frac{\sigma_x^2}{n}} = \frac{\sigma_x}{\sqrt{n}}$。由于上式中 σ 是未知的，研究中常用样本标准差 S 代替，即为 $SE = \frac{S_x}{\sqrt{n}}$。比率标准误差的计算公式为 $SE = \sqrt{\frac{p(1-p)}{n}}$。

根据上面的公式，我们不难发现，抽样误差可以通过两种方式减少。一是通过增大样本量，样本量 n 在公式中是分母，它的增大势必引起标准误差的减少。二是在总体内部差异较大的时候，可以采用分层抽样的方法，将总体按年龄、性别、政治面貌、民族或职业分成几类，再从这些同质子集中随机抽取。例如，我们想研究服务对象对社会服务机构服务的满意度。我们猜测服务对象的教育水平是影响其满意度的一个重要因素，为此，我们可以按照比例在不同教育水平的服务对象中随机抽取调查对象。

中英文关键术语

自填式问卷（self-administrated survey）
访谈式调查（in-person interview survey）
问卷设计（questionnaire design）
编码（coding）
试调查（pilot test）
顺序效应（item-order effect）
线性回归分析（regression analysis）
测量（measurement）
操作化（operationalization）
效度（validity）
信度（reliability）
量表（scale）
测量误差（measurement error）
抽样框（sampling frame）
内部效度（internal validity）
概率抽样（probability sampling）
PPS抽样（probability proportional to size）
抽样误差（sampling error）

复习思考题

1. 问卷的一般结构包括哪些部分？
2. 问卷设计应遵循哪些原则？有哪些注意事项？
3. 举例说明什么是访谈调查法。
4. 按照问卷题项可以将问卷分为哪几类？
5. 如何保证问卷调查的质量？
6. 简述操作化的步骤，并通过日常生活中的概念或事例加以说明。
7. 简述效度类型及其特点。
8. 简述测量过程的步骤。
9. 根据你感兴趣的研究主题，尝试制作一个李克特量表。
10. 简述信度与效度的关系。
11. 什么是抽样中的随机性？结合实际谈谈你是怎么理解的。
12. 简述抽样设计的基本原则。
13. 简述抽样设计的基本步骤。
14. 如何降低抽样误差对研究的负面影响？

第 4 章 实 验 法

实验法是依据一定的研究目的,在特定的实验条件下,对某种因素加以改变控制,引起或产生某种现象,从而揭示事实之间的必然联系和客观规律的一种科学研究方法[1]。社会工作实务与实验法的内在逻辑高度吻合,可以视为一种社会实验。

一　实验的因果逻辑基础

实验的过程是研究者从某种假设出发,为突出研究的实验因子(自变量)有意地控制某些相关条件,然后施予干预,再对干预后的结果进行分析,得出有关实验因子的科学结论的研究方法。这意味着其必定具有一定的因果逻辑基础[2]。

(一)致变因素先于结果因素

第一个标准要求在时间上原因因素必须先于结果因素。我们无法想象一些事情是由后来发生的事情引起的。尽管这一标准看似简单明了,但在实际中并不那么容易厘清。有时,连接两个变量的时间顺序并不清楚。例如,一项研究发现,与没有精神分裂症成员的家庭相比,有精神分裂症成员的家庭更可能处于较低的社会经济地位。精神分裂症和较低的社会经济地位哪个在先?社会经济压力会导致精神分裂症的发病吗?或者有一个精神分裂症患者会降低一个家庭的经济发展能力?这值得深入探讨。有时,即使某两个事物在时间顺序上看起来非常明确,但也会有一些例外情况。例如,研究者通常会假设父母的教育水平会影响子女的教育水平,但现实中有些父母可能会因为自己子女受到高等教育而选择重返学校。

(二)两个变量在经验上相互关联

确定因果关系的第二个标准是两个变量在经验上相互关联。关联意味着一个变量的变化与另一个变量的变化有关。例如,在对某一社会工作机构开展的小组工作的研究中发现,与没有得到支持的女性相比,支持小组中的女性离开施暴者的可能性相差不明显,这表明支持小组对于帮助女性离开施暴者几乎没有意义,即二者在经验上没有关联。

---

[1] 仇立平. 社会研究方法 [M]. 重庆: 重庆大学出版社, 2015.
[2] Rubin A, Babbie E. Empowerment Series: Research Methods for Social Work [M]. 9th ed. Boston: Cengage Learning, 2016.

(三)经验相关性非第三个变量影响的结果

确定因果关系的第三个标准是两个变量之间观察到的经验相关性不能被解释为是两个变量之外的第三个变量影响的结果。例如,你可能会发现你的左膝经常在下雨前就会疼痛,但这并不意味着天气会影响你的关节,相对湿度作为第三个变量,才是膝盖疼痛和下雨的原因。

二 实验法核心概念

(一)自变量、因变量与无关变量

自变量,也称实验变量,是指对实验对象产生影响的刺激条件,可分为外部刺激与内部刺激,简称 S 变量(stimulus variable),是实验中需要操纵的因子,如各类社会工作实务干预。

因变量简称 R 变量(response variable),是指因自变量的改变而引起的实验对象在行为、心理或态度等方面的变化,如抑郁程度、亲子关系和谐度、抗逆力、幸福感、暴力倾向、自我效能等[①]。

无关变量是指实验变量之外的能够对因变量产生影响的其他一切因素。在实验研究中,为了确保实验结果的可靠性,研究者必须对无关变量加以控制、排除或平衡。通常通过实验设计(如实验对象的随机分配)对其加以控制,使无关变量的影响最小化。无关变量大致可分为两类。第一类是研究者可以通过实验设计方法加以控制的各实验单位之间的差异,如性别、年龄、家庭背景、专业等;第二类是研究者无法控制的,如人际关系、个人情绪、不良风气的影响等,但可以通过随机抽样使其对实验组和控制组的实务影响处于"平均状态"。

(二)实验干预

实验干预(experimental intervention),又称为实验处理,是指在实验场景中(实验室内或社会情境中)按照一定理论在自变量维度上施加的单一条件或不同条件的组合。社工实验干预一般要求实验在实际社会情境中实施,同时要求尽可能地控制各种混淆变量。如此,通过操纵自变量(即施加不同的实验干预)并观测因变量的变化,研究者获得对变量之间因果关系的认识。

(三)前测和后测

前测(pretest)是指在实验干预之前对实验对象进行因变量上的测量,为后面的实验干

---

① 风笑天. 现代社会研究方法[M]. 武汉:华中理工大学出版社,1996.

预效果证明奠定基础。后测（posttest）则是实验干预以后对因变量的测量，目的是与前测结果进行对比，如二者差距具有统计显著性，则说明实验干预效果明显。一般前测与后测采用相同的测量工具（自建问卷或标准量表），二者测量方法可以不一，但必须是等价测量[①]。

（四）实验组和对照组

实验组/干预组（experiment group）是指在实验过程中接受实验刺激（干预）的组别，对照组/控制组（control group），指在整个实验过程中不受到实验刺激的组别。设置实验组和对照组是为了控制无关变量的影响。严格意义上说，对照组只是没有受到实验刺激，在其他方面应与实验组保持基本一致，这样混淆变量得到了较好的控制，对实验结果的影响就可以降到最低。

三 实验效度

实验效度是指实验设计对研究问题的解决程度。不同研究在实验设计和外来变量控制等方面的选择各有不同，因此实验效度也会有所差别，了解实验效度相关的内容将为研究者进行科学实验操作提供帮助。

（一）内部效度

内部效度是指研究者相信因变量的变化情况是由自变量引起，并排除了其他因素所影响的信心程度，信心程度越高则内部效度越高[②]。有损于这种信心的因素被称为内部效度的威胁，下面介绍九种较常见的有损于内部效度的因素。

1. 历史效应

历史效应是指在实验过程中，与实验变量同时发生，并对实验结果产生影响的特定事件。例如，近期当地媒体报道的森林救火造成消防员严重伤亡的新闻，可能会影响一项调查消防员配偶焦虑程度的研究结果。

2. 成熟效应

成熟效应是指随着时间的推移，实验对象在前测和后测之间变得更年长、更聪明、更强壮甚至更有经验，从而导致研究者观察到实验对象在因变量上的变化。儿童等群体在短期内的表现容易受到成熟的影响。

---

① 艾尔·巴比. 社会研究方法 [M]. 邱泽奇，译. 北京：华夏出版社，2018.
② Haas D F, Kraft D H. Experimental and Quasi-experimental Designs for Research in Information Science [J]. Information Processing & Management，1984 (1-2)：229-237.

3. 测验效应

测验效应是指前测可能会影响实验干预实施后的测验结果。实验对象经历了前测后对测试内容有一定的熟悉度，这会帮助实验对象在后测中提高测试表现，从而降低实验结果的可靠性。

4. 统计回归效应

统计回归是指实验对象整体而言随着时间变化在因变量上自然趋于平均水平。此时，无论提供何种干预或治疗，分值高和低的实验对象都倾向于向人口的平均值移动。比如，原来成绩过优者趋向于成绩下降，而原来成绩极差者趋向于成绩上升。这种不因实验处理的自然趋中倾向即统计回归。

5. 选择偏差

选择偏差是指实验的两个小组在不具有对等性的情况下，实验对象在因变量上的改变可能是组间差异造成的，而非源于自变量的影响[1]。

6. 仪器故障

仪器故障是指实验过程中使用仪器不当或仪器失灵、测验材料出现问题等情况。

7. 实验对象的流失

实验对象的流失是指个体从实验组或对照组中退出实验。例如，研究者对某学校高中生实施了前测，但在实验进行中部分学生辍学未能完成实验或进行后测。

8. 干预传染

干预传染指在实验过程中，某组实验对象知道另外一组实验对象的情况而发生行为、心理或态度上的变化，从而影响实验结论。比如，对照组知道实验组进行了干预或实验组知道研究者向对照组提供了一些补偿性益处。干预传染问题严重的话可能需要取消实验。

9. 情绪低落

情绪低落是指对照组成员因没有受到干预而产生消极的状态，如怨恨、愤怒以及情绪低落等，组别间的差异扩大，从而影响实验结果。例如，参加实验的青年学生可能会把参加攀岩活动看作一种好处，而没有被选中的学生可能会感到不满，进而影响他们接下来的行为。

研究者认为将受试者随机分配到实验组和对照组可以消除上述前五种威胁，而最后三

---

[1] Mauldin R L. Foundations of Social Work Research [M]. Arlington: Mavs Open Press, 2010.

种威胁则无法通过随机化来避免。不过，仔细周到的实验计划和充足的实验准备能够减少这些因素的影响。因此，不难发现，实验科学化在作为研究设计"黄金标准"的同时也常常伴随着代价高昂、难以管理或无法实现等问题[①]。

（二）外部效度

一项研究如果有较高的内部效度，研究者就可以对实验处理做出因果结论。但这也引发了新的问题：该结论是否适用于其他人群、社区、时间或文化？这些与研究的外部效度有关。外部效度是指研究结果可以推广到其他暂未被研究的实验对象（个体、群体、社区等）的程度。为促使外部效度最大化，实验对象必须能够最大限度代表目标群体。以下是影响实验外部效度的常见因素。

1. 反应性

反应性又被称作霍桑效应，即当人们意识到自己正在被观察或研究（被关注）时，他们的心理行为就会与一般情况下不同。霍桑实验源于20世纪20年代在美国西部电力公司霍桑工厂进行的一项实验，实验的本意是为了确定哪些因素可以提高工人的生产效率，后来研究发现，员工之所以变得更有效率，仅仅是因为他们意识到自己受到超乎平常的关注。

2. 研究者偏见

研究者在看到他们想要的现象或结果时，容易产生研究者偏见。在这种情况下，研究者对实验组结果的解释倾向于积极，反之给出的对照组结果的解释偏于消极。当研究者需要做出诸如有关同理心或创造力水平等的主观判断时，更是如此。但研究者可能并未意识到，为了避免这种偏见，最好采用双盲实验。

3. 测量的交互作用

简单来说，一旦前测对实验处理产生作用，即受试者进行了前测后对实验有了模糊的认识，在接受实验干预时会以某种形式偏离或迎合实验目的，这将导致研究结果无法推广至未接受前测的群体中。

4. 多重处理干扰

当两种或两种以上治疗的效果无法进行分离时，会出现多重处理干扰。这个问题在社会工作研究中十分常见，主要是因为研究是在现实生活中而非理想的实验室中进行的。研究者无法控制每个人可以自愿获取的其他资源，也无法控制他们将与哪些人交流互动。例

---

① Krysik J L, Finn J. Research for Effective Social Work Practice [M]. 4th ed. Oxford: Taylor and Francis, 2018.

如，在中学生两性教育项目的研究中，很难找到在进入该项目之前或在学校也没有接受过各种形式性教育的中学生。在真实的社会环境中，研究者成功地进行一个控制良好的实验会比较困难，有许多实际障碍，其中一些还可能无法预见到，都可能会干扰研究者制订的最佳计划。

四 无关变量控制

控制无关（混淆）变量是指控制自变量之外一切可能影响结果的其他变量，使其保持不变或达到最小变化，甚至被排除在实验情境之外，不影响自变量与因变量之间的因果关系，如此提升实验的内部效度[①]。控制无关变量的方法有以下几种。

（一）随机控制法

随机控制法指的是将实验的参与者以随机分配的方式分配到实验组与对照组，这种方法在等概率的原则下可以使各组参与者所具备的总体特征基本一致。随机控制法得到的各组在事实上未必各方面都完全一致，但理论上各组一致的机会是比较大的。随机控制实际运用中分为两个步骤：首先将参加实验的所有成员进行随机分组；其次是继续随机决定哪一组为实验组和对照组。进行随机分配的方法多种多样，实验人数不多时可以通过抛硬币决定，也可以从箱子里抽出姓名条，使用随机数表，或者用计算机生成随机数字等。实验对象人数越多，就越不可能在偶然性的基础上出现轻微的差异，从较小差异的结果中得出因果结论的可能性就越大[②]。

实验中的随机分配与问卷调查中的随机抽样是不同的。随机分配是将受试者随机分配到实验组和对照组，无法保证实验研究对象代表更大的群体，而随机抽样强调的是样本能代表总体。随机分配创建两个或更多的等效组是为了确保内部效度，而不是实验结论的一般化（推论至总体）。

（二）物理控制法

物理控制法是指对实验场景的物理条件（如声音、光线、周围环境）进行控制，包括保持实验场景中的各项物理条件恒定，确保有关实验反应的记录真实客观、符合事实等。

（三）排除控制法

排除控制法是将实验过程中对实验结果有潜在影响的变量预先排除于实验条件之外。

---

① 肯尼思·D. 贝利. 现代社会研究方法 [M]. 许真, 译. 上海：上海人民出版社, 1986.
② Faulkner S S, Faulkner C A. Research Methods for Social Workers：A Practice-based Approach [M]. Oxford：Oxford University Press, 2018.

例如，如果认为学生的智力因素对实验有影响，则选择智商类似的学生作为实验对象，这样就可以排除学生智力情况这一变量对实验结果的可能影响。排除控制法的优点是能有效地控制特定的变量，但也存在一定的缺陷，即通过排除控制法所得出来的研究结果不具有普遍的推论性。比如，只用高智力学生作为实验对象，得到的结果就不适用于中低智力的学生。

（四）纳入控制法

纳入控制法可以弥补排除控制法的缺点。它把会影响实验结果的某种（或某些）变量也当作实验变量来处理，将这些变量纳入实验设计。这样，实验就成为多因子（多个自变量）实验设计，变量控制效果可以很好地实现，同时根据实验结果还可以进一步明确不同变量之间的交互作用效果。例如，在教学方法实验中，可将学生的智力因素分为高、中、低三个层次纳入设计，这时，原设计就变成 2（教学法）×3（智力）的二因子实验设计。在该设计中，研究者既可了解不同智力学生间的学习情况差别，又可通过实验结果发现学生智力和教学方法之间的交互作用，即可以看出教学法在不同智力层次的学生中是否会有效果差异。如果在此基础上同时增加考虑性别因素，该实验则成为 2（教学法）×3（智力）×2（性别）的三因子实验设计。

（五）配对控制法

配对控制法是确定可能影响研究的重要特征（如性别、年龄、收入、学历、专业等），再将具有相同特征的实验对象在两组之间进行一对一的匹配式分配[①]。这种方法可以消除由于群体性别、年龄等构成的偶然性而产生差异的潜在可能。如第一组有一名 70 岁中等收入男性实验对象，则第二组也安排一名 70 岁中等收入男性，两组匹配完成后，再通过随机方法确定哪组为实验组和对照组。需要注意的是，研究者必须根据是否与因变量高度相关来决定变量配对，某个因素如对因变量没什么影响，可以不用考虑在这个维度上匹配。

配对法不容忽视的现实问题有两个。其一，个体只能在少数几个特征上匹配，实验组和对照组之间的差异仍可能影响实验结果。其二，对于匹配好的实验对象，其中一人在中途选择退出研究，从而导致出现组间不平衡。一般这种情况下，研究者分析时会排除仍留在研究中的另一个人的数据表现。

五 实验类型

（一）预实验类

预实验设计（pre-experimental design）是受限于实际条件而采用的一种小组设计，

---

① 林楠. 社会研究方法 [M]. 本书翻译组，译. 北京：农村读物出版社，1987.

这类设计大多是没有对照组的单组实验，同时缺乏对无关变量的控制，故其内部效度相对有限[①]，主要有以下几种类型。

1. 单组后测设计

单组后测设计仅有实验组，没有对照组，在干预后对实验组进行一次数据收集。单组后测设计在收集项目运行情况的信息时非常有用。这种设计有助于了解参与者在项目结束时的表现怎么样或成果是否达到了最低标准，通常用于服务对象满意度调查。单组后测设计在解释一个项目是否对参与者产生了特定的效果，以及这种效果是否可以推广到其他群体的能力上是有限的，因为它的内部效度和外部效度不高。

单组后测设计是一个自变量和因变量之间相关性较弱的预实验设计，甚至不能在二者间建立相关性，也被称为一次性案例研究。其简写符号为 X-O，其中 X 即 experiment，表示刺激或干预的引入。O 即 observation，代表对实验干预效果的测量。

2. 单组前后测设计

组前后测设计是对实验组进行因变量上的前测和后测，再通过比较前后测结果差异确定实验干预效果。该设计的简写符号为 O_1-X-O_2，下标数字 1 和 2 表示因变量测量顺序，O_1 是干预之前的前测，X 为实验干预，O_2 是干预之后的后测。如在某社会工作项目中，研究者对有虐待倾向的父母进行三个月的认知行为干预，并在干预前后进行测量，看是否已改变服务对象在育儿方面的虐待倾向。

3. 非对等组后测设计

非对等组后测设计，简写为 X-O_1；C-O_2。其中，C 即 control，代表控制组，但该设计中的控制组可能无法与实验组特征相匹配。这一设计测量实验组在实验干预后的因变量，同时也测量对照组因变量。社会工作研究中，研究者常在参与者接受评估服务之后对其因变量进行测量，并将他们的表现与另一组没有接受服务的小组成员进行比较，从而发现二者的差异大小。再以有虐待行为的父母认知行为干预效果评估为例，如采用非等效组后测设计，研究者不是比较接受干预的父母的前后测分值，而是将他们的后测分值与没有接受干预的对照组父母的分值进行比较，以期证明干预的疗效。但这种疗效不能让研究者完全推断出两组之间的差异是由干预造成的，因为这一设计未能控制二组之间的特征差异（如性别、年龄、社会支持度、社会资源等）。另外，没有进行前测，研究者就没有办法知道两组的分值是否在服务对象接受治疗之前就存在很大差异。

正如我们前面提到的，尽管预实验设计的内部效度非常有限，一些相关的研究可能还是有价值的，如在以下情况中。

（1）就一种未知的新干预措施收集探索性或描述性的信息；

（2）了解按设想去提供新的干预措施是否可行；

---

① 郝大海. 社会调查研究方法 [M]. 北京：中国人民大学出版社，2005.

(3) 找出内部效度更高的设计制定时可能遇到障碍;

(4) 在初步研究结果的基础上,推测更严格的研究假设是否仍然合理。

(二)准实验类

准实验设计(quasi-experimental design)是在无法随机分派实验对象,无法完全控制误差来源的条件下,尽可能加强条件控制的实验设计[①]。常见的准实验设计有以下几种。

1. 非对等组前后测设计

非对等组前后测设计的实验组和对照组在干预前进行非随机分配,其中一组接受实验处理,另一组则不接受实验处理。研究人员可以使用该设计来比较两种及以上的干预措施,在实验前可以通过以下两种匹配方法获得与实验组条件相似的对照组。

1) 个体匹配

实验组中的个体案例与对照组中的相似的个体案例相匹配。在某些情况下,这能够创建一个与实验组相似的比较组,然而很多研究无法提前确定哪些是最需要匹配的方面。

2) 聚合匹配

在无法进行随机分配的情况下,聚合匹配更合适,即整体性确定与实验组总体匹配的对照组,而不是逐个匹配每个对象。这意味着要找到一个在关键变量上具有相似分布的对照组:如相同的平均年龄、相同的女性比例等。需要注意的是,准实验设计无法满足个体自由选择加入实验组或对照组的要求。

如何找到匹配对象是关键。第一,社会工作机构的候选名单是寻找匹配对象的一个潜在来源。候选名单上的人还没有接受该机构的服务,情况可能与实验组相似,因此他们可以作为一个对照组。第二,在社区中寻找并选择愿意作为对照组的类似个体。例如,卫科及其同事评估了获释囚犯重返社会计划在限制累犯方面的有效性[②]。由于无法进行随机分配,研究者将自愿进入重返社会计划的获释囚犯与选择不参与该计划并同时获释的囚犯进行了比较。第三,研究者选择将该机构实验对象的情况与另一个机构实验对象的情况进行比较,前提是两家机构都在为相似的群体提供服务。

2. 时间序列设计

时间序列设计通过对一非随机取样的实验对象组做周期性系列测量,在这一时间序列中施加实验处理,然后观测因变量的系列测量分数是否出现非连续性现象,从而推断实验

---

① 袁方. 社会研究方法教程 [M]. 北京:北京大学出版社,1997.

② Wikoff N, Linhorst D M, Morain N. Recidivism among Participants of a Reentry Program for Prisoners Released without Supervision [J]. Social Work Research, 2012 (4): 289-299.

处理效果。中断时间序列设计（interrupted time-series design）是一种常见设计，即在干预前后进行三次或更多的观察，其简写为：O_1，O_2，O_3，X，O_4，O_5，O_6。

3. 轮组设计

轮组设计又称为固定组循环设计，实验设有两组（每个小组既是实验组，又是对照组）以及两个或更多的干预，每组按照不同顺序循环接受实验干预，在每次干预完后测量并记录实验结果的数据，再比较各种实验处理的平均成绩。其基本模式简写为 G_1：O_1 X_1 O_2 X_2 O_3；G_2：O_4 X_2 O_5 X_1 O_6。该设计最大的优点是通过平衡设计大大提高了实验的效度，缺点是实验处理间存在交叉作用。例如，研究者设计了轮组实验来比较网络教学与线下翻转课堂的教学效果，选定大学二年级两个班作为实验班（G_1 和 G_2），实验开始时，对两个班的口语表达成绩进行前测（记为 O_1、O_4），然后对一班进行网络课程教学（X_1），另一班进行线下翻转课堂教学（X_2）。经过一学期，进行一次后测（O_2、O_5），分别与前测作差进行对比（O_2-O_1、O_5-O_4）。之后，两组交换实验干预，经过一学期后，再进行一次后测（O_3、O_6）。最后通过公式 $O=[(O_2-O_1)+(O_6-O_5)]-[(O_5-O_4)+(O_3-O_2)]$ 发现哪种干预效果更好。如所得 O 值为正，说明网络教学效果好；反之，如 O 值为负，则说明线下翻转课堂教学效果好。

4. 事后对照设计

事后对照设计不分实验组和对照组，而是将呈现差异化的案例组进行对比，再收集关于以往差异的回顾性数据，依据这些数据来解释结果的差异。假设一项社会工作研究想了解哪些干预措施可以有效地防止受虐儿童在成年后成为施虐者，研究者可以选择采用事后对照设计，找到两组曾受父母虐待的受害者，一组作为成人至少实施一次虐待儿童犯罪，另一组没有这类记录。然后，研究者从两组的成年人中收集回顾性数据，询问他们过去的经历，寻找两组在儿童时期被虐后的成长经历差异，为后面的干预找到经验依据。假设研究发现，两组差异在于长大没有成为施虐者的一组成员是因为爱心志愿者为他们提供了一段积极有爱心的关系，那么这一发现表明，社会工作者可以为孩子们建立这样的关系来干预受虐儿童，防止他们长大后成为施虐者。

（三）真实验类

真实验设计（true experimental design），也叫随机临床实验，是指随机分配被调查者到实验组和控制组并对无关变量进行一定控制的实验设计。因其达到建立因果关系的三大标准：关联性、时序性以及不受其他因素的影响，故被认为是检验因果假设最有力的设计。当社会工作研究者想要证明干预（自变量）导致结果变化（因变量）时，最好运用真实验设计。该类实验的三个特点可为干预的有效性提供最有力的证据。

第一，通过实验组和对照组建立部分因果联系。

第二，随机分配参与者给实验组和对照组，强化内部效度。

第三，在评估因变量的变化之前建立自变量变化的时间顺序。

1. 随机分派对照组前后测设计

随机分派对照组前后测设计又称为经典实验设计，是一种常见的真实验设计。该设计的实验步骤包括：
（1）将实验对象随机分配到两组（A 组和 B 组）；
（2）在干预前对两组的因变量进行测量，起到基线对比作用；
（3）在 A 组中实施干预；
（4）在干预后对两组进行第二次测量。

如前所述，消除历史[①]、研究对象成熟度、量表熟练度和统计回归等因素对内部效度会产生一定的影响，但随机分配起到了消除作用，因为这些影响同样适用于两个组。同理，选择偏差也因为随机分配得到消减（研究者可以通过比较因变量的前测值是否大致相等来消除顾虑）。这种设计的缺点是可能会产生测试效应，即被调查者的前测可能会影响其后测分值，前测可能使被调查者对干预变得敏感或迟钝。

2. 随机分派对照组后测设计

除不进行基线测量（即前测）外，随机分派对照组后测设计与随机分派对照组前后测设计相同，只在干预结束后对因变量的测量得分进行比较。这有效地避免了测试效应问题，保证了实验的反应性效果。该项设计运用随机分配进行实验分组，研究者假定基线测量值相近，但需承认的是随机分配是基于概率的，因此实验组和对照组可能是非等效组。同时因为这一设计结构不在实验一开始就检查各组是否等效，故可能存在选择偏差，进而影响内部效度。

3. 所罗门四组设计

所罗门四组设计（Solomon four-group design）由哈佛大学所罗门于 1949 年提出，该设计中，研究者共使用四个小组，其中两组按照经典的实验方式进行处理（即有前测、实验组干预和后测），另外两组没有接受前测，但其中一组接受干预，所有组均进行后测（见表 4-1）。

表 4-1 所罗门四组设计实验模式

组别	前测	干预	后测
组 1	√	√	√
组 2	√		√
组 3		√	√
组 4			√

---

① 实验时间跨度中所发生的会影响实验结果的事。

通过一组接受前测的实验组和对照组（组 1 和组 2）与另一组不接受前测的对照组（组 3 和组 4），研究者可以在报告中解释测试效应，同时还可以验证是否存在前测-干预相互作用。如果前测和干预确实存在相互作用，那么进行前测的受试者与未进行前测的受试者在实验组和对照组之间的结果得分在变化量上将不同[①]。在现实中所罗门四组设计较难实施，因为需要投入大量的时间和资源，研究者还需招募足够多的实验对象来创建四个小组，并对其中两个小组实施干预[②]。

需注意的是，在实验室实验中，实验组和对照组所处的自然和社会环境接近，没有非预期的环境变化，研究人员甚至可以完全控制实验条件（即确保两组条件几乎相同）。然而，在社会实验中，对自然和社会条件的控制较难，将实验对象分配到实验组和对照组后，研究者较难保证对实验对象所暴露条件的控制。如果一开始这些条件就不同，实验组和对照组之间的差异将不同于所预设的那般。总之，实验设计的模式多样，各有优缺点。表 4-2 汇集了三类实验设计的基本模式。

表 4-2 预实验、准实验与真实验设计基本模式图

组别	测量方式	预实验	准实验	真实验
单组	后测	$G: X—O$		
	前后测	$G: O_1—X—O_2$	$G: O_1—O_2—O_3—O_4—X—O_5—O_6—O_7—O_8$	
双组	后测	$G_1: X—O_1$ $G_2: C—O_2$		$RG_1: X—O_1$ $RG_2: C—O_2$
	前后测		$G_1: O_1—X—O_3$ $G_2: O_2—C—O_4$	$RG_1: O_1—X—O_3$ $RG_2: O_2—C—O_4$
	循环测量		$G_1: O_1—X_1—O_2—X_2—O_3$ $G_2: O_4—X_2—O_5—X_1—O_6$	
四组	后测			$RG_3: X—O_5$ $RG_4: C—O_6$
	前后测			$RG_1: O_1—X—O_2$ $RG_2: O_3—C—O_4$

注：C（control），不施加实验干预；G（group），实验对象组，下标对应不同的小组；O（observation），测量，下标对应测量的时间顺序；R（randomization），随机分派实验对象；X（experiment），施加实验干预，下标对应不同的实验干预。

---

① 仇立平. 社会研究方法 [M]. 重庆：重庆大学出版社，2015.
② 风笑天. 社会学研究方法 [M]. 北京：中国人民大学出版社，2001.

六 实验的基本流程

（一）形成研究问题

形象地说，研究问题是研究者知道却提供了清晰说明的疑问句[①]，因为研究者在问题形成之时心中已经有了答案，后面的研究只不过为了验证自己的答案。

（二）提出研究假设及其研究变量

实验的目的是验证理论，因为理论具有抽象性和复杂性，所以将理论操作化为一个或几个关于自变量和因变量关系的研究假设。

（三）确定实验形式及实验周期

具体实验形式（即怎么干预、有无对照组、测量几次等）要依据研究设计确定，同时还要注意安排实验周期。

（四）挑选实验对象

实验中的研究对象称为实验对象，是相对于研究者而言的，可以是某个个体或某个小组的全部成员，也可以是班级或社区。研究者依据实验的需要，选择一定数量的、符合一定条件（如性别、年龄、阶层）的实验对象，可以采用随机抽样的方式。

（五）编制或选择测量工具

在整个实验过程中，可能需要多次对因变量进行测量，应根据因变量的测量指标提前准备好测量工具（如量表、观察记录表）。

（六）控制实验的无关变量

这里指的是如何通过实验设计（单组还是双组、组别如何分配、仅有后测或有前后测、单次前后测还是多次前后测等）来减少无关变量对实验有效性的影响。

---

① Bryman A，Bell E. Business Research Methods [M]. 4th ed. Oxford：Oxford University Press，2015.

（七）实验数据的收集和分析

实验数据包括整个实验过程中通过观察、谈话、测量等所得的各种信息。得到实验数据后，在对其进行整理后就可以选择定量统计或定性描述来进一步分析，以得到结果。

（八）得出因果关系结论

根据实验结果，研究者可以推断出前面提出的实验假设是否成立，继而得出因果关系结论。

七　社会工作实验陷阱

（一）社会工作实验陷阱原因

要想在社会工作领域成功开展有效的实验研究，仅仅靠一个严谨的研究设计是不够的。其他学科的研究者大多在可控的实验室等环境中开展研究，社会工作者则往往在不完全可控的社会环境中展开实验，所以在开展研究前，了解服务机构开展实验研究时可能遇到的实践陷阱就显得十分必要。

1. 干预保真度较低

干预保真度指实际为服务对象提供的干预措施按预期效果能够达到的程度。一些社会工作者可能比其他人有着更好的理解力和判断力，某些则可能会误解或曲解干预的意图。这将导致实验中正在接受评估的干预可能不是针对实验组实验对象的，或者不同组所接受的服务可能比预期的更相似。干预措施不能如期实施的原因有很多，如项目人员缺乏关于新干预措施的经验或者还未接受新干预措施的培训、新项目初始阶段人员流动率高、随着时间的推移项目人员的积极性逐渐丧失，以及机构主管不依照研究协议开展监督。

一个评估干预保真度的好办法就是对每个项目人员随机选择几个干预过程进行录像。让两名参与干预设计的专家独立观看每段录像，然后各自完成对干预实施程度的评估量表，之后计算两组独立评级的相关性，如果相关性很高，比如约 0.8，则认为有很好的内部评估者可靠性和干预保真度。例如，假设评分表中对项目实施的保真度评价分为① 不可接受（1 分）；② 最低限度的可接受（2 分）；③ 几乎可接受（3 分）；④ 可接受（4 分）；⑤ 优秀（5 分）。而研究的干预保真度评分一直在或高于 4 分（可接受），可该研究的结果显示干预无效，那么就难以将主要研究结果归因于干预保真度不足。

在研究中随时可以对录像内容进行评级，如果早期就发现评分很低，则可以采取措施改善研究中实施干预的方式。当然，在研究开始之前做一些初步的评分这样会更好。如果存在干预保真问题，可以推迟研究直到纠正了问题并持续获得可接受的评分，但这并不会消除后续评估保真度的必要性。

2. 控制条件的污染

即使干预保真度在可接受范围内，如果不同组别成员之间存在沟通交流，控制条件也可能被污染。例如，在一所学校的社会工作干预实验中，将同一所学校的学生要么分配到接受新干预的实验组，要么分配到接受常规服务的对照组，两组学生都在学校环境，有机会发生互动，因此实验组学生情况的改善可能会对另一组学生的行为改变产生正向溢出效应。这种情况下，两组在结果测量上的差异就不如预期的那样大，因此可能会得出新干预措施没有产生影响的错误结论。如果实验组和对照组的服务对象共用同一个机构的等候室，也可能发生控制条件被污染的情况。

3. 对案例分配协议的抵制

如果必须依据研究要求而非社会工作者的专业判断来确定每个实验对象的最佳服务，这可能会引起社会工作者的不满。社会工作者倾向于相信自己提供的服务有效，所以他们可能在案例分配中不遵守研究协议，同时他们会认为自己已经知道研究问题的答案。项目社会工作者认为自己知道哪些服务对哪些实验对象最有效，因此可能会认为自己是被迫违反研究协议，即采取一种隐蔽的方式为社会工作者认为最应该得到服务的被调查者提供服务。即使社会工作者不确定哪种服务对哪类服务对象最有效，也可能会强迫最有需要的对象加入实验组，因为实验组的干预具有创新性，或者说相较于对照组能提供更多的服务。

Shadish 等人回顾了一些案例分配协议不成功的研究，发现以下规律[1]：

（1）社工机构工作人员执行案例分配决策成功的可能性低于第三方人员；
（2）执行者寻找漏洞，使一些服务对象免于遵守案例分配协议；
（3）当几个人而非一个人控制案例分配过程时，因为不同观念和利益的存在，实施成功的可能性较小；
（4）在一些特殊社会实验（如刑事司法实验）中，较容易出现秘密操纵随机分配的事情。

为了减少上述分配问题，Shadish 等人向研究团队和社工机构给出了以下建议[2]：

（1）向社工机构工作人员仔细解释案例分配协议的目的与性质；
（2）为执行案例分配协议者提供适当的奖励；
（3）在社工机构内对随机化程序进行初步测试；
（4）制定清晰的操作程序以实施和控制案例分配；

---

[1] Shadish W R, Cook T D, Campbell D T. Experimental and Quasi-Experimental Designs for Generalized Causal Inference [M]. 2nd ed. Boston: Cengage Learning, 2001.

[2] 大多时候，社工机构和研究者同属一个团队。也有一些场合，社工机构和研究者不属于一个团队。

(5) 如果仅有一个人控制个案分配，则该人应是研究团队成员，而非社工机构工作人员；

(6) 在研究全过程中，一名研究者负责持续监控个案分配协议的执行情况，并记录案例分配以及任何违反个案分配协议的情况。

(7) 不要向社工机构工作人员展示总分配清单；

(8) 与社工机构工作人员召开持续性的会议，讨论个案分配的流程。

4. 招募与保留实验对象的困境

社会工作实务实验相对于其他社会科学实验的一个难点是实验对象的招募与保留，这是因为社会工作服务对象一般是社会边缘人士，数量不多，再从中寻找具有一定特征的实验对象就更难了。

因为实验对象不容易招募，社会工作研究者常需要其他机构的转介，但也会面临各种困难。如果研究规定转介而来的对象不能同时接受转介机构服务，机构可能会将不愿接受服务或很难从服务中获益的个案"倾销"到研究中来。转介机构也可能因为服务减少而带来服务资金的减少，从而拒绝转介服务对象。同时机构也不理解把转介对象分配至对照组的行为，因为这意味着研究结束后，对照组成员可能重新回到转介机构。此外，实验对象自身对分配程序和测量要求的反应也可能带来招募和保留的困难。实验对象可能因为反感用随机程序决定自己接受哪种服务而拒绝参与，也可能他们最初同意参与，在得知自己没有被分配到实验组后改变了主意。还有一些实验对象选择退出实验，比如，参与了前测后感到不便因此拒绝参与后测。

（二）社会工作实验陷阱避免机制

美国宾夕法尼亚大学所罗门（Solomon）对避免上述陷阱提出了几点建议[①]。

一是让机构工作人员参与研究设计，以便从一开始就取得他们的支持。这虽不能保证抵抗被消除，但有助于减少他们对研究的抵抗程度。研究不应去假设机构工作人员在遇到实际问题时依旧支持实验，而要去建立使其持续支持的机制，如在项目过程中安排研究者与工作人员互动，同时监督他们是否遵守研究协议并按照预期实施实验和控制条件。

二是将实验组和对照组置于不同的机构中，这有助于控制实验条件和避免被污染。研究开发一份干预手册来提高干预的准确性，该手册应明确且具体地定义实验组和对照组干预的组成和步骤。

三是根据计划在研究的过程中持续地招募参与者，而非假设初始实验对象足够多且保持不变，缓解参与者的招募与保留问题。研究团队还可以通过补偿研究对象的参与行为，特别是补偿他们在前测和后测中所花的时间和努力，进而提高参与者的留存情况。

---

① Solomon P. Issues in Designing and Conducting Randomized Human Service Trials [J]. Journal of Social Service Research, 1997 (4): 57-77.

四是在实施研究前开展一个初步研究,如前文提到的短期试点测试。这有助于研究发现问题并及时调整。而且,研究者可以通过试点研究向申报资金的机构展示可能阻碍实验研究的问题及其解决方案,这有利于顺利申请到项目资金[①]。

(三)社会工作实验陷阱避免技术

除了利用上述机制外,还可以利用定性研究中的技术避免实验陷阱。第一,研究者可以与社工机构工作人员进行正式或非正式的交流互动来了解他们是如何实施干预措施的;第二,研究者可以查看录像或社会工作者的活动日志来评估干预的保真度;第三,研究者可以监测社会工作者的日常活动并从中识别问题;第四,研究者可以通过参加在职培训或小组监督,识别预期的干预与机构培训师或主管规定的干预之间的差异。

中英文关键术语

实验组/干预组(experiment group)
对照组/控制组(control group)
实验干预(experimental intervention)
预实验设计(pre-experimental design)
准实验设计(quasi-experimental design)
真实验设计(true experimental design)

复习思考题

1. 实验法的基本要素有哪些?
2. 如何保证实验法的有效性?
3. 实验法有哪些类型?选择其一简述其特点。
4. 实验法的局限性是什么?

---

① 沈关宝,仇立平. 社会调查研究方法[M]. 天津:天津人民出版社,1990.

第 5 章　Meta 分析

在实证研究发展浪潮之下，传统质性研究的文献研究结论因存在许多无法用数据证明的主观差异性受到越来越多的质疑。为更加科学、准确、客观地对过往知识研究进行回顾与分析，Meta 分析得到了越来越广泛的关注和应用[①]。

一　Meta 分析基础知识

（一）概述

Meta 一词源于希腊文，意为 "more comprehensive"[②]，顾名思义，Meta-analysis 在一开始是从文献中搜集足够多的研究结果，经过一定的统计方法分析后加以汇总[③]。1976年，英国心理学家 G. V. Glass 将医学文献中多个同类研究统计量的合并方法称为 "Meta-analysis"，并将之运用于教育学研究，随后，Meta 分析在国外被广泛运用于医学健康领域，并在 20 世纪 80 年代末引入中国，由此推动国内外医学健康领域中关于诊断、治疗、预防和病因方面的实践与研究[④]。发展至今，Meta 分析在我国已扩展至心理学、教育学、管理学、工程学等不同学科领域，同时也出现诸如荟萃分析、二次分析、汇总分析、集成分析、Meta 分析等不同翻译与定义。综合国内外有关 Meta 分析的描述，可将 Meta 分析理解为一种对众多单独的研究结果进行统计分析，对研究结果间差异的来源进行检验，并对具有足够相似性的研究结果进行统计分析的方法。

Meta 分析发展的主要目的在于发现同类研究中的多个研究间普遍性的研究效应大小，即通过计算总体平均效应量，揭示不同研究结果之间的差异，以及寻找调节变量阐明研究结果之间差异的来源[⑤]。由此，Meta 分析不仅能够汇集某一研究主题下不同研究结果，并评估总体影响及各研究间的差异，还可以预估研究随时间变化的发展趋势，分析亚组对研究结果的影响，以及探索调节因素，如样本大小、干预措施等对效应大小的潜在影响，或

[①] Guzzo R A, Jackson S E, Katzell R A. Meta-analysis Analysis [J]. Research in Organizational Behavior, 1987 (1): 407-442.

[②] 刘鸣. 系统评价、Meta 分析设计与实施方法 [M]. 北京：人民卫生出版社，2011.

[③] Egger M, Smith G D, Phillips A N. Meta-analysis: Principles and Procedures [J]. BMJ, 1997 (7121): 1533-1537.

[④] 曾宪涛，任学群. 应用 STATA 做 Meta 分析 [M]. 北京：中国协和医科大学出版社，2017.

[⑤] 方俊燕，张敏强. 元回归中效应量的最小个数需求：基于统计功效和估计精度 [J]. 心理科学进展，2020 (4): 673-686.

是出版偏差和小样本偏差对结果的潜在影响等。医学教授曾宪涛、任学群曾对 Meta 分析优点进行如此总结：能对同一主题的多项研究结果的一致性进行评价；能对同一主题的多项研究结果进行定量合成；能提出一些新的研究问题；能从方法学角度对现阶段某个主题的研究设计进行评价；能发现某些单个研究未阐明的实务问题；能突破某些条件的限制，如时间或研究对象[①]。

（二） Meta 分析常用统计学指标

Meta 分析基本模型的使用遵循"3C"原理，即计算（calculate）每个原始研究的效应量，转化（convert）到统一的度量下，合并（combine）以获得一个平均效应量[②]。具体而言，研究者先从单个同类研究中提取原始数据，如均值、方差、标准差、t 值、p 值、置信区间等，通过计算将原始数据转换成效应量，如二分类变量的 OR、RR、RD，连续型变量的 WMD、SMD 等，之后根据效应量的准确程度，对每个效应量分别赋予不同的权重，最后再通过数据模型计算出总体平均效应的大小，从而获得普遍性的结论。由此，在开展 Meta 分析前，首先需要了解不同效应量的含义与计算过程。

1. 比值比、相对危险度、危险差

比值比（odds ratio，OR）、相对危险度（relative risk，RR）、危险差（risk difference，RD）用于二分类数据研究，描述多个研究的合并结果。比值比又称优势比，指某件事情发生的可能性，即某件事情发生的概率（P）除以未发生概率（1－P），简称比值。例如，当比值为 2 时，写作 2∶1，即 3 个人中，有 2 个人会发生该事件，1 个人不会发生。

相对危险度表示某事件发生的风险之比，而风险则指将会发生的干预结果可能性，计算中常用某事件发生数除以该事件总数，例如风险为 0.2 时，10 个人就有 2 个人发生该事件。在此应注意 OR 与 RR 的区别，当比值为 3 时，即 4 个人中有 3 个人会发生该事件，1 个人不会发生，此时，风险则为 3/4，即 0.75。

危险差指干预组和控制组所观察到的风险差值，即干预组发生事件概率减去控制组发生事件概率，描述干预组与控制组事件发生风险的绝对差值，表示发生该事件可能性的差异估计值。OR、RR 都是相对测量指标，结果解释与单个研究指标相同，RD 则是指两个率的绝对差值。

2. 加权均数差、标准均数差

加权均数差（weighted mean difference，WMD or MD）和标准均数差（standardized

[①] 曾宪涛，任学群. 应用 STATA 做 Meta 分析 [M]. 2 版. 北京：中国协和医科大学出版社，2017.

[②] 方俊燕，张敏强. 元回归中效应量的最小个数需求：基于统计功效和估计精度 [J]. 心理科学进展，2020（4）：673-686.

mean difference，SMD）用于连续性数据研究，均采用原始单个研究的均值计算[①]。均数差是两个均数的绝对差异，MD 则是根据均数差的加权，而每个原始研究的加权大小则由其效应估计的准确性决定。MD 目的在于消除不同均数绝对值差异大小对最终结果的影响。

标准均数差（SMD）可简单理解为两均数差值再除以合并标准差的商，即组间效应均数的差异除以参与者效应的标准差，其目的在于消除多个研究间的绝对值大小和多个研究测量单位不同的影响。由此可看出，标准均数差特别适用于单位不同，如测量量表，或是均数差值较大的资料汇总分析，但需注意，标准化均数差是一个没有单位的数值，由此应谨慎解释标准均数差。

（三）Meta 分析效应模型

Meta 分析的效应模型主要有随机效应模型（random effect model，REM）和固定效应模型（fixed effect model，FEM）。固定效应模型是假设所纳入的研究结果方向与效应量大小基本相同，即纳入研究结果趋于一致，异质性检验无差异。由此，固定效应模式的缺陷也显而易见，即忽略了纳入研究间异质性。随机效应模型是假设所纳入的单个研究间存在异质性，而导致研究结果存在差异性的原因则是来自于研究内的变异，如随机抽样和研究间差异（如不同总体）等。一般而言，随机效应模型计算的可置信区间宽于固定效应模型，由此相较于固定效应模型，随机效应模型下的效应量和可置信区间也更为保守。

选用哪种模型主要由所纳入的研究间是否存在异质性决定。正常情况下，当研究间的异质性较小时，采用固定效应模式，而当异质性较大时，则采用随机效用模型。理论上，在进行 Meta 分析时，我们先判定纳入研究异质性大小，然后再根据异质性检验值的情况判断使用固定效应模型还是随机效应模式，但在实际情况中，我们往往是先采用固定效应模型进行计算，当检测异质性的数值在不可接受范围内时，再换用随机效应模型。但需注意的是，当我们在撰写 Meta 分析报告时，一定要遵循理论上的原则。

Stata 软件提供三种方法计算固定效应模型，分别是倒方差法、Mantel-Haenszl 法（M-H 法）、Peto 法。倒方差法是通过样本方差的倒数将每个研究的效应量值进行加权并计算出其平均效应，由此，在精确度越高，即方差越小的样本中，其权重也就越高。M-H 法适用于小样本计算，其采用不同权重配置方案，数据越少则其结果越稳定。相较于前两种方法，Peto 法的使用范围更小，其采用方差倒数法近似估计 OR 值，由此，它也只适用于效应指标为 OR 的运算。同时，Peto 法只有在 OR 接近 1，或是事件发生概率较小，干预组与控制组样本量相近时，其计算效果才更好，否则很容易发生结果偏倚。此外，需注意的是，采用 2×2 表格时，若表格内单个或多个单元值为零，在采用倒方差法和 M-H 法时，Stata 会自动给每个单元值加 0.5。Stata 软件中一般用 D-L 法计算随机效应模型。D-L 法又可细分为 M-H heterogeneity 法和 I-V heterogeneity 法，前者采用 M-H 模型测算研究的异质性，后者则是根据倒方差法预估异质性。无论采用哪一种方法，其实质是 D-L 法

---

① Field A P, Gillett R. How to Do a Meta-analysis [J]. British Journal of Mathematical and Statistical Psychology, 2010 (3): 665-694.

在倒方差的基础上根据效应间的变异度对加权数进行调整，异质性越低，则 D-L 法与倒方差法结果越接近，同时在多数情况下，D-L 法与 M-H 法结果一致。此外，需要说明的是，当研究间存在异质性时，采用 D-L 法计算的可置信区间比固定效应模型更宽，显著性结果也更加保守。

二　Meta 分析步骤分解

Meta 分析与普通定量研究模式有些差异，故其研究步骤与定量研究步骤有些不同。广义上的 Meta 分析归属于系统评价，因而广义上的 Meta 分析的制作步骤等同于系统评价。目前，学者们较多参考爱格（M. Egger）等在《Cochrane 干预措施系统评价手册》（*Cochrane Handbook for Systematic Reviews of Interventions*）中阐述的步骤[①]。

（一）提出研究问题

与常规性研究一样，Meta 分析也遵循实用性、必要性、创新性、可行性的选题原则[②]。不同的是，Meta 分析还须考虑适度性原则，一方面，Meta 分析回答的问题更加细致，也更具有针对性，因而其选题会力求具体、明确，但若太明确就会带来研究间异质性过低的风险或面临没有足够的文献纳入研究的尴尬；另一方面，选题若太宽泛，则容易陷入文海无边的窘境，并增加研究间异质性误差。由此，Meta 分析研究问题在提出来后，也应当根据文献实践筛查情况，进行适当调整。如在青少年同伴侵害与肢体攻击行为的相关性 Meta 分析中发现能纳入的文献太少，则可适当地将研究问题调整为青少年同伴侵害与攻击行为的相关性。

（二）制定恰当的纳入和排除标准

恰当的纳入和排除标准建议根据"PICOS"进行制定。P 即"participant"，意为参与者、服务对象或是目标行为等；I 是指"intervention"，干预措施；C 则为"control"，控制；O 则是"outcome"，结果；S 是指"study design"，研究设计。需要注意的是，排除标准与纳入标准并非两套标准，相反，排除标准应当为纳入标准的补充，如纳入标准是"工作 3 年及以上的一线全职社会工作者"，那么排除标准则不应仅是"工作 3 年以下的一线全职社会工作者"，而应当包括"工作 3 年及以上，工作期间还兼职其他工作的一线社会工作者"。

[①] 曾宪涛，任学群. 应用 STATA 做 Meta 分析［M］. 2 版. 北京：中国协和医科大学出版社，2017.

[②] 刘鸣. 系统评价、Meta 分析设计与实施方法［M］. 北京：人民卫生出版社，2011.

(三)制定检索策略与文献检索

制定检索策略可以帮助研究者在后续繁杂的文献检索中避免迷失方向,而科学严谨的检索策略也可有效降低偏倚风险,同时提升 Meta 分析结果的有效性。此外,将检索策略公开,并接受各方评议,还有助于提升检索策略本身的科学性,以及降低重复研究的概率。在正式开展文献检索前,可以进行预检索,预检索的目的在于发现检索策略可能存在的不足,并及时给予纠正。文献检索第一步是通过各种渠道收集汇总文献,包括数据库检索、未发表研究等;第二步则是对收集汇总得到的文献进行初筛,如剔除重复文献;第三步则须在全文浏览文献后统计符合纳入标准的文献,并写明排除文献原因;第四步是通过软件对符合标准的文献进行 Meta 分析。

(四)数据提取

在搜集到研究所需相关资料后,研究者接下来的工作便是从收集到的相关文献中进一步提取研究所需的相关数据。一般而言,研究者根据单个原始研究中变量特征选择提取分析所需的数据,如在二分类变量中需要分别提取干预组和控制组的样本数和发生事件数,连续型变量则须提取单个原始研究的均值、标准差、样本量等,其他必要信息可包括重要参考文献、研究者身份背景、文献是否经过业内权威机构批准等,对此,研究者可依据实际情况进行取舍。理想状况下,研究者可以从单个原始研究中直接找到目标提取数据,但在实际研究中,不同研究者结果呈现标准不同,单个原始研究提供数据也存在差异。例如,有些研究者只提供置信区间和 p 值,而未提供均值和标准差,此时研究者可以通过普通倒方差法进行 Meta 分析。同时,考虑在单个不同的研究中,同一个指标可能存在不同的表述方法和测量方法,研究者应在制订研究计划书时就尽可能详细地对拟分析结果进行设定,如设定测量尺度、差异性判别标准等,同时,对于不同的表述方法,建议先依据原始表述详细记录,之后再采用一定的计算方法对原始数值进行换算,如原始数据只有 p 值,则可先计算出 Z 值,之后通过 $SE=\ln(RR)/Z$ 公式计算标准误,抑或是根据 95% 的可置信区间中的上区间减去下区间再除以 3.92 求出 SE。最后,在选择数据提取参与人方面,我们建议参与数据提取人员最好确保在两人及以上,且至少应有一人是研究领域内的专家或统计学专家,以应对数据提取过程中出现的各种复杂问题。

在 Stata 软件中录入 Meta 分析数据较为简单,研究者在打开 Stata 软件并新建一个空白文档后,可以直接手工录入数据,方法等同于 Excel 数据录入。倘若研究者已将原始数据记录在 Excel 文件中,此时研究者可直接通过文件导入或复制粘贴的方法将 Excel 文件中的相关信息导入 Stata 中,过程中,Stata 会提示"是否将第一行作为变量名",如果 Excel 原始数据中有变量名,则选择"是",反之则选"否",之后再在数据编辑状态下进行变量名设置。Stata 数据保存既可以通过菜单实现,也可以通过"save"命令来保存。前者在菜单中依次点击"file→save as",然后在弹出的对话框中选择适当的文件保存位置即可。"save"命令语法则为"Save [filename] [save_options]",其中的"filename"为完整的文件路径，如 SaveD：/Meta 分析/原始数据，相关数据则可保存到 D 盘中"Meta 分析"文件的"原始数据"文件夹中。倘若没有指定保存路径，系统会默认将文件保存到 C 盘的 Stata 文件中。

（五）统计分析

在开始进行 Meta 数据分析前需要先在计算机上安装 Meta 分析软件，目前市面上存在多种可用于 Meta 分析的软件，常见的有 Stata、RevMan、R、SAS、Meta-Analyst 等，各有优缺点。考虑社会科学研究中常用 Stata 进行数据的处理与分析，下文着重介绍如何在 Stata 软件中实现常用的几种 Meta 分析。

根据原始数据与分析目的，可简单将常见的几种 Meta 分析分为二分类数据的 Meta 分析、连续性数据的 Meta 分析、异质性检验、合并统计量及其检验、敏感性分析、偏倚分析等。

1. 二分类数据的 Meta 分析

在社会工作研究领域中，测量结果为二分类的情况非常常见，如个案治疗结果的成功与失败、小组干预结果的有用或无用、社区治理有效与无效等，这种只有非此即彼两种情况，计算研究对象个数所获得的数据称为二分类数据[①]。对于二分类数据，可以整理成表 5-1 来反映。

表 5-1　二分类数据结构

组别	发生事件	未发生事件	合计
干预组	a_i	b_i	a_i+b_i
控制组	c_i	d_i	c_i+d_i
合计	a_i+c_i	b_i+d_i	$a_i+b_i+c_i+d_i$

注：i 表示 k 个研究中的第 i 项研究。

二分类数据的 Meta 分析是计算在同一研究中两种对立属性事件如干预组和控制组各自发生的例数的效应量，并通过异质性卡方检验（heterogeneity chi-squared）来分析不同研究间的同种干预措施是否对研究结果产生不一样的影响。前面提到，OR、RR、RD 是测量二分类数据的常用效应指标，而具体选用哪个效应指标纳入分析模型则依据研究目的与原始数据决定。根据数据分析结果，一般情况下，当异质性卡方检验的 p 值小于 0.1 时，则认为纳入的研究间存在异质性，即同一干预措施所得的研究结果不同。

2. 连续型数据的 Meta 分析

对于一个变量 X，可以在某一区间范围内任意取值，那么这样的变量就叫作连续型变量[②]。连续型变量的最突出特征是可以取小数，常见的如身高、体重或具体年龄数值。在

[①] 党红. Meta 分析理论与实践应用［M］. 长春：吉林科学技术出版社，2019.
[②] 曾宪涛，任学群. 应用 STATA 做 Meta 分析［M］. 2 版. 北京：中国协和医科大学出版社，2017.

Meta 分析中，连续型数据与二分类数据一样，是最常见的 Meta 分析数据类型。但不同于二分类数据关注单个研究中不同分类中的样本数，连续型数据关注单个研究中原始数据的均值（mean）和标准差（SD），由此，连续型数据在 Meta 分析中的常用效应指标是 MD 和 SMD。通常情况下，MD 和 SMD 可以从各个原始研究中的统计数据中计算出来，如 t 检验的结果、单向方差分析（ANOVA）的 F 比率以及 t 检验的精确 p 值等[1]。在计算得出 MD 或 SMD 后，连续性数据的 Meta 分析目的与二分类数据的 Meta 分析一样，均是采用异质性卡方检验来分析不同研究间的同种干预措施是否对研究结果产生不一样的影响。

3. 合并统计量及其检验

Meta 分析本质是将多个同类研究的结果合并成某一单个效应量或效应尺度，即用某个合并统计量反映多个同类研究的综合效应[2]。前面提到，在二分类数据的 Meta 分析中常用 OR、RR、RD 三个合并统计量来描述多个研究的合并结果，在连续型数据中则多用 MD、SMD 作为合并统计量进行多个研究检测。在 Cochrane 系统评价中，Peto 法下的 OR 值可以有效且偏倚较小地分析和检测发生概率较小的事件，OR 与 RR 是相对测量指标，结果解释与单个研究指标相同，RD 则是两个率的绝对差值。MD 是两个均值的差值，能够消除多个研究间绝对值大小的影响，并以原单位真实反映研究干预效应。SMD 则是两个均值差值再除以合并标准差，在 MD 基础上又消除了多个研究间测量单位不同的影响，特别适用于测量单位不同或均值差距较大的研究汇总分析。不同的合并统计量适用于不同种类的研究汇总分析，研究者应结合自身研究数据实际情况进行适当选择。

不管选用何种方法计算得到合并效应量，研究者都必须对得到的合并效应量进行是否具有统计学意义的检测。常用的检测方法是 Z 检测，即通过 Z 值得到该统计量的 p 值，倘若 p 值小于等于 0.05，则多个研究的合并统计量具有统计学意义，反之则无。当然，除了 Z 检验法，当原始研究只提供置信区间时，研究者还可以采用置信区间来检测合并统计量是否具有统计学意义。一般情况下，当效应指标为 OR 或 RR 时，当 OR 或 RR 取值为 1 时，研究无显著性差异，此时 95% 的置信区间包含了 1，等价于 P 大于 0.05，故合并统计量无统计学意义。当效应指标为 RD、MD、SMD 时，其值若等于 0，则研究无显著差异，此时 95% 的置信区间包含了 0，则也等同于 p 值大于 0.05，即合并统计量无统计学意义。

4. 异质性分析

Meta 分析的本质是将相同的多个研究的统计量进行合并[3]，但依据统计学原理，只有同质性材料才能纳入同一模型进行分析，因此，无论是哪种类型数据，在进行 Meta 分析前必须对 Meta 分析材料进行同质性检验。目前常用联合定性检测的 Q 检验法和定量检测的 I^2 检验法来检测研究间的异质性大小，当 I^2 检验结果为 $P>0.1$ 时，可判定多个同类研究间具有同质性，相反则具有异质性。I^2 的计算公式如下所示：

---

[1] Littell J H. Systematic Reviews and Meta-analysis [J]. Oxford：Oxford University Press，2008.
[2] Hedges L V. Meta-analysis [J]. Journal of Educational Statistics，1992（4）：279-296.
[3] 刘鸣. 系统评价、Meta 分析设计与实施方法 [M]. 北京：人民卫生出版社，2011.

$$I^2 = \frac{Q-(k-1)}{Q} * 100\%$$

其中，Q 是异质性检验的卡方值（χ^2），k 则是纳入 Meta 分析的研究个数。I^2 检验法根据 I^2 值大小，将异质性大小分为四级：0~40% 为轻度异质性，40%~60% 为中度异质性，50%~90% 为较大异质性，75%~100% 为极大异质性。一般认为，当 I^2 小于或等于 50%，且 $P>0.1$ 时，研究间的异质性便可接受，此时采用固定效应模型对纳入研究的数据进行分析；相反，则单个研究间异质性太大，需要对数据进一步分析，以探究导致异质性的原因，并进行相对应的处理。而对于异质性较大的研究，目前常采用更换效应模型，进行亚组分析，开展 Meta-回归分析等不同方法应对。

5. 敏感性分析

在 Meta 分析中，敏感性分析是一种比较宽泛的概念，其目的在于评估模型和判断结论的稳定性。在评估模型稳定性中，通常采用不同效应模型进行 Meta 分析，倘若结果相差不大，则认为小样本研究对合并效应影响不大。在判断结论是否稳定时，通常可以采用不同效应尺度、剪补法（metatrim）等方法。采用不同效应尺度检查结论是否稳定的原理很简单，即将研究数据中可计算出的不同效应量或效应尺度分别观察合并效应量 Z 值，从而判断不同效应量或效应尺度对结论的影响。剪补法则是根据输入效应量的标准误先进行一个随机效应模式和固定效应模式的 Meta 分析运算，得出合并量数值以及检测漏斗图是否对称，倘若漏斗图不对称，系统则会根据效应量的差异值进行迭代剪补，直到差异度为 0。此时，系统会根据剪补后的研究数据再次进行 Meta 分析，从而得到一个新的合并量，再将前后两个合并量数值进行比较，观察结果是否发生翻转，即从有意义变为无意义，或从无意义变为有意义，倘若是，则可以确定 Meta 分析结论并不稳定，反之则稳定。

6. 偏倚分析

发表偏倚是指由于研究者、评价者、编辑者在提交、接受、发表文献等诸方面的偏好是基于研究结果的方向和强度，从而导致发表机会不同和对结果造成影响[1]，即当研究结果出现无显著差异时，该研究往往不被发表，从而对 Meta 分析结果造成偏颇性影响。为了应对此种情况，研究者们目前发展了漏斗图法、Egger 线性回归法等方法进行弥补。

（六）分析结果解释与报告

一般而言，Meta 分析报告必须包含的要点内容包括纳入研究及其基本特征、纳入研究的偏倚风险评估、各原始研究结果及 Meta 分析结果、其他如亚组分析和敏感性分析等[2]。纳入研究及其基本特征是展示纳入研究中与本研究相关的重要信息，通常包括研究

---

[1] 曾宪涛，任学群. 应用 STATA 做 Meta 分析 [M]. 2 版. 北京：中国协和医科大学出版社，2017.

[2] 刘鸣. 系统评价、Meta 分析设计与实施方法 [M]. 北京：人民卫生出版社，2011.

方法、研究对象、干预措施和结果。通常，这部分可以依据报告排版，设计相关的表格来明确展示。纳入研究的偏倚风险也就是对所纳入研究自身质量的评价。对纳入研究的偏倚风险评价是 Meta 分析区别于传统文献综述的重要特征，此部分可以通过展示偏倚风险分析的结果图表等内容来实现。各原始研究结果及 Meta 分析结果是整个 Meta 分析过程中最重要的部分，通常可用森林图来展示，研究者在撰写部分时可以详细解释森林图中各部分的内容，并附上效应模型检验中的 Tau^2 或 T^2、卡方检验、I^2 统计量、p 值等重要结果指标。

（七）更新结果

Meta 分析结果需要随着新的研究出现而不断更新，一些专业 Meta 分析网站，如 Cochrane 协作网或 Cochrane Review Group（s）建议每两年或一年更新一次。当然，若研究者发表的 Meta 分析并未在 Meta 分析的相关专业网站注册发表，则可依据研究实际情况进行适时的更新。

三 Stata 软件 Meta 分析案例说明

运用 Stata 可以实现多种模型数据的 Meta 分析。在社会科学领域，常见的有二分类数据的 Meta 分析和连续型数据的 Meta 分析。在不同类型数据分析过程中，还涉及异质性检验、合并统计量与检验、敏感性分析、亚组分析和偏倚分析。

（一）二分类数据的 Meta 分析

下面以科尔迪茨等探究 BCG 预防结核病疗效的文献说明如何做二分类数据的 Meta 分析[①]。该研究共纳入 13 篇文献，数据见表 5-2，其中，a、b 表示干预组结核病发生数和未发生数，c、d 表示控制组结核病发生数与未发生数。

表 5-2 BCG 预防结核病疗效数据

authors	year	干预组 (experiment)		控制组 (control)		latitude	allocation
		a	b	c	d		
Aronson	1948	4	119	11	128	44	1
Ferguson & Simes	1949	6	300	29	274	55	1
Rosenthal et al	1960	3	228	11	209	42	1

---

① Coldizt G A, Brewer T F, Berkey C S, et al. Efficacy of BCG Vaccine in the Prevention of Tuberculosis: Meta-analysis of the Published Literature [J]. JAMA, 1994 (9): 698-702.

续表

authors	year	干预组（experiment）		控制组（control）		latitude	allocation
		a	b	c	d		
Hart & Sutherland	1977	62	13536	248	12619	52	1
Frimodt-moller et al	1973	33	5036	47	5761	13	2
Stein & Aronson	1953	180	1361	372	1079	44	2
Vandiviere et al	1973	8	2537	10	619	19	1
TPT Madras	1980	505	87866	499	87892	13	1
Cpetzee & Berjak	1968	29	7470	45	7232	27	1
Rosenthal et al	1961	17	1699	65	1600	42	3
Comstock et al	1974	186	50448	141	27197	18	3
Comstock & Webster	1969	5	2493	3	2338	33	3
Comstock et al	1976	27	16886	29	17825	33	3

在 Stata 软件中，常用 metan 命令实现二分类数据的 Meta 分析。在 Stata 软件中打开需要分析的数据后，命令框输入命令：

```
metan a b c d,label(namevar=authors,yearvar=year)random
or counts group1(experiment)group2(control)xlabel(0.05,1,10)
force texts(180)boxsca(80)
```

其中，metan 是 Stata 进行 Meta 分析的最主要命令，最新版本的 metan 命令可以输入二分类变量、连续性变量、效应量、标准误等进行分析。同时，metan 命令可以计算产生效应量和标准误等新变量，而产生的新变量又可用于其他命令分析。此外，metan 还可通过输入"by（）"命令选项进行亚组分析。4 个变量是 a_i、b_i、c_i、d_i，四个变量应按顺序填写，不可乱序。"label"括号中通常可填写"namevar=authors，yearvar=year"，其中"authors"和"year"应依据数据中研究者和研究年份的变量名灵活改动。"random"指随机效应模型，输入命令时，研究者应根据研究数据的异质性大小选择输入"random"（随机效应模型）还是"fixed"（固定效应模型）。"or"是效应指标，研究者须结合自身研究数据适用计算哪一种效应指标，而相应地在命令中具体输入那一种效应指标。"counts"后接的"group1（experiment）和 group2（control）"，在森林图（图 5-1）右侧显示单个研究中干预组和控制组的实际样本数。"xlabel"括号中设置森林图横轴刻度，研究者根据单个研究的置信区间选取三个合适的数值填入，而"force"则是强制置信区间范围超出"xlabel"命令中设置的森林图横轴刻度区间范围的单个研究在森林图中显示的置信区间必须在横轴刻度区间范围内。"texts"是设置森林图文本大小，研究者可依据纳入研究数量多寡选取合适数值，一般而言，纳入研究数量越多，选用的数值越小，反之则越大。

"boxsca"则是设置森林图中单个研究点估计值显示的方框大小。此外，需要注意的是，Stata 软件严格区分字母大小写，所以在输入命令时，一定要切记每个命令字母都是在小写状态下输入，否则 Stata 软件可能识别不出，从而导致命令输入失败。

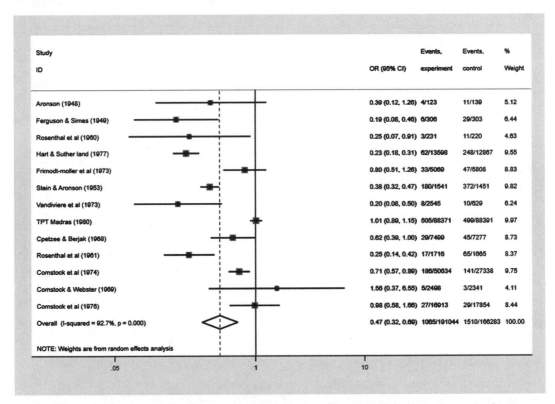

图 5-1　二分类型数据 metan 命令森林图

在图 5-1 中，左侧 Study ID 指纳入 metan 分析的单个原始研究，由作者名和研究发表年份组成，中间横线长度对应右侧 OR（95%CI）值，指每个研究的置信区间，而横线中的方框指单个研究所占权重，方框中间的黑色菱形则是单个研究的点估计值。相应地，最下面的菱形方框则是指研究的总效应区间。横轴刻度 1 表示的黑色实线代表无效线（两个数值相除等于 1，意味着两个数值相等，则数据无差异），无效线左侧的虚线则是研究的总效应量线。从总效应区间位于无效线左侧，意味着总效应的置信区间未经过 1，则表明该研究具有统计学意义，即 BCG 对预防结核病有效。

除了输出森林图，"metan"命令执行后，Stata 结果窗口还会输出一个列出所有单个研究和最终合并的效应量、效应量 95% 的置信区间以及效应量权重的数据表，同时输出 Q 值、p 值和 I^2 值（见图 5-2）。当异质性卡方检验 p 值小于 0.1 时，则认为纳入的研究间存在异质性，而进一步观察 I^2 值，则可以判断异质性大小。本例中，异质性卡方检验 p 值为 0，小于比较值 0.1，同时效应量检验 p 值为 0，小于比较值 0.05，此时可以判断，纳入研究存在异质性，异质性大小约为 92.7%。但此时须注意，研究者并不能依据结果进行盲目分析，而应进一步进行异质性处理，从而探寻异质性来源。

```
. metan a b c d, label(namevar=authors,yearvar=year) random or counts group1(experiment) group2(control) xlabel(0.05,1,10) force tex
> ts(180) boxsca(80)

         Study        |    OR     [95% Conf. Interval]     % Weight
----------------------+----------------------------------------------
Aronson (1948)        |   0.391     0.121      1.262          5.12
Ferguson & Simes (19  |   0.189     0.077      0.462          6.44
Rosenthal et al (196  |   0.250     0.069      0.908          4.63
Hart & Suther land (  |   0.233     0.176      0.308          9.55
Frimodt-moller et al  |   0.803     0.514      1.256          8.83
Stein & Aronson (195  |   0.384     0.316      0.466          9.82
Vandiviere et al (19  |   0.195     0.077      0.497          6.24
TPT Madras (1980)     |   1.012     0.894      1.146          9.97
Cpetzee & Berjak (19  |   0.624     0.391      0.996          8.73
Rosenthal et al (196  |   0.246     0.144      0.422          8.37
Comstock et al (1974  |   0.711     0.571      0.886          9.75
Comstock & Webster (  |   1.563     0.373      6.548          4.11
Comstock et al (1976  |   0.983     0.582      1.661          8.44
----------------------+----------------------------------------------
D+L pooled OR         |   0.474     0.325      0.691        100.00
----------------------+----------------------------------------------

Heterogeneity chi-squared =  163.99 (d.f. = 12) p = 0.000
I-squared (variation in OR attributable to heterogeneity) =  92.7%
Estimate of between-study variance Tau-squared =  0.3684

Test of OR=1 : z=   3.88 p = 0.000
```

图 5-2　二分类资料的 Meta 分析结果

除了输入命令，在 Stata 软件中也可以通过菜单实现二分类数据的 Meta 分析。在命令窗口输入 "db metan" 则可以调出 "metan" 窗口。在弹出窗口的 "Main" 界面中勾选 "count"，之后在 "Vars for Counts：a，b，c，d in that order" 中按顺序输入变量 "a b c d"；再在 "Labels for Date" 中分别勾选 "Authors" 和 "Year"，然后再分别选入数据中研究名称和年份变量名。在 "Binary" 界面中的 "Pooling Model" 框中勾选合适的分析模型，在 "Statistic" 框中勾选合适的效应指标，倘若不想在结果中显示表格和图形，则可以勾选 "no Table" 和 "no Graph"。以上步骤是二分类数据 Meta 分析菜单的基本操作，倘若想对森林图进行修改，则在 "Graph Opts" 界面中勾选 "Set" 和 "Force Scale to Tick Range"，并在 "Set" 对应的方框中输入森林图横轴的刻度区间值。勾选 "Counts" "Grp1" "Grp2"，并分别在 "Grp1" 和 "Grp2" 后方框内输入干预组和控制组的变量名称。勾选 "Font scale"，在后面的对应框中输入设置的文本大小数值，勾选 "Box shade" 并在对应的方框内输入设置点估计值方框大小数值，之后点击 "OK" 即可得到与命令相同的操作结果。

（二）连续型数据的 Meta 分析

下面借用 D'Agostino 等探究抗组胺药对普通感冒治疗影响的文献说明如何做连续性数据 Meta 分析。该文献纳入 9 个研究，干预组为抗组胺药，控制组为安慰剂，探究抗组胺药对普通感冒治疗影响。数据详见表 5-3[①]。

[①] D'Agostino R B Sr，Weintraub M，Russell H K，et al. The Effectiveness of Antihistamines in Reducing the Severity of Runny Nose and Sneezing：A Meta-analysis [J]. Clinical Pharmacology & Therapeutics，1998（6）：579-596.

表 5-3　抗组胺药治疗普通感冒数据

study	干预组（experiment）			控制组（control）		
	n1	mean1	sd1	n2	mean2	sd2
1	11	0.273	0.786	16	−0.188	0.834
2	128	0.932	0.593	136	0.81	0.556
3	63	0.73	0.745	64	0.578	0.773
4	22	0.35	1.139	22	0.339	0.744
5	16	0.422	2.209	15	−0.017	1.374
6	39	0.256	1.666	41	0.537	1.614
7	21	2.831	1.753	21	1.396	1.285
8	13	2.687	1.607	8	1.625	2.089
9	194	0.49	0.895	193	0.264	0.828

在 Stata 软件中打开需要分析的数据后，命令框输入命令：

```
metan n1 mean1 sd1 n2 mean2 sd2,label(namevar= study)random cohen xlabel(- 0.5,0,0.24,1)force texts(120)
```

连续型数据的 Meta 分析操作命令与二分类型数据的大同小异，不同的是，连续型数据分析中的"n1 mean1 sd1 n2 mean2 sd2"是指研究中两个不同组别间的均值和标准差；本例中，因原始研究采用了不同测量单位，故采用标准化均属差（SMD）合并效应量，"cohen"则是 Stata 中计算 SMD 值的一种方法，Stata 还提供"hedges/glass"法，研究者可依据数据和研究需要进行选择。

在 Stata 软件中，连续型数据也可以调用菜单做 Meta 分析。同样在命令栏中输入"db metan"命令，之后弹出"metan"菜单窗口。在弹出的菜单窗口中，在"Main"界面中勾选"continuous"，之后在"Vars for Exp. Group：n. mean. sd. In that order"和"Vars for Control Group：n. mean. sd. In that order"框中分别按顺序选入相对应组别的均值和标准差变量；在"Labels for Date"中分别勾选"Name"和"Year"，然后再分别选入数据中研究名称和年份变量名；在"By Variable"框中，勾选"by"，然后选入亚组分组依据。在"Continuous"界面中，在"Pooling Model"框中和"Statistic"框中分别勾选合适的效应模型与效应指标方法，在 Stata 软件中，系统默认"cohen"计算 SMD 值。连续型数据森林图菜单设置与二分类数据一样，而以上步骤即可得到与命令一样的连续型数据 Meta 分析的基本结果。

连续型数据输入"metan"命令结果与二分类数据大同小异，得到纳入的所有单个研究和最终合并的效应量、效应量 95% 的置信区间以及效应量权重的数据表，以及 Q 值、p 值和 I^2 值（图 5-3），同时再根据 p 值和 I^2 值判断纳入研究的异质性情况。本例中，异质性检验的卡方值 p 值为 0.275，大于比较值 0.1，同时，SMD 的检验结果 p 值 0.002 小于

0.05，即分析结果具有统计学意义。故可得出结论：纳入研究中，不同研究间抗组胺药治疗普通感冒的咳嗽、流鼻涕结果并无显著异质性。

```
. metan n1 mean1 sd1 n2 mean2 sd2, label(namevar=study) random cohen xlabel(-0.5,0,0.24,1) force texts(120)

         Study    |    SMD    [95% Conf. Interval]     % Weight
-----------------+---------------------------------------------
1                |   0.566    -0.218      1.349         3.54
2                |   0.212    -0.030      0.455        24.03
3                |   0.200    -0.149      0.549        14.50
4                |   0.011    -0.580      0.602         5.96
5                |   0.237    -0.470      0.944         4.29
6                |  -0.171    -0.611      0.268        10.01
7                |   0.934     0.295      1.572         5.18
8                |   0.590    -0.310      1.491         2.72
9                |   0.262     0.062      0.462        29.79
-----------------+---------------------------------------------
D+L pooled SMD   |   0.236     0.084      0.388       100.00
-----------------+---------------------------------------------

Heterogeneity chi-squared =   9.86 (d.f. = 8) p = 0.275
I-squared (variation in SMD attributable to heterogeneity) =  18.9%
Estimate of between-study variance Tau-squared =   0.0097

Test of SMD=0 :  z=   3.05 p = 0.002
```

图 5-3　连续型数据 Meta 分析结果

此外，需要注意的是，因为连续型数据输入的原始数据与计算效应量不同，所以尽管命令一样，但最终输出的森林图存在差异（图 5-4）。

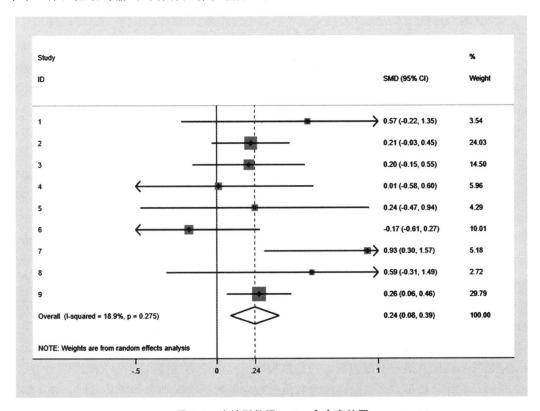

图 5-4　连续型数据 metan 命令森林图

从图 5-3 与图 5-4 中可知，相较于二分类型数据，在连续型数据的 metan 命令分析结果中，输出的效应量是 SMD，而不再是 OR，同时在森林图中，因为连续型数据是基于原始数据的平均值和标准差（SD），而非实验组和控制组的样本数，因而在森林图中最终显示的是 SMD，而"events experiment"和"events control"的样本数。

（三）合并统计量及其检验

合并统计量及其检验的 Meta 分析也是常用的分析方法。例如，已知实验组与控制组的置信区间，探究同类研究间是否存在异质性。在 Stata 软件中，打开数据，输入命令：

```
genlnhr= ln(hr)
genlnll= ln(lci)
genlnul= ln(uci)
```

在置信区间的 Meta 分析中，倘若是 or、rr、hr 的可置信区间，研究者必须先对原始研究的置信区间进行对数转化使数据呈现正态分布，否则将会得出错误的结论，而第一个命令中"ln（hr）"指研究采用的效应量，"ln（lci）"和"ln（uci）"是分别取研究置信区间上下值的对数，从而把数据都转化为正态分布。输入命令：

```
metan lnhr lnll lnul,label(namevar= study)by(group)random
effect(hr)eform
```

其中，"lnhr"为研究效应量，"lnll"和"lnul"分别是效应量的置信区间的下限和上限，效应量、效应量下限、效应量上限，三者必须按顺序填写，"label"后括号填研究中的名义标签，通常为单个研究名称，"by"后括号填分组变量，"random"是随机效应模型，研究者根据数据异质性检验结果进行选择，"effect（hr）"即输出森林图中显示的效应量，括号里面填写研究所采取的效应量名称，"eform"则是将研究中取对数的数值返回为原来值。命令输出图形结果见图 5-5。

从图 5-5 中可知，采用合并统计量，输入 metan 命令分析同类研究间的异质性结果输出与二分类和连续型数据结果一致。实验组的总效应量为 0.84，总效应区间为（0.71，1.00），说明模型具有统计学意义，同时，异质性检验 p 值等于 0.025，I^2 为 60.9%，说明研究间存在异质性，异质性大小约为 60.9%。控制组和总效应量的异质性检验 p 值为 0.939 和 0.301，均大于 0.1，即同类研究总体间不存在太大的异质性，研究的总体异质性在可接受的范围内。

此外，当原始研究中没有提供置信区间而提供标准误时，我们也可以将研究的效应量和标准误进行合并统计来检验 Meta 分析是否存在异质性差异。在 Stata 中合并效应量与标准误的命令跟合并效应量与置信区间的命令几乎相同，唯一不同的是效应量对数后面不跟效应量置信区间下限与上限对数，而是直接跟了标准误的对数。

最后，应注意的是，在检验连续型数值的效应量与标准误的合并统计值时，并不需要取对数，可以直接将效应量与效应量的标准误写入命令。

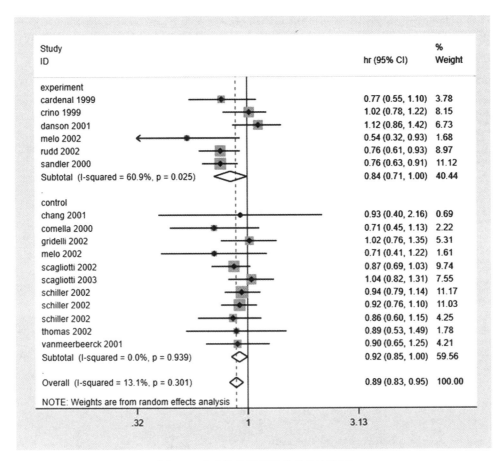

图 5-5　合并统计量异质性检验森林图

（四）异质性检验

前面提到，当研究异质性太大时，可选用显著性结果更为保守的随机效应模型进行分析，但需要注意的是，并不是所有研究都可以通过更换效应模型解决异质性较大的问题。此外，当通过 I^2 检验发现异质性较大时，研究者必须通过异质性检验，进一步分析异质性来源。亚组分析是依据某一分组依据，将原本一组数据按照某一标准拆分为不同次小组数据，根据不同次小组的异质性大小，检验是不是研究分组导致异质性发生的方法。依旧引用科尔迪茨等探究不同组别中 BCG 对预防结核病的疗效差异。在 Stata 中进行亚组分析的命令如下：

```
metan a b c d,label(namevar = authors,yearvar = year)by
(allocation) random or counts group1(experiment) group2
(control)texts(140)boxsca(80)
```

命令总体与二分类数据性 Meta 分析的 "metan" 命令相差无几，不同的是加入了 "by" 命令，而 "by" 后面的括号中通常加入分组变量名称。输入命令得到结果见图 5-6。

```
. metan a b c d, label(namevar=authors,yearvar=year) by(allocation) random or counts group1(experiment) group2(control) texts(140) b
> oxsca(80)

           Study       |    OR     [95% Conf. Interval]    % Weight
-----------------------+----------------------------------------------
        1
  Aronson (1948)       |   0.391     0.121      1.262        5.12
  Ferguson & Simes (19 |   0.189     0.077      0.462        6.44
  Rosenthal et al (196 |   0.250     0.069      0.908        4.63
  Hart & Sutherland (  |   0.233     0.176      0.308        9.55
  Vandiviere et al (19 |   0.195     0.077      0.497        6.24
  TPT Madras (1980)    |   1.012     0.894      1.146        9.97
  Cpetzee & Berjak (19 |   0.624     0.391      0.996        8.73
       Sub-total       |
       D+L pooled OR   |   0.357     0.173      0.737       50.68
-----------------------+----------------------------------------------
        2
  Frimodt-moller et al |   0.803     0.514      1.256        8.83
  Stein & Aronson (195 |   0.384     0.316      0.466        9.82
       Sub-total       |
       D+L pooled OR   |   0.540     0.262      1.111       18.65
-----------------------+----------------------------------------------
        3
  Rosenthal et al (196 |   0.246     0.144      0.422        8.37
  Comstock et al (1974 |   0.711     0.571      0.886        9.75
  Comstock & Webster ( |   1.563     0.373      6.548        4.11
  Comstock et al (1976 |   0.983     0.582      1.661        8.44
       Sub-total       |
       D+L pooled OR   |   0.641     0.343      1.200       30.67
-----------------------+----------------------------------------------
    Overall            |
       D+L pooled OR   |   0.474     0.325      0.691      100.00
-----------------------+----------------------------------------------

Test(s) of heterogeneity:
          Heterogeneity  degrees of
          statistic      freedom       P       I-squared**   Tau-squared

1           112.41          6         0.000      94.7%         0.7949
2             8.83          1         0.003      88.7%         0.2421
3            17.05          3         0.001      82.4%         0.2990
Overall     163.99         12         0.000      92.7%         0.3684
** I-squared: the variation in OR attributable to heterogeneity)

Note: between group heterogeneity not calculated;
only valid with inverse variance method

Significance test(s) of OR=1

1              z= 2.78     p = 0.005
2              z= 1.68     p = 0.094
3              z= 1.39     p = 0.165
Overall        z= 3.88     p = 0.000
```

图 5-6　亚组分析结果输出图

从图 5-6 可知，系统会根据 "by" 命令后面的分组变量对数据先进行分组分析，如命令中将组别作为分组变量，将原始研究分为组 1、组 2 和组 3。从分析结果可知，组 1、组 2 和组 3 异质性检验的结果 p 值均小于 0.1，组 1 的 I^2 值为 94.7%，组 2 的 I^2 值为 88.7%，组 3 的 I^2 值为 82.4%，三组的异质性均较大。故可得出结论：分组并不是影响不同研究中 BCG 对治疗结核病存在异质性的因素。此时，研究者可以更换分组变量或是采用 Meta 回归分析来进一步探究一致性来源。最后，需要说明的是，在进行亚组分析的时候，并不是分组越多，结果就越精确，研究者应当在研究设计阶段，从专业角度出发，合理进行亚组分析，并将其写在研究计划书内。

除了采用亚组分析，还可以运用 Meta 回归分析来探究具体变量对研究数据异质性影响大小。在 Meta 回归分析中，因变量通常为 SMD、RD、OR、RR 的对数值，解释变量则为协变量，因此，在进行 Meta 回归分析前需要生成 SMD、RD、OR、RR 的对数值。

在本例中，考虑研究数据为二分类变量，还需要对中间变量通过取对数生成效应量对数和标准误（连续型数据省略此步骤），在 Stata 命令框中输入：

```
genlogor= log(_ES)
genselogor= _selogES
```

"gen"是 Stata 中生成新变量的命令，具体采用哪一个效应指标来生成因变量，研究者根据研究数据而定。在生成新变量后，再在命令框中输入：

```
metareg logor latitude,wsse(selogor) eform graph reml
knapphartung
```

"metareg"是 Meta 分析中的回归命令，"logor"是回归分析中的因变量，"latitude"是协变量，"wsse（selogor）eform graph reml"则是采用限制性最大似然比法，指定为效应量对数返回做一个图，"knapphartung"则是采用"knapp"和"hartung"建议对估计系数方法进行修正。命令输入后输出结果见图 5-7。

```
. metareg logor latitude,wsse(selogor) eform graph reml knapphartung

Meta-regression                                  Number of obs  =        13
REML estimate of between-study variance          tau2           =    .05047
% residual variation due to heterogeneity        I-squared_res  =    56.18%
Proportion of between-study variance explained   Adj R-squared  =    85.06%
With Knapp-Hartung modification
```

logor	exp(b)	Std. err.	t	P>|t|	[95% conf. interval]
latitude	.9689559	.0072849	-4.19	0.001	.9530538 .9851234
_cons	1.351402	.3474809	1.17	0.266	.7673679 2.379936

图 5-7　单因素异质性检验回归分析

在 Meta 回归结果中，当纳入协变量相对应的 p 值小于 0.05 时，则认为该协变量对研究的异质性有所贡献。通过图 5-7 可知，维度的 p 值为 0.001，小于 0.05，故可得出结论，不同维度影响 BCG 对结核病治疗疗效。

在 metareg 的单因素回归分析中，除了输出数据类分析结果外，Stata 软件还会对回归分析结果作图，见图 5-8。

图 5-8 中横坐标为维度，纵坐标则为效应量，圆圈代表单个研究，圆圈面积则是每个研究所代表的权重，根据拟合直线可知，随着维度不断增加，效应量值不断减小，由此则知维度对研究效应量产生影响。

metareg 还可以分析考察多个因素对回归模型的贡献，在本例中，还可以加入分组变量，在回归结果中分析分组对 BCG 影响结核病治疗差异影响，输入命令：

```
metareg logor latitude allocation,wsse(selogor)eform graph
reml knapphartung
```

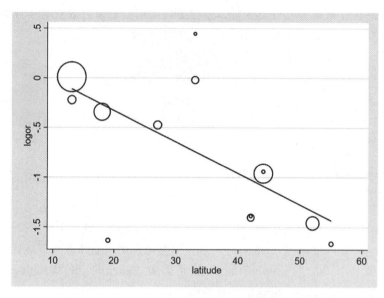

图 5-8 异质性检验 metareg 回归分析图

在多个因素回归分析中,Stata 只输出数据型结果(图 5-9),而不作图。

```
. metareg logor latitude allocation,wsse(selogor) eform graph reml knapphartung
```

Meta-regression				Number of obs	=	13
REML estimate of between-study variance				tau2	=	.09826
% residual variation due to heterogeneity				I-squared_res	=	60.12%
Proportion of between-study variance explained				Adj R-squared	=	70.91%
Joint test for all covariates				Model F(2,10)	=	7.05
With Knapp-Hartung modification				Prob > F	=	0.0123

logor	exp(b)	Std. err.	t	P>|t|	[95% conf. interval]	
latitude	.9704092	.0083245	-3.50	0.006	.9520372	.9891358
allocation	1.152522	.1678418	0.97	0.353	.8331584	1.594302
_cons	.9843326	.4108039	-0.04	0.971	.3884119	2.494544

图 5-9 多因素异质性检验回归分析

从图 5-9 中可知,将分组方法纳入分析后发现,分组的 p 值为 0.353,大于 0.05,则可知分组方法并不是造成不同研究中 BCG 治疗结核病结果存在异质性的影响因素,相反,维度的 p 值为 0.006,依旧小于 0.05,则可判定维度是本研究中造成研究结果存在异质性的因素之一。

(五)敏感性分析

更换效应模型是敏感性分析的常用办法,依旧以 BCG 影响结核病治疗为例,在 Stata 中输入命令:

```
metan a b c d,label(namevar= authors,yearvar= year)random
second(fixed)or counts group1(experiment)group2(control)
xlabel(0.05,1,10)force texts(180)boxsca(80)
```

从命令中可以看出，Stata 中更换效应模型就是让随机效应模型与固定效应模型在同一个命令中显示。输入以上命令后，结果窗口会显示一个同时展示随机效应模型和固定效应模型的数字分析结果，并弹出一个森林图（图 5-10）。

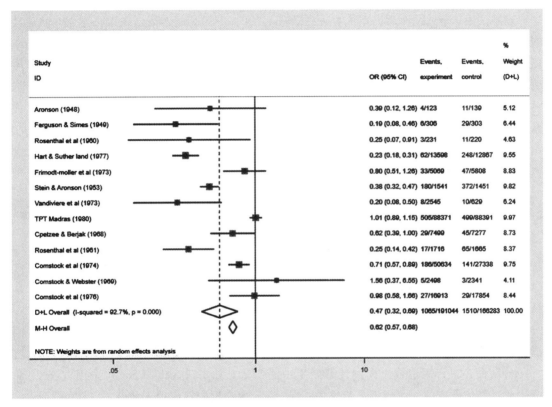

图 5-10　随机与固定效应模型森林图

从图 5-10 中可以看到，D+L 为随机性效应模型，M+H 为固定效应模型，此时研究者可以观察随机效应模型和固定效应模型结果是否发生翻转，即随机效应模型与固定效应模型所得结论是否一致。倘若一致，则可以判定模型比较稳定，反之，则结论不稳定，此时，研究者需要进一步探索其原因。

在 Stata 中采用剪补法分析结论稳定性前需要先运行 metan 命令生成中间变量。首先输入命令：

```
metan a b c d,label(namevar= authors,yearvar= year)random
or nograph
```

通过 metan 命令产生中间变量，同时考虑研究数据为二分类变量，则通过对数将中间变量转换为效应量对数和标准误（连续型数据省略此步骤），输入命令：

```
genlogor= log(_ES)
genselogor= _selogES
```

再输入剪补法命令：

```
metatrim logor selogor,eform funnel
```

其中，"logor"为效应量，"selogor"是效应量的标准误，"eform"则是返回效应量和效应量标准误对数值为原值，"funnel"则是输出一个剪补法的漏斗图。

剪补法中，输入命令后，系统默认数据输入的形式是效应量和效应量的标准误，然后会先进行一个随机效应模式和固定效应模式的 Meta 分析运算，得出合并量数值以及检测漏斗图是否对称，倘若漏斗图不对称，系统则会根据效应量的差异值进行迭代剪补，直到差异度为 0。此时，系统会根据剪补后的研究数据再次进行 Meta 分析，从而得到一个新的合并量，并再将前后两个合并量数值进行比较，观察结局是否发生翻转，即从有意义变为无意义，或从无意义变为有意义。倘若是，则可以确定 Meta 分析结论并不稳定；反之则稳定。

（六）偏倚分析

1. 漏斗图法

漏斗图是定性测量发表偏倚最常用的可视化方法。Stata 中，常用于漏斗图绘制的命令有"funnel""confunnel""metafunnel""metabias"。Stata 软件中，漏斗图的横坐标默认为效应量或对数值，纵坐标则是标准误，然后做散点图。

依旧以科尔迪茨等发表探讨 BCG 对结核病治疗效果文献数据为例。Stata 软件中，因漏斗图的横坐标默认为效应量或对数值，所以在进行"funnel"命令前，需要先通过"metan"命令进行固定效应模型计算产生中间变量，如 ES、selogES，再采用"gen"命令生成对数化效应值。完成以上步骤后，在 Stata 命令框中输入以下命令：

```
confunnel logor selogor
```

其中，"logor"是效应量，"selogor"则是效应量的标准误。输入以上命令后，Stata 则会弹出一个漏斗图。图 5-11 是在"funnel"命令基础上的增强版漏斗图，图中的每一个黑点代表一个研究，漏斗图由内到外分别代表不同的 p 值取值范围。当研究落在 $p>10\%$ 的范围内，则说明研究不存在发表偏倚；相反，则存在发表偏倚。漏斗图假设效应量的精度与样本量呈正相关，由此，样本量小的研究精度低，分布在漏斗图的底部，且向周围分散，样本量大的研究精度高，分布在顶部，且向中间分散，当研究不存在偏倚时，散点图呈现一个倒置的漏斗型，倘若存在偏倚，则漏斗图会存在角落的缺失，而表现为不对称。当然，并不是所有不对称的漏斗图都是发表偏倚导致，有时低质量的小样本事件，如方法学设计存在问题、分析不充分等也会造成漏斗图的缺失。同时，漏斗图没有输出数字化结果，仅凭研究者主观判断是否存在偏倚，由此也遭到许多研究者批判。

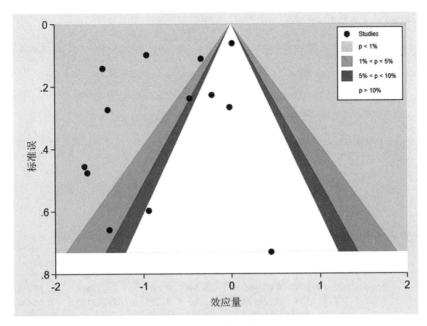

图 5-11 漏斗图

2. Egger 线性回归法

由于漏斗图没有具体数值说明研究数据是否存在偏倚，为此，1997 年，Matthias Egger 开发一种简单的线性回归方法来计算漏斗图的对称性。

同样以 BCG 影响结核病治疗数据为例，在 Stata 中输入：

```
metabias experimenthp experimentnohp controlhp controlnohp,
harbord
```

其中，"experimenthp experimentnohp controlhp controlnohp"是纳入研究变量，"harbord"是计算方法，命令输出结果见图 5-12。

二分类数据研究中，纳入研究变量可以是 2×2 表格中的 "a、b、c、d"，在连续型数据中则可以是效应量及其标准误。Egger 线性回归法提供四种不同计算方法，分别是"egger/begg/harbord/peters"。二分类变量推荐使用 harbord 法和 peters 法，Egger 法适用于连续型变量，考虑 begg 法不能作图，且在样本量较少时，其敏感性又小于 Egger 法，故 begg 法适用范围较小。

Egger 法对发表偏倚的监测统计量为截距 a 对应的 t 值和 p 值，并通过其 90% 的置信区间是否包含 0 来判断纳入研究的漏斗图是否对称。倘若截距 a 对应的 $p>0.1$，或是 90% 的置信区间包含了 0，则研究漏斗图对称，反之，则不对称。图 5-12 中，Egger 线性回归中使用 harbord 法得出偏倚检测 p 值为 0.001，小于比较值 0.1，则可以判定数据漏斗图不对称，即研究存在发表偏倚。最后，须指出，Egger 法不适用于纳入研究个数较少的偏倚检验，并且不能解释漏斗图不对称出现的原因。

```
. metabias a b c d,harbord

Warning: varlist has 3 variables but option 'ci' not specified; 'ci' assumed.

Tests for Publication Bias

Begg's Test

    adj. Kendall's Score (P-Q) =         6
           Std. Dev. of Score =     16.39
             Number of Studies =       13
                           z =      0.37
                       Pr > |z| =    0.714
                           z =      0.31 (continuity corrected)
                       Pr > |z| =    0.760 (continuity corrected)
```

Egger's test

Std_Eff	Coefficient	Std. err.	t	P>|t|	[95% conf. interval]	
slope	4.499073	.9820996	4.58	0.001	2.337486	6.660659
bias	-1.414384	1.285243	-1.10	0.295	-4.243184	1.414417

图 5-12　Egger 线性回归结果图

中英文关键术语

元分析（meta-analysis）
比值比（odds ratio）
加权均数差（weighted mean difference，WMD or MD）
标准均数差（standardized mean difference，SMD）
随机效应模型（random effect model，REM）
固定效应模型（fixed effect model，FEM）
异质性分析（heterogeneity）
敏感性分析（influence analysis）
偏倚分析（bias analysis）

复习思考题

1. 请解释 Meta 分析中文献的纳入和排除标准 PICOS。
2. 何为 Meta 分析中的异质性分析？
3. 何为 Meta 分析中的敏感性分析？
4. 何为 Meta 分析中的偏倚分析？

第三部分

第6章 定 性 研 究

定性研究是一种遵从自然主义探究传统的研究方法，其启发研究者置身于研究对象所处的真实生活世界中，并将研究对象的个体行为与更为复杂多变的社会文化情境联系起来加以考察。定性研究从本质上来说，是在探寻研究对象对其所处生活世界的解释性理解的基础上进一步去揭露其作为社会成员是如何对所处的社会情境进行意义建构的。

■ 一 定性研究概述

（一）定性研究历史溯源

定性研究（qualitative research）起源于多学科、跨领域的交流与融合，其发展历史是曲折且漫长的。定性研究的起源可以分为两个方面：一是以英国为首的西方发达国家对快速工业化所造成的现代性后果的反思；二是人类学家、现象学家、社会学家等对僵化刻板的量化研究的有力抨击。西方民族志、早期实地调查、现象学及解释学对定性研究的产生发挥了极大的作用。

早期大多数西方民族志调查者都是以"专家"身份对殖民地居民和文化进行田野调查并进行客观描述，这是定性研究的传统启蒙时期。代表人物主要为美国人类学家博厄斯（F. Boas）及人类学功能学派的创始人马林诺夫斯基（Malinowski）。博厄斯通过对美国西海岸印第安部落的历史发展及语言文本进行分析并借助当地知情人士的口授和翻译来理解当地人的日常生活习惯，从而进一步以当地人的视角看待问题[1]。马林诺夫斯基则通过对特罗布里恩岛和新几内亚进行长期实地调查工作及参与观察的基础上揭露了部落文化的构连原则和运行规律并在此过程中对本土文化、行为习惯以及思维方式进行了系统的总结[2]。之后，本尼迪克特（R. Benedict）和米德（Mead）在对博厄斯思想批判继承的基础上形成了独树一帜的文化心理学派。现象学（Phenomenology）启发了学者提高研究的指向性，在多种要素的间性互动过程中去把握现象发展的历时性和共识性。解释学（Hermeneutic）促进了定性研究的学者们将理解和解释作为研究的最终目标，启发了定性研究者厘清自己在研究过程的文化身份、偏见以及与研究对象的互动关系，并且改变了研究对象在研究中所处的被动地位，从而将理解和解释归结于研究者和研究对象双向努力的结果。

---

[1] 恩格斯. 英国工人阶级状况 [M]. 北京：人民出版社，1956.
[2] 谢燕清. 马林诺夫斯基与现代人类学工作方式 [J]. 民俗研究，2001（1）：132-143.

(二)定性研究范式

研究者对于不同研究范式的选择会对研究过程、研究主题及研究结果产生不同的影响。后实证主义范式（the post-positivist paradigm）、建构主义范式（constructivist paradigm）以及批判理论范式（critical paradigm）对定性研究的影响颇深。

1. 后实证主义范式

与实证主义把经验化的确证法作为科学成就的基本单元不同，后实证主义认为，只有那些具有长久生命力的、大范围的和多重联系的东西，才有资格成为知识产生、知识积累和知识保留的单元。后实证主义主张无论人们自觉与否，总是被一系列的假设所俘虏，这些假设可以推动也可能妨碍知识的增长，所谓的意义和理解并不简单依附于世界，相反，它们处在动态过程中，不断地被解构、被挑战，其主要功能在于"质疑"已有的答案。

后实证主义的这种相对主义或方法论多元论有三个特点。第一，所有一元论（methodological monism）均受到质疑。第二，承认研究方法的多重性，不把科学当作一个垄断的实体，而是知识与方法的"多棱体"。第三，后实证主义是一股追求科学异见（scientific dissensus）的浪潮。这是对科学行为主义盛行时期的主流哲学思潮的否定。

2. 建构主义范式

建构主义范式是对强调经验取向与理性客观的实证主义的有力回应。施瓦特（Schwandt）指出建构主义是不同主体在对经验进行理解和阐释的基础上通过分享交流有意义的信息从而达到经验共识的过程[①]。建构主义范式对知识持相对论的观点，即任何知识都是暂时的、流动的，而且任何知识都需要被怀疑。定性研究的目的或功能并不在于寻找现象的唯一真理或事实，更为重要的是去探寻自然状态下人们是如何去建构他们的经验世界、如何去建构他们的社会行动[②]。这个探寻的过程是研究者与研究对象通过不同的叙事话语及对话分享达到视阈融合的过程[③]。在此过程中，理解与视阈都是开放且多元的[④]。基于此，我们也不难发现建构主义范式在方法论层面是辩证的，在认识论层面则强调互动与交往。

3. 批判主义范式

批判主义范式是最具意识形态色彩的范式，强调研究者的研究不仅仅是重建研究对象的日常生活经验，更为重要的是对隐藏于其中的社会主流意识和社会结构进行剖析。批判

---

① 陆益龙. 建构论与社会学研究的新规则 [J]. 学海, 2009 (2): 67-71.
② 王沛, 康廷虎. 建构主义学习理论述评 [J]. 教师教育研究, 2004 (5): 17-21.
③ 加达默尔. 哲学解释学 [M]. 夏镇平, 宋建平, 译. 上海: 上海译文出版社, 1994.
④ 加达默尔. 真理与方法: 哲学诠释学的基本特征（上）[M]. 洪汉鼎, 译. 上海: 上海译文出版社, 1992.

主义的理论范式主要有女性主义、新马克思主义、赋权主义等。女性主义倡导女性通过女性的立场来理解自己的生活经验并倡导不能忽视女性在社会发展过程中的转换性作用；新马克思主义则通过关注弱势群体所面临的压迫和剥削，倡导通过集体行动来改善现存的不利于社会发展的制度和权力结构；赋权主义则强调通过提高个体的自我控制感并引导个体积极进行批判性思考来促进自我效能的实现，在此过程中，个体会共享集体赋权的经验并完善发展策略从而进一步影响社会结构。

（三）定性研究的特点

学术界对定性研究的特点有以下共识。第一，定性研究的资料是定性而非量化的。定性研究强调自然的观察，强调对研究对象所经历的社会生活进行捕捉并进行细腻描述，相关研究事项也非完全事先确定。第二，定性研究主要致力于归纳推理，其目的不是为了检验预先设定的假设，而是为了发现人们在社会环境中想什么、如何行动以及为什么这么做。只有在进行多次观察之后，定性研究者才能尝试提出一般性的原则来解释他们的观察结果。第三，定性研究强调对以前未研究过的、意料之外的现象的关注。定性研究者认为以前未被研究过的现象不能通过一套结构化的问题或对外在因素进行控制的实验来理解，只能通过探索新的问题且不断观察和归纳来理解研究对象赋予生活和行动的意义。第四，定性研究不仅仅关注现象自身的特征，而且还关注社会背景及社会现象之间错综复杂的相互联系。第五，定性研究关注人的主体性，关注参与者对事件的理解以及对生活赋予意义的过程。第六，定性研究使用的是具体性而非逻辑性的因果解释。定性研究侧重于将特定的行动者和情境联系在一起，因此倾向于将行动的原因嵌入正在展开的、相互关联的特定事件中。第七，定性研究对研究者在研究过程中所扮演的角色具有敏感性（或反思性）。[①]

二 定性研究设计

（一）定性研究模式

1. 循环探究模式

此类定性研究各部分之间的关系不是一个线性的关系，而是一个循环往返、不断演进的过程。研究不是一次性完成的，都要受到上一轮循环中其他部分的影响。循环探究模式是涉及经验、介入、发现及收集资料、解释分析资料、形成理论解释并回到经验的多维循环过程。在这样的循环过程中，所有的组成部分都处于流动之中，没有明确的开始，也没

---

① Engel R J, Schutt R K. The Practice of Research in Social Work [M]. Los Angeles: SAGE Publications, 2016.

有明确的结束。例如，某学者研究某乡镇在全国彩礼过高的大环境下出现彩礼很低的情形。他从文化入手，收集资料，后来发现是人口发展过慢的问题，于是改变资料收集内容，再后来发现该地区的经济发展模式是该社会现象背后的主因，于是又改变研究问题。此类研究过程中，研究问题、思路、视角都有可能改变。

2. 宏观批判模式

持宏观批判模式的研究者从整体上对研究对象的生活状况进行批判性研究，挖掘社会不公平后面的结构性因素。在某种程度上，社会工作宏观批判模式可以对循环探究模式作出系统检验，在相互对照的过程中除去虚假意识，让社会弱势群体获得力量并在此过程中达到增能赋权的目的。在这一模式中，研究对象头脑中的"经验"更多地被看作一种受社会、文化与历史所压抑的"虚假意识"，研究者与研究对象可以通过对经验进行历史性回顾及批判性研究从而逐渐找到"真意识"，这是一个由经验到发现再到理解的循环过程。

3. 多维交互模式

鉴于定性研究的灵活性，芝加哥大学麦克斯韦（J. A. Maxwell）认为定性研究应是集研究目的、研究问题、研究方法、研究效度及研究情境为一体的一个相互关联、相互拉扯的交互模式，因为任何一个部分的变化都会引起其他部分的变化，同时，也受到其他部分的牵引，他把这种多维度的互动模式称为"橡皮圈"模式，即围绕研究问题，会形成两个不同的部分，如图 6-1 所示。

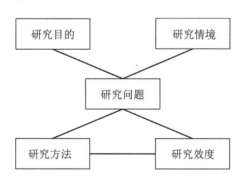

图 6-1 多维互动研究设计模式

研究问题以上部分表征的是研究设计所涉及的外部成分，它涉及研究者的目的、经验、知识、假设和理论，研究问题以下部分表征的则是研究设计所涉及的内在部分，涉及研究者具体的研究活动以及检验研究结果的具体方法和手段。内部成分和外部成分相互影响、相互作用。因为研究过程处于动态之中，所以研究的初始目的和最后的研究成果可能有很远的距离，跟霍桑实验一样。

（二）定性研究设计内容

定性研究设计内容与定量研究设计内容在结构上相似，大致包含以下几个部分：界定研究主题及研究问题、阐释研究的目的及意义、确定研究对象及抽样框、说明资料收集和分析的方法、明确结果检测的手段。二者主要的差别在于资料收集与分析手法，而资料收集与分析手法需在研究设计中详细交代，所以，细读其研究设计方案还是能感受到与定量研究有较大的差异。

三 定性研究资料收集法

采用定性研究范式的有几种常见方法。虽然它们在资料分析上有些细微的差异，但其差异主要体现在资料收集形式上。

（一）深度访谈收集法

深度访谈（in-depth interview）是一种去深刻地体验人们的经验、想法、感受的定性研究方法。与问卷调查的结构化访谈不同，深度访谈高度依赖于开放式问题，即研究者的问题一般是关于"什么""为什么""怎么样"等，给受访者空间回答。深度访谈可以理解为一个倾听人们用他们自己的话语描述他们如何理解自己的生活和工作的过程。深度访谈是为了全面了解受访者的背景、行为和态度，需要研究者倾听研究对象冗长的解释，而且需要根据前面的答案提出后续问题，并试图了解事物的关联与变迁。采取的方式可以是直接面对面的访谈，也可以通过电话或网络等间接方式进行。深度访谈通常是对话式、回应式、开放式的，因此有很多研究人员意料之外的数据出现。一般而言，访谈会通过电子设备记录下来。

在深度访谈前，研究者需要提前了解访谈环境和访谈对象，并与关键的线人进行初步的讨论，再制定访谈大纲。深度访谈过程中，研究者需要尊重受访者习俗，与之建立融洽的关系。定性研究者要保持敏感性，善于捕捉研究对象的非语言表达（如研究对象具有象征意味的表情、眼神、感情和兴趣的起伏），把握访谈的节奏，在受访者受到情绪或压力影响时适当放慢节奏。

（二）焦点小组收集法

焦点小组访谈法（focus group studies）一般是将一群具有某个共同特征的个体（如都是大学生或都是城市60岁以上老人）组织起来对某一个主题进行1到2小时的小组讨论，再对讨论内容进行分析。在此过程中，研究者提出具体的问题并指导小组成员进行讨论，同时记录小组成员的谈论以便做质性分析。

（三）口述史收集法

口述史研究（oral history studies）起源于历史学和社会学。口述史收集法通过采访、录音、抄写、编辑、分析、解释、记录、公开结果等环节对选定的个人或群体（一般是年长者）进行一系列有组织的采访，通过这些采访，参与者可以用自己的话讲述自己的生活故事从而创造出新的素材，在此过程中具有历史意义的记忆将会被保存下来以供将来使用。口述史收集法充分尊重个体对客观社会构建所持有的反思性态度。口述史收集法与深度访谈收集法的资料收集形式都是访谈，区别在于访谈内容的差异，口述史收集法更多的是描述个人生活史以及社会发展背景，研究者较少介入，而深度访谈收集法中研究者会不时地引导访谈对象谈论自己关心的议题。

虽然口述史收集法在社会工作的相关研究文献中提及不多，但从本质而言，它是一种契合社会工作价值观的、行之有效的研究方法。现今，口述史收集法在护理、临床及社会工作等实践领域发挥了重要作用。在某种程度上，口述史收集法可以使研究对象受益，因为这种研究方法鼓励了研究对象自我意识的觉醒并赋予他们的生活故事和经历以意义。

（四）实地调查法

一些研究中，为了获得更加丰富和全面的资料，研究团队在明确目标之后，会驻扎在研究场所，持续（两周或一个月）并专注于收集与研究对象心理和行为成长及发展研究相关的数据，主要是观察和记录在特定情境中研究对象的日常生活，并初步分析收集的数据。在资料收集过程中，特别值得注意的是研究人员并不会进入研究场地刻意寻求研究对象的改变，以免自己的过度参与影响研究对象原本的生活状态。研究人员在资料收集过程中在不同程度上参与研究对象的生活，与研究对象一起生活与工作，他们以观察、倾听、提问等不同方式收集数据，以此来了解他们的生活方式、世界观以及日常生活。因为资料的全面性、丰富性和画面感，研究人员获得的感知具有冲击性，经过理性的理论提升，更易发展出具有一定解释力的理论[①]。

（五）观察收集法

观察是实地研究者常用的资料收集手段，但实地研究还会采用听、问、记录的形式收集资料。如果研究者不想过多地介入研究对象的生活场景，可仅用观察法收集资料，因为观察法中的非参与观察特别适用于访谈不太方便或研究者不想因为自己的存在对研究对象产生影响的场合，如研究者在教室周边和操场远远地观察儿童课后的霸凌行为。如果研究者采用参与式观察的方式收集资料，为了减少研究者的存在对研究对象的影响，观察需要研究者参与情境相适应的、持续性的社会性活动。

研究者的观察不是杂乱无章和全盘接收的，而是按照一定研究目的进行的。现在很多研究者聚焦于某一类行为，并制有观察表，换言之，只观察某一类行为。

---

① Foster G M, Scudder T, Colson E, et al. Long-term Field Research in Social Anthropology [M]. New York: Academic Press, 1979.

（六）民族志研究收集法

一种特别的实地调查法是民族志研究。基于所有文化和知识都是有价值的这一前提假设，民族志研究（ethnographic research）一般聚焦于一个或多个群体共享的文化，寻找文化各个部分之间的关系以及它们与整体的关系。参与式观察、文化整体主义、语境敏感性、将社会文化描述与理论相联系等都是民族志研究的重要特征[①]。它的资料收集要求研究者长时间（通常是1年或更长时间）沉浸在某一群体中，逐渐建立信任，与研究对象一起体验社会世界，再多维度收集资料（如观察、访谈、文献等）。民族志研究是实地研究的一种特殊形式，它与其他实地研究的区别在于关注点在群体文化，它要求研究者完全融入本地生活，收集资料的时间更长。

民族志研究和社会工作的共同之处在于对自我、意识、偏见、环境（特别是环境中的人）的关注，二者都秉持在承认不同文化模式和社会现实的基础上实现多维度、多主体的反思、监控和批判。

（七）文献收集法

根据研究的需要，很多时候研究资料是关于研究对象的文献，如政策文件、日记、图片、音频、视频、档案、论文、统计资料等。此时，需要研究者通过各种途径，从研究对象或机构处获取资料。

四 定性研究资料分析

（一）定性研究资料整理与分析

定性研究资料整理与分析大多涉及建档、组织、分类、提炼、审视概念间关系、评估替代性解释及推翻性证据、结论的合法化等多个维度。定性研究资料整理与分析是同时进行的，即整理的过程依赖于特定的分析框架和分析体系，而最终的分析结果建立在对资料的有效整理的基础上。另外，定性研究资料整理与分析要及时，因为一个阶段的资料整理与分析能够为下一阶段的资料整理与分析提供方向且能较好地聚焦研究范围并最终促进原始资料逐渐向理论建构转变。定性研究资料整理与分析的基本思路及其互动关系，如图6-2所示。

定性研究资料分析可以被视为一种理解研究对象在某些情况下或某个时间点的真实想法、感受及行为的过程，研究者在分析定性数据时需遵循以下原则：第一，了解研究者自己，研究者的个人身份（如性别、年龄、文化背景、种族、社会地位、受教育程度等）及

---

① Stewart A. The Ethnographer's Method [M]. Los Angeles：SAGE Publications，1998.

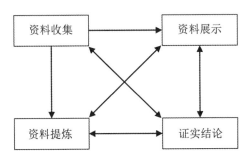

图 6-2　定性研究资料整理与分析的基本思路及其互动关系

研究者的个人倾向（如研究者的角色意识、看问题的视角以及已有的生活经验）可能对研究产生影响，因此特别要明晰研究者自己可能有的偏见和先入之见；第二，明晰研究者自己想要了解的问题；第三，在咨询他人的过程中创造丰富且具有创造性的解释；第四，保持灵活性；第五，审视资料，尽可能解释所有收集到的资料并正视、承认那些不能解释的资料；第六，正视异常的现象或行为；第七，在所有资料中抓住重点和关键；第八，审视多维关系。定性研究过程不可避免地主要受到以下三个方面的影响：一是研究者个人因素对研究的影响；二是研究者与研究对象之间的互动关系对研究的影响；三是研究对象与研究对象之间的互动会影响他们的思维方式和行为模式，从而影响研究结果的真实度和可靠度。基于此，在对资料进行分析的过程中，研究者应该从自我出发对研究的结果进行反思，并在此过程中将对研究对象及其行为的道德判断悬置起来。此外，也要考虑扮演研究者这一相对权威的角色对研究对象某些真实想法的压制。

总的来说，定性研究的资料分析具有以下特点：第一，关注意义及对意义的诠释；第二，关注研究对象的多维度信息而非多个研究对象的单维度信息；第三，在没有预先确定的类别或方向的情况下进行深入和详细的研究；第四，将研究者视为一种工具而不是作为测量特定变量的客观工具的设计者；第五，保持对不同情境的敏感性；第六，注重研究者及研究对象的价值观对研究结果的影响；第七，突出对世界丰富性的探索而非局限于对特定变量的测量[①]。

（二）定性资料分析的基本过程

1. 浏览与整理

定性研究资料的整理是有一定的层级的，不同层级的抽象程度也不同。从录音笔、录影带等原始资料集到研究者自己的评论和笔记再到最高层次的对资料的译码，都离不开对资料的系统梳理。

定性研究的资料整理需要遵循以下的基本规则：第一，访谈过程中的非语言动作和语

---

① Wright A. The Sage Handbook of Qualitative Research [J]. European Journal of Marketing, 2006 (9/10): 1145-1147.

言动作都需要记录整理下来，访谈过程中无论多么粗鄙的话语都需要逐字逐句地整理出来，另外，访谈过程中研究对象的停顿与迟疑也需要整理出来；第二，对观察笔记的细节进行打磨且要尽量对那些遗漏的部分进行补充，如果有机会可以与研究对象再次确认观察结果的正确性和真实性；第三，定性研究的资料整理要求对研究过程中所有的细枝末节进行系统的梳理，对于不当的措辞及表达要及时进行纠正。在这一阶段研究者需要把自己的价值判断和预设悬置起来，让资料自己说话。另外，也需要从多个层面、多个角度对实地资料进行解读和剖析，让意义层面的表达更为深刻。

定性研究所要整理的资料通常是在现场或采访中记下的笔记。新手研究者经常被已经收集到的海量的资料所淹没，从而不得不暂时中止实地项目。比如，一个1小时的访谈可能会生成20到25页的文本，如果研究者不具备一定的转录技能，资料整理的任务就会显得十分艰巨。在此阶段，研究者需要在阅读原始资料的基础上进一步确定分类框架，必要的时候可以将所有实地笔记输入计算机进行存储，从而使资料可以不断被复制与调动。

2. 编码与归类

定性研究资料的分析是从阅读实地笔记（或图片、影像）开始。研究者简单快速地浏览笔记和备忘录，在页边空白处做笔记从而在识别重要的陈述过程中确定数据编码。编码是定性研究资料分析的一个重要步骤，指的是研究者在研究问题的指导下，运用概念类别或主题对原始资料进行重组并在此过程中运用新的概念来分析资料。研究者要摆脱原始资料的细枝末节并逐步往理论建构的方向发展。定性研究资料的编码涉及三个层次或三个不同的类型，具体包括开放式编码（open coding）、轴心式编码（axial coding）及选择性编码（selective coding）。编码的初始形式一般是文字的，如把亲子关系分为"亲密""冷淡"。后期，研究者可以将文字型的编码转换为数字，如"1"代表"亲密"，"2"代表"冷淡"，再做量化分析。

开放式编码主要是研究者在对定性资料进行初步分析的时候通过设立一些主题来将零碎的、海量的资料分成不同的类别。在阅读实地笔记的过程中，研究者可以不断地创造新的主题，同时也要摒弃个人偏见，但在编码结束后研究者手里应该有一份资料的主题名单，从而帮助研究者进一步明晰新出现的主题，以便后期进行重组、排列和识别。轴心式编码则是在开放式编码的基础上去重新阅读资料并在此过程中去发现各个类别之间的因果关系及相关关系以形成不同的聚合概念或类别的过程。在轴心式编码的过程中研究者可以进一步审视概念和主题的关系并在此基础上去探讨新的研究问题，从而加强经验证据与主题之间的联系。选择性编码则是在开放式编码和轴心式编码的基础上，对资料进行比较并围绕几个核心的观点选择性地去查找那些与当前主题贴合度最高的个案，在此过程中将所有的相关主题都聚集于某一核心主题之下从而也将所有的研究结果都统筹于这一主题之下[①]。总的来说，三种编码形态是层层递进的，上一层次的编码会让下一层次的编码更清楚。

在编码过程中研究者需要对编码的单位进行选择与登录，这些单位包括研究对象及其群体的意识形态、研究对象的行为规范及建构意义的方式、研究对象的行为实践（特别是

---

① 风笑天. 社会研究方法 [M]. 4版. 北京：中国人民大学出版社，2013.

那些特殊且具体的事件）、研究对象所扮演的社会角色、研究对象所处的社会关系网络及社会阶层、研究对象的生活世界及其变迁、研究对象生活方式的选择等多个方面，研究者可以根据资料的属性进行筛选。

在编码的过程中，研究者还需要保持一定的敏感性和想象力，对那些多次出现的事件或行为进行总结和概括，同时也要注意不同编码之间联系的紧密程度，在充分了解各个事件相关程度的基础上进一步浓缩资料。

值得一提的是，研究者在编码过程中所要建立的档案涉及多个维度，既包括重大社会事件的背景档案，也包括与研究对象相关的重要他人的传记档案，同时还包括将主题集中起来的分类档案。档案系统是研究者对资料类属进行总结及分类的系统，它能够在某种程度上反映出定性资料的分布情况。档案系统也会随着资料分析的深入缩减或进一步细化。

3. 提炼与概念形成

在此阶段，研究者应该根据编码和分类进一步对资料进行整理和分析，找出资料中的模式及规律，对主要概念或关键概念进行提炼。研究者应该立足于不同的视角或根据不同的标准来考量资料的编码是否恰当，还需要去考察哪些事件及行为是反复出现的、哪些事件和行为存在较大差异。同时，也要找出能够说明社会现象及研究对象行为模式的关键变量。在抽象阶段，研究者需要从大量的经验资料中去发现那些包含在更大社会结构中的错综复杂的社会关系网。

在定性研究资料分析中，研究者通过归纳、类比、综合、溯源等手段将资料中的主题或中心概念提炼出来，然后将这些主题或概念放到原始资料中加以考察，在此过程中根据不同的相关关系对资料的类属进行合并。将资料浓缩或提炼为概念并以特定形式显示概念之间的关系，这是一个迭代过程，换言之，概念在资料的补充和重新阅读后会得到更新或调整，而非一蹴而就。

同时，研究者要注意处理好"本土概念"。"本土概念"通常表征的是研究对象用来表达自己的观点且经常使用的一些当地化的概念，用当地化的概念来描述或解释研究对象的行为会更加真切自然，因为某些概念在研究者看来是很平常的，但对于研究对象却有特殊意义且在不同的语境或不同的访谈资料中这些本土的表达也有所不同。基于此，研究者在理论抽象阶段进行概念化所形成的概念不仅要被学术界认可，也要被研究对象所认可，这是研究者在此阶段面临的难点和重点。在此阶段研究者要在充分运用经验和直觉对"本土概念"进行澄清的基础上进行多次核对和校正，从而减少概念产生的歧义[①]。

4. 结论的证实和合法化

结论的证实及合法化说的是对研究的信度和效度的讨论以及研究结果的相关验证，即对结论内在效度、外在效度以及资料的可靠性的评估。在资料分析末期，研究者需要进一步反思所得资料的真实性并对差异性个案进行特例分析。总的来说，定性研究结论的证实

---

① 陈向明. 质性研究方法：反思与评论［M］. 重庆：重庆大学出版社，2008.

和合法化的过程其实是研究者自省以及与多维主体对话的过程（涉及研究者与历史、与被研究者、与所收集到的资料及与自身的对话）。

（三）定性资料分析方法

定型研究的资料分析法主要包括会话分析法（conversational analysis）、叙事分析法（narrative analysis）、连续接近法（continuous approach method）、扎根理论（grounded theory）、比较分析法（comparative analysis method）等。

1. 会话分析法

会话分析主要研究人们是如何组织和解释他们的日常生活的，其研究目标就是识别、描述和解释人们执行和理解社会行为所采用的有序的、重复出现的方法[1]。会话分析主要以两种思路开展。一是源于加芬克尔（Harold Garfinkel）的民俗学方法论描述性说明，特征是关注特定词语的表达方式和指称性表述。二是关注互动的序列及组织化过程。20世纪80年代，会话分析进一步从对民众日常谈话的分析拓展到对各种制度化背景中的话语分析。

会话分析研究的内容主要是人际关系和社会交往的形成过程，其中就包含人们是如何通过话语进行交谈、交流的，因此会话分析倡导收录自然语境下的互动语料。研究者常通过录音、录像等方式，并借助一些符号对会话进行转录进而获得语料，从而使研究者对会话结构、会话内容等进行深入的探讨和理解。会话分析还强调对不同语境下的互动谈话进行研究，主张从社会语言学、会话交际的角度对会话结构、会话行为、会话原则等进行系统研究。

2. 叙事分析法

叙事分析法是利用访谈、观察、阅读当地文献等方式来跟踪研究对象的轨迹，与关注每时每刻的对话分析不同的是，叙事分析侧重于将研究对象对事物的理解及生活经验与社会的发展和变迁联系起来。通过叙事，研究对象行为的目标和意图就相对清晰可见，从而使个人、文化、社会和历史都构连成一个可以理解的有机整体。例如，对于研究对象的口述史，研究者要在理解研究对象经验的时候综合考量历史、社会和政治等因素对研究对象的影响，同时也要将经历过重要社会事件的人的叙述结合起来理解。如此，将个人故事与更广泛的历史解释结合起来，从而使读者对历史和人类经验有更深刻的理解，这比仅仅依靠个人叙述或历史文献所能获得的理解要深刻。

在最简单的形式中，叙事分析为原本无法获取的信息提供了入口，它可以帮助我们理解通过其他研究手段可能不容易理解的现象。但是，在临床社会工作及精神分析文献中已经发现了叙述分析法的两个重要局限性。其一，过度依赖轶闻和叙事，资料的可靠性和主

---

[1] Margutti P, Tainio L, Drew P, et al. Invitations and Responses across Different Languages: Observations on the Feasibility and Relevance of a Cross-linguistic Comparative Perspective on the Study of Actions [J]. Journal of Pragmatics, 2018 (125): 52-61.

观性使得研究结论的正确性受到质疑。其二，叙事分析中所呈现的事实几乎离不开实证主义的框架。换句话说，在叙事分析的过程中研究者与研究对象之间在某种程度上出现了人为的分离。由于只有研究者能够接触到所有的事实并且倾向于选择性地报告这些事实，再加上叙述者在叙事过程中有意或无意地扭曲和省略某些重要的事实，最终就会影响研究结果的完整性与系统性。

3. 连续接近法

连续接近法是指研究者通过不断反复和循环的步骤，使一个比较含糊的概念以及相对杂乱、具体的资料细节逐渐转变为一个具有概括性的分析结果。连续接近法需要研究者从所研究的问题、初步概念出发，通过阅读和查阅资料，寻找各种证据，并进一步分析概念与资料中所发现的证据之间的适合性以及概念对资料中特性的揭示程度。之后，通过对经验证据进行抽象来凝练新的概念并修正原来的概念，使它们更好地与证据相适应。最后，研究者从资料中收集另外的证据，来对第一阶段中所出现的尚未解决的问题进行探讨。研究者不断重复这一过程，证据和理论（概念）之间也在不断地进行相互塑造。显然，运用连续接近法进行资料分析能够促进研究者不断向形成一个更具概括性的解释框架或理论架构迈进[①]。

4. 扎根理论

扎根理论最早由两位美国学者格拉斯（B. Glaser）和斯特劳斯（A. Strauss）在1967年出版的《发现扎根理论》中首次提出。格拉斯和斯特劳斯两人在对美国社会学界普遍存在的理论研究与经验研究严重脱节这一现象批判的基础上提出扎根理论。该时期的学者们要么使用逻辑演绎的方法对宏大抽象的理论进行局部验证；要么局限于对研究对象进行简单的线性描述而未尝试建立新的理论框架。扎根理论的出现则建构起了理论和经验相融合的桥梁[②]。

扎根理论最终的目标是建构新的理论。首先，扎根理论强调知识的积累性，认为知识的发展是一个从事实中抽离出实质理论并在实质理论的基础上进一步抽象出形式理论的过程。扎根理论也强调经验资料与理论之间的密切关系，即在理论建构过程中，研究者应该随时对原始资料进行回溯并在循环往复的分析过程中进行浓缩和归纳从而发掘新的理论框架。其次，扎根理论要求研究者在研究的过程中始终保持理论敏感性，将资料进行多维度的比较并在比较的过程中将原始数据概念化，再从中构建出新的理论线索。最后，扎根理论在开始研究以前一般是以研究者个人的兴趣为导向的，即研究者在进行实地研究之前并没有明确的研究问题和主题。

陈向明对扎根理论的操作步骤作了以下概括：第一，研究者对资料进行逐级录入并从资料中抽象出概念；第二，研究者将资料和初步概念进行持续性、多维度的对比分析并考虑理论的生成性问题，即考虑现有的概念是否能够支撑新的理论的形成；第三，研究者将

---

① 风笑天. 社会研究方法 [M]. 4 版. 北京：中国人民大学出版社，2013.
② 陈向明. 扎根理论在中国教育研究中的运用探索 [J]. 北京大学教育评论，2015（1）：2-15.

初步概念与概念进行构连并进一步发展理论性概念；第四，研究在理论性概念的指引下对资料进行系统性编码；第五，研究者建立起新的理论框架[1]。

5. 比较分析法

定性研究的比较分析法分为一致性比较法和差异性比较法。一致性比较法（consistency comparison method）是指研究者将注意力集中在不同的研究对象所具有的共性上，并通过排除的过程来进行比较和分析。其基本思想是研究者先找出不同研究对象所具有的某种共性，然后再比较各种可能产生这种共性的特性。如果某种特性不为所有具有共性的个案所共有，那么，研究者就将这种特性从可能的原因中排除，剩下的那种为所有个案所共有的特性则可能是造成该共性的原因。

差异性比较法（difference comparison method）是以一致性比较法为基础的，研究者先找出那些在许多方面都相似而在少数方面不同的研究对象，然后找出那些使这些研究对象具有相同结果的特性，同时找出另一组在这种结果上与此不同的研究对象。研究者再比较两组研究对象，查找在不出现相同结果特性的一组研究对象中没有出现的特征。这种没有出现的特征就是导致该结果特性的原因。差异性比较法不仅从正面获取信息，也从反面的研究对象中增加信息，因而这种方法所得的结论更为准确[2]。

五 社会工作介入乡村振兴的定性研究案例分析

我们可以运用定性研究的方法来探索社会工作帮助贫困地区乡村振兴的可行性和必要性。具体来说，社会工作者可以采取个案研究法、观察法以及访谈法来研究贫困地区乡村振兴面临的困境，并在此基础上进一步阐释社会工作介入的可行性和必要性。

首先，社会工作者可以随机选择偏远地区的几个村落进行研究并以个案的形式来展示每个村落的现状以及现有的乡村振兴机制。在这个阶段主要是对贫困地区的乡村振兴现状有一定的了解，并在了解的基础上对不同个案的共性和特性进行对比，然后，社会工作者可以从中选取一个具有代表性的村落对其乡村振兴困境进行深入的探讨。

其次，在确定好所要进行研究的个案后，社会工作者可以采取参与式观察法积极参与到当地的各项乡村振兴项目中，并在此阶段与当地人多接触、融入当地人的生活，从而获得第一手资料。在观察的过程中，社会工作者尤其要对乡村振兴的广度和深度、乡村振兴现状、农民配合度及其自主意识、当地的救助理念和救助模式等多个方面进行系统的了解。通过实地参与乡村振兴工作总结乡村振兴工作中存在的问题和困境，考量如何从社会工作的角度出发帮助当地人乡村振兴。

再次，社会工作者设计好访谈提纲，对当地基层的政府工作人员、基层社会工作者及

---

[1] 陈向明. 扎根理论的思路和方法 [J]. 教育研究与实验，1999（4）：58-63.
[2] 风笑天. 社会研究方法 [M]. 4 版. 北京：中国人民大学出版社，2013.

乡村振兴的服务对象进行访谈。对当地基层的政府工作人员访谈可以涉及以下几个方面：基层政府工作人员在乡村振兴过程中所面临的困境、所采取应对困境的措施、对社会工作介入乡村振兴工作的改进建议。对基层社会工作者的访谈可以涉及以下几个方面：基层社会工作者的日常、所参与的帮扶项目、在帮扶过程中面临的困境、所采取的应对措施、对社会工作介入乡村振兴工作的改进建议。对乡村振兴的服务对象的访谈可以涉及以下几个方面：帮扶对象的现状及困境、社会工作及基层工作者在帮扶过程中所发挥的作用以及帮扶对象对乡村振兴工作的意见和评价。

最后，社会工作者对所收集到的资料进行整理和评估。研究者对贫困地区面临的困境以及社会工作在乡村振兴工作中所发挥的作用做理性分析，并在对现有的社会工作的介入实践进行反思的基础上深入剖析和挖掘社会工作在乡村振兴工作中还能发挥哪些积极作用，最终得出社会工作介入乡村振兴的必要性和可行性。

六 定性研究的优势与局限性

（一）定性研究的优势

1. 灵活性和开放性

在定性研究中研究者可以根据社会现象的发展来不断调整自己的研究。定性研究者可以采取不同的研究方法来对具体的现象进行研究，在研究过程中研究问题、研究主题、研究策略以及研究重点都可以随着研究的不断深入而发生改变。另外，定性研究的过程其实是研究者建构新的、当地化理论的过程，这一过程与实地环境相结合，场域内的任何人都能对理论的形成造成影响，所以定性研究具有很强的开放性。

2. 资料的丰富性

定性研究所获得的资料可以来源于观察，也可以来源于访谈。定性研究的资料既包括不同表现形式（文字、语音等）的原始资料，也包括研究者在实地研究过程中形成的不同的主题编码和备忘录，因此它较难被简化为表格或数据，换言之，定性研究所获得的丰富资料不能依靠简单的统计数据或数字化的表格来说明。

3. 深度和效度

定性研究强调在自然条件下观察和研究人们的态度和行为。通过进入实地进行深入观察，研究者能够设身处地地去感受和理解研究对象的内外状态，研究者设计或采用的测量工具能有效测量所希望测量的概念并且非常适合研究对象发展变化的过程及其特征。在个案或小群体的研究中这种优点展现得更为明显。

（二）定性研究的局限性

1. 概括性和推论性不足

定性研究所得的资料大多来自以个案为主体的研究对象，资料的代表性决定了研究结论难以推论至其他个体或群体，此时，我们称定性研究的外部有效性（概括性）是有限的。在样本具有代表性的情形下（虽不是通过随机抽样获得），研究结论可适当推论至类似个体或群体，但这种推论缺乏科学基础。

2. 信度相对较低

定性研究者大多以参与或观察和无结构式访谈的方式收集资料，对观察的过程缺乏控制，所得的资料不易系统化。另外，定性研究强调研究者的主观作用及其对研究对象的移情理解，因此难以检验其信度。换言之，难以保证研究者是真正从观察者的角度进行体验和探索。在某些情境下，研究者可能会扮演一个强大的倡导者或协调员的角色，以至于观察者角色的客观性部分丧失。

3. 可能对研究对象产生不良影响

与任何研究方法一样，在定性研究过程中，研究者也会面临一系列的伦理困境。首先与研究对象接触这一行为在某种程度上可能会对研究对象的日常生活造成影响，打乱研究对象正常的生活节奏。例如，假设研究问题是关于研究对象的不道德或非法行为，访谈可能会使研究对象处于不安全的心理状态。同时，也可能会使研究者深陷于保密与揭露的迷思中。

中英文关键术语

定性研究（qualitative research）
范式（paradigm）
研究设计（research design）
访谈法（in-depth interview）
扎根理论（grounded theory）

复习思考题

1. 简述定性研究的特点。
2. 简述访谈法与其他研究方法的区别。
3. 思考扎根理论的建构意义。
4. 如何解决定性研究中信度相对较低的问题？

第 7 章 访 谈 法

访谈法,就是研究者与受访者进行口头交谈,并在与受访者进行互动的过程中收集贴合受访者实际情况的事实材料来帮助读者深入地理解受访者及其所代表群体的社会研究方法。访谈法作为收集原始资料最为普遍的方法,可以帮助研究者挖掘隐藏在受访者行动背后的实践经验及人生轨迹,并在此基础上建构出更适合厘清错综复杂社会现象的经验模型。

一 访谈法概述

(一)访谈概念剖析

访谈法深受解释学影响。解释学代表人物加达默尔(H. Gadamer)认为研究的最终目的是要寻求普遍性理解[1]。受解释学启发,研究者将访谈的过程视为"言语事件",并倡导在此基础上对言语进行分析和归纳以达到对言语事件的建构、解构以及重释[2]。

1. 访谈与日常闲聊的区别

访谈是一种带有目的性,需要运用规则加以维持且形式相对正式的交谈,而日常闲聊更多表征的是互动双方交流话题的随机性和无意识性。再者,访谈和日常闲聊都以交往、交心为目的,但获取的材料用途不同。后者多是茶余饭后的谈资,闲聊内容的指向性通常比较模糊,聊天对象有较大的随机性。访谈的最高境界是有目的的成功聊天,在看似随意的闲谈中达到特定目的。一般来说,访谈与日常闲聊有如下区别(见表 7-1)[3]。

表 7-1 访谈与日常闲聊的区别

区别	访谈	日常闲聊
目的性	具有明显且较强的目的性	较随意、目的性不强
接触性	访谈双方不会有太多的亲密接触	闲聊双方有很多的亲密接触
重复性	研究者需要采取重复追问的方式厘清事件发展的过程	闲聊双方注重聊天内容的趣味性和新颖性,重复性较访谈低
内容	访谈内容需要紧紧围绕研究主题,目的在于满足研究者的需求	内容集中于日常生活世界,交流的大多是共享性的知识

---

[1] 加达默尔. 哲学解释学 [M]. 夏镇平,宋建平,译. 上海:上海译文出版社,1994.
[2] 王明飞. 教育研究中的访谈法及其应用浅析 [J]. 科教文汇,2006 (5):182.
[3] Spradley J P. The Ethnographic Interview [M]. Long Grove:Waveland Press,2016.

续表

区别	访谈	日常闲聊
平等性	访谈中规则及提纲由研究者制定，言语轮换与交替具有不平等性	交流双方自由开启话题，言语轮换与交替相对平等
省略性	访谈过程中注重细节，访谈越细致、具体越好	交流双方有大量的"默识知识"，可以省略很多细节
结束	访谈结束与否取决于资料及信息的饱和度	日常闲聊结束时需要找"借口"

正是因为访谈在性质上和闲聊不一样，所以访谈一方面能够促使研究者在了解社会现象时获得一个广阔、整体的视野，能够对事物发展的过程进行深入、细致的描述，另一方面，能够为整体的研究提供指导，能够较好地指明哪些是亟待解决的问题和值得深入研究的问题。

2. 访谈是一种社会互动

访谈可以作为一种社会互动加以考察，即访谈是在互动过程中产生的，其以话语为媒介将研究者与受访者之间的意义进行关联。首先，访谈对研究者和受访者都具有很强的现实意义。对于研究者而言，可以通过与受访者进行间性交流来获取符合研究主题的丰富生动的资料，对于受访者而言，则可以通过访谈来进行回忆和描述，从而达到对以往经验的意义性重构。对于双方而言，访谈的结果也是双方在互动与交流的过程中共同创造出来的。其次，访谈是一个紧密联系的有机整体。受访者与研究者之间简短的或连续的对话只是整个访谈过程中的一小部分，受访者与研究者之间的交流互动不局限于当下的问题和访谈提纲，更重要的是那些与研究情境紧密联系在一起且难以察觉的动机和共识。最后，访谈不仅可以表达意义，还能帮助研究者和受访者以言行事、以言取效[1]。

3. 访谈是一个过程

访谈法在社会科学研究领域中应用范围较为广泛。通过提问和交谈，研究者和受访者都可以超越自己，从而进一步达到视阈的融合，在此过程中，研究者和受访者一起努力建构出对双方都有意义的社会现实。从动态视角看，访谈的过程是了解受访者价值观念、情感体验以及行为规范的过程；访谈的过程是一个了解受访者过去生活经验以及去探索其赋予这些生活经验以意义的过程；访谈的过程也是一个多维主体互动及建立人际关系的过程[2]。

---

[1] 杨威. 访谈法解析 [J]. 齐齐哈尔大学学报（哲学社会科学版），2001（4）：114-117.

[2] Hollway W, Jefferson T. Doing Qualitative Research Differently: Free Association, Narrative and the Interview Method [M]. Los Angeles: SAGE Publications, 2000.

（二）访谈法的特点

苟费尔（S. Kvale）和布林克曼（S. Brinkmann）对访谈法的特点归纳如下[①]。

1. 以技术为导向

访谈被看作一种熟练的技术，需要研究者具有完备的专业技能和个人判断能力，并通过利用与访谈主题相关的知识在广阔的社会背景下作出情境性判断。同时，访谈也高度依赖研究者个体实践技术及价值判断，即研究者需要具备评价和应对特别情境的能力，能从受访者所处的社会情境中对其生活经历进行观察和描述并在此基础上作出相应的研判。在访谈过程中研究者也需要熟练掌握各种技术以及控制访谈进程的各种技巧，脱离这些技巧，访谈就难以进行下去。

2. 根植于社会实践

访谈根植于一定的社会历史背景，访谈的话题也是受访者的日常生活，研究者在访谈的过程中尽量还原受访者的真实生活世界并描述具体的情境和事件。同时，访谈法倡导研究者深入实地与受访者进行接触，通过对经验及事件进行综合的解释来了解受访者真实的生活世界，并在此过程中呼吁社会大众对某些社会议题进行关注。

3. 注重互动关系

访谈的过程是研究者与受访者进行互动并形成知识的过程。访谈所得的知识是在互动过程中形成的，它具有情境性、语言性、叙事性。同时，访谈的过程不仅仅是研究者通过提问作用于受访者的过程，也是受访者通过回答作用于研究者的过程。这就决定了研究者应该要努力地去掌握访谈的主动权，但也要按照受访者的具体情况采取恰当的方式进行访谈。

4. 过程具有灵活性和弹性

研究者在访谈的过程中根据受访者的反应灵活地选择具体问题、提问的方式、提问的顺序及提问的措辞。针对受访者不清楚、不理解的问题，研究者需要重复解释。很多时候，研究者还需要通过受访者的非言语行为来确定访谈资料的效度和信度。

（三）访谈分类

由于研究课题、研究方式及研究对象的不同，访谈可以分为不同的类型。根据接触

[①] 斯丹纳·苟费尔，斯文·布林克曼. 质性研究访谈 [M]. 范丽恒，译. 北京：世界图书出版公司，2013.

程度的不同，访谈可以分为直接访谈与间接访谈；根据结构化程度的不同，我们可以将访谈分为结构式访谈与非结构式访谈；根据正式程度不同，我们可以将访谈分为正式访谈与非正式访谈；根据访谈的对象差异，我们可以将访谈分为个别访谈与集体访谈（见表 7-2）。

表 7-2　访谈的类型

分类标准	访谈方式
接触程度	直接访谈与间接访谈
结构化程度	结构式访谈与非结构式访谈
正式程度	正式访谈与非正式访谈
访谈的对象	个别访谈与集体访谈

1. 直接访谈与间接访谈

1）直接访谈（direct interview）

直接访谈指的是研究者和受访者以面对面的形式做的访谈，可以分为"走出去"和"请过来"两种。[1]"走出去"即研究者到受访者所处的情境中与其进行交谈，"请过来"则是研究者和受访者在指定的地点进行访谈。"请过来"使受访者脱离了原生环境，可能会影响访谈的客观效果。直接访谈的计划性比较强，在访谈的过程中能清楚地了解受访者的行为、动机及特性等。但是直接访谈的资料容易受到研究者及受访者一些主观因素的影响从而丧失全面性和真实性。

2）间接访谈（indirect interview）

间接访谈主要指研究者借助电话或网络工具等平台与受访者进行的访谈。间接访谈的过程中，互动双方没有肢体接触且完全察觉不到对方的情绪、表情、目光的变化，一般可以用来询问相对简单的问题。间接访谈省时省力，能够减少访谈的成本，但由于其提问方式相对简单且不能够观察受访者微妙的情绪变化，运用范围相对受限。

2. 结构式访谈与非结构式访谈

1）结构式访谈（structured interview）

结构式访谈是研究者按照预先设计好的表格或问卷进行的且对访谈的过程及内容等方面有较高控制度的访谈。其主要特征是问题与答案较为固定，受访者没有多大的发挥空间。此类访谈对研究者而言有两个困境。一方面，由于知识结构及实践经验等多因素的限

---

[1] Fyer A J. A Direct Interview Family Study of Social Phobia [J]. Archives of General Psychiatry, 1993 (4): 286-293.

制,研究者很难设计出能够全面且真实地囊括受访者生活状态的问卷;另一方面,在访谈的过程中,研究者的主导性较强,受访者的回答很容易受研究者的主观臆测及偏见的影响,从而使访谈的真实性大打折扣。

2)非结构式访谈(unstructured interview)

非结构式访谈指的是问题为敞开式的访谈,一般分为无结构式访谈与半结构式访谈。无结构式访谈是指研究者拟定一个相对粗略的访谈提纲来对受访者进行访谈。无结构访谈可以充分调动研究者和受访者的积极性和主动性,并在此过程中获得启发性的见解和丰富的原始资料。半结构式访谈是研究者事先准备好较为细致的访谈提纲并在与受访者进行访谈的过程中不断更新、完善原有的访谈提纲的动态演变过程。半结构式访谈的访谈提纲设计更具有逻辑性,对提问的顺序及深度都有一定的考虑。

3. 正式访谈与非正式访谈

1)正式访谈(formal interview)

正式访谈主要是指有计划性且提前准备好的访谈。在此过程中,受访者是提前挑选好的,且访谈的时间及地点也是预先选择好的。

2)非正式访谈(informal interview)

非正式访谈指研究者与受访者在没有时间和空间的限制下随时随地进行的且没有事先安排过的访谈,访谈的形式和内容也相对自然、随意[1]。这种访谈可以让研究者一方面能收集到丰富的资料;另一方面,也能够清晰地认知受访者真实的生活境遇,但对庞杂的定性资料进行整理是研究者面临的一大挑战。

4. 个别访谈与集体访谈

1)个别访谈(individual interview)

个别访谈是指研究者与一位受访者单独进行的访谈。个别访谈充分尊重了受访者的特殊性和主体性,能够挖掘出隐藏在个体背后的特别意义。同时,访谈的过程能够减少第三者的影响,使得访谈更具真实性。

2)集体访谈(group interview)

集体访谈是研究者对多个受访者同时进行的访谈。集体访谈涉及的问题通常都较为正

---

[1] Howell P, Kapoor A, Rustin L. The Effects of Formal and Casual Interview Styles on Stuttering Incidence [M]. Hulstijn W, Peters H F, van Lieshout P H M. Speech Production: Motor Control, Brain Research and Fluency Disorders. Amsterdam: Elsevier, 1997.

式,访谈的地点和时间也需要提前进行规划。集体访谈是多个主体进行多维互动的过程。在此过程中,集体成员可以表达对问题的不同的看法和意见,形成"头脑风暴",从而使研究者快速地收集到差异化和个体化的信息。

最常见的集体访谈是焦点小组访谈(focus group interview)。焦点小组访谈是把具有某一个特征的个体召集拢,在研究者的提问下小组成员就某个焦点问题进行讨论,而这个焦点问题与具有这个特征的群体密切相关。例如,研究问题是关于农村老人的养老问题,那么焦点小组的成员需是与农村养老密切相关的人士,如农村长者、农村壮年、村干部等。大多数焦点小组有 6 到 12 人,在此区间的成员人数能够保证成员之间的有效沟通。太少的参与者可能会产生平淡的讨论,而太多的参与者可能会阻碍相关话题的充分参与。

二 访谈步骤

访谈的顺利进行离不开研究者对访谈步骤的掌握。这些步骤中蕴含着重要的技巧(见图 7-1)。

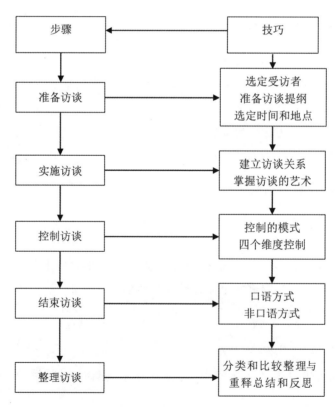

图 7-1 访谈的程序及技巧

（一）访谈前的准备工作

1. 确定受访者

访谈前研究者应该尽可能地收集与受访者相关的、多个维度的信息（如受访者的兴趣爱好、家庭结构及文化程度等）。这一准备工作能够帮助研究者在与受访者的互动中采取合适的角色姿态从而缩短心理距离。另外，访谈还受客观条件的限制，研究者需要事先运用一定的抽样方式（随机抽样、方便抽样、目的抽样或滚雪球抽样等）来选择具有代表性的受访者。在此过程中，研究者需要特别注意受访者的总体代表性和受访者之间的差异性。[①]

2. 准备访谈提纲

访谈前研究者需要对访谈的内容和目标有清晰的认识，这就需要研究者运用简单精练的句子或词语组成访谈提纲，使得每次的访谈都是紧密围绕研究主题的。访谈提纲也可以根据实际的访谈过程灵活调整，即提纲可以根据实际情况进行添加及删减。另外，录音笔、相机以及其他辅助工具都应该在此阶段准备好。

3. 选择访谈时间及地点

访谈时间和地点的选择应该以受访者方便为主。访谈的时间应该尽量安排在受访者的闲暇时间，这样能够使受访者的表达不受时间的限制。访谈的地点也应该充分尊重受访者的意愿，这样可以有效地减少受访者的局促感，使其在访谈的过程中更加自在地表现自己，也能向受访者传达出研究者的诚意。

访谈的前期准备可归纳如表 7-3。

表 7-3 访谈前期准备

Why	访谈为什么要进行，研究目的是什么？
Who	本次访谈的样本数量是多少？ 受访者是谁？ 由谁进行访谈？ 访谈会对哪些人造成影响？
How	访谈如何开展？ 如何合理地安排人力、物力及时间？

---

① 艾尔·巴比. 社会研究方法 [M]. 邱泽奇，译. 北京：华夏出版社，2018.

续表

When	访谈什么时候开始？ 访谈什么时间结束？ 访谈时间是多久？
Where	访谈在哪里开展？

（二）实施访谈

1. 访谈关系的建立

研究者在访谈初期需要考虑以下几个问题，即如何接近受访者并和其建立关系、如何调动受访者回答问题的意愿和积极性、如何和受访者建立信任关系。在实地调查的过程中，研究者一般需要借助熟人关系来与受访者进行初步的接触（这一熟人认识研究者和受访者，是二者建立关系的桥梁）。借助熟人关系能够帮助研究者在较短的时间内与受访者建立联系，并进一步深化二者的关系。另外，在与受访者进行接触之前，研究者应该系统地学习当地的文化风俗，在访谈过程中要尽可能避免禁忌行为的发生。[①]

一个良好的访谈关系是缩短研究者和受访者的心理距离。一般来说，研究者可以通过以下几种方式来拉近与受访者的心理距离。第一，交友接近，即研究者见到受访者时就如见到好久不见的老朋友一样和其打招呼，从而增加彼此的亲切感。第二，求同接近，即研究者在与受访者的共同点的基础上创造共同的话题和兴趣。第三，直接接近，即研究者开门见山地与受访者表达研究的主要目的和内容并在此过程中向受访者表达合作意愿。第四，迂回接近，即研究者可以先谈论双方都比较熟悉和感兴趣的话题，然后再把话题逐渐聚焦到研究主题上来。

2. 开始访谈的技巧

1）研究者要采用合适的开场白

合适的开场白能够帮助研究者在受访者心中建立良好的初步印象，从而促进研究的顺利开展。

2）研究者要明确阐明研究的目的

研究者应该直接、不欺瞒地向受访者说明研究的目的。研究者可以采用相对直接的

---

① Keenan M. The Politics of Telling: Beyond Similarity and Difference in the Interview Relationship [M]. Bradford: Emerald Group Publishing Limited, 2012.

方式说明自己的研究目的,并在此过程中阐明该研究所具有的社会意义,从而让受访者察觉到所要研究的问题是有价值的进而提高受访者的配合度。

3) 研究者可适当揭露自身身份

研究者可以根据具体的访谈情境以及受访者对访谈的反应来向受访者表明自身身份,这一过程与研究目的的阐释密不可分。

(三) 访谈控制

受访者在访谈的过程中不仅会受到研究者的提问及提问方式的影响,也会受到研究者动作、表情等的影响,所以研究者要运用一系列的访谈技巧来对访谈的过程进行控制,包括结构式访谈和非结构式访谈。

1. 控制的三种模式

1) 循环模式

循环模式强调人和其所处情境的特殊性,在访谈过程中,内容会随着访谈进程不断调整。在这一模式中需要研究者对访谈中所收集到的信息进行初步的筛选和分析,并确定上一访谈阶段所收集到的信息在下一访谈阶段的运用程度及延伸程度,必要时需要对访谈的整体框架和结构作出完善和调整。循环模式通常开端于自然的话题和轻松的闲聊,在这过程中受访者容易偏离研究主题,研究者应该保持高度警觉并在适当的时候将受访者拉回既定的话题中。

2) 漏斗模式

漏斗模式即研究者和受访者可以先就一般性问题或双方都感兴趣的话题进行讨论,在双方互动的积极性被调动的基础上将讨论的问题聚焦于研究者所关心的问题。在此过程中,研究者需要对第一阶段开放式的讨论进行时间的把控,从而为第二阶段的访谈留有更多的余地和空间。

3) 故事模式

在此模式中研究者鼓励受访者自由地讲述自己的故事,然后在此过程中对与研究问题密切相关的细节进行追问和提炼。除了对时间的把控,研究者还需要对故事的真实性进行验证并对受访者碎片化的生活经验进行总结。[1]

---

[1] Sofaer S. Qualitative Research Methods [J]. International Journal for Quality in Health Care, 2002 (4): 329-336.

2. 提问控制

访谈的过程是研究者向受访者提问并由受访者回答的过程，因此，对提问进行有效的控制是访谈得以顺利进行的关键。在开始提问前，研究者也需要考虑如何询问以及询问什么样的问题能够让受访者有回答的意愿。总的来说，研究者的提问应该紧密围绕研究主题且语言要精简，对于模糊性的提问或有异议的提问及时进行修改或及时地向受访者进行解释说明。与此同时，对于受访者自发引出且与研究主题联系不太紧密的问题，研究者也不要过多追问和反复确认。总的来说，研究者在提问的过程中需要注意以下几点。

1）提问要明确且具体

研究者在访谈的过程中要减少模糊性、有争议性的提问，提问的时候不能太宽泛，以免受访者找不到回答的重点。同时，提问也应该聚焦研究主题。此外，提问应该避免运用太多专业术语，即提问应该以当地化的语言来进行，从而避免受访者对问题产生误解。

2）注意问题的转换和衔接

在访谈过程中，研究者如有一系列提问，应该做有效的过渡，从而减少受访者因为问题的突然转变产生困惑。此外，研究者还需要运用引导性的话语将研究对象拉回原来的主题中，即研究者可以采用归纳法对受访者所谈论到的东西进行总结，也可以在受访者不着边际的谈论中找到那些与研究主题有相关性的内容进行追问，必要时可以通过递东西等行为来中断受访者漫无边际的谈话。

3）适时追问和插话

追问可以采用正面的方式，也可以采用侧面的方式。正面的方式是指研究者直接向受访者指出其回答的内容不够真实和具体，请求其对自己的回答进行完善和补充。侧面的方式则是指研究者针对同一个问题采取不同的提问方式或从不同的角度来询问受访者，并在此过程中对受访者的回答进行归纳。在追问的过程中，研究者应该保持中立的态度，通过再次复述问题或者复述受访者的回答来对受访者进行引导，并传达自己对受访者的关心和理解，也可以通过短暂的停顿来缓解受访者的情绪。插话主要适用于访谈成熟的阶段，即在此阶段研究者已经建立起初步的信任关系，适时的插话不会打断现有的访谈节奏。从某种程度上来说，适时的插话能够帮助受访者厘清回答的思路，也更能体现研究者的同理心。适时的插话要求研究者把握住插话的时机和动机，同时要避免诱导性语言的使用。

4）适当运用动作和表情

研究者的表情和动作也会影响受访者的回答。在访谈过程中，研究者要诚恳、有耐心、有礼貌。对于受访者的回答不能一直没有表情和反应，因为一直没有表情和反应会大大降低受访者的访谈意愿和兴趣。另外，研究者应该避免用表情来控制受访者，即研究者的表情要符合受访者所处的情境，对于其所面临的困境和挫折应该表示出同情，对其难以启齿的隐私应该表现出理解。另外，研究者不能一直盯着受访者，也不能只专心于记录访谈材料，应该在二者之间寻求平衡①。

3. 倾听控制

倾听要求研究者不能轻易打断受访者并且要包容理解访谈过程中的断片和沉默。首先，研究者应该积极主动地与对方进行交往并控制好自己的表情和动作，避免因为浮夸的表情和动作打断受访者说话。其次，倾听需要研究者调动情感和触觉去设身处地地考虑受访者的境遇并适时地运用言语行为和非言语行为表示对受访者的赞许和肯定。再次，研究者应该对受访者在访谈过程中的迟疑、停顿、沉默等表示理解并及时了解背后的原因。需要注意的是，受访者的回答如果不完全或不真实，研究者也要耐心听完后再进行积极引导，而不是立刻打断。最后，在时间允许的前提下，研究者应该尽可能地鼓励受访者畅所欲言，那些看似与研究主题无关的谈话可能也会帮助研究者形成创新性的思维和见解，从而收获意料之外的惊喜。具体来说，研究者在访谈过程中倾听时需要做到以下几点。

1）认真倾听

即研究者在访谈过程中需要提高注意力并专注于受访者的言语行为和非言语行为，还需要观察受访者言行的一致性。同时，研究者需要及时、准确地记录访谈信息并将有疑问的地方标记出来。

2）倾听受访者内在的声音

这要求研究者具备透过表象看本质的能力。受访者某些外在的行为表现或其表达出的内容与其所处的环境有很大的联系，研究者不能只在意受访者说了什么，更需要深入地挖掘受访者这样说的原因，在倾听受访者内在声音的过程中恢复其被主流声音压制的个体叙事，并在此过程中达到移情理解。

3）倾听过程中要保持理性

研究者要克制自己的情绪表达，不能让自己的情绪波动影响受访者，同时不能感情用事，在倾听的过程中要秉持理性、中立的态度。

4. 回应控制

访谈是一个互动的过程。研究者的回应对访谈的顺利程度有主要影响。在回应的过程中，研究者应该尽量避免用自己的专业知识对受访者进行灌输或强制受访者接受自己的观点。其次，回应的时候研究者应该避免对访谈的内容进行价值判断，即不应该当着研究者的面对访谈的内容和质量进行好坏的评价。除了以上要注意的两点外，研究者要学会掌握以下有助于访谈顺利进行的回应技巧。

---

① 陈向明. 质性研究方法：反思与评论 [M]. 重庆：重庆大学出版社，2008.

1）认可

研究者可以通过点头、微笑等非言语行为对受访者表示认可，也可以通过赞许性、肯定性的言语行为来表示认可，还可以将言语行为和非言语行为结合起来表达自己对受访者的认可。

2）重复、重组、归纳

研究者可以重复受访者说过的话并鼓励其继续说下去，重复的过程还可以使研究者对访谈的内容进行再次的验证。除了重复以外，研究者可以运用与受访者不同的表达方式将访谈的内容进行重新组合，并询问受访者自己的表述是否正确。重组的过程能够使研究者的理解更为全面。归纳是指研究者将访谈的内容用自己的话总结概括出来并鼓励受访者进行纠正。重复、重组和归纳的过程其实就是研究者与受访者一起厘清思路和验证原始资料真实性的过程，不仅涉及研究者对受访者的回应，还涉及受访者对研究者的回应，是一个间性交流的过程。

3）自我暴露

当与受访者有相似的经历的时候，研究者可以进行自我披露并分享自己的经历，以此帮助研究者和受访者建立平等轻松的访谈氛围。这也能在某种程度上消弭研究者与访谈对象的心理距离，从而使访谈的过程更具互动性和合作性。

4）鼓励

研究者应该尽可能地消除受访者的顾虑，并不带任何偏见地来支持其表达自己的真情实感。当访谈的内容涉及个人隐私时，研究者应该做出保密的表态并鼓励受访者宣泄自己的情绪和真实地表达自身的情感。

5. 小组动力控制

焦点小组访谈的目的是收集所有小组成员的看法，因此，冷场和一边倒是研究者最不想看到的。为此，小组动力控制就显得非常重要。为了让小组讨论热烈、均衡，又不偏离主题，研究者需要注意以下几点。首先，在问题的安排顺序上要符合人们的社会交往心理，从而把握好访谈节奏。一般先破冰，从容易的话题开始，在10分钟后，提出与研究主题密切相关的问题，在得到充分讨论后的中段降低难度，提出一些大家感觉压力较小的问题，10分钟后再次增加难度，提出与研究主题相关的其他问题，在得到充分讨论后收尾。其次，集体访谈是多个主体进行多维互动的过程。在此过程中，集体成员可以表达对问题的不同看法和意见形成"头脑风暴"，从而使研究者快速地收集到差异化和个体化的信息。为此，研究者不能对任何一个参与小组访谈的成员有偏见或态度冷淡，要鼓励每个在场者的参与，毕竟，多人互动会产生"团体压力"，使某些在集体中处于小众地位的小组成员掩饰自己的真实想法，或者，在小组之中，有些人因个性较强或能言善辩成为"意见领导者"，其他小组成员则选择退让。此时，研究者应该给小众小组成员安全感，同时压制"意见领导者",从而达到鼓励其他成员发言的目的。再次,小组讨论很可能偏离主题,此时,研究者需扮演小组领导者的角色,按照访谈大纲将话题拉回研究主题。最后,在讨论趋于结束的时候,研究者可以通过询问成员们的建议并询问他们还有没有进一步表达和分享想法的意愿来结束小组讨论。

6. 记录控制

研究者为了方便后期访谈内容的整理和分析需要通过回忆、录像、录音及笔录等方式将访谈内容进行记录。为了确保内容的完整性,记录的最好方式是录音和录像。在此过程中研究者可以不用顾虑访谈内容的遗失,也能在后期整理分析的过程中,通过还原访谈的情境来对模糊、不确定的部分进行梳理和对照。通过录像和录音来记录访谈可以帮助研究者更准确地理解受访者的主要态度和价值观念,并使研究者有充足的时间将庞杂的原始资料转译为以关键词为核心的分类资料,这能够有效地对比出各个受访者态度的异同。需要注意的是,录音和录像需要提前征求受访者的同意,同时也要关注录音和录像这一行为是否对受访者造成了负面影响,如受访者在面对相机和录音笔时是否会局促不安,受访者是否下意识地想掩饰某些事实,这些都是研究者需要考虑的。

笔录是研究者运用得比较多的记录方法。研究者应该在不影响正常访谈程序推进的情况下尽可能地完整记录受访者所说的内容,还要通过细致的观察将受访者表情和动作的变化记录下来,同时也要将访谈本身对受访者造成的影响记录下来。笔录强调及时性和情境性,当研究者后期对访谈进行总结的时候也应该回到具体的访谈情境中去。在进行笔录的时候,研究者应该保留受访者原始话语并用受访者的语言系统进行记录,不能随意概括或抽象受访者的回答。

(四)结束访谈

如何结束访谈是访谈过程中一个重要的技巧。总的来说,无论访谈的过程和结果是否达到预期,研究者都需要对受访者的配合表示真诚的感谢。在结束访谈时,研究者应该对访谈的内容及价值进行升华,从访谈关系中抽离出来。在此阶段研究者要以时间及受访者的态度为导向,即访谈的时间不能太长且要在受访者表现出不耐烦的情绪之前就结束访谈。同时,在时间允许的范围内,研究者可以向受访者询问访谈有没有被忽略的内容以及受访者是否还愿意继续分享和研究主题相关的经验,只有这样才能确保访谈所收集到的内容是完备的。具体来说,研究者可以通过言语方式和非言语方式来结束访谈。

1. 言语方式

研究者应该向受访者说明此次访谈已经接近尾声并对访谈的过程进行简要的回顾。如果受访者对访谈的结束比较介怀,研究者可以通过转移话题来减少受访者的不适应,同时对受访者的表现给予肯定和认可。如果还有下次访谈,研究者应该确定好下次访谈的时间和地点并适当披露下次访谈会涉及的主要内容,从而为下次访谈的顺利进行做好充足的准备。

2. 非言语方式

研究者可以通过收拾访谈资料、关闭录音设备等行为来向受访者表示访谈已经结束。另外,在访谈经费允许的情况下,研究者可以通过给受访者送小礼物来终止访谈。

(五)整理访谈资料

在访谈结束后研究者需要对访谈资料进行整理和分析。大多数情况下访谈资料是庞杂且没有条理的,即访谈的内容不仅包括静态的田野笔记、备忘录、照片等,还包括录音录像等动态资料。基于此,如何将资料的类型进行统一的转译是研究者在整理资料阶段面临的一大挑战。访谈资料的整理需要分阶段来进行。研究者需要在访谈结束当天对访谈资料进行梳理,因为此时研究者对访谈的内容记忆是最为清晰的。阶段性的资料整理能够为后期系统的资料整理工作做铺垫。此外,所有访谈都结束后,研究者需要将访谈的资料通读几遍并将关键的内容串联起来,找出其中的共性和不同。整理资料的过程也是研究者再一次明确研究问题并从访谈资料中寻找有效答案的过程。访谈资料的整理可以分以下几个步骤。

1. 分类和比较

研究者可以借鉴类型学的方法,将研究问题和受访者的回答进行分类,在分类的过程中进行比较和分析,使得受访者的异同一目了然,访谈的重点也更加凸显。分类是比较的基础,而有效的分类依靠研究者对与研究主题相关的复杂命题的操作化定义。研究者也可以依据事先制定好的粗线条的访谈提纲对访谈进行回顾并在此过程中形成结构性论述。

2. 解读和重释

研究者将研究问题和受访者的回答有机结合在一起对访谈的内容进行建构和解释,提炼出概念或命题。这一过程是一个高度凝练的过程,即研究者对访谈的内容进行再加工,使得访谈的内容紧扣研究的主题。研究者在解读的过程中要以事实为依据,不能随意捏造与实际访谈不符的访谈材料。

3. 总结和反思

研究者要对访谈进行整体性总结并反思访谈过程中存在的问题和不足,从而进一步提高自己的访谈能力和技巧。访谈资料整理与分析的线性模式可归纳如表7-4。[①]

---

① 陈向明.质的研究方法与社会科学研究[M].北京:教育科学出版社,2000.

表 7-4　访谈资料整理与分析的线性模式

步骤	任务	目的
总结及整理资料	资料归类、建档	产生一个可分析的文本
	撰写分析型备忘录	
加工及重构资料	在研究主题引导下对资料进行辨别和统筹	找到那些与研究主题结合紧密的资料、确定资料的重点和空缺部分
建立可供检验的命题及理论	凝练、升华	建构新的概念或解释框架

自下而上的分析线性模式中，研究者首要的任务就是对原始资料进行总结和加工。在此过程中，研究者需要对原始资料进行归类并建档，在撰写初级的分析型备忘录的基础上形成一个可以分析的文本。其次，研究者还需要对资料进行包装和重构，寻找资料中存在的主题、多维意义关系，并使资料逐渐向研究问题靠拢。最后是整个研究的升华，即从资料中抽象出一个具有一定解释力的概念、命题或理论框架。

三　乐队粉丝社群行为的访谈案例分析

社会工作者拟通过半结构式访谈了解英国甲壳虫乐队的中国粉丝社群行为，并在此基础上对不良的粉丝社群行为进行干预。

（一）查询背景资料

社会工作者想对甲壳虫乐队的中国粉丝有一个比较初步的了解，因此要收集一些关于他们的资料。在收集资料的过程中，需要做到以下两点。第一，将研究需求转化为具体的访谈问题。比如，社会工作者在查询资料后，知道甲壳虫乐队的中国粉丝有线上和线下两大聚集形式，社会工作者在后面设计访谈框架时，也应该增加对应的问题。第二，掌握特定的访谈话术。社会工作者要访谈的是来自具有特定身份标签和行为模式社群的受访者，所以在访谈话术设计时需要考虑到粉丝群体自身可能存在的特点。

（二）设计访谈提纲

在此过程中社会工作者需要明确以下两点。第一，不设计非常具体的访谈问题，为受访者畅所欲言提供空间。第二，访谈的大方向还是围绕研究需求进行并需要预留控制访谈方向的相关话术，防止受访者出现聊偏了的情况而影响整个访谈的执行进度和后续资料整理。在这次甲壳虫乐队的中国粉丝社群研究中，社会工作者可以确认的研究主题大概包括粉丝聚集地、粉丝游戏经历和付费情况、粉丝群内部的沟通机制等，访谈问题就要与这些研究主题一致。

（三）寻找受访者

社会工作者可以通过微信朋友圈发布相关研究信息并采取滚雪球抽样的方式选取受访者。

（四）实施访谈

在实际的访谈执行阶段，社会工作者需要使用一些特定的访谈策略。

1. 运用相对间接、温馨的开场

社会工作者通过聊一些和研究主题关系不大但能调动受访者兴趣的话题，拉近社会工作者和受访者的距离。如以下访谈内容：

  社会工作者："你在喜欢甲壳虫乐队之前，还喜欢过其他的乐队组合吗？"
  受访者："喜欢过皇后乐队和老鹰乐队。"
  社会工作者："哇，我也超级喜欢。"
  受访者："都是乐队迷呀。"

2. 要进行留白式提问

社会工作者要给受访者主动提及信息的空间并根据受访者的回答灵活变通提问形式和内容。如以下访谈内容：

  社会工作者："甲壳虫乐队的粉丝如果要支持偶像的话，一般采用什么方式呢？"（在查阅相关资料时，我们其实是知道"支持偶像"包括应援、打榜等诸多方式，但在提问时，我们不会使用具体的术语，而是采用比较模糊的提问方法，来让受访者提及更多信息）
  受访者："支持的方式有很多种，比如，应援啊，打榜啊，等等，我和你说，甲壳虫乐队的应援有很多种形式呢。"
  社会工作者："这样啊，那具体的应援形式是什么？"（根据受访者提及的信息，灵活设置新的问题）

3. 控场

这也是半结构式访谈中最需要社会工作者尽力做到的一点。当受访者聊偏了之后，社会工作者一定要明确访谈方向，及时将整个访谈拉回到原有的调研轨道。比如，在粉丝社群研究中，经常会遇到粉丝聊着聊着就开始邀请社会工作者加入偶像粉丝社群的情况，这时社会工作者就需要使用一些比较柔和的转场话术来控制访谈方向和内容：

受访者："甲壳虫乐队里我最喜欢约翰·列侬了，他真的好帅气啊，给你分享一点图片。你加入我们群吗？"

社会工作者："图片看上去不错呢。（转换话题）对了，像你们这么喜欢列侬的话，一般会怎么支持他呢？（开始询问应援相关问题）"。

4. 结论及反思

社会工作者在半结构式访谈的基础上对甲壳虫乐队的中国粉丝的社群行为进行研究的过程中发现其社群行为具有以下特点：粉丝的主动性和执行力比较强且粉丝之间行为的模仿性较强；粉丝的行为（特别是消费行为）有群体极化的特征；很多粉丝将甲壳虫乐队成员当作自己的精神寄托而忽视现实生活。基于此，社会工作者应该在了解粉丝不良行为的基础上运用小组工作的方法来帮助粉丝群体建立互助体系，并在此过程中帮助粉丝寻找到现实依托。

四 访谈法的评价

访谈法是一种适用范围比较广的研究方法。结构式访谈能够运用于大规模的定量研究并进一步验证理论假设，而非结构式访谈则能够运用于小规模的定性研究并在此过程中产生新的理论和假设。相对于其他方法，访谈法有其特点，如灵活性、深入性等。其特点也决定了它有自身的优势，也有局限性。

（一）访谈法的优势

1. 访谈环境相对可控

访谈过程中，研究者始终处于主导地位，能够较好地控制访谈的过程。访谈的资料是研究者与受访者在特定的情境下通过交流和互动产生的，其外在影响因素是相对可控的。另外，当受访者对研究问题不理解或存在误解时，研究者可以进行及时的引导和解释，对于受访者不完备的回答，研究者也可以当场进行追问和纠正，这也能体现出访谈过程的可控性。

2. 具有主动性和创造性

在访谈的过程中，可以充分发挥研究者的主动性并提高其对问题的洞察力和想象力。访谈是一个高效的信息获取方式，研究者与受访者进行访谈能够观察到言语之外的其他细节和信息并通过高频的互动产生创造性的内容。访谈中研究者可以根据受访者及访谈的进程采取灵活多变的访谈技巧和方法，有针对性地处理访谈过程中出现的问题。

3. 易于了解受访者的真实想法

访谈法根据受访者的反应灵活地调整访谈的节奏、深度，更易于深入地了解受访者的真实想法。另外，受访者的情绪、态度、动作等的变化能够促使研究者对受访者所表达的观点进行验证和检查，从而从表象中抽离出受访者最为真实的态度。

（二）访谈法的局限性

1. 访谈过程中的互动会影响研究结果

访谈是一个研究者与受访者相互作用的过程，双方具有不同的价值观和社会经验，加上不同的社会地位和思维模式，这些容易使研究产生误差。一方面，研究者收集的资料以及形成的意见和看法等都会受到受访者研究态度的影响；另一方面，受访者的回答也受到他对研究者的看法的影响，这使得访谈具有强烈的个人色彩，研究的结果也较难保持客观性。

2. 访谈比较费时费力

研究者不仅需要花费大量的时间对访谈的提纲或问卷进行审视和检查，也需要花费大量的时间与受访者进行访谈。此外，访谈所得的资料相对零散，研究者需要花大量的时间进行整理。这在无形中耗费研究者的体力和精力。时间和人力的投入也限制了访谈的规模和人数，从某种程度上来说，访谈所获取的资料广度不够。

3. 信度较低

访谈程序的设置、受访者的挑选、受访者存在的顾虑、研究者自身素质等因素都会对访谈的信度产生影响。不能忽视的是受访者和研究者都是有自主意识的个体，对于受访者而言，其在访谈的过程中不会完全依照设置好的访谈程序，其回答也不会完全符合研究者的期望（特别是涉及隐私及其他敏感性问题时，受访者大多会有意无意地进行隐瞒），这也使访谈收集到的资料和实际情况有较大偏差。对于研究者而言，如果其对受访者存在偏见或者在访谈过程中无法做到价值中立，也会降低资料的信度。

中英文关键术语

直接访谈（direct interview）
间接访谈（indirect interview）

结构式访谈（structured interview）
非结构式访谈（unstructured interview）
正式访谈（formal interview）
非正式访谈（informal interview）
个别访谈（individual interview）
集体访谈（group interview）

复习思考题

1. 简述访谈法的特点。
2. 简述访谈分类的标准和种类。
3. 简述访谈的主要步骤。
4. 简述访谈法的优点。

第 8 章 观 察 法

人类每天都在观察，观察是每个人收集关于人们所生活的世界及其日常信息的最主要、最基本的方式之一，每个人都可以被称为观察者。而观察法作为一种定性研究方法，被研究者运用到众多研究领域时，仍然有很多需要注意的问题。

一 观察法界定

观察法（observational method）是指研究者通过对事件和研究对象行为的直接观察，收集和记录研究对象的日常生活信息，再做科学分析的一种方法。在日常生活中，研究对象的行为常常会包含一些研究者难以觉察的习惯性动作，在这种情况下，观察法能比其他的资料收集方法获得更多的可靠信息。在某些研究中，研究对象使用一些方法来逃避自己潜意识的行为，或者在访谈中有不愿意讨论的内容。此时，观察法可有效避开研究对象下意识的掩饰或隐藏，发现其行为或心理规律。同时，在观察具体行为时，研究者会记录一定的场景，还能直接与研究对象接触，从各方面观察研究对象，这样有助于验证、校正和表述理论。

二 观察法适用场景

当我们不确定是否可以使用观察法的时候，可以问自己以下几个问题来确定。

（一）这个话题敏感吗

研究对象会不愿意回答关于某个特定话题的问题吗？这个话题是否具有隐私性？在这种情况下，当研究对象不愿意沟通交流时，观察会给研究者带来帮助。因此，一些敏感的问题更适合观察性研究。

（二）研究者能观察到这些现象吗

研究者必须能够观察到与其研究相关的内容。任何人都能观察，但如果研究者发现不了对其研究有帮助的内容，那就是在浪费时间，毕竟有些事情是观察不到的。

(三)研究者有很多时间吗

许多人没有意识到,观察性研究是一项很耗时的研究。为了让研究内容具有可靠性,研究者必须对研究对象进行多次观察。同时,短期内观察者的存在可能会改变研究对象的行为,随着时间的推移,研究对象才有可能习惯研究者的存在,从而坦然自若地行动。这样看来,观察性研究需要花费很长时间,长期观察才能实现研究者的最大利益。

(四)研究者是否确定要研究什么

观察是开始一项研究很好的起点。研究者无从下手,不知道研究什么时,可以通过观察从日常生活中寻找到答案。例如,研究者对如何救助失独老人这一课题很感兴趣,但却不知道应该使用什么理论,也不知道具体应该如何救助,此时就可以采用观察法。当观察到失独老人寻求心理慰藉比经济支持更多时,研究者就可以沿着这个方向出发。

三 观察法使用原则

(一)客观性原则

研究者在使用观察法时,必须超脱、平衡、公正地对待整个研究过程,采取实事求是的态度,将观察到的事实与个人意见分开,不将自己的主观意见强加到观察过程中,不抱偏见地收集信息、分析信息、运用信息。[①]

(二)全面性原则

全面性原则要求研究者从全方面、各角度去观察研究对象。既要注意到研究对象比较明显的特征,也不能遗落那些比较隐蔽的特征;既要观察到研究对象,也要观察到研究对象所处的环境、人际交往情况等。同时,不能以偏概全地将一些个别的现象当作全局的现象,否则会导致观察结果有失真实性。

(三)计划性原则

计划性原则要求研究者在进行观察之前,根据研究目的与研究主题,设定好观察内容,计划好观察流程。在开展观察的过程中,也需尽量按照预先的计划来实施,如遇突发

---

① 颜玖. 观察法在社会科学研究中的应用[J]. 北京市总工会职工大学学报,2001(4):36-44.

状况，可对计划进行调整，但必须围绕研究目的与研究主题，不能与其相悖，这样做有助于有效实现观察研究的目标。

（四）法律和道德原则

在观察过程中，研究者需要严格遵守宪法和其他法律的有关规定，不得借着观察研究的由头做出违法行为。此外，研究者也需要遵守一定的职业伦理和道德规范。

四 观察法分类

根据不同的研究目的与要求，研究者为了得到合适的资料，可以采用不同的观察法。观察法可以根据不同的标准划分为不同的类型。

（一）参与观察与非参与观察

根据研究者是否参与研究对象的日常活动，可以将观察法分为参与观察与非参与观察。参与观察（participant observation）是指研究者深入研究对象的生活场景，实际参与研究对象的日常生活所做的观察。参与观察可以帮助研究者获得相对可靠的信息，研究者到实地进行观察，可以了解到社会和文化现象发生与变化的过程及其特定环境，有时还能收集到具有相当隐秘性的资料，加深对观察对象的了解，从而提高研究成果的信度[1]。但研究者在参与观察的过程中由于忙于融入场景而不能做到全面观察，可能会丧失一些关键信息。参与观察几乎适用于人类生活各个方面的研究，采取此方法，研究者可以记录下来发生了什么、所涉及的人或物、事发的时间和地点、发生的过程和原因等内容，参与观察尤其适用于研究人类生活所体现的社会文化背景，从局内人的视角研究事件的发展过程、人与事件的关系及组合、事件的时间连贯性和模式等[2]。例如，社工想要探索服务对象的师生关系时，社工以教师的身份参与服务对象的学校生活，这样比非参与观察得到的信息更可靠。

非参与观察（non-participant observation）也称为局外观察，即研究者不干涉研究对象的生活，完全不参与其日常活动，只是在研究对象未注意到的情况下，从旁观者的角度对研究对象进行观察的方法。在这个过程中，研究者往往会借助科学工具和声像设备进行观测。较为理想的非参与观察就是研究者隐蔽起来，而研究对象不知道自己正在被观察，这样可以提高研究的真实性。但相较于参与观察，非参与观察无法对研究对象进行全面深入的了解，得到的资料也就比较简单空泛。非参与观察适宜观察在公开场合发生的社会事件或社会现象，因为要在私人场所进行观察势必会介入研究对象的生活。

---

[1] 何星亮. 文化人类学田野调查法——参与观察法与深度访谈法 [J]. 宗教信仰与民族文化，2016（0）：274-289.

[2] 蔡宁伟，于慧萍，张丽华. 参与式观察与非参与式观察在案例研究中的应用 [J]. 管理学刊，2015（4）：66-69.

（二）结构观察与无结构观察

根据研究者制定的观察大纲结构化的程度（或具体化程度），可以将观察法分为结构观察与无结构观察。结构观察（constructed observation）是指研究者在开始观察之前就设定好观察提纲，规定好要观察的内容，并在观察过程中严格按照要求完成观察的一种方法。结构观察与自然观察和参与观察是非常相似的，在大部分情况下，研究者都在观察自然发生的行为。然而，结构观察的重点是收集定量数据，而不是定性数据，同时研究者并不需要记录下所有发生的事情，而是关注与研究问题相关的具体行为即可。如研究儿童霸凌行为可以只观察并记录儿童课后的霸凌行为，而上课时的说话与走神则不在观察范围内。

无结构观察（unstructured observation）是指研究者没有制定观察提纲，也无须设定固定不变的观察内容，完全被动地根据事态的变化与发展而进行观察的一种方法。无结构观察更加适合探索性研究，所得的结果不具有完全统一的形式，内容也较为零散，所以研究者需要对收集的材料进行定性分析。

（三）直接观察与间接观察

根据与研究对象的接触差异，可以将观察法分为直接观察与间接观察。直接观察（direct observation）是指研究者直接对正在发生的社会行为与社会现象进行观察。直接观察可分为无干预观察（observation without intervention）和有干预观察（observation with intervention）。无干预观察也称为自然观察（naturalistic observation），这种观察是在自然环境中直接观察行为，同时不需要研究者进行任何干预。而有干预观察又包含参与观察、结构观察以及实地实验（field experiment）。实地实验是指研究者在自然环境中操纵一个或多个自变量，以确定其对研究对象行为的影响，实地实验对于研究对象的干预是最多的，这是实地实验与其他观察法的本质区别。

间接观察（indirect observation）是指研究者对研究对象的行动或事件发生以后遗留的痕迹等中介物进行观察，获得资料再进行分析的方法。前面提到的观察方法都是直接观察研究对象，然而，研究对象的行为也可以通过其他证据来间接观察，其最大的优点就是不会发生反应性行为，不会对研究对象造成影响。间接观察可分为痕迹观察（trace observation）和档案记录（archival record）。痕迹观察是观察研究对象活动后留下的痕迹，包括使用痕迹和产品痕迹，例如，社工可以通过观察服务对象的工作桌面布置情况来分析出服务对象的性格；而档案记录是描述个人、团体、机构和政府活动的公共文件和私人文件，包括运行记录和特定的、偶发性事件的记录，例如，社工可以通过研究服务对象的通话记录来分析出其具有的某些行为倾向[1]。

---

[1] Shaughnessy J J, Zechmeister E B, Zechmeister J S. Research Methods in Psychology [M]. 9th ed. New York: McGraw-Hill, 2012.

（四）自然情景观察与人为情景观察

根据观察场景的不同，可以将观察法分为自然情景观察和人为情景观察。自然情景观察（natural scene observation）是指研究者在自然情景下和现实生活场景中所进行的观察。研究者观察研究对象在现实情景中的反应，但不以任何方式影响他们的行为。这是一种直接的、不借助其他工具和仪器的观察。大部分观察都属于自然情景观察。例如，一位研究者想要探索父母对孩子比赛的观赛行为是否对孩子的体育成绩有影响。她观察了139场比赛中父母积极或消极的观赛行为以及孩子的比赛成绩。在分析观察记录后，她证实了自己预期的结论：父母的积极观赛行为（如为孩子加油呐喊、关心受伤选手等），会帮助孩子在赛场上表现出更多的积极行为，从而获得更好的体育成绩；反之父母的消极观赛行为（如对教练大声喊叫、冷嘲热讽对手等），会使得孩子做出更多的消极行为，得到更差的体育成绩[①]。

人为情景观察（artificial scene observation）是指研究者在具有各种观察设备的实验室或人造情景中开展的观察。这种观察方式在心理学和社会工作研究中会经常使用到。进行观察的实验室通常会具有单面镜、录音机、摄像机等专业设备，但并不局限于此，一些人造情景还会包括公共开放的场所，如广场、公园、商场等。著名的社会心理学家班杜拉（Albert Bandura）的不倒翁玩偶实验（Bobo doll experiment）就是采用了人为情景观察法。

观察法还可以从其他角度进行分类，例如，根据研究者观察的活动是否有规律，观察法可以分为系统观察（systematic observation）与非系统观察（non-systematic observation）；根据研究者的观察行为是否公开，观察法可以分为公开观察（overt observation）与隐蔽观察（covert observation）；根据研究者观察的对象不同，观察法可以分为观察他人（other-observation）与自我观察（self-observation）；根据研究者观察的时间跨度不同，观察法可以分为阶段观察（stage observation）与追踪观察（tracking observation）等。

五 观察的内容

研究者在观察的时候，可以观察的内容包罗万象，但重点需要包含以下内容：环境、行为、语言交流以及形象。[②]

---

① Gorvine B, Rosengren K, Stein L, et al. Research Methods from Theory to Practice [M]. New York: Oxford University Press, 2018.

② Newby P. Research Methods for Education [M]. 2nd ed. New York: Routledge, 2014.

（一）环境

研究者需要记录观察开始前、观察过程中以及观察结束后的环境条件，其中包括在观察开始前可能与研究主题无关的内容，比如，当天的气温、房间的布局等。收集环境数据的目的是通过反复观察来评估环境中是否有任何东西会影响到研究对象的状态，从而提高研究的信度。

（二）行为

研究者可能感兴趣的行为包括研究对象去了哪里，他们和谁在一起，他们正在做什么，他们看起来怎么样等。研究者不仅应该记录空间中的运动，还应该记录一些非言语行为，如手势、身体姿势、眼球运动等。

（三）语言交流

语言交流会透露出研究对象的性格、情绪和个人信息等内容，所以语言交流是研究者观察的重要内容，通过观察语言交流，研究者可以解释行动和行为。研究者可以把任何类型的语言交流都记录下来，为以后的研究分析提供重要依据。

（四）形象

形象是人类与外界交流的一种工具，人类通过外形来向世界展现自己。研究者在观察过程中也需要注意到研究对象的形象展现，这在某种程度上能够反映出研究对象的价值观、社会地位和人格等。

六 社会工作实务中的观察

观察是社会工作的一项核心任务。社会工作者离不开观察，社会工作实务和社会工作研究互相成就，观察法在社会工作实务和社会工作研究中都发挥着重要作用。无论是在个案工作、小组工作，还是社区工作中，社会工作者（社工）都需要通过观察来做需求评估、过程评估和效果评估，这样才能更好地开展服务。

在个案工作中，社会工作者对服务对象的观察从接案时就已经开始了，起初社工会注意观察到服务对象的身体行为、言语行为和表达性行为等，比如，服务对象在等待社工接待时会做什么、说什么，以及服务对象的着装情况、面部表情和声音语调等。在初次面谈时，社工还需观察服务对象在访谈时做出的一些反应，要注意记录服务对象的非言语信号。随着对其服务的深入，社工还可以将其观察对象扩展至服务对象的家庭、工作单位、学校等范围，观察记录服务对象与家人的互动情况、家人的社会背景以及与同学同事的关系等，若有必要进行家访时，还可以观察服务对象家中家具陈列布置等情况，多角度、全方位地加深对服务对象家庭状况的了解。在对服务对象进行介入时，也要注意观察服务对象的情绪与接受程度，如有异常情况，可随时暂停介入过程。介入完成后，可将观察到的服务对象接受服务前后的情况进行对比，这样有利于社工更加清晰地了解服务效果。此外，当社工面对的服务对象是"失声群体"时，社工就不得不依靠观察法，比如，还未学会说话的婴幼儿、因疾病丧失语言功能的老年人或者天生失去语言能力的残疾人等，针对这些人群，社工无法与其交流，只能通过观察来收集相关信息[①]。可见，在个案工作中，观察无处不在，有效的观察有助于社工更好地了解服务对象，为服务对象提供针对性的服务，高效地解决服务对象遇到的难题。

在小组工作中，社工需要从整体的视角对每位小组成员进行观察。在小组初建立时，社工可以观察每位成员在小组中扮演的角色；在小组活动开展过程中，社工需观察每位成员的参与程度，防止边缘成员的出现导致小组关系疏离，同时社工还需及时关注每位小组成员的情绪变化，对于个别组员的特殊行为和异常情况要细心留意，在小组活动结束后主动了解其产生情绪变化的原因。此外，观察法还能够帮助社工厘清小组成员之间的关系、了解小组成员对活动内容的接受程度以及各成员对彼此的影响程度等，进而帮助社工最大限度地发挥小组的治疗效能。

在社区工作中，善于观察的社工能够更快更好地融入社区，比如，社工可以到当地的游乐场、商场、公园等居民经常聚集的日常活动场所，利用参与观察法，主动观察社区居民，了解最真实的社区生活状态，为社区工作的开展打下坚实基础。当社区内出现某种社会问题需要解决时，社工可以观察社会问题出现的频率、居民们对社会问题的态度以及此问题给居民们带来的影响等，从而对症下药解决社会问题，促进社区发展。同时，当社工在开展社区行动时，也需要注意观察社区居民、社区机构的态度，争取居民和机构的配合与支持。此外，观察法还能帮助社工找到潜在的服务对象，社工可以使用隐蔽观察法，在不打扰居民生活的情况下，观察社区居民，找到潜在的服务对象，对其提供帮助，顺利开展社区服务。

社会工作以循证实践为基本原则，通过观察得来的数据都需要记录下来，为后面的实务或研究提供证据。一般而言，社工在实务过程中都会用观察记录表把观察到的内容记录下来。观察记录表没有统一的格式，一般包括时间、地点、观察内容等，如下面的小组社会工作观察记录表（见表 8-1）。

---

① O'Loughlin M, O'Loughlin S. Effective Observation in Social Work Practice [M]. Los Angeles：SAGE Publications，2015.

表 8-1　小组社会工作观察记录表

项目			
小组数		小组名称	
时间		地点	
目标出席人数		实到人数	
出席成员名单			
小组观察情况记录			
小组氛围			
组员参与度	组员间的互动情况		
	自我表露和分享情况		
内容设计	组员对内容的适应和接受程度		
	内容的科学和逻辑性		
	小组达标情况		
小组控制情况	对社工的配合度		
	现场秩序		
	纠纷、矛盾调解		
小组发现的问题			
需跟进的问题			

七　学校社会工作观察法的运用案例分析

作为一种研究方法，观察法有一定的步骤。我们以一名学校社工服务的案例来说明观察法应遵循的步骤。案例基本情况是：小李是某小学的一名学校社工，近日三年级一班的班主任找到小李，说他们班上的亮亮最近成绩下滑十分严重，经常扰乱课堂秩序，想请小李对亮亮进行介入。在服务之前，为了加深对亮亮的了解，小李决定先观察他的日常生活。

（一）确定研究主题和目的

无论是哪种研究方法，第一步是确定研究主题和目的。研究者可以根据自己感兴趣的内容确定好研究主题，确定好主题之后，研究者需要确定本次研究的目的，即为什么要进行这项研究，有什么意义。案例中的小李确定本次的研究主题是"亮亮的成绩下滑原因分析与干预设计"，研究目的是"通过观察亮亮的日常生活初步探寻其成绩下滑的原因，为干预做好铺垫"。

（二）选择观察类型

当研究者准备采用观察法来进行研究后，可根据研究对象的环境、自身的条件以及观察的具体情况选择最适合自己的观察类型。例如，研究者可以用自然观察法观察孩子们在操场上玩耍；或者可以花一个月的时间在学校内进行参与观察，沉浸在孩子们的日常学习生活中；又或者可以在孩子看不到的地方如墙或玻璃后面，进行隐蔽观察等。在选择观察类型的过程中，有一些小技巧可以帮助研究者快速厘清思路，研究者可以事先自问"如果研究对象知道你在那里，这对你的观察有影响吗？""需要改变观察的环境吗？""在观察前需要先拟好大纲吗？"在本案例中，小李为了不打扰亮亮的正常学习与生活，决定采取非参与观察。

（三）建立观察计划

建立观察计划是重中之重，在这一步中研究者要确定很多内容，如观察对象、观察内容、观察地点、观察时间、观察提纲的设计等。

1. 确定观察对象

研究者需要确定对什么人进行观察，对什么现象进行观察，为什么这些人、现象值得观察，通过观察可以回答什么问题。在这个过程中，研究者可能会涉及研究对象的抽样方法，包括事件取样（event sampling）和时间取样（time sampling）等方法。事件取样是指研究者只记录研究对象感兴趣的行为类型，并记录所有发生的事件，所有其他类型的行为都会被忽略；时间取样是指研究者事先决定只在指定的时间段内进行观察（如每周进行1次观察，每次观察1小时），并只记录该时间段内发生的行为。[①]

2. 确定观察内容

研究者需要确定观察的具体内容是什么，观察内容的范围有多大。

3. 确定观察地点

研究者需要在哪里观察？研究对象会出现在哪些地方？如果需要采取隐蔽观察法，观察地点是否易于研究者隐藏自己？

4. 确定观察时间

根据前面所确定的内容，研究者需要思考为了得到可靠的资料，共计需要观察几次，一次观察多长时间，什么时候开始观察，什么时候结束观察。

---

① See https：//www.simplypsychology.org/observation.html.

5. 确定观察提纲

在观察提纲中，研究者需要将上述的内容都列出，以免在实施观察的过程中出现遗漏。提纲可以是表格记录形式，也可以是文字记录形式。

在本案例中，小李确定的观察对象是亮亮、班主任与任课老师、同班同学以及家长；观察内容包括亮亮上课时的表现情况、与老师和同学们的相处模式、与家人的相处模式以及家庭氛围等；根据观察内容的不同，小李暂定观察地点包括教室以及亮亮家；观察时间为周一至周五早上十点、下午三点和下午六点，每次观察持续一小时；最终小李将上述内容整理成一份观察提纲。

（四）选择观察内容记录形式

研究者在记录观察内容时，应该以全面描述为主，尽可能记录下所有看到的、听到的与体会到的。在这里，我们详细阐述一下观察记录的形式，记录形式大致包括三种：文字型、图画型和表格型。

1. 文字型记录

研究者使用文字形式记录自己观察到的内容，如事实笔记和个人笔记等。事实笔记是指研究者观察到的事实，是其用特定字眼对所见所闻做的详细阐述；而个人笔记是研究者根据所观察到的事实做的推论，是研究者个人的思考与感受，它可以充实研究资料的内容，对后期的数据分析至关重要。例如，在本案例中，小李在观察亮亮的家庭氛围时，利用文字型记录写下了如下内容：

> 事实笔记：亮亮的父母都在外地打工，奶奶在家照顾他，但奶奶经常出门打麻将，对亮亮的学习概不关心，并因为亮亮成绩下滑打过他……
> 个人笔记：亮亮缺失父母的关爱，和奶奶的关系比较紧张，家庭氛围不好。

2. 图画型记录

研究者通过图画的方式来记录自己观察到的内容，它可以更直观、更具体地再现研究对象的行为，在图画中研究者可以运用线条、箭头等图形来标记研究对象的关系。例如，在本案例中，小李利用图画直观记录下了亮亮的座位在教室的角落里，老师难以注意到（见图8-1）。

3. 表格型记录

研究者通过绘制表格的方式来记录自己观察到的内容，表格型记录得到的数据更加直观，有利于研究者做量化分析，在结构观察中常常会使用到这种记录方式。例如，在本案例中，小李利用表格记录下了一周内亮亮在课堂上的不当行为次数（见表8-2）。

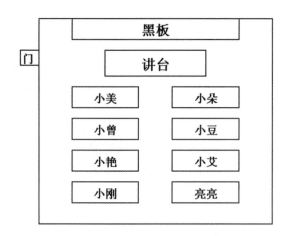

图 8-1　亮亮班级座位表

表 8-2　亮亮在课堂上的不当行为记录表

亮亮在课堂上的	时间				
不当行为类型	1	2	3	4	5
吵闹或违纪说话					
在座位上无故站起来					
打扰别的学生正常学习					
和老师顶嘴					
拒绝回答老师问题					
损坏学习用具					

（五）实施观察

在观察过程中，研究者首先需要选好观察位置，有较好的角度与光线保证观察可以顺利、全面地进行，以防遗漏信息。其次，需要注意处理好与研究对象的关系。如果是参与观察，研究者需要与研究对象建立和谐关系，以免研究对象产生戒备心理；如果是非参与观察，研究者则需要注意不能影响到研究对象的行动，全程以旁观者的心态观察研究对象。

（六）整理、分析数据

研究者在实施观察时，常常会因记录匆忙或担心研究对象发觉而漏记、错记，所以当研究对象离开观察现场后，研究者要赶紧补充、修正记录，以提高记录内容的信度，并根据观察提纲整理记录，将记录的数据尽可能分类归置，提高后期分析数据的效率。

从理论上讲，通过观察收集到的数据可以用任何适当的方式进行分析。研究者选择的数据分析方法取决于其收集的数据内容和研究目标。当获得全面的观察记录时，研究者可以选择定性分析；当研究者使用表格来记录选定的行为时，首选的数据分析方法是定量分析。定性分析方法的大致流程为：从"简化记录内容"到"给内容编码"，再到"分析内容"；而定量分析方法可以采用频率计数、平均值和标准差等描述性统计量对数据进行总结，使得出的结论更加可靠。[①]

（七）提出观点并撰写研究报告

研究者根据对观察数据的分析，提出自己的见解，并加以理论论证，最终撰写成研究报告。研究者提出的观点需要具有概括性、有效性和完备性。通常情况下，研究者仅靠观察法难以完成对一个课题的系统性研究，还需要与通过其他研究方法所得的信息结合后，才能得出一个较为完整的观点。案例中的社工小李根据观察到的信息，初步得出亮亮成绩下滑的潜在原因，包括父母在其成长过程中的角色缺失、在班级中长期坐角落的位置不受到关注，以及自身注意力无法集中等，这次观察后，小李了解了亮亮的大致情况，信心满满地开始与亮亮进行第一次沟通……

八 观察法评价

（一）观察法优势

在社会科学研究的各种方法中，观察法相较于其他研究方法具有不可取代的重要意义。其优点可概括为以下几点。

1. 经济成本较低

相较于其他研究方法，如进行一场大规模的调查、一项严格的实验或一项深入的实地研究等，观察法所需要的费用要少得多。在多数情况下，使用观察法要准备的就是一些纸笔，这几乎是最经济的研究方法之一。

2. 研究过程直接

使用观察法，可以帮助研究者获得第一手资料。研究者实地看到事件发生的来龙去脉，能够直观地记录事件发生时的情况。

3. 研究内容真实

研究对象有时并不知道研究者的存在，他们的行为比较自然且生动，因而研究者观察到的结果也较为真实。

---

① Shaughnessy J J, Zechmeister E B, Zechmeister J S. Research Methods in Psychology [M]. 9th ed. New York: McGraw-Hill, 2012.

4. 研究内容深入

通过观察，研究者可以获得一些非言语行为的相关资料，这能帮助其更深刻地理解调查过程中无法获得的内容，让研究内容有深度，而不是浮于表面。

（二）观察法局限性

时间成本较高。如同我们前面所提到的，观察法是一个特别耗时的研究方法。为了提高研究结果的信度，研究者一般需要进行多次重复的观察，这对于研究者来说是一个极大的挑战。一些研究者在观察的过程中会选择中途放弃从而转用其他研究方法。

1. 观察并不容易

研究者是否具有观察的能力，能否正确分析所观察到的内容并为研究结果提供可靠的资料？由于观察是自然发生的，研究者无法控制事件发生的环境与时间，只能被动地等待事件的到来。这些都说明观察是有难度的，并不像想象中那么简单。

2. 受研究者影响较大

研究者对研究对象的感受与理解，会受到研究者自身观念的影响，难免会对研究对象带有个人感情色彩，这样就容易使得研究结果掺杂研究者的主观成分。尤其是如果情况涉及目睹一些令人痛苦的活动，甚至会给研究者带来情绪困扰的情况，研究者需要尽力抑制干预或安慰的冲动，保持其中立的立场。

3. 观察受到限制

观察法会受到时间的限制，比如，研究者无法观察过去或未来发生的事件。同时，观察法也会受到空间的限制，对于一些大规模爆发的社会事件等，研究者无法准确观察。

研究者在使用观察法时可能会对研究对象产生负面影响，甚至是永久性地改变研究对象的行为。

中英文关键术语

观察法（observational method）
参与观察（participant observation）
结构观察（constructed observation）
直接观察（direct observation）
自然情景观察（natural scene observation）

事件取样（event sampling）

霍桑实验（Hawthorne experiment）

复习思考题

1. 请简要阐述观察法的优缺点。
2. 请自行查阅资料，了解阶段观察与追踪观察的不同点。
3. 请简要阐述使用观察法时会经历哪些过程。
4. 请自行查阅资料，了解社工在开展个案服务和社区服务时的观察记录表是什么样的。

第 9 章　社会政策研究

近年来,社会政策研究逐渐成为社会科学研究中一个独立的领域,社会政策研究的深度和广度也不断延伸,与此同时,研究的视角、背景和内容也发生了变迁。社会政策研究不仅保留了传统的科学方法观,并且在政策实践过程中发展出多种符合自身特点的研究方法。

一　社会政策研究的起源与发展

(一)社会政策研究的起源

德国人最先提出"社会政策"一词,对社会政策的研究也发源于德国。1873 年,德国新历史学派的休谟纳、瓦格勒、桑巴特等人发起创办了以保护劳动者权益为目标的"社会政策学会",吸引了众多致力于为政策研究做贡献的学者,他们不断发展理论并开展实践活动,社会政策研究逐渐成为社会学中的一个方向。[①] 20 世纪 50 年代,政策科学的概念和体系被首次提出,从而政策研究第一次具有了科学的形态,政策科学研究正式开始。不同学者对社会政策研究的定义各异,在国内,熊跃根的定义被普遍使用,他将社会政策研究看作通过资料和信息的收集和分析,对政策活动和结果进行的一系列深入系统的描述、解释和论证过程[②]。

(二)社会政策研究新近发展

1. 研究对象扩展

最早在英国进行实践的社会政策《伊丽莎白济贫法》是为解决公民贫困问题所推出的,应用于社会救助领域。随着工业革命的发展,贫困情况有所好转,但是医疗、养老、教育和失业问题频频发生,工人最低生活水平难以保障,工作效率低下。为缓解这种困境,社会政策研究范围逐渐扩展,向社会保障、住房、教育、医疗卫生领域延伸。20 世纪中期以前,政策学家只是关注弱势群体经济困难,后来关于社会弱势群体种族、性别、信仰问题也被纳入其政策研究内容之列。另外,工业革命后期,产生了许多新的社会问题,包括犯罪、残疾、老龄问题等,社会政策研究者采用调查法获得大量数据和资料,致力于解决这些问题。

---

① 关信平. 社会政策概论 [M]. 北京:高等教育出版社,2014.
② 熊跃根. 社会政策:理论与分析方法 [M]. 北京:中国人民大学出版社,2009.

2. 研究视角变迁

在过去的 60 余年时间里，国际学术界对社会政策的解释发生了很大变化。20 世纪 60 年代的主流意见认为，社会政策是由政府决策并实施的，对市民福利有直接效果，沿袭了社会行政的传统。到了 20 世纪 80 年代，社会政策被理解为"决策不同社会群体的资源、地位以及权力的分配"。20 世纪 90 年代以来，对社会政策的解释更加关注社会政策中社会关系的分配。从这个时候开始，社会政策就不只是被理解为一种政府的行为，还反映了不同社群在社会资源和社会关系方面的分配结果。

3. 理论多元化

20 世纪 80 年代以前，社会政策研究主要分为两个流派：自由主义流派和社会民主主义流派。自由主义思想的代表者将市场机制置于至高无上的地位，支持自由的市场竞争，提倡权利与义务相结合。社会民主主义流派的学者认为国家或政府在社会政策制定和实施的过程中具有主导作用，他们以公民权利作为研究活动的指导理念。上述两种思想在福利国家发展过程中逐渐显现出弊端，难以满足解决社会问题的需要，于是一些学者开始另寻其他出路。吉登斯（A. Giddens）在全面分析自由主义和社会民主主义的争论点后，提出调和两者对立状态的"第三条道路"，主张通过政府和社会的大量投入以及再分配的手段将政府的财政支出更多地用于发展公共事业，提倡协调政府控制和个人自由的关系[1]。之后，新保守主义、传统社会民主主义和社群主义等社会政策理论流派也相继登台，多元的社会政策理念推动了政策研究的发展，使关于社会政策的讨论更加深入。

4. 研究纵深化

社会政策研究除了在理论流派数量上增加以外，研究的深度也进一步加强，突破了政府—市场简单的对立模式，开始寻求二者结合的途径，同时也加强了除政府之外的其他因素在社会保障、社会救助过程中的重要性分析，社会政策的目标也从补偿经济收入向非收入补偿转化。

5. 宏观政策分析受重视

社会政策研究的宏观取向表现在研究背景和目标上。关于研究背景，传统上社会政策研究局限在民族国家甚至是某地区范围内，随着全球化的迅速推进，各国社会政策受到了国际环境越来越强烈的影响，社会政策研究者越来越倾向于将政策放在全球政治经济和文化背景下进行分析和评估，突破了传统意义上政策研究的地理空间界线。

---

[1] 安东尼·吉登斯. 第三条道路——社会民主主义的复兴 [M]. 郑戈，译. 北京：北京大学出版社，2000.

6. 政策绩效评估成热点

社会政策的执行是否能够达到预期效果必须通过评估活动来完成，社会政策评估主体包括政府、专门社会政策机构和领导者等。预期目标和实际目标的差别、问题解决程度、成本和收益的比例以及目标人群的满意度都被视为绩效评估的关键因素，并且越来越多社会政策家重视评估活动的价值性和关键作用，绩效评估发展为研究的热点内容。

二 社会政策研究的阶段划分

1. 准备阶段

要想实现社会政策研究的目标，研究人员在准备阶段需要获得足够的知识，以此来确定政策研究过程中应该遵循的方向。由于研究在很大程度上依赖于现有的环境，所以对环境的分析是必不可少的。在准备阶段，社会政策研究人员的任务主要是了解社会政治环境以及确定是否进行该项政策研究。具体来说，研究人员在进行政策研究工作之前应该了解社会政治环境的以下内容：社会问题的决策背景、人们对该问题的定义和价值取向、社会政策的可行性、社会政策研究需要的和可用的资源。

1) 社会问题的决策背景

社会政策研究人员在了解社会问题的决策背景过程中，首先需要确定与社会问题有关的主要政策。其次，了解问题的决策过程，包括与该问题相关的信息传播渠道、决策点以及决策机制。再次，确定社会政策研究的利益相关者。利益相关者是指对决策过程有一定投入或受社会决策影响的个人或群体。最后，了解决策过程的权力结构。

2) 人们对该问题的定义和价值取向

通过了解这些，研究者可以初步判断对所选社会问题进行政策研究的难度，也就是说，如果社会群众对于该问题是什么没有达成一致意见，而且还对此问题存在差异甚大的价值取向和假设，那么开展以缓解该社会问题为目标的政策研究也是困难的。在获取社会问题的定义和价值取向时，研究者还应了解不同的利益相关者对该问题的原因和潜在解决方案的看法，理解定义背后的价值取向和前提假设，掌握不同社会群体看法的灵活度。他们的看法越灵活，研究工作促进社会政策变化的可能性越大。

3) 社会政策建议的可行性

社会政策研究人员应该了解的是在特定社会政治环境下不同建议的可行性。研究者需要回答的问题是：哪些类型的建议是值得主张的？哪些类型的政策调整是可接受和可实施的？一旦这些问题得到回答，社会政策研究人员就可以更好地确定拟议的研究是否值得进行。通过对不同类型的社会政策建议的可行性进行比较分析，研究人员可制定最有效的问题解决方案。

4）政策研究所需和可用的资源

需要了解的关于社会政治环境的最后一个问题是进行预期的政策研究工作所需和可用的资源。资源不仅包括财力资源，还包括人员、设备和专业知识。一支具有团队协作精神、独立工作能力、专业学科教育背景以及收集和传递信息能力的团队是必需的。

以上是准备阶段需要收集信息的主要方面，准备阶段的信息收集大体遵循以下步骤：选择社会问题；确定相关的关键政策；分析相关政策的立法历史；追踪之前研究和变革工作的进展；获取决策机构的组织结构图；绘制决策过程的模型；采访利益相关者；进行信息综合。

2. 概念化阶段

一旦获得了关于社会问题的初步知识，并决定进行政策研究，就要开始进入研究概念化阶段（此时的广义概念化不完全等同于测量中的狭义概念化，指的是研究前期的基本工作，如议题选择、大致理论思路的形成、思路后面的价值观与假设、具体研究问题的确定）[①]。政策研究的概念化阶段涉及以下两项工作：初步建立社会问题模型，形成具体的研究问题[②]。

研究概念化的第一步应该是建立社会问题的模型，包括对社会议题的选择（哪一类社会问题）、大致的理论解释、理论解释背后的前提假设、价值观等。该模型只是初步的，因为它将在政策研究过程中得到修改。为了建立社会问题的初步模型，研究人员需要依靠准备阶段收集的信息以及较为全面的文献回顾。初步模型建立以后，就可以拟定为解决该社会问题而设立的具体社会政策研究问题。这些问题将帮助政策研究人员制订工作计划，具体包括四步。首先，确定研究所期望实现的效果。其次，确定该社会问题的焦点。再次，基于预期效果和焦点，确定关键变量。最后，围绕最有可能对社会问题产生预期影响的变量确定具体的研究问题。

3. 技术分析阶段

在政策研究信息筹备和概念化以后，便进入对社会问题的技术分析阶段。技术分析是指分析导致社会问题的可能性因素，得出有关社会问题因果关系的结论，初步提出政策性建议。本阶段主要研究内容如下。

---

① Aurini J D, Heath M, Howells S. The How to of Qualitative Research [M]. Los Angeles: SAGE Publications, 2021.
② Browne J, Coffey K, Cook K, et al. A Guide to Policy Analysis as a Research Method [J]. Health Promotion International, 2018.

1) 确定变量

确定研究问题的概念以后，研究人员需要对可延展的概念进行操作化，即根据一定的法则，将概念转化为具体的、可测量的变量。对概念进行测量时可能会遇到困难，一般情况下，政策研究人员可以使用替代指标来描述变量的关键方面，或者使用多指标的方法来进行多维度的测量。不管是自建量表还是采用现成的量表，都要注意量表的信度与效度。

2) 设计和分析研究方法

事实上，社会政策研究是不断权衡方法和技术的活动。政策研究人员解决的是决策者而非学者提出的问题，致使他们经常发现自己处于现有社会科学方法的边缘处，因此他们在研究过程中不断调整技术甚至设计新的方法。另外，研究人员还必须了解各种不同的方法，以便选择性地将其应用于特定的研究问题。政策研究人员必须知晓一项有效的政策研究工作需要结合不同的研究方法，其中最基本的是同时使用定性和定量的研究方法。社会政策研究方法还需反映研究所处的社会政治环境，即回应用户对设计方法的意见、政治氛围的变化以及可能影响研究结论的社会条件的变化。

3) 确定初步建议

研究人员根据技术分析的结论以及对社会政治环境的了解，开始确定政策层面的行动建议。确定政策性建议时，研究人员需要利用在准备阶段获得的社会政治背景方面的信息以及技术分析过程中归纳出的方法知识，这样此政策建议才能够获得社会群众的广泛支持和信赖。

4. 研究建议分析阶段

根据技术分析的结果，研究人员确定了试探性的政策建议，这一建议可能会有助于缓解社会政策研究的问题，政策建议能否落实受到利益相关者的态度以及组织机构的能力和资源的影响，因此研究人员需要分析该建议所涉及的利益相关者和组织的参数。进行分析所需要的信息主要是通过与利益相关者、政策问题专家、拥有相关经验的个人以及负责推行政策的专业人员进行结构化访谈的方式来收集。意外结果以及与其他政策产生的交互影响也要纳入政策建议分析内容之中。为了提高初步政策建议的可行性和可接受性，政策研究人员可以采用以下几种方法：鼓励利益相关者参与政策修改过程；使用吸引利益相关者的条款重新确定建议；在政策建议中强调研究成果使用者的利益与公共利益的关系。研究人员通过对与政策建议的实施相关的人群和机构进行了解和分析，可以逐步修改和完善初步的政策建议，最终确定可实施的政策建议。

5. 沟通与讨论阶段

社会政策研究人员在最后阶段的任务是改善其与决策者和利益相关者之间的沟通现状。社会政策研究过程中相关人员的密切交流沟通能够使决策者和利益相关者实时了解到政策研究的进展状况，增强对研究人员工作的支持，最终使研究结论和建议得以顺利落实。

研究人员与其他人员之间的沟通是贯穿在社会政策研究的整个过程之中的。沟通过程中收集的信息极其重要。在政策研究过程中，沟通应该是双向的而不仅仅是研究人员向政策制定者传递信息，研究者在与利益相关者和决策者交流的同时，也要有意识地从中学习。每项社会政策研究都有很多用户，他们有着不同的兴趣，为了确保政策研究结论得到充分的传播，政策研究人员需要充分了解研究结论使用者以选择适当的方式向他们传递信息。此时沟通协调、建立专业关系以及识别非言语行为的能力就显得尤为重要。

三 社会政策研究的特点

1. 多维性

社会政策研究通常试图解决复杂的社会问题，而社会问题是由许多因素造成的，包括政治体制、经济水平以及文化环境等。另外，社会问题常常和其他社会问题并存，它们相互影响，最终引起一系列破坏性结果。所以，要解决复杂的社会问题，社会政策研究必须分析问题产生的各维度因素，全方位、系统性地了解社会政策研究的问题有利于研究目标的实现。

2. 以经验归纳为主

社会政策研究以某个社会问题为切入点，该问题在研究的过程中不断发展变化，研究人员一般从实证的角度归纳其中的因果关系和结论，这就是政策研究过程中强调的经验归纳法，它与传统的假设-检验方法形成鲜明对比。为了实现解决某个社会问题这一政策目标，研究者通常在社会政策制定和执行过程中进行跟踪调查工作，这样可以及时发现行动问题或偏差，从而不断积累经验、吸取教训，最终修正和完善政策方案。

3. 回应社会需求

社会政策制定的目标之一是满足社会整体需求。社会成员的普遍需求和期望能够为研究人员指明确定政策建议的方向。布莱德肖（Bradshaw）将社会需求划分为四种类型：规范性需求，即专业人员或专家学者提出来的特定情况下人类的所需标准，如最低营养摄入标准；感觉性需求，即社会成员自身感受到的需要水平，如生活满意度调查；表达性需求，即公民通过语言或者非语言的方式呈现出来的需要，如公共场所排队遵守秩序；比较性需求，即人们将自己所在地区与其他相似的地区进行福利差异性对比而出现的需要，如果一个地区的居民政策优惠程度明显高于另一个地区，则会出现社会不公平问题。社会政策研究人员以满足社会需求为出发点，在研究过程中不断改进和完善社会政策，最终发挥政策的协调、规范、维持等功能。

4. 以社会行动为导向

为了使社会政策研究产生行动导向的建议，研究必须集中于某个社会问题中容易受影响的和可干预的那些因素（即核心变量）。例如，美国 20 世纪 80 年代对住宅流动性的研究主要集中在家庭决定迁移的直接诱因上，然而，这种研究对政策决策者几乎没有什么用处，因为直接的诱因往往是个人方面的主观因素，如个人偏好，这是很难发生改变的，为此，罗西（Rossi）和莎莱（Shlay）认为应将研究注意力转移到更具延展性的变量上，比如，描述住宅区的结构，居民一旦被移居的房屋和社区构造吸引决定搬迁，就会吸引其他家庭也随之移居。这种专注于可延展性变量的研究更有可能产生有价值的、可实施的政策建议[①]。

5. 深受价值观影响

社会政策研究是一个价值分析的过程。在这个过程中，研究工作所涉及的许多决策活动都是由众多甚至相互冲突的价值观所驱动的。在定义社会问题、确定具体研究问题、确定政策建议以及宣传社会政策的过程中，研究使用者的价值观不可避免地会参与进来。例如，在研究老年人的问题时，价值观涉及这样一些基本问题：老年人应该在何种程度上自力更生？照顾老人是家庭还是社会的责任？社会对老年人提供照料的最低限度是什么。另外，研究者的价值观也会影响整个研究过程，包括从一般研究方法的选择到得出结论和提出最终建议。因此，从政策研究开始阶段，研究人员就必须清楚地了解各类群体的价值观以及它们对各研究阶段的影响。

四 社会政策研究的意义

社会政策研究是社会科学研究的一部分，社会政策研究的对象主要是与公民福利和社会需要相关的社会问题。作为一项应用性研究，社会政策研究对构建和发展社会科学知识体系具有重要意义。第一，社会政策研究可以完善和发展有关政策实践的知识与方法。第二，社会政策研究通过对政策制定、推行和评估等工作环节进行客观评价，有利于发现社会政策实践过程中的漏洞和不足。第三，社会政策研究过程中鼓励公民参与，有利于研究者及时将社会需要和民众看法准确反映给政府决策部门，从而使社会政策的制定更加科学，推行更加有效。第四，通过科学有效的社会政策研究，可以促进社会公平与正义的实现。

---

① Rossi P H, Shlay A B. Residential Mobility and Public Policy Issues: "Why Families Move" Revisited [J]. Journal of Social Issues, 1982 (3): 21-34.

五　社会政策研究的类型

（一）传统政策研究

传统的社会政策研究重视客观事实，强调采用科学的方法确定政策问题以及制定政策建议，属于实证主义研究范式。在该方法的指导下，研究人员从价值中立的角度对政策问题进行客观描述和分析，然后在现实世界中探索一种理性的、综合的政策方法来解决此问题[①]。传统政策研究的学者认为社会政策具有权威性和社会性的特点，是解决社会问题的最佳方案。该方法强调研究的客观性和科学性，研究技术包括成本效益分析、项目规划、预算管理、风险评估等。

传统的政策研究是一种以证据为基础而进行的社会科学研究，虽然它为研究过程提供了真实可靠的证据，但是并没有指导研究人员如何利用这些证据，而且也忽视了政治因素对社会政策的影响力，它也没有指导研究人员在遭遇反对性政治意愿强烈干预时该如何去做。如果一个政策建议执行过程中遭受势力强大的政治集团的强烈反对，该政策行动容易陷入困境，目标问题最终也难以解决。

（二）主流政策研究

主流政策研究主要是对议程设置、政策过程、政策网络和治理的研究，在这些研究中，社会政策研究并不是被定义为一个完全理性的线性过程，而是被视为一种通过制度引导和通过政治调节的价值、利益和资源的互动活动。主流政策研究的思路主要有以下几种。

1. 多源流理论研究

该类研究指出政策系统中包括"问题流""政策流""政治流"这三种源流。问题流指需要加以解决的阻碍社会运行的问题被政府决策部门理性分析并最终进入政府政策议程的过程。政策流阐述的是由政策共同体中的专家提出的政策建议和政策方案的产生、讨论、重新设计以及受到重视的过程。政治流指的是影响政策问题上升为政策议程的政治活动或事件，包括国民情绪的变化、压力集团的行动、行政或立法机构的换届以及执政党执政理念等。通常情况下这三种活动流是分别同时流动的，其发生、发展和运作都是互不干扰的。但是，当研究人员将它们结合在一起时，就会打开一个"政策窗口"，社会问题会被提上政策议程，政策倡导者便有机会提出自己认为有效的解决办法，该方法被交给相关部门或机构，由他们做出决策。"政策窗口"是由某一项特殊的政治或社会事件开启的，多流理论指导下的社会政策研究需要研究者通过访谈关键人物来收集信息，其中包括事件发生的缘由、过程、影响以及公众期望等信息。

---

① Colebatch H. Accounting for Policy in Australia [J]. Public Policy, 2006 (1): 37-51.

2. 倡导联盟框架研究

该类研究认为政策研究子系统内会形成行动者联盟以倡导特定的政策立场[①]。政策倡导联盟是指具有某种共同信念体系的政策行动者群体或政策共同体，他们由于共享一套基本价值观、因果假设以及关于社会问题的认知体系，因而能够长期协调与合作。当人们关注某个重要政策问题时，他们就会以这一共同关注对象为中心形成政策子系统，在这个子系统中，不可能所有成员思想一致，所以会形成多个倡导联盟，每个联盟内部拥有关于政策问题的共同信念，联盟之间便会出现信念冲突。当各个倡导联盟的信念体系势均力敌时，政策僵局便出现了。各个联盟为了增加自身信念的竞争力，都会付出努力，比如在各种论坛平台与对手进行对话和辩论。在这个过程中，倡导联盟既能通过表露和维护自己内核信念的价值来扩大影响力，又能吸收竞争对手信念体系中某些合理因素，这两种做法均能够促进政策的完善。在倡导联盟框架理论指导下的政策研究将重点放在信念体系的分析上，将政策冲突和政策僵局归因于系统信念的差异，该研究强调政府并不是要努力杜绝政策僵局，而是管理和调停它，管理的重点是创造一个理性、公平、开放和民主化的对话机制，为公民提供自由表达建议和诉求的机会。通过上述方法，研究人员能够促进政策改善、和解和妥协。

3. 政策网络研究

政策网络是指由于资源相互依赖而联系在一起的一群组织或若干群组织的联合体。政策网络中的主体是相互依赖的，每个主体都需要依靠其他主体来实现自身目标，各种主体因为相互依赖和相互作用而形成不同类型的关系和规则，这些关系和规则会反过来影响和制约它们之间的互动和相互作用。研究人员着重分析政策网络中行动者之间关联的数量和类型，以便了解该网络的整体结构以及行动者如何利用其在网络中的地位来影响政策。

（三）解释性政策研究

解释性政策研究是一种相对抽象的应用型研究方法，它是以建构主义方法论为基础的。一项社会政策会涉及不同社会群体的利益，不同利益团体对此政策问题的看法不一，语言表述也存在差异，所以利益相关者对某个政策问题的定义并非统一的。解释性政策研究的支持者认为政策问题并不是事先存在的，是历史和文化的产物，所以，该类研究的重点是政策问题的表征，即研究人员在头脑中将与研究问题相关的信息进行记载、理解和表达的过程。另外，研究人员会花费精力分析以政策问题为导向确定政策建议并采取政策行动这一阶段性过程。

---

① Pierce J, Peterson H, Hicks K. Policy Change: An Advocacy Coalition Framework Perspective [J]. Policy Studies Journal, 2020 (1): 64-86.

（四）政策比较研究

社会政策比较研究是一种新兴的政策研究方法，它的出现相对较晚，发展也相对缓慢。社会政策比较研究是对不同国家（或地区）具体的社会政策领域的经验和体制范式等进行对比研究以期发现这些国家（或地区）在社会政策经验上的异同[1]。比较研究在社会政策领域的运用应遵循以下原则。

1. 定量研究和定性研究相结合的原则

一旦采用对社会政策进行比较研究的方法，研究者就需要确定分析的内容。一般会采用定性研究和定量研究两种方式收集研究过程中所需要的资料。在定性研究方法指导下，研究者参与到政策推行的过程中去，通过亲身体验了解决策者和利益相关者的意见和态度。定量研究是通过结构性问卷的方式来收集资料，收集到的资料以数字形式呈现出来，具有客观性、科学性的特点。通常情况下，研究人员将两种方法结合起来运用到政策比较的过程中去，通过这种综合的方法收集的资料更全面、更系统、具有更高的信度和效度[2]。

2. 横向比较和纵向比较相结合的原则

横向比较是指以某一时间点为准线，比较不同国家（或地区）在这一时间节点上的社会政策，纵向比较是指对一项社会政策在不同时期的执行效果进行比较分析，强调发展与变化的过程。横向比较的内容包括不同国家（或地区）社会政策的具体项目、政策绩效和影响，通过对比不同体制下社会政策的具体内容和影响状况，研究人员可以借鉴其他国家社会政策中的有利因素，并将其运用到本国社会政策的制定、推行和评估过程中去。纵向比较遵循一条时间线，即分析一项社会政策随着时间推移发生的变化。因为一项社会政策所依赖的社会政治环境并不是一成不变的，该政策可能在执行的初期深受民众的支持与信赖，但是实施一段时间以后，各种问题接踵而至，这就需要研究人员根据现实情况调整或终止政策。在具体研究活动中，研究者通常将社会政策的横向和纵向两种维度结合起来进行比较。

3. 相似性比较和差异性比较相结合的原则

对不同国家社会政策进行比较分析时，不仅要关注它们的相同之处，不同之处也不容忽视。通过相似性比较，研究者可以获得有关社会政策的具有普适性的、共通的技术和理念，然后总结出该普遍规律，为以后政策的制定和发展提供框架。社会政策的差异性比较有利于决策者发现某项社会政策的优势和缺陷，从而总结经验、吸取教训，然后在分析本国国情的基础上选择性地学习其他国家的社会政策。研究者只有全面认识社会政策之间的共同点与差异，坚持类别化和独特性相结合的原则，才能深入理解可行性政策项目的条件要素。

---

[1] 熊跃根. 社会政策的比较研究：概念、方法及其应用[J]. 经济社会体制比较, 2011 (3): 16-28.

[2] 熊跃根. 社会政策：理论与分析方法[M]. 北京：中国人民大学出版社, 2009.

六　社会政策研究内容

（一）社会政策分析

1. 社会政策分析的概念

关于什么是社会政策分析，学者们有不同的看法。邓恩（W. Dunn）认为政策分析是对政府所面临的不断出现的问题和危机的一个回应[①]；科克伦（Cochran）和马隆（Malone）认为政策分析是通过对调查资料的分析为决策者提供准确和有用的信息的活动[②]；波格丹诺（V. Bogdanor）把政策分析称为"社会工程学"，认为它注重被设计用来处理社会问题的行动方案的内容、发展和结果[③]。概括起来看，社会政策分析是应用科学的方法对社会政策的制定和实施过程以及环境条件作出深入研究和分析，以帮助决策者更好地把握公众对社会政策的需求，了解并尝试解决社会政策实践过程中存在的各种问题。

2. 社会政策分析的主要方面

1）社会政策的经济分析

社会政策的经济分析的内容包括政策制定和推行的经济环境以及政策运行对经济系统产生的影响两个方面。因为一项社会政策在实施过程中需要调动经济资源，其中包括资金以及可以换算成资金的人力和物力，所以研究人员进行社会政策分析时不可避免地要将其所处的经济环境纳入考虑范围，同时它的实施可能会改变个人的经济行为或者促进、阻碍国家经济发展。研究者关于社会政策在经济功能方面的讨论主要集中在效率问题，即政策行动中投入和产出的关系，如果一个社会政策的行动过程中投入小、产出大，其效率就高。

2）社会政策的政治分析

社会政策运行的过程中涉及复杂的政治因素。社会政策的目标和实施手段受到政府和政党的目标的制约，各国政府和政党通过制定和实施合理的社会政策来赢得民众的政治支持，从而维护其执政地位。在如今民主决策的社会背景下，公民意见越来越被重视，一项社会政策的颁布实施可能会对不同社会阶层的利益带来截然不同的影响，各阶层的社会群体为了维护和争取自身利益会联合起来对社会政策的制定过程施加影响。因此，要想保证

[①] 威廉·邓恩. 公共政策分析导论［M］. 谢明，译. 2版. 北京：中国人民大学出版社，2010.
[②] Cochran M C. Public Policy: Perspectives and Choices［M］. 4th ed. Boulder: Lynne Rienner, 2010.
[③] 韦农·波格丹诺. 布莱克维尔政治制度百科全书［M］. 邓正来，译. 北京：中国政法大学出版社，2011.

一项社会政策能够实现其目标,专业人员需要全面了解该政策在各个阶段的政治影响因素。

3) 社会政策的价值分析

人们的价值立场不同会导致对社会政策的态度和评价的差异,价值议题一直是社会政策研究活动中相关学者普遍关注的问题,与社会政策相关的价值争议主要表现在"公平"与"效率"二者的定义和优先性议题方面。公平取向的人强调国家干预的重要性,重视效率的学者认为市场配置和分配资源是最有效的途径。决策者、政策目标人群以及利益集团的价值取向不可避免地会影响政策的制定和推行,所以在对一项社会政策进行分析时,他们的价值观也不容忽视。

4) 社会政策的国际环境分析

如今,全球一体化迅速推进,各国社会政策受到国际环境越来越强烈的影响。在经济全球化的影响下,各国政府逐渐扩大政策问题的考虑空间,不再将它仅仅归因于本国的发展环境,而是从国际环境中审视此问题。另外,经济发展的国际化促进了各国之间的政策学习,政策制定者结合本国国情有选择地借鉴其他国家的政策理念、政策思路和政策举措。最后,随着国际移民的增多,国际保护移民的社会政策越来越多,逐渐呈现出"超国家化"的特征。对社会政策的分析顺应了时代发展潮流,越来越重视国际环境的影响力。

3. 社会政策分析的方法

社会政策分析的方法多种多样,不同的方法在其关注重点、分析范围和目的方面存在差异,学界以三种方法为主。

1) 以分析为中心的方法

以分析为中心的方法关注单个社会问题及其政策上的解决方法,它的范围是微观的。该方法遵循"问题-原因-对策"的流程。当现实状况与目标状态存在较大差距时,问题便出现了。研究人员致力于收集相关的语言和非语言资料以便详细了解该社会问题的来源和演变过程,在分析某一社会问题产生的原因时,研究者采用系统化视角来剖析系统内部(如社会成员偏好)和外部环境因素(如突发事件)的影响力。在获取详细的信息后,研究者开始探索以解决此社会问题为目标的政策对策,该方法以确定在经济和技术上最有效的社会政策方案为最终目的。

2) 政策过程法

社会政策的实施和推行是演进性的,它不仅受到意识形态和政治的影响,而且不同利益群体也发挥了一定作用。一个完整的政策过程包括问题确定、议程设置、政策制定、政策出台、政策执行以及政策评估和调整这些环节,这是一项社会政策从无到有的动态运行过程。政策过程法的要点是将社会政策看作政治活动或行为,重点分析它的阶段化政治过程以及该社会政策的利益相关者。它的范围是更广泛的中观尺度，它采用政治的视角来解释问题，目标是确定解决某社会问题的政策程序和政治手段。

3）元政策法

元政策法采用结构性视角解释社会问题，它重点分析影响社会政策制定和执行的宏观背景因素，比如，政治制度、社会经济条件和文化环境。在元政策方法指导下，研究者致力于解释一项社会政策是在何种社会条件下产生的以及经济发展水平、政治结构是如何影响它实施的。该分析方法是从社会层面出发剖析政策问题的来源和负面影响，它并不主张通过合理调整社会政策来解决目标问题，而是强调通过改变结构本身来缓解或解决政策问题。

4. 社会政策分析模型

对于社会政策分析者而言，建立和发展出一种结构化的和有解释力的模型是十分重要的。政策分析模型为专业活动提供思路和框架，从而使分析者能够全面系统地分析政策理念、内容、技术和成效，常见的有5E指标模型和六维度模型。

1）5E指标模型

该模型指出可以根据以下五个指标来考察一项社会政策[1]，分别是：

- Effectiveness（有效性），即该项社会政策能够取得的效果。
- Efficiency（效率），即该项社会政策需要的工作量、成本、受益。
- Ethical considerations（道德考虑），即该项社会政策是否符合伦理道德规范。
- Evaluations of alternatives（评估替代方案），即该项社会政策与其他方案相比是否更优化、是否全面考虑其他方法。
- Establishment of recommendations for positive change（提出积极改变的建议），即该项社会政策能否真正解决问题，考虑修改以后是否会获得更佳效果。

这一模型以上述五个指标为准则，它指引专业人员对社会政策进行综合分析，使政策问题得到妥善解决并获得长远持久的政策效果。

2）六维度模型

六维度模型指出，要想充分了解一项社会政策，需要在六个方面的相关数据和文字资料的基础上分析其动态的推行过程和静态的实施结果。

- 有效性，即该社会政策对目标问题产生什么影响[2]。
- 意外效果，即该社会政策会产生什么意料之外的影响。

---

[1] Kirst-Ashman K K. Introduction to Social Work and Social Welfare：Critical Thinking Perspectives [M]. Stamford：Thomson Reuters，2016.

[2] Salamon L M. The New Governance and the Tools of Public Action：An Introduction [J]. Fordham Urban Law Journal，2011（5）：1611-1674.

- 公平性，即该项社会政策对各类人群会产生什么影响。
- 成本，即该项社会政策的财政费用是多少。
- 可接受性，即该项社会政策的相关人群是否认为是可接受的。
- 可行性，即该项社会政策在技术上、经济上、政治上是否行得通。

一般情况下，学界将上述前三个维度归类为效果范畴，后三个维度归类为执行范畴。这两大范畴并不是孤立存在的，社会政策的有效性直接影响到其可接受性，而可接受性是以行动者参与社会政策过程中的可行性为基础的，如果可行性维度受到损害，那么社会政策的实施将会面临风险，导致额外的成本。最终，执行范畴三个维度的共同作用将会影响社会政策产生结果或影响的能力。这六个维度之间的关系如图9-1所示。

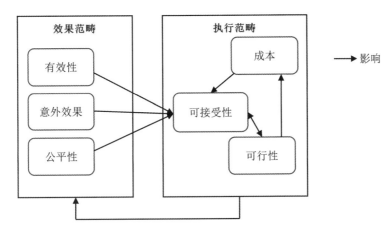

图 9-1 社会政策分析六维度模型

（二）社会政策评估

1. 社会政策评估的含义

政策评估是指按照特定的标准，由社会政策的权威机构对社会政策方案或政策行动及其后果做出的评价和估计，它贯穿于社会政策行动的各个阶段，以此发现行动过程中出现的问题，为以后社会政策的改进和完善奠定基础[①]。社会政策评估用来检查政策的内容、实施或影响，这有助于了解政策的优点、价值和效用。

2. 社会政策评估的标准

社会政策评估实质上是一种价值判断，而要进行价值判断就必须建立相应的价值尺度，即评估标准。社会政策评估标准的主要内容如下。

---

① 李迎生. 社会工作概论 [M]. 3版. 北京：中国人民大学出版社，2018.

效率标准，即社会政策的实际效果与政策执行过程中投入的资源量的比例，也就是传统的成本—收益分析，目的是寻求能以最小的投入获得最大产出的政策。

效益标准，包括社会政策的实际效果是否符合预期目标，在什么程度上实现了政策目标，以及还存在哪些距离和偏差。

社会标准，它关注的是群众对社会政策行动的满意程度，以及是否促进社会生产力的发展。

可行性标准，即判断在政治、经济和技术上是否具备政策可实施的条件。

公正标准，一项好的社会政策能够实现社会资源在不同群体之间的公平分配。[①]

合法性标准，考察一项社会政策是否符合法律规定。

3. 政策评估的基本步骤

政策评估是有计划、按照步骤进行的组织活动，是一个科学、客观的过程，由权威机构的评估人员通过科学的方法收集社会政策实施过程及其效果的客观资料，通过分析资料得出科学结论。政策评估遵循以下步骤：确定评估对象、明确评估标准和目标、制定评估方案、收集和分析资料、得出评估结果、递送和报告评估结果、应用评估结果。

4. 快速评估法

在需要迅速进行政策评估时，可以运用快速评估法。这需要评估者在政策研究周期开始时设定明确的和有针对性的目标、参与跨学科的团队合作，同时收集和分析数据资料。这需要评估人员前期做出努力，在评估准备阶段，他们应与社会政策目标群体建立专业关系以获得他们在评估实施阶段的配合。

七 社会工作者在社会政策研究中的角色

社会政策研究大多时候与社会问题和弱势群体相关，而这也是社会工作者工作的主要方向，因此，社会工作者在社会政策研究中常常承担一定的责任，具备专业知识和技术的社会工作者在这个过程中发挥着多种角色功能。

首先，政策分析师。这是社会工作者在政策研究过程中承担的关键角色，主要分析社会政策推行的社会政治环境、经济条件、价值取向以及政策建议的可行性和可接受性等。

其次，信息传递者。社会工作者需要及时了解与政策问题相关的社会需求和期望，然后通过正式或非正式渠道将这些信息收集起来向上反映给政策制定者或相关政府部门。同时，社会工作者还发挥着向下传播政策建议的具体内容和价值的作用。

---

① 姚万禄，肖生禄．公共政策理论与实证分析［M］．兰州：甘肃人民出版社，2010．

再次，政策倡导者。社会工作者通过借助网络工具或集体会议的方式来说服群众支持政策活动，促进政策建议成功落实。

最后，政策评估者。社会政策的实施效果需要通过评估活动来体现，社会工作者按照特定的标准对政策制定、推行以及改善的过程进行评价和估量。

八　社会政策研究过程中的价值问题

价值中立和价值关联是社会政策研究中的一个主要议题。我们在政策研究中要遵循韦伯（M. Weber）的价值中立思想[1]，意思是研究者一旦选中社会政策研究的议题，就必须遵循事实材料所揭示的指导线索，不得把自身价值观带入研究中，要以客观、中立的态度从事研究工作。虽然如此，我们也要承认社会政策研究中价值关联的重要性，因为无论是在课题选择阶段、政策分析阶段，还是研究结果应用阶段，都不可避免地会有价值观的参与，包括政策研究者、决策者和利益相关者的价值观。在社会政策研究的过程中很少有研究者对社会政策坚持严格客观的中立态度。事实上，马宏（Majone）已经指出，只有在确定了相关的价值观之后，才能开始理性的政策分析[2]。政策研究是在以科学客观性和价值中立性为基础的实证学科中发展起来的，但是在研究过程中又必须考虑价值观的影响，社会政策研究有必要采取价值中立和价值关联相结合的方法进行。

九　美国贫困家庭临时救助计划的社会政策案例分析

贫困家庭临时救助计划（TANF）的前身是美国抚养未成年子女家庭援助计划（Aid to the Family with Dependent Children，简称 AFDC）。20 世纪 60 年代后，AFDC 的覆盖范围不断扩大，引致政府财政不堪重负，"福利懒汉"现象频发。美国国会开始尝试对 AFDC 进行改革，其间改革实际进展十分缓慢，直到 1996 年 8 月，克林顿总统签署《个人责任和工作机会协调法案》。该法案实际上是将抚养未成年子女家庭援助计划（AFDC）、贫困家庭的紧急救助（EA）、就业机会和基本技能培训项目（JOBS）中的救助项目整合成一个综合性的社会救助制度———贫困家庭临时救助计划（TANF），该项救助计划体现了"促进就业"导向。我们可以从议程设定、政策制定、决策、政策执行、政策评估五个方面来研究。

---

[1] 马克斯·韦伯. 学术与政治——韦伯的两篇演说 [M]. 冯克利, 译. 北京: 生活·读书·新知三联出版社, 2005.

[2] Majone G. Evidence, Argument, and Persuasion in the Policy Process [M]. New Haven: Yale University Press, 1989.

（一）议程设定：对问题的认识（即 AFDC 弊端累积）

1935 年，美国通过《社会保障法案》设立 AFDC，目的是援助失去经济支持的单亲家庭（其家庭成员结构多为"单亲妈妈＋儿童"）。20 世纪 60 至 70 年代，AFDC 覆盖范围扩大，失业和低收入的双亲家庭也成为被援助对象。这一举措引发一系列后果。其一，救助规模迅速膨胀。其二，政府福利支出压力过大。其三，部分受助的家庭严重依赖福利，失去就业的动力，"福利懒汉"现象频发。

（二）政策制定：确定解决问题的目标（即 TANF 目标中的就业导向）

美国 TANF 共有 4 个目标，其中以促进就业减少家庭对政府援助的依赖是核心目标。设立这一目标是美国临时救助转向最突出的特征。

（三）决策：解决问题的方案选择（即 TANF 政策中的就业促进策略决策）

TANF 中的就业促进策略在政策的项目设置、工作要求、救助形式、专项救助金的设置中均有体现。TANF 包含四大项目，其中一项是专门为"就业促进"而设置的"工作性福利"项目。

（四）政策执行：方案实施（即 TANF 中的就业促进实践）

美国 TANF "就业促进"策略的实践体现了联邦政府与州政府的分工与合作。具体而言，联邦政府为各州政府提供 TANF 专项救助金并监督各州落实就业促进的情况。同时，各州根据当地实际情况采取灵活的就业促进方式，为贫困家庭提供就业服务和技能培训。

（五）政策评估：监控结果（即就业促进效果评估）

TANF 的实施促使部分受助家庭成员走向就业市场，许多受助家庭逐渐实现经济独立，减少福利依赖。1980—1998 年 TANF 援助的家庭数量基本稳定；但 1989—1994 年，AFDC 援助贫困家庭数量猛增，增长幅度达到 25% 以上，反映出 AFDC 积弊严重。1994—2021 年，TANF 援助家庭数量总体呈现显著的下降趋势，表明 20 世纪 90 年代初美国各州纷纷开始的临时救助制度改革和 1996 年美国联邦政府正式实施的 TANF 对缓解社会贫困起到了积极的作用，也从侧面反映出 TANF "就业促进"策略减少了受助者的"福利依赖"。

中英文关键术语

政策窗口（policy windows）
倡导联盟框架（Advocacy Coalition Framework，ACF）
元政策法（metapolicy method）
政策网络（policy network）
政策绩效评估（policy outcome evaluation）

复习思考题

1. 简述多源流理论研究的优势和局限性。
2. 举例说明社会政策如何兼顾公平与效率价值取向。
3. 概述以分析为中心的方法、政策过程法以及元政策法三种政策分析方法的区别。
4. 简述社会政策评估的主要内容。

第四部分

第10章 混合研究

随着社会科学领域跨学科、跨文化的对话和交流日益增多,研究者们也开始去反思隐藏在多样的研究方法背后的范式争论并在此过程中试图去找寻将范式融合的突破口。混合研究是在定性研究与定量研究的母体中孕育而生的,其在方法论、研究路径、研究设计等维度都试图将定性研究与定量研究有机结合在一起。另外,混合研究在更深的层面则表征着不同的研究方式及方法论路径在社会科学领域内的不断演变。

一 混合研究概述

(一)社会研究范式的演化

混合研究起源于社会科学领域的范式之争。社会科学领域的范式之争涉及以下几个阶段。

第一,实证主义(positivism)的衰落。实证主义面对不断的质疑和批判主要发生在第二次世界大战以后,那时社会科学领域对其充斥着不信任和排斥,激烈批判实证主义追求唯一真理及将认识的主客体相互隔离开的偏激。另外实证主义追求价值中立,主张建立超越时间、空间、情境的通则化知识和追寻明确的因果关系也遭到社会科学研究们的强烈排斥。在20世纪50、60年代,社会科学领域的学者对实证主义的不满达到了顶峰,后实证主义范式就是为了回应和进一步解决实证主义备受争议而出现的新的范式。

第二,后实证主义(post positivism)的崛起。后实证主义的出现在整个社会科学研究共同体中掀起了波澜。持后实证主义范式的学者们普遍认为研究者的价值取向是始终贯彻于社会研究的整个过程中的,研究者在收集事实性的数据和资料时会受到其所持有的理论框架的影响。库克(Cook)和坎贝尔(Campbell)作为定量研究的推崇者也更为赞同后实证主义范式,同时也承认研究者所持有的倾向是会影响研究的效度的,研究者进行的观察、实验等过程渗透着理论及研究者的价值观。一些社会心理学家们也强调在实验过程中研究者个人因素及价值观对实验进程和被调查者产生比实验刺激更为强烈的影响。

第三,建构主义(constructivism)的萌芽。建构主义范式试图在自然主义背景下调和实证主义与后实证主义之间的矛盾。林肯(Lincoln)等提出了建构主义范式的原则,他们将社会现实看作是建构性的、多元的,认识的主体和客体是紧密结合在一起的,且研究者在研究的过程中受其所持有的价值观的制约,是无法建立超越情境的知识和明确区分事物发展的因和果的[1]。持建构主义范式的研究者在对待范式之争时所持有的态度要更为激进。

---

① Lincoln Y, Guba E. Naturalistic Inquiry [M]. Los Angeles: SAGE Publications, 1999.

第四，在建构主义之后，实用主义范式再次尝试调和实证主义和反实证主义，提出定量研究取向和定性研究取向是可以相容、可以共存的。布鲁尔（Brewer）等人认为实用主义范式鼓励研究者们针对不同的研究问题来使用不同的、多样化的研究方法，因为这对于社会科学的理论建构和解构具有很强的实用意义，另外，刻板地遵循某个单一的研究方法和范式是不利于资料的收集、整理和分析的。雷哈特（Reichardt）等人则进一步指出，定性研究与定量研究在价值和研究的关系、理论和事实的关系以及现实的建构方面有很多相似性的，这些共享着的共同信念进一步催生了实用主义范式的诞生，也正是基于此范式，研究者在方法取向上也逐渐走向混合和多样化。各类研究范式的对比可用表10-1归纳。

表10-1 各类研究范式的对比

范式 不同层面	实证主义	后实证主义	建构主义	实用主义
本体论	现实是单一的	现实是单一的	现实是多元的	现实是单一的，也是多元的
认识论	研究关系是二元对立的	研究关系是客观且疏离的	研究关系是亲密合作的	研究关系的建立讲求实用性和有用性
方法论	演绎法	主要为演绎法	归纳法	归纳法和演绎法相结合
价值观	价值中立	价值可控	判断、持有偏见	多样、多元的价值立场
表达风格	客观且正式	相对客观和正式	主观且非正式	多样、多元的风格
研究取向	定量研究	主要为定量研究	定性研究	定性研究与定量研究相结合
因果关系	有果必有因，对应式的因果关系	存在因果，但因果关系不能完全知晓	事物是相互影响、相互依存的，因果不能明确区分	因果关系具有很大的不确定性

（二）混合研究定义

在实用主义范式的影响下，混合研究模式逐渐形成并为越来越多学者所接受。从研究的内容、适用范围、目的原理及驱动因素对混合研究进行界定，我们认为混合研究是一种研究者为了拓展研究的深度以及所得资料的可信度，在研究的不同阶段灵活地将定量研究与定性研究的研究思路和研究方法有机结合在一起的研究。混合研究之所以受到欢迎是因为进行多阶段的数据收集并在此过程中运用定量研究与定性研究的数据收集方法和分析方法进行研究比单独运用定量研究或定性研究更有深度，只是研究者要根据研究的重点和难点分阶段、分过程、分顺序地使用混合研究[①]。

（三）混合研究特点

混合研究具有以下几个特征：第一，混合研究是一种以研究问题为导向并综合地运用定量研究与定性研究的方法来严格地收集资料和分析资料的过程；第二，混合研究可以通过将定性研究与定量研究所收集到的数据结合起来进行并行地混合、嵌入地混合或依次数据混合分析；第三，混合研究要求研究者根据研究的重点来优先考虑研究所获得的一类或多类数据；第四，研究者可以在单一的研究阶段或者研究项目的不同阶段来使用混合研究。

二 混合研究设计

混合研究设计需要考虑不同的层面，具体包括：第一，研究设计过程中有哪些具体的原则要贯穿；第二，研究设计过程中有哪些策略可以使用、选择这些策略的标准是什么；第三，与研究策略相配适的可视模型及其具体说明是什么；第四，与可视模型相适配的数据收集与分析的程序是什么；第五，如何选择和确定定量研究与定性研究相关的具体研究方法及使用顺序。

（一）设计原则

1. 使用固定式或生成式的设计模式

混合研究的过程中，研究者既可以使用固定式的设计模式，也可以使用生成式的设计模式。固定式的设计模式是指研究者在研究起始之初就将如何使用相关的混合方法了然于心并且研究的程序也按照这一相对固定的程序进行，这一设计模式相对刻板，缺乏应对问题的灵活性。生成式的设计模式是指研究者在研究之初可以有一个大致的研究程序，但是这一研究程序可以随着研究的进程以及新出现的研究问题进行改变，在这一过程中研究者可以根据研究的议题不断去调整相关混合方法的使用。在实际的研究过程中，大多都是两种模式的结合，即研究者预期设想的模式和程序不能够有效地实现研究目标时也可以灵活地使用其他研究的模式来对原有的设想进行补充和调整，从而更好地实现研究目标。

---

① Creswell J W. Qualitative Inquiry & Research Design [M]. Los Angeles：SAGE Publications，2007.

2. 研究设计要与研究问题相匹配

研究者在设计过程中应该尽可能地去选择那些能有效解决研究困惑和有效回答研究问题的最为有用的方法。当研究者所收集到的单一数据无法完整地揭露社会现实的真实面貌或者不同的方法所收集到的数据存在争议的时候,研究者可以考虑运用混合研究。另外,为了再次印证第一阶段的解释结果时,研究者可以考虑运用混合研究,如第一阶段采取了定量研究的方法简单厘清了现象之间的关系但对这一关系的稳定性存在疑问时,可以进一步运用定性研究的方法来检验定量研究的结果。其次,如果现有的研究结果有待于深化和进一步推广的时候也需要运用混合研究。最后,如果研究者需要通过多个研究阶段来更好地解释理论框架或现有的理论框架解释力不够的时候,需要使用混合研究。总的来说,研究者应该在设计阶段就将研究的问题及面临的困境与混合研究的适用性有机地结合起来,这样才能达到最佳的研究效果。

3. 要超越机械的方法混合

混合研究涉及在不同的研究阶段或者在面对不同的研究问题的时候不仅要注重定性研究与定量研究在结论和解释方面的结合,也要注重研究步骤的有机结合。总的来说,就是不能单纯地强调方法论层面的混合,因为这容易使研究者产生矛盾感,即研究者在刻意去识别哪类方法属于哪类研究且去思考要如何与另一类研究的另一研究方法相结合的时候就容易形成对方法(更大层面则是方法论所表征的研究类型)的对立性误识。

(二)设计要旨

混合研究的设计要旨其实就是研究者在进行混合研究设计过程中要执行的关键决策,具体来说,就是研究者如何在研究过程中对定性研究与定量研究的交互程度、优先次序、时间顺序、混合程度等维度进行把控的过程。

1. 明确两种研究各个部分的交互程度

研究者在研究的过程中要对定性研究与定量研究的各个部分的关系(独立的关系还是融合的关系)进行研判。如果定性研究与定量研究的各个部分是分别独立完成的,那么它们就是相互区隔的,研究者在研究过程中就要确保两者在确立研究问题以及数据收集和分析阶段是独立的,此时研究者只需要在阐释两个部分的结论如何相混合;如果定性研究与定量研究的各个部分是相互依存、相互作用的交互关系,研究者就要在不同的研究阶段和研究节点对二者的关系进行把控,其注意力就不能仅局限于结论部分的混合,更需要注意阐释之前各个部分的转换和结合,例如,某一部分所获得的文本数据可以与另外一部分所获得的数值型数据进行转换从而形成一个整合的数据组进行分析。[①]

[①] Greene J C, Graham C W F. Toward a Conceptual Framework for Mixed-Method Evaluation Designs [J]. Educational Evaluation & Policy Analysis, 1989 (3): 255-274.

2. 明确两种研究的优先次序

研究者要通过直接或间接的方式来确定设计中定性研究于定量研究的重要性，具体来说，就是研究者要明晰在回答研究问题的过程中定性研究与定量研究谁发挥的作用更大、谁能够最大限度地达到预期的研究计划。具体来说，混合研究中定性研究与定量研究的优先次序有以下几种选择：第一，定性研究与定量研究对于回答研究问题时同等重要；第二，定性研究在研究过程中更为重要，其处于优先地位，而定量研究处于次要地位；第三，定量研究在研究过程中更为重要，其处于优先地位，而定性研究处于次要地位。

3. 明确两种研究各个部分的时间顺序

研究者要对两种研究方式数据收集的时间顺序及在研究中运用两种研究数据的时间顺序进行抉择。具体而言，混合研究设计中的时序安排与其不同的设计策略选择是一致的，研究者可以在借鉴不同策略模式的基础上进一步完善研究设计。

4. 明确两种研究各部分的混合程度及混合方式

研究者要处理定性研究与定量研究交互关系与独立关系，在此过程中，研究者需要去深入理解混合的时机和方式，并且敏感地捕捉到各个部分的交界点从而实施不同的混合策略。研究者可以在研究设计、数据收集、数据分析、结果阐释等节点，通过运用整合的理论框架来合并数据集并在更大的研究程序和研究项目中嵌入某一类数据。

在研究设计层面的混合主要是指研究者在理论框架、项目框架等层面的混合，而在数据收集层面的混合则主要是指研究者在连接第一类数据结果的基础上将研究问题具体化并在此过程中衍生出具体的测量工具来影响下一部分数据收集的过程。在数据分析层面的混合主要是指研究者将定性分析的方法与结果与定量分析的方法与结果混合在一起，在阐释阶段则主要是在研究的最终阶段来探讨结合产生的推论和新知[①]。

（三）设计描述

在混合研究中，研究者们大多采用符号系统、流程图及两种方式的结合来直观地描述混合研究的程序和路径。

1. 符号系统

莫斯（Morse）是最早用符号系统来对混合研究进行简化的学者，他总结的符号系统也在混合研究领域得到了广泛的认可和使用。其用"quan"来表示定量研究，用"qual"来表示定性研究，且用字母的大小写来表征研究的优先次序（如若字母的格式是一样的则

---

① Creswell J W, Clark V. Designing and Conducting Mixed Method Research [M]. Los Angeles: SAGE Publications, 2011.

表明两种方法具有同等重要性)并在此基础上运用不同的符号及符号组合来表示混合研究的程序,如表 10-2 所示。

表 10-2 混合研究设计的符号系统

符号	举例	含义
quan（qual）	quan（quai）数据收集	定量（定性）数据收集
＋	QUAN＋QUAL	定量与定性并行
→	QUAL→quan	定性优先、定量次要
（）	QUAL（quan）	在更大的设计程序中嵌入方法
→←	QUAL→ ←QUAN	定性与定量循环交替使用
[ ]	QUAN→QUAL→[QUAL＋quan]	在独立的项目环节使用[QUAL＋quan]
＝	QUAN＋QUAL＝combine results	合并数据结果

2. 流程图

混合研究的流程图也是在符号系统的基础上衍生出来的。研究者用矩形框来表示数据收集和分析,用椭圆来表示对结果的解释,并有"→"来表示研究的程序并用大小写字母来表示定量与定性研究数据收集与分析的优先性。流程图的具体使用可参照设计策略部分。

(四)混合研究模式

混合研究模式选择必须综合考虑以下四个方面的问题。第一,在研究方案的指导下收集定性研究的数据和定量研究的数据的总体程序是什么(即研究者确定是按顺序分别收集相关数据还是同时收集相关数据)? 第二,所收集到的定性数据和定量数据分析的前后顺序是什么(即研究者决定给予所收集到的定性数据和定量数据权重,可以优先某一方数据,也可以平等对待所收集到的数据)? 第三,在研究的哪个阶段对定性研究和定量研究的数据和研究结果进行整合(即研究者决定两类数据如何混合、如何合并、如何相互转化)? 第四,有哪些理论视角可以用于研究整体(即研究者决定使用抽象理论,还是具体的理论为研究提供一个解释框架)? 具体来说,混合研究的设计有以下几种模式。

1. 顺序性设计模式

这类又包括顺序性解释模式(sequential interpretation model)、顺序性探究模式(sequential inquiry model)两种。

顺序性解释模式主要是指在研究过程中定量数据的收集和分析都在定性数据的收集和分析之前进行,这种解释策略通常没有先验性的理论指导,后期的定性数据的收集和分析的作用在于对定量数据进行进一步的分析和验证,并在此基础上作出更为细化的解释性说明。用符号可以表示为:QUAN→qual＝解释统计结果。同时,这一研究策略相对简洁明了,但两个步骤相对独立,收集数据的周期相对较长,不利于研究者进行及时的对比。①顺序性解释策略流程图如图 10-1 所示。

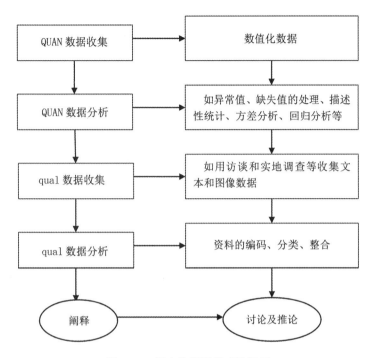

图 10-1 顺序性解释模式流程图

顺序性探究模式指在研究过程中定量数据的收集和分析都在定性数据的收集和分析之后进行。这一模式主要用来探究某一社会现象并在此过程中进一步拓展定性研究的结果并对研究过程中出现的理论框架进行检验,在这一策略中定量研究更为重要。用符号可以表示为:QUAL→quan=检验理论。总的来说,这一模式能帮助研究者进一步确定总体中部分样本的真实情况。另外,对于那些不太能熟练运用定量研究的研究者来说,顺序性解释模式更能够发挥其研究的能动性。但顺序性探究模式和顺序性解释模式一样,需要完成的时间周期较长,将所分析所收集到的定性资料的基础上再进行下一步的分析难度无疑也是很大的②。顺序性探究模式流程图如图 10-2 所示。

2. 并行性设计模式

并行性设计模式可以具体分为并行三角互证模式(parallel triangular mutual certification model)和并行嵌套模式(parallel nesting model)。

---

① Kawamura Y, Ivankova N V, Kohler C L, et al. Utilizing Mixed Methods to Assess Parasocial Interaction of an Entertainment-education Program Audience [J]. International Journal of Multiple Research Approaches,2009 (1):88-104.

② 约翰·W·克雷斯威尔. 研究设计与写作指导:定性、定量与混合研究的路径 [M]. 重庆:重庆大学出版社,2007.

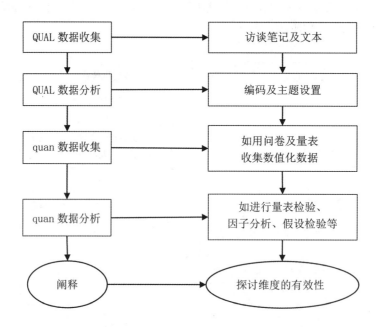

图 10-2　顺序性探究模式流程图

并行三角互证设计模式是指研究者在研究的某一个过程或者某一个阶段将定性研究和定量研究摆在同等重要的位置，同时分别独立地进行数据的收集与分析，并在最后的阐释阶段将定性研究和定量研究的结果有效地结合起来（在此过程中需要对两种不同的资料收集和分析之间的差异性和共性进行有效的处理）。并行三角互证模式能够促进数据互补且获得更为详细的、验证性更强的信息。用符号系统可以表示为：QUAN＋QUAL＝比较和推广。并行式三角互证设计策略流程图如图 10-3 所示。

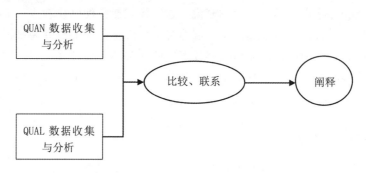

图 10-3　并行式三角互证设计模式流程图

并行式嵌套设计模式是指研究者在传统的定性研究（或定量研究）的研究设计中加上定量研究设计（或定量研究设计）的内容，在设计框架中二者相互补充，即研究者可以在任一的方法的指导下将另一种方法嵌入其中，在此过程中定量数据和定性数据没有明确的次序安排，两种设计的结果到最后的分析阶段达到整合。并行式嵌套设计模式如图 10-4 所示。

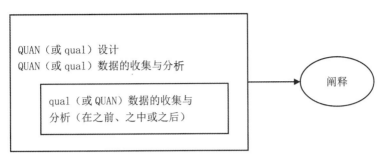

图 10-4　并行式嵌套设计模式

3. 转换性混合模式

转换性混合模式（transformative design model）指研究者没有明确区分定性数据收集和分析与定量数据收集和分析的先后顺序，即研究者可以根据自己的研究需要自如地确定数据收集与分析的优先次序，在最后对研究进行解释和说明的时候再将两者进行有机的结合，在此策略中定量研究与定性研究同等重要。用符号系统可以表示为：某一理论视角（QUAN→QUAL）=转换性的研究目标。当然，在时间与精力都允许的情况下，两者的数据收集与分析可以并行进行。与解释性模式和探索性模式所不同的是，转换性设计模式有一个相对清晰的理论框架，并且所收集的数据资料都是服务于这一理论框架的（见图 10-5）。[①]

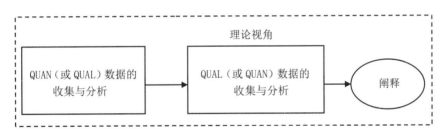

图 10-5　转换性设计模式流程图

4. 多阶段设计模式

多阶段设计模式（multi-stage design model）是对顺序性设计模式和并行性设计模式的综合运用，是最为复杂的一种设计模式。多阶段设计策略大多用在研究阶段较为持久且较大的项目研究中，是研究者单独运用一种研究方法或一种混合研究方法不能够完全实现其目的时，先后不断进行相互佐证且相关性较强的混合研究，并且每一个阶段的混合研究的结果会成为下一研究阶段的基础。另外，在此过程中研究问题是生成式的，研究的各个分阶段会有新的问题不断出现，而每一个相对独立的研究阶段都要去具体回应研究的每一个问题，将对这些问题的合理解释整合起来才能更好地实现整个项目目标。另外，值得一提的是虽然定性研究与定量研究在不同的研究阶段的重要性不同，但对于整体的研究目标

---

① Clark V P. Meaningful Integration within Mixed Methods Studies：Identifying Why，What，When and How [J]. Contemporary Educational Psychology，2019（57）：106-111.

来说二者同等重要。这一研究模式用符号系统可以表示为：QUAL→QUAN→〔QUAN+QUAL〕…循环交替＝项目成果。

总的来说，多阶段设计模式是具有很强的灵活性和适用性的，其所设计的要素也更为丰富，所以它对于社工项目的开发以及项目的评估极为有用，研究最后形成的阐释结果或者理论框架的解释力和推广力也更强。但多阶段设计模式需要研究者大量丰富的经验以及充足的人力和物力的支持，对并行性模式和顺序性模式的选择和顺序安排进行深入的考量，也需要将不同的方法与不断新出现的研究问题建立有意义的联系。同时，这一设计策略具有很强的实践取向，研究者也要进一步去考虑如何通过相应的程序来把研究的成果运用于实践中（见图10-6）。

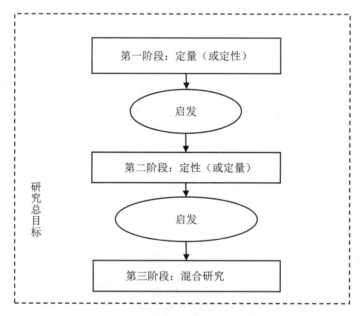

图10-6　多阶段设计模式流程图

综合来看，以上几种设计模式是研究者在混合方法的研究过程中最常用的类型。我们应理解混合研究的内在逻辑，毕竟，在具体的社会研究过程中基本的设计与现实的社会实践之间存在很大的差别，我们也不应该局限于混合研究的类型学建构，更为重要的是不断反思混合研究的具体实践过程。

三　混合研究资料收集

（一）资料收集原则

1. 明确资料收集的目的

对于混合研究而言，或许其研究的目标是多样的，但最为重要的目标就是找到契合研究问题的真实答案。基于此，在混合研究的过程中，研究者应该始终以研究问题为中心，并在此过程中反思所收集到的资料是否能够有效的回答研究问题。

2. 熟悉不同的资料收集程序

对于采取混合研究的研究者来说，应该要对定性研究与定量研究的资料收集方法和技术进行系统的学习，从而保证后期数据转换和混合能够有效衔接。如定性研究资料的收集大多可以采取访谈法、观察法、个案研究法等，其在资料的收集过程中注重研究关系对研究的影响，所收集的资料一般以文本或录音等形式来呈现，而定量研究的资料收集大多采用量表、问卷、结构式访问和结构式观察等，所收集的资料大多以数量化的表格和数据来表示。另外，定性研究所收集到的资料可以通过编码、类别化等形式来转化为定量资料，而定量研究所收集到的资料可以通过抽象、概括化等方法转化为定性资料。

3. 采取多样的抽样方式

在采取多样的抽样方式之前，研究者必须对抽样的程序进行了解，即无论是定性研究还是定量研究，抑或是以两个为基础的混合研究都需要对抽样的程序进行讨论。具体来说，抽样的程序又具体涉及分析单位的界定、分析单位又是如何选择、分析单位的规模有多大这几个重要的维度。而对于抽样方法来说混合研究可以将概率性抽样和非概率性抽样结合起来使用（如可以先采取随机分层抽样，然后在每一层级中进行目的抽样）。

4. 考察资料收集的细节

这一阶段要去考察信息收集的质量和推论的质量。具体来说，研究者们要去反思目前所收集和记录的资料是否与研究者实际想收集和测量的是一致的、目前所收集和记录的资料是否是准确的。对于混合研究而言，研究者要系统地考察那些可能影响资料收集质量和推论的各类因素，这些因素涉及研究过程中发生的社会事件、研究对象在研究之前本身的差异性（即假如研究对象在研究之前其行为、观点等已经存在很强的异质性，研究者就不能把这种差异性归结为研究刺激的影响）、研究对象自身的成熟化、统计回归中的极端值、先测效应的影响、测量工具的选择、研究关系及互动过程对研究的影响等多个方面。

（二）资料收集策略

混合研究的资料收集策略与其设计策略及相关的可视模型是一致的，不同设计策略对应着不同的资料收集策略。

1. 顺序性模式下的资料收集

1）顺序性解释模式下的资料收集

顺序性解释模式需要先收集定量资料并在对其分析的基础上进一步设计下一阶段的定

性资料的收集和分析，在此过程中两部分的资料收集是相互依存、紧密联系的。在这一策略中，资料的收集也需要选择合适的样本并确定样本规模，同时，也要在定量资料的基础上去探究还需要进一步研究和探讨的部分。另外，也需要明确如何选择定性部分的样本。在顺序性解释策略的资料收集中，研究者要注意以下几点。

第一，要选择合适的样本并确定样本规模的大小。在顺序性解释模式中，两个部分的样本应该是同一研究对象，只有这样才能对定量研究的结果进行有效的验证且两个阶段所收集的资料才有可比性。对于样本规模而言，前后两个部分的样本规模无须保持完全一致，规模的大小也取决于研究者的需要，从资料收集成本及研究的效果来看，在这一模式中定性部分的样本应该要少于定量部分的样本。该模式的重点是在定量资料的基础上收集定性资料从而发展出具有现实意义的理论。

第二，要确定定性阶段有待进一步研究的部分。在开启定性资料收集之前研究者要对第一阶段所收集到的定量资料进行反思并厘清有待进一步研究的部分。研究者通过考察第一阶段所收集到的定量资料的统计显著性和差异性并在留意极端值和异常值的基础上去反思第一阶段有哪些研究没有达到预期、有哪些地方值得进一步去深化，从而为定性研究的部分提供资料收集的指引。

第三，要确定定性阶段的对象。定性研究阶段的对象可以是定量研究中那些自愿参与后续研究的志愿者，同时，研究者也可以通过前期定量研究的统计结果来进一步选择后期定性研究的对象，这与研究者的研究旨趣紧密联系在一起，即定性阶段的对象可以是以定量研究的结果为基础的研究者最为感兴趣的那部分研究对象。

2）顺序性探究模式下的资料收集

顺序性探究模式的资料收集则是研究者首先收集定性资料，并在分析定性资料的基础上进一步进行定量资料的收集和分析。两个阶段也是相互作用、紧密结合的。顺序性探究模式的资料收集也需要选择合适的样本及合适的样本规模，同时也要用第一阶段定性资料来引导第二阶段定量资料的收集。另外，顺序性探究模式在资料收集过程涉及具体的测量工具的开发，这也需要研究者高度重视。具体来说，在顺序性探究模式的资料收集中，研究者要注意以下几点。

第一，要选择合适的样本并确定样本规模的大小。顺序性探究模式在资料收集过程中，大多数情况下定性阶段和定量阶段的样本是不一样的。一方面，选择不一样的样本可以有效规避前期研究对研究对象的行为和想法的影响，另一方面则是第二阶段的定量研究需要进行大规模的统计检验，如若要和定性阶段采取同样的样本，那定性阶段的样本必然是一个大样本，而在现实条件则是研究者研究所需的人力、物力和时间通常不允许研究者进行大规模的定性研究。基于此，研究者需要对两个阶段的研究对象的选取的程序和方式进行详细说明。

第二，要说明第一阶段的结果是否可以用来发展第二阶段的测量工具。即研究者应该通过对定性阶段的资料进行系统的整理与分析的基础上进一步去确定有哪些资料是可以用来发展定量阶段的测量工具，在此过程中研究者要对定性阶段的资料进行识别和归类，并在此基础上提炼一个中心主题来设计定量阶段所需的量表。在制定第二阶段的测量工具的时候，研究者可以综合第一阶段的研究结果和以往类似的文献的基础上来增强测量工具的效度和信度。

2. 并行性模式下的资料收集

1）并行式三角互证模式下的资料收集

并行式三角互证模式需要同时收集定性资料与定量资料，并在对二者所收集的资料进行独立分析的基础上进一步对资料进行合并。在此过程中，研究者必须要为两个不同的部分选择合适的样本并确定两个部分样本规模的大小。其次，研究者还需要系统地衡量采取何种问题进行两部分的数据收集以便于更好地去比较和合并两个部分的数据。最后，研究者需要选择合适的数据收集形式。具体来说，在并行式三角互证模式的资料收集中，研究者要注意以下几点。

第一，要选择合适的样本并确定样本规模的大小。对于并行式三角互证策略来说，其在资料收集过程定性与定量研究的两部分可以采用同一样本，也可以采用不同样本，这一选择在很大程度上是由研究的目标来决定的。如果研究的目标是通过比较定性与定量资料或数据来证实和比较不同的数据集，那这两个部分就可以采用同一样本；如果研究的目标是要去阐释不同的研究对象对同一研究主题是否会有不同看法的时候，那定性研究和定量研究两个部分就要采用不同的样本来比较人们态度的差异。其次，在并行式三角互证模式的资料收集过程中，当定性部分和定量部分的样本规模不同且定量部分的样本规模远远多于定性部分的样本规模时，研究者就可以围绕着研究主题进行探索性分析和相对严格的统计分析。但研究者必须考虑的一个问题是，当两个部分的样本规模不一致时，研究者在资料合并阶段应该通过说明两个部分不同的研究目的，即定性部分是为了更为深入真实地了解社会现象再做归纳和概括，定量部分则是为了进一步去验证设定的理论假设。但是当研究结果的差异性是由于样本规模不同所造成的，此时研究者就应该尽可能地让两部分的样本规模保持一致。相同的样本规模可以方便研究者进行数据的合并和转换，但这是以牺牲资料的丰富性为代价的，这也是研究者要去考虑的。

第二，两部分问题是否要表征同一概念。在定量研究与定性研究两个部分，研究者要确定两个部分是否是在测同一个概念。问题的具体化其实就是概念的操作化过程，当研究者在定性部分和定量部分采取同一概念时，后期的资料转化和合并就会更为顺畅，也相对容易。如研究者在定性研究部分可以通过对研究对象就"自信"问题进行深度访谈，同时，通过结构式的调查问卷来询问研究对象的自信程度。

第三，要选择合适的数据收集形式。研究者应该去思考是运用同一种方式的不同提问形式（如在同一问卷中设置开放式问题和封闭式问题来收集定性资料与定量资料）还是不同的方式来收集资料（如采取参与式观察的方式收集定性资料，采取结构式问卷收集定量资料）。另外，研究者还需要围绕研究目的并考量不同资料收集方式的影响对数据源收集的先后顺序进行安排。

2) 并行性嵌套模式下的资料收集

在并行式嵌套模式中，研究者同时收集资料或者按顺序收集资料又或者将两者结合起来收集资料。在这一设计中不同部分收集到的资料可以嵌入到另外一个部分中或者在一套程序中同时嵌入两个部分的资料。在此策略中，研究者要着重把握嵌入的原因和时机，并在此基础上去谈论嵌入可能会产生的问题。具体来说，在并行式嵌套模式的资料收集中，研究者要注意以下几点。

第一，要掌握嵌入的原因和时机。我们可以以在实验性研究中嵌入定性资料为例来讨论资料嵌入的原因和时机。如果是在实验性研究之前和实验之后嵌入定性资料，其原因和动机与顺序性探索模式和顺序性解释模式是一致的。当研究者在实验性研究之前嵌入定性资料，其目的是选择合适的研究对象并在此过程中发展后期的定量测量工具，在此过程中研究者也会对研究对象及其所处的社会背景有深入的了解。研究者在实验性研究之后嵌入定性资料则是为了通过收集研究对象对实验的反馈来进一步修正研究的成果，并在此过程中评估研究成果的真实度，从而达到对理论模型的深入理解。另外，研究者在实验性研究中嵌入定性资料则是为了收集研究对象的相关体验及意见来不断调整研究的重点和方向，并在了解实验所产生的干预效应的基础上进一步挖掘可能影响实验结果的中介变量和调节变量，从而使实验的结果与现实的贴合度更高。①

第二，关注嵌入可能产生的问题。研究者要注重不同阶段嵌入资料对研究过程和结果造成的影响。因为嵌入资料是一种方法，同时也是一种社会行为，其不可避免地会对研究对象的真实行为造成影响（甚至可能会促成研究对象行为及选择朝相反的方向发展），从而影响研究的真实性，因此研究者要在此过程中区分研究对象采取某一行为的真实原因。如当研究者需要嵌入定性资料的时候并不一定非得采取访谈、观察、实地等互动性和反应性较强的方式获取这一资料，研究者可以通过阅读相关文献、民族志、日记、报告等无反应性的方式来获取定性资料。另外，在精力和时间都充裕的情况下，研究者可以设立实验组和控制组来规避嵌入数据对研究产生的影响。

3. 转换性模式下的资料收集

在转换性设计模式的资料收集中，定性资料收集与定量资料收集可以同时进行，也可以采取顺序进行或二者兼而有之，资料收集的过程也离不开特定理论框架的指导。在转换性设计模式的资料收集过程中，研究者尤其要注意的是研究对象的选择及如何通过有效的互动使研究的结果更为贴近研究对象真实的生活场域，从而有效发挥研究对改变研究对象生活境遇的建构意义。具体来说，在转换性设计模式的资料收集中，研究者要注意以下几点。

---

① Creswell J W, Creswell J D. Research Design: Qualitative, Quantitative, and Mixed Methods Approaches [M]. Los Angeles: SAGE Publications, 2014.

第一，注重和研究对象的互动。研究者应该将研究对象当作平等的合作对象，在熟悉研究对象生活习惯、思维模式、行为方式及在地化的语言表达的基础上与其进行互动。另外，研究者也要提高与研究对象的合作意识，即将研究对象当作合作伙伴，并且可以将具有代表性且有合作意愿的研究对象纳入研究团队内，并通过滚雪球的方式来接触更多的研究对象。

第二，注重发展符合研究对象生活背景的测量工具。研究者所发展出来的测量工具要贴合研究对象生活的实际，并且要注重社会变迁、社会重大事件及社会结构的变化对研究对象生活产生的影响，并尽可能地发展出跨时段、历时性较强的测量工具来对研究对象进行系统的探究。

第三，要凸显研究成果的建设性。转换性设计策略所收集的资料必须有利于研究对象群体，即研究者不仅仅要对研究对象的现状是什么进行梳理和描述，也要进一步阐释研究对于改变研究对象的现状有哪些积极作用。具体表现为研究者应该在社会范围内推广自己的研究成果并在此过程中来促进研究对象所面临的问题的解决。同时，这一过程也是号召社会大众关注研究对象这一类群体的生存境遇并在更大范围实现社会正义、社会公平、社会解放的过程。

4. 多阶段设计模式的资料收集

多阶段设计模式的资料收集的过程中，研究者要将并行式模式和顺序性模式有机结合在一起，所以这一设计模式的资料收集方法和程序要比两者复杂，即多阶段设计模式的资料收集历时较长，且需要大量人力、物力和资金的支持，且多阶段的资料收集统筹于总体目标的框架之下。具体来说，在多阶段模式的资料收集中，研究者要注意以下几点。

第一，要灵活运用多种抽样策略。研究者可以根据研究的目标将非随机抽样法和随机抽样法结合起来，并在不同的分析层次中使用不同的抽样程序，同时，并行式和顺序性资料收集的策略同样适用于多阶段设计，如何使用两种方法取决于研究者的需求。

第二，要注重研究对象流失问题。多阶段设计模式的资料收集过程周期比较长，部分的研究对象会因为某些不可控的因素（人为因素和非人为因素）退出研究过程，研究者应该事先预料到人员流失的可能性并提前想好应对措施和方案。具体来说，研究者要保持测量工具的开放性并在资料收集的过程中不断完善测量工具，从而使测量的工具更加符合社会现实。另外，研究的过程也是研究对象不断发生变化的过程，其行动和想法不是一成不变的，研究对象处于持续流动的行动流中，因此，研究者要对所收集到的资料进行及时的回顾并在相对较短的时间跨度内和研究对象确认所收集到资料的真实性。

第三，要将总体目标贯穿于研究的各个阶段和过程中。研究的总体目标是研究者收集资料的依据，研究者在资料收集的各个阶段要注意与总体目标相衔接并在资料收集过程中将总体目标细化为多个子目标。

混合研究的资料收集策略可用表10-3归纳。

表 10-3　混合研究的资料收集策略

设计策略		资料收集策略
顺序性策略	顺序性解释策略	1) 保持前后研究对象（样本）的同一性
		2) 考虑在定量分析基础上可以进一步拓展的维度
		3) 下一部分样本的选定要以第一阶段的分析为基础
		4) 对定性部分的描述采取开放的、暂定的态度
	顺序性探究策略	1) 前后选取不同的样本且定量部分的规模大一些
		2) 考虑在定性分析基础上可以进一步拓展的维度
		3) 用编码、主题及类型化等方式引导定量部分的资料分析
		4) 以严格的程序来开发量表等测量工具
		5) 用程序图来表征探究的程序和步骤
并行性策略	并行式三角互证策略	1) 说明如何选择样本及样本规模如何确定（合理性）
		2) 说明资料的来源（独立的还是单一的来源）
		3) 说明如何运用两种方法来评估、测量同一个概念
	并行性嵌套设计策略	1) 说明嵌入资料的原因和时机
		2) 采取减少偏误的措施（如严格收集两个部分的数据）
		3) 设计一套相应的程序来连接两部分的数据
		4) 比较研究成果并与现有的文献对话
转换性设计策略		1) 说明研究对象的身份（是合作者而非被动的参与者）
		2) 通过多方交流设计一整套的抽样程序
		3) 选择对研究对象而言敏感度较高的测量工具
		4) 凸显研究成果对研究对象的建设性意义
多阶段设计策略		1) 掌握多种抽样方法及程序
		2) 测量工具和程序要与各个阶段相匹配
		3) 明确总的研究目标（该目标可以串联各个不同的阶段）
		4) 处理好研究对象因时空跨度大的流失问题

四　混合研究资料分析

我们可以从混合研究资料分析的一般性策略以及与不同的研究设计及可视模型相适应的资料分析策略两个方面来理解混合研究的资料分析过程。

(一)混合研究的一般性资料分析步骤

混合研究资料分析的一般性策略主要是指混合研究资料分析的通用步骤,且这些步骤与具体的设计模型无关。卡拉塞利(Caracelli)等人认为混合研究的资料分析主要分为以下几个部分。

1. 对资料进行转化

将一种资料(如定性资料)转化为另一种资料(定量资料),在同一类型资料的基础上对两种资料进行系统分析。

2. 对资料进行提炼和拓展

通过对某一种资料进行分析并在分析的基础上提炼和拓展出分析框架和分类体系,从而将两类不同的资料置于同一类型的分析框架中进行分析。

3. 对资料收集中出现的极端案例进行处理

通过对某一类的资料中出现的极端案例进行分析,然后在对另一类资料进行分析的过程中对这一极端案例进行追问和确认从而使对极端案例的解释更为深入和具体。

4. 对资料进行合并与整合

通过对收集到的两部分资料进行联合分析,在分析的过程中发展出新的变量或协同性的分析框架,在此过程中形成新的资料库,使得两部分的资料既可以用定性的方式进行阐释,也可以用定量的方式进行阐释。[1]

(二)顺序性设计的资料分析

顺序性设计的资料分析策略也涉及两种不同的形式,即探索性的资料分析策略和解释性的资料分析策略。

探索性的资料分析首先需要对定性研究所获得的资料进行分析,从而在找出相似性的基础上将研究对象归为不同的群组,然后再依据定量研究所获得的资料来对已经确认好的群组进行分析和比较,或者根据对定性资料分析的结果对后面所收集到的定量资料进行比较。这些策略可具体分为以下几种。第一,进行类型学建构,即在对定性资料进行分析的基础上再根据定量资料对群组和不同的环境进行比较,主要是对定性资料分析过程中所涉及和确认的不同群组进行比较研究。如可以通过对工厂工人的观察资料和访谈资料把他们

---

[1] Greene J, Caracelli V. Advances in Mixed-Method Evaluation: The Challenges and Benefits of Integrating Diverse Paradigms [J]. New Directions for Evaluation, 1997 (74): 87-94.

分为高效率组和低效率组，并在接下来的定量资料分析过程中进一步去识别出那些使高效率组和低效率组区别开来的那些关键性变量和指标。第二，对第一阶段的生成性主题进行统计检验。研究者可以在对定性资料进行分析的基础上建立生成性主题并通过概念识别来建立起相关主题及变量的范畴，然后进一步通过对定量资料的统计分析来对定性分析阶段所获得的推论进行验证和拓展。这一过程是从定性资料及主题逐渐过渡到概念指标并确定各个范畴的效度的过程。在探索性的资料分析过程中，研究者的主观因素发挥了很大作用，在某种程度上其降低了资料分析的复杂性，但从总体上来说，通过对定量的信息进行定性化的比较和总结，能有效降低研究偏见对研究的影响。

解释性的资料分析就是对定量研究所获得的资料进行分析，从而在找出相似性的基础上将研究对象归为不同的群组，然后再依据定性研究所获得的资料来对已经确认好的群组进行分析和比较，或者根据对定量资料分析的结果对后面所收集到的定性资料进行比较。大多数情况下，研究者可以通过回归分析确认研究的单位并在此基础上进行定性分析，接着研究者通过收集翔实定性的资料来对定量分析中的异常值和特殊值进行分析，并在此阶段将定性资料转化为定量资料来进行统计分析。另外，研究者可以通过从定量资料的分析中提取出关键的因素并在此过程中识别出概念或类型，并通过对资料的定性分析来确认并拓展这一概念和类型。此外，我们也可以将定量资料分析的过程看作是为接下来的定性资料分析寻找并提供一个合理的分析框架的过程。

（三）并行式设计的资料分析策略

并行式设计的资料分析主要分为并行性混合分析和资料转换式混合分析。

并行性混合分析的过程其实就是三角互证的过程，如以实验室研究为例，研究者经常在实验前期、中期及后期对研究对象进行访谈和观察从而来确定个人的行为及观念的改变过程，其对资料的分析不仅涉及对通过实验所获得的数据进行的统计分析，也包括了对通过访谈和观察所获得的定性资料进行的内容分析。另外，不难发现的是，很多研究者会在问卷调查中同时采用开放式问题和封闭式问题来对研究对象进行调查，其在资料分析的时候也会分别对封闭式问题进行统计分析和对开放式问题进行内容分析。在此过程中，定性资料与定量资料是同时进行收集并同时进行分析的。

资料转换式混合分析主要涉及以下两种情况，分别是将定量研究所得的资料转换为定性的叙事、将定性研究所得的资料转化为数值化的表达。首先，将定量研究所得的资料转换为定性的叙事指将定量资料转化为定性资料并对二者进行同步分析。在此过程中，研究者要积极建构叙事性的形象，即需要通过某些常见的人群属性对研究对象及群组进行情境式的描述，并在此基础上对研究对象及其群组的平均属性和状态进行描述。同时，也要通过对研究对象及其群组的整体印象来进行整体式的、推论式的描述。另外，研究者可以通过对不同的分析单位的共同性和差异性进行比较来形成叙事性的描述。最后，研究者可以依据个体行为表现与群体规范的差异来形成总体性的标准，从而对研究对象总体印象进行对比性描述。其次，将定性研究所得的资料转化为数值化的表达指的是将定性资料转化为定量资料并对二者进行同步分析。在此过程中，转化的过程既包括对研究对象特定的行为以及与研究主题紧密相关的事件的描述性统计，也包括了通过因子分析、回归分析、相关分析对事件的关系和强度进行的定级评估。

混合研究的资料分析策略可归纳如表10-4。

表 10-4　混合研究的资料分析策略

研究设计	资料分析策略	分析要点
顺序性设计	顺序探索性资料分析	a. 通过定性分析建立不同的群组，并通过定量分析进行比较研究
		b. 通过内容分析来建构不同主题的群组，并通过因子分析等方式验证
		c. 通过定性分析建立理论框架并通过路径分析、结构方程模型等确证
	顺序解释性资料分析	a. 通过建立定量分析建立不同的群组，并通过定性分析进行比较研究
		b. 通过因子分析及量表等来建构不同主题的群组并通过定性资料进行确证
		c. 通过路径分析、结构方程模型等建立理论框架，并通过进一步的定性分析来确证
并行性设计	对定性资料与定量资料同时进行分析	并行三角互证
		定性资料定量化
		定量资料定性化

五　高中生非理性消费行为混合研究案例分析

下面我们以关于某市高中生群体的非理性消费行为研究为例来说明不同的混合研究策略会给予社会工作者何种启发。

（一）顺序性解释模式下的高中生非理性消费行为

如采用顺序性解释策略中，社会工作者需要先收集定量资料并在对定量资料整理和分析的基础上进一步开展定性资料的收集和分析，以达到对定量资料再解释、再诠释的目的。因为社会工作者要研究高中生群体的非理性消费行为，所以可以在某市的高中学校首先采取分层抽样的方式来选择不同年级的学生作为研究对象，并通过有关消费态度的结构式问卷对其进行调查。在问卷调查结束后对资料进行统计分析，找出影响高中生消费的关键变量。如社会工作者通过前一阶段的资料分析发现零花钱的多少和高中生的消费态度之间存在相关性，社会工作者在第二个阶段就可以对那些零花钱相对较多的和零花钱相对较少的学生进行无结构式的深度访谈来加强对零花钱与消费观念的关系的深入理解。

（二）顺序性探索模式下的高中生非理性消费行为

在顺序性探索策略中，社会工作者需要先收集定性资料并在对定性资料整理和分析的基础上进一步开展定量资料的收集和分析，从而对所收集到的定性资料进行验证。如社会工作者可以对偶遇到的高中生进行闲聊，通过交流来了解其具体的消费行为和消费观念，还可以引导高中生讲述身边其他人的消费行为，社会工作者在此过程中可以对高中生整体的消费观和消费行为有一定的了解并可以初步形成或收集有关消费态度的测量量表。接着社会工作者可以采取分层抽样的方式选取合适的高中生群体并运用结构式问卷对其消费态度进行测量。

（三）并行性三角互证模式下的高中生非理性消费行为

在并行性三角互证策略中，社会工作者要同时进行定性资料与定量资料的收集和分析，然后在结论部分将两个部分所得的结果混合起来。此例中，社会工作者可以通过结构式问卷对高中生群体进行调查，同时也可以使用深入访谈的形式来了解其真实的态度。待资料收集完成后，对问卷所得的资料进行定量分析，对访谈所得的资料进行定性分析，然后在研究结论部分将两个部分结合起来考量，以此来评估高中生群体真实的消费行为。

（四）并行性嵌入模式下的高中生非理性消费行为

在此策略中，定量部分与定性部分相互补充，从而使研究设计更为合理。如果社会工作者想要在了解高中生群体的消费行为并想要对其不正确的消费行为进行干预时，可以通过与部分的高中生群体进行访谈去系统地了解他们不正确的消费行为有哪些且可以通过简单的问卷对造成不正确消费行为的原因进行了解。在此基础上，社会工作者可以根据访谈和问卷的结果尝试建立干预机制并通过实验室实验等方式来验证这一方式的有效性。

（五）转换性模式下的高中生非理性消费行为

社会工作者可以在参照群体理论这一框架下去研究高中生群体的消费态度。具体来说，社会工作者首先可以通过问卷调查来识别不同的参照群体是否会对其消费行为造成影响并在此过程中进行统计分析（如父母的消费行为和同辈群体的消费行为对高中生群体的影响不同，同辈群体的消费行为对其消费行为影响更大）。接下来，社会工作者要进一步研究为什么同辈群体对高中生的消费态度有如此大的影响。社会工作者可以采取整群随机抽样的方式对从定量研究阶段的大样本中抽取子样本来进行深度访谈，这个深度访谈可以间隔几周进行一次。

（六）多阶段性模式下的高中生非理性消费行为

社会工作者的研究目的是帮助高中生形成正确的消费行为，社会工作者可以通过深度访谈了解高中生群体有哪些不正确的消费观念，然后根据访谈的结果建立合适的量表和问卷来进一步测量高中生群体中所认可的不正确的消费行为有哪些，在此过程社会工作者可以通过开放式问题来对高中生群体进行提问。接下来，社会工作者可以围绕研究结果建立有效的干预机制并在实施干预机制的过程中对其进行验证和检验。

六 混合研究的优势与局限性

建立在定性研究与定量研究基础上的混合研究的适用范围相对较广，使用混合研究可以帮助研究者走出研究的困境，并在此过程中获得意想不到的收获。具体来说，混合研究能够帮助研究者弥补运用单一数据源在解释社会现象时的不充分，并在此基础上将探索性研究和解释性研究结合起来深化研究的结果。但混合研究对研究者的研究技能要求较高且需要花费大量的时间和资源。因此，混合研究有利有弊，视研究需求而定。

（一）混合研究优势

1. 促进定量研究与定性研究优势互补

混合研究不仅将定量研究方法与定性研究方法相结合，也将二者所收集到的资料进行合并和转换，这能够促进定量研究与定性研究取长补短、优势互补。另外，研究者可以将演绎推理和归纳推理有机结合，从而使得整体的理论框架更为饱满，也能够充分地考虑到研究成果的丰富性和概括性。同时，相比起单一的定性研究方法或定量研究方法，混合研究更有利于搜集更多的真实性较强的资料和证据。再者，综合使用各种资料收集方法和资料分析方法也有利于在此基础上衍生出新的方法。最重要的一点是混合研究能够在最大限度上帮助研究者回答那些仅靠单一研究方法回答不了的问题（如要回答通过访谈和观察收集到的定性资料与通过问卷调查收集到的资料是否一致的问题只能通过混合研究来回答）。

2. 能够提高研究者研究的包容性和积极性

混合研究鼓励研究者采取与传统不同的方法来进行研究，在某种程度上能够改变研究者以"非此即彼"的二元对立视角看待两种不同的方法取向，他们在进行混合研究的时候能够用更为包容的立场来看待并借鉴不同的方法。另外，混合研究没有相对固定的研究程序，研究者可以自如地围绕所要研究的主题和问题选择合适的程序来进行研究，在解决研究困境时候可选择的余地变得更大了。总的来说，在实践层面，混合研究是最具实用性的。

（二）混合研究局限性

1. 对研究者的技能要求太高

混合研究要求研究者熟练掌握并运用定量研究和定性研究的各种方法、程序和技巧，但对于单独的研究者来说，想要在实践中同时实施并将这两种方法运用自如还是存在很大困难的。另外，研究者在研究的过程中受到先验性的方法观念的影响（如其更习惯运用定量研究和定性研究中的某一方法或者对方法的选择和运用有自己的偏好），研究者习惯性的方法取向会使其在研究过程中下意识地以某种方法为主导并凸显该方法的建设性作用，从而忽略选择其他方法的可能性以及其他方法对研究的建设性作用。

2. 研究需要付出很大的成本

混合研究对人力、物力和时间的要求较高。具体来说，由于单个研究者的能力有限，大多数的混合研究都采用团队合作的方式进行，在此过程中不同的成员间需要不断磨合和协调，其花费的人力成本相对较高。另外，混合研究的研究周期较长，这不仅仅对研究者来说是一个考验（即研究者需要给予研究足够的耐心和坚持），对于研究对象而言也是一个挑战（即研究者通常较难保持长时段地参与研究）。同时，混合研究过程中研究者必须提前对研究所拥有的资源和潜在资源进行评估，评估涉及现有的资源是否能够支持项目的顺利开展、研究的时间是否充裕等多个方面，如果通过评估研究者未能拥有充足的资源进行混合研究，则说明混合研究缺少必要条件的支持。值得一提的是，对不同阶段、不同资料进行分析和转化的时候也需要充裕的时间，这对于短期研究来说是不太实际的。

3. 混合研究的效度有待进一步讨论

效度是混合研究中需要引起研究者关注的问题，同时，在研究过程中，也有多种潜在的威胁会影响到混合研究的效度。具体来说，资料收集、资料分析、资料解释都会对混合研究的效度有一定的影响。在资料收集方面，研究者可能会因为研究对象的选取不适宜以及在资料收集过程中的两个部分样本大小规模选择的不同而使得所收集的资料存在偏差或者两个部分的资料表征的不是同一主题。另外，不合适的样本选择也会导致后续的研究丧失意义，也不利于发展出有用的测量工具和手段。在资料分析方面，研究者也可能因为对资料进行不恰当的收敛或者对资料和结果的分析与转换与逻辑不符合而使研究丧失连续性。在资料解释方面，研究者可能无法深入地去解释有争议、有分歧的结果或者团队内部存在不可调和的矛盾抑或者研究者偏向于某一种资料收集方式使得混合研究的结果未能回应社会科学的可行性要求。另外，如果各个阶段或各个部分的关联性不强，混合研究也就丧失了意义。

中英文关键术语

混合研究（mixed method research）
顺序性解释策略（sequential interpretation strategy）
顺序性探究策略（sequential inquiry strategy）
并行三角互证策略（parallel triangular mutual certification strategy）
并行嵌套策略（parallel nesting strategy）
转换性转换策略（transformative design strategy）
多阶段设计策略（multi-stage design strategy）

复习思考题

1. 混合研究具有什么特征？
2. 混合研究设计的基本原则是什么？
3. 混合研究设计要注意什么问题？
4. 研究者在选择混合研究设计策略时要考虑哪些问题？

第 11 章 文 献 研 究

文献研究（document research）是社会科学研究的重要研究方法之一，社会科学研究离不开对已有文献资料的收集、归纳、梳理与总结。作为非介入式研究的重要方法，文献研究对于研究者系统而全面地了解研究领域的现状并形成新的认知与理解具有重要的价值与意义。

一　非介入式研究

如前所述，在很多时候，研究者需要采取非介入式研究思路，即通过人类行为活动的痕迹（报刊书籍、往来信件、消费记录等）获取资料进行研究。与其他研究方式相比，非介入式研究具有以下四点优势。其一，非介入性，其最大的优点在于避免了主体反应（即研究者对研究对象可能产生的影响）。我们可以通过观察人们不经意间的行为来了解人类的行为，例如，如果要调查博物馆中哪件藏品最受欢迎，若直接询问参观者，他们可能回答那些让他们看起来富有学识的藏品，而韦伯则建议检查不同展品前的地板的磨损情况，那些磨损最严重的地板前可能就是最受欢迎的展品。非介入式研究的研究人员不与研究对象直接互动，自然也无须担心研究对研究对象的影响。其二，成本较低，只需查阅文献资料和统计记录等，既不需要大量研究人员和仪器设备，也无须向研究对象支付费用。其三，容错率高，与访谈或问卷调查相比，非介入式研究重新进行数据收集，可操作性较强。试想如果在进行了 50 次访谈后发现遗漏了若干问题，再次去寻找这 50 位受访者十分困难。相比之下，在非介入式研究中，回到数据源头去收集信息或纠正错漏则相对简单易行。其四，不受时空限制，获取文献资料的时空跨度大。

文献研究是最典型的非介入式研究，具有非介入式研究的所有典型特征和优势，在一些特殊的研究中是不二的方法选择。

二　文献研究概述

文献研究（literature research）指的是研究者在梳理研究方向、收集与研究领域相关文献资料的基础上，对已有相关研究进行全面、系统、客观的总结与归纳，以期对研究问题形成新的认知与理解的社学研究方法。20 世纪 20 至 30 年代，文献研究法受到芝加哥社会学派的推广，在西方社会学界逐渐普及，随着数字档案技术的进步，获取数据与资料更为便捷，文献研究的重要意义愈发凸显，在社会科学领域逐渐盛行。

(一) 文献

文献（document）并不局限于纸质文件，包括但不限于统计数据、照片、文本、录音带、录像及其他材料，但不包括口述历史之类等无准确书面记录的材料。此处所说的"文献"指的是在人类生产和生活中产生的存有客观记录的各类材料。可用于文献研究的文献应当具有以下四个特点：第一，真实性，应当确定文献及作者身份的真实性；第二，可信性，表述客观而准确；第三，代表性，能够在一定程度上代表相关领域的研究；第四，可理解性，表意清晰明确。

1. 文献在社会研究中的作用与意义

在社会科学研究中，文献资料至关重要。第一，文献中包含了大量便于获取的信息；第二，文献属于横断面式研究，呈现了某一时间段某一现实的静态状况；第三，除作为数据资料的来源外，文献本身也具有研究意义，即文献记录的形式、特点及其产生的原因同样具有研究价值；第四，文献是社会建构的，研究者可以了解到许多记载内容之外的信息；第五，文献对于三角互证具有重要意义，可以将不同渠道所收集的信息相互比对，彼此印证[①]。

2. 文献的类型

文献的来源很广泛，包括但不限于官方的正式文件通告，新闻评论（如政治宣言、法律法规、统计数据以及政府的其他记录等），日常生活中的简单记录（照片、大众媒体、小说、戏剧、地图、图画、书籍、互联网网页、个人传记、日记），科研项目的报告和结果，社会行为中的无心之举（犯罪嫌疑人在犯罪现场留下的证据、可以佐证书籍受欢迎程度的图书馆借阅记录），年代久远的人文或地理特质（可用于推测建筑年代的建筑原址上的土质），以及其他历史和视觉材料（电影、照片或录像）及音频材料等。

英国社会学家斯科特（J. Scott）在《记录问题：社会研究中的文献来源》一书中根据文献的可获得程度将文献划分为四个类别，分别为封存式文献、限制性文献、开放档案式文献和开放出版式文献[②]。封存式文献是指依法不公开的文献，如战争时期的秘密档案；限制性文献是指只有特定身份或特定职务的人员才可以获取的文献资料，例如，英国的皇室文献只有英国皇室相关人员才可以查阅；开放档案式文献指的是存放于档案馆、图书馆等公共服务场所并面向社会开放的文献，如地方志、统计年鉴等；开放出版式文献包括出版发行、流通于市的各类书籍、录像等。在社会科学的研究中，通常情况下研究人员可获取的文献主要集中于后两类。

---

① Prior L. Using Documents in Social Research [M]. Los Angeles：SAGE Publications，2002.
② Scott J. A Matter of Record：Documentary Sources in Social Research [M]. Hoboken：John Wiley & Sons，2014.

3. 文献的选择

文献的选择和确定（类别、方向、时间跨度等）根据研究问题等多种因素决定，一般以相关性、真实性、可信性、代表性和可理解性为选择标准。

（二）文献研究中应注意的问题

第一，文献研究法不等同于文献综述（或文献回顾）[①]。文献综述与社会科学研究中的文献研究法存在本质的差别，二者资料来源不同，文献研究中所使用的数据是由研究者收集的，结论与认知也是研究者根据对数据的分析而得出的，而文献综述只是将旁人的研究过程和结论进行梳理与罗列。因为二者的文献性质不同，所以资料收集也有差异。文献综述的资料收集基本可以在图书馆和办公室完成，而文献研究的资料收集除了部分可以在图书馆完成外，可能还需要去实地收集，如去某村查阅其村志、去某机构收集服务信息、去某报社看20世纪70年代至90年代的报纸等，其文献收集渠道要求更广。

换言之，文献研究指的是研究者把自己收集到的文献作为原始数据，加以分析，解读得出新的认知与理解，而文献综述只是将他人收集的数据和得出的研究结论进行整理归纳。举例来说，就社会政策的某一问题进行研究，如果分析的来源是政策文本本身，那么使用的就是文献研究法，若只是回顾其他研究人员对该政策的理解与看法，那么进行的就是文献综述。

第二，文献所记载的内容不一定完全等同于客观事实。文献是由人来书写与记录的，他们可以决定记录、删去与留存的内容，人们对事物的认知不但受到时代、社会、政治、经济环境等背景因素的影响，还可能存在主观因素的判断，甚至不同记录者对同一事件的记录截然不同。前人记录文献，后人阅读文献，都不可避免地存在选择性，在收集与浏览文献时应注意这些影响因素，不应简单地将文献视作客观中立的，也不可理所当然地认为文献中所记载的就是事实与真相，而应充分考虑到时代、政治与经济环境和文化等因素，审慎看待，理性分析。

第三，文献的可靠性与有效性相关问题。数字信息技术的进步丰富了获取文献的渠道，增强了数据的可获得性，也增加了研究者甄别的难度，研究人员需要带着批判和反思的眼光对文献的可靠性与有效性进行考量。

第四，文献研究中的伦理问题。文献研究不直接涉及研究对象，其伦理风险较低。使用公开的数据通常不存在伦理问题，但使用敏感信息或隐私信息（如私人信件、日记等）时则需将其隐去，同时还应注意尊重保护知识产权等有关问题。

---

① May T, Perry B. Social Research: Issues, Methods and Process [M]. London: McGraw-Hill Education, 2022.

三 文献研究之内容分析

内容分析（content analysis）指的是对报刊书籍、电视访谈、历史文献、各类机构报告、案例记录或卷宗等各类定性文献资料进行分析，找出文献背后的概念、主题或趋势的研究方法。在运用内容分析时，研究者首先要将需要观测的变量进行操作化，并观察记录，再对收集的数据进行分析[①]。

内容分析可用于指导社会工作实践，美国社会工作教育家费舍尔（J. Fischer）于1978年在其著作《个案工作的有效实践》中曾经使用内容分析法来确定并评估个案工作中影响社会工作者与服务对象之间关系的核心要素，费舍尔的研究表明社会工作者的同理心、热情和真诚是影响社会工作者与服务对象之间关系的核心要素。在研究中，他根据服务过程中这三个核心要素的程度对个案服务的书面记录和录音进行评分，发现得分越高的个案服务效果越好，即这三个核心要素的体现程度越高，社会工作者与服务对象之间关系就越融洽，社会工作服务的效果也越好。

（一）内容分析取样

内容分析的首要任务是确定分析单位，分析单位指的是研究中用于观测、比较研究对象差异，总结研究对象特征的单位。在很多情况下观测单位与分析单位二者可能并不一致。例如，以家庭的平均收入为研究对象，应调查该家庭中各成员的收入情况，以此得到该家庭的平均收入水平，那么单个家庭就是分析单位，而观测对象则是家庭中的每个个体。研究问题决定分析单位，研究问题一旦发生变化，分析单位也随之改变。分析单位在很大程度上决定了样本的选取。

（二）内容分析编码

编码（coding）指的是将原始文献（资料）转化为可适用于机器进行数据分析和处理的标准化形式（一般是数字）的过程。从本质上来说，内容分析很大一部分就是编码操作的过程，将原始的质性化的资料转变为标准化的形式，研究者可以根据各类定性资料的特征对其进行分类和编码。例如，电视广告可根据其是否具有营利性目标划分为公益广告和商业广告（分别赋值为1和2），文学作品可以根据其不同风格被分为浪漫主义或现实主义（分别赋值为1和2），不同画作也可以根据其不同风格将其分为不同的流派等。

1. 内容分析中的术语概念化和编码分类

研究人员需要将用于分类和编码的相关术语进行概念化（conceptualization）和操作

---

① Babbie E R. The Practice of Social Research [M]. Boston：Cengage Learning，2020.

化（operationalization），对相关术语进行清晰明确且易于判断的定义，完善概念框架，并选择与概念框架相适宜的具体观测判断方法。概念化和操作化与参考架构、文化背景、理论关注及经验式观察都息息相关，例如，如果一位研究人员将部分西方社会的报纸社论分为两类，一类是自由主义政治倾向的，另一类是保守主义政治倾向的，那么可以思考：这一分类的依据和标准是什么？评判一篇文章的政治倾向性依据是其立场观点、其态度语气，还是其是否使用了某些感情色彩鲜明的专有名词或术语，抑或是对某一事件或某一人物的褒贬？要回答这一问题，要同时使用归纳法和演绎法，将理论视角下概念的特征与指标与观察所得的经验相结合，得到一般性原则，并进行运用与检验。

变量的概念化和操作化都与其属性密不可分，这些属性应当清晰明了且相互排斥。以文章的政治倾向性为例，一篇报纸社论的政治倾向不可同时被认定为兼有自由主义属性与保守主义属性，但是并不是非此即彼的，在编码时也应注意中立选项的存在。需注意的是，对文献进行的分类与编码并不能完全反映变量在某一事物上的性质或程度。例如，书籍甲中对少数族裔群体的侮辱性描述词汇出现了 30 次，书籍乙中对少数族裔群体的侮辱性描述词汇出现了 10 次，可以说对少数族裔群体的侮辱性描述词汇在书籍甲中出现的频率是在书籍乙中出现频率的 3 倍，但不能简单地说书籍甲的种族歧视程度是书籍乙的 3 倍。

内容分析中所使用的编码方案必须经过预先测试，对预先测试的总体结果进行评估有助于确保编码方案适用于研究的分析单位和观测对象[①]。通常，在进行预先测试时，研究人员不必对其所采用的定义与标准进行详尽的解释，可以根据后续分析情况对定义和标准进行优化。

2. 显性信息与隐性信息

对文献的数据资料进行内容分析时，既要对显性信息（manifest content）进行分类和编码，也不应忽视对隐性信息（latent content）的考量。显性信息指的是文献内容中客观、直接且可识别的特征，多体现为具体术语等，例如，文章中具体的语言文字；隐性信息是与显性信息相对应的概念，指的是文献内容中的潜在含义，这些信息往往并无具象化的表征，需要进行相应的理解与判断，例如，要判断西方某些报纸社论的政治倾向性是保守的或激进的，除了可以通过内容或特定术语（显性信息）进行判定，还可以通过其语气（隐性信息）进行判断。显性信息和隐性信息都可以作为内容分析中编码的标准与依据。

3. 编码和记录的量化方式

内容分析中编码形式可以是文字也可以数字，以数字的形式进行编码更为常见。研究者可以采用"李克特量表"式的编码方式，例如，评判西方社会报纸中某一篇文章的政治倾向性，根据文章的不同倾向程度可以划分为"非常保守、比较保守、中立、比较自由、非常自由"五个层级，用数字"1"表示"非常保守"，用数字"2"表示"比较保守"，用数字"3"表示"中立"，用数字"4"表示"比较自由"，用数字"5"表示"非常自由"。这样就可以

---

① Weber R P. Basic Content Analysis [M]. Los Angeles：SAGE Publications，1990.

使得分类与编码更为精细而准确。在显性信息的编码方法中，特定术语和词汇有在文章中出现的具体次数；在隐性信息的编码方法中，对其整体的判断也应是具体的数字。

当分析单位和观察对象并不统一时，可以先描述观察对象，再以此为基础描述分析单位。还是以上文家庭平均收入调查为例，单个家庭是研究的分析单位，观测对象则是该家庭中每个单独的个体，研究中应当分别对各个家庭成员进行编码并对其收入情况进行记录。例如，假设该家庭共有甲乙丙三名成员，家庭成员甲的收入为 X_1 元，家庭成员乙的收入为 X_2 元，家庭成员丙的收入为 X_3 元，最后再将每个观测对象的情况结合起来，计算出家庭平均收入 $Y=(X_1+X_2+X_3)/3$ 元。

以社会工作介入社区失独老人为例，假设社会工作者以小组工作的方式对失独老人开展介入服务，以增强服务对象心理支持、改善服务对象消极情绪、强化服务对象自我效能为服务目标。在本研究中，单个失独老人是本研究的分析单位，可以先对小组中的每位老人进行编号，以便后期记录的数据化处理，再对每位小组成员的情绪状态与自我效能进行调查和评估，并以"定序变量"的方式进行编码，并计算出每一类小组成员的数量及其在总体中的占比。同时，社会工作者还可以在每一位小组成员的编号后记录其个人信息、服务时间、问题需求及其他有关信息，便于后期开展服务时充分考虑到服务对象的情况与需求。

（三）定量内容分析

内容分析中的定量资料分析包括对报纸文章、电影、广告、采访记录等多种材料的分析。美国学者霍尔斯蒂（O. Holsti）将内容分析中的定量资料分析界定为"一种客观且系统地识别资料中的特定信息并以此进行推断的技术"[①]；美国行为科学家贝勒尔森（B. Berelson）则将其定义为"一种以量化、客观且系统的方式描述资料中明显特征信息的技术"[②]。在界定"明显特征"的信息前，研究人员应对"明显特征"制定出相对具体的评判标准，以便区别于文献资料中的其他内容，同时还需要用代码对文献资料进行演绎和定量测量。仍以前文评判西方社会报纸中某一篇文章的政治倾向性为例，政治倾向性并不能直接从文献资料中得出结论，必须进行解释，而进行解释的依据，就在于编码前所确定的评判政治倾向性的指标——称谓、词语、表述、论点等。

内容量化分析时需遵循以下原则。第一，合理性原则，对定量资料进行内容分析，全过程的所有细节应清晰地描述和解释。第二，标准化原则，对所有文献资料都必须按照原定的编码规则和抽样标准进行操作。第三，可靠性原则，强调编码的效度，可以通过让两位研究者对同一份文献资料进行编码来检验其效度，以其相同编码数的两倍除以两人编码数量的总和，得到可靠性系数，系数越高，可靠性就越强。例如，研究人员甲和研究人员乙分别对 20 份文献进行编码，根据其不同特质将其分别归为 AB 两类，甲和乙对 18 份文

---

① Holsti O R. Content Analysis for the Social Sciences and Humanities [M]. Boston: Addison-Wesley, 1969.

② Craig R T. The International Encyclopedia of Communication Theory and Philosophy [M]. Hoboken: Wiley-Blackwell, 2016.

献的编码是相同的，而对于剩下的 2 份文件，甲和乙并未达成一致，通过计算得知可靠性系数为 $18\times2\div(20+20)=0.9$。

一般而言，量化内容分析研究过程包括六个步骤。第一，从理论出发，通过文献回顾并结合实践经验提出推导性假设。第二，确定编码的标准并确定抽样方案及选取样本。第三，根据编码手册制定编码表。第四，对编码表的合理性及可靠性进行检验。第五，进行编码。第六，进行数据统计分析并给出相应解释。统计分析手法与其他定量研究分析手法相同，包括描述性分析、相关分析、回归分析等。

（四）定性内容分析

内容分析多为量化分析，但也有一些质性内容分析。美国社会学家伯格（B. Berg）在其著作《社会科学的定性研究方法》一书中介绍了一种被称为"负向个案检验假设"（negative case testing）的技术方法，从本质上来说是一种通过特例来检验假设、打破假设、修订假设直至结论能在最大限度解释被研究的对象。

负向个案检验假设有三个步骤。步骤一：提出研究假设；步骤二：检索与研究假设相悖或存在矛盾冲突的情况（即特例）；步骤三：仔细分析特例并完善研究假设。面对与研究假设相矛盾的情况，首先应当承认最初的研究假设并不严谨，此时可以放弃最初的研究假设，重新提出新的研究假设，或对最初的研究假设进行微调，或增加限定词，或增加限制条件等。提出新的研究假设后，再遵循上述步骤对假设进行检验，找出并分析特例，不断对研究假设进行完善与修正，如此循环往复，直到无法找出与其相矛盾的情况。

以针对社会撤离理论所提出的活动理论为例，最初，学者研究发现老年人因活动能力下降和生活中角色的丧失，希望摆脱要求他们具有生产能力和竞争能力的社会期待，愿意扮演比较次要的社会角色而愿意自动地脱离社会，并由此提出了社会撤离理论。而在之后的研究中，有学者发现，社会撤离理论并不能适用于所有老年人，有些老年人仍然积极参与社会各项事务与活动，并保持良好的生活状态，即部分活动水平高的老年人比活动水平低的老年人更容易感到生活满意和更能够适应社会，于是修正了社会撤离理论，并以此为基础提出了活动理论，认为社会工作者不仅要在态度和价值取向上鼓励老年人积极参与他们力所能及的一切社会活动，而且更需要为老年人的社会参与提供更多的机会和条件。活动理论既是对社会撤离理论的部分否定，又是对社会撤离理论的发展与完善。

（五）内容分析法评价

与其他研究方法相比，内容分析具有诸多优势。第一，成本的经济性，内容分析无须大量的研究人员、实地调查研究及仪器设备，只需要具备检索文献的工具以获取分析材料。第二，较高的容错率，在访谈或问卷调查中一旦出现纰漏可能很难弥补，而内容分析的可重复性和容错率更高。第三，具有较强的时空跨度，可以对很长一段时间内，不同地区的某一问题进行研究。第四，避免了"主体反应"，研究者无须打扰研究对象，只需分析文献。

但内容分析也存在一定的局限性。第一,适用范围受限,只适用于已有的记录和资料。第二,有效性和可靠性不稳定,毕竟研究者在文献记录的现场,难以确保文献的有效性和可靠性。

四 文献研究之二次数据分析

通常情况下,文献研究中的数据收集耗时久、成本高,但二次分析(secondary analysis)可以使得研究人员以更加经济便捷的方式获取数据。二次分析是文献研究中的另一研究形式,指的是研究人员对他人收集的数据进行分析与解读,其常见形式是对大规模调查数据进行再次分析[1]。二次分析让研究者可以跳过数据收集阶段而直接进入数据分析阶段,节约了时间和成本。例如,研究人员想要调查大学中不同专业是否存在性别差异或偏向,与其进行成本高、耗时久的全校范围内的普查,不如尝试和学校档案管理部门联络,获取资料将更加便捷且全面。

(一)二次数据分析法的历史演进

20世纪上半叶,科研人员开始意识到数据收集的巨大需求与潜在价值。在20世纪50、60年代,西方社会学家发现调查公民政治倾向性对考察政党归属具有重要价值,于是早期的民调(poll)开始产生,民调机构通过人口统计学问题向受访者来了解政党归属的人口学变量影响。在二次数据分析发展的早期,数字信息技术尚未成熟,早期的数据档案大多存储在计算机磁盘上,无法在线传输,需要使用特定的计算机进行查询。20世纪70年代后期,计算机数据存储技术进一步推动了二次数据的使用,科研人员获取数据更加便捷。

在社会工作领域中,二次分析可以为社会工作者了解服务对象的家庭关系、成长背景、生活环境等信息提供帮助与指导。近年来,二次分析在社会工作研究与服务的各个阶段颇受关注,并为社会工作研究提供了相对可靠且易于获取的数据[2]。

(二)二次数据的来源及类型

二次数据来源于官方统计部门,或者源于私人咨询公司或各类机构等。在美国较为典型的是综合社会调查(General Social Survey,GSS),美国联邦政府委托芝加哥大学国家发展研究中心(NORC)每两年进行一次全国性调查,收集社会各领域的数据,为研究人员提供数据信息。

---

[1] Hakim C. Secondary Analysis in Social Research: A Guide to Data Sources and Methods with Examples [M]. Sydney: Allen and Unwin/Unwin Hyman, 1982.

[2] Sales E, Lichtenwalter S, Fevola A. Secondary Analysis in Social Work Research Education: Past, Present, and Future Promise [J]. Journal of Social Work Education, 2006 (3): 543-560.

我国也有诸多官方与半官方组织的综合性社会调查。始于 2003 年的中国综合社会调查（Chinese General Social Survey，CGSS），是我国最早的全国性、综合性、连续性学术调查项目。中国综合社会调查通过系统、全面地收集社会、社区、家庭、个人多个层次的数据，总结社会变迁的趋势，对于社会发展及科学研究具有重大意义。同时，中国综合社会调查致力于推动国内科学研究的开放与共享，为国际比较研究提供数据资料。目前，CGSS 数据已成为研究中国社会最主要的数据来源，为多学科发展、经济与社会数据采集提供了渠道，并广泛地应用于科研、教学、政府决策之中。

为了给学术研究和政策决策及重大社会科学项目提供数据支撑，北京大学中国社会科学调查中心组织了中国家庭动态跟踪调查（Chinese Family Panel Studies，CFPS，后改为"中国家庭追踪调查"），通过追踪个体、家庭、社区三个层次收集反映中国社会、经济、人口、教育和健康等情况的中国家庭动态跟踪数据。中国教育追踪调查（China Education Panel Survey，CEPS）是由中国人民大学中国调查与数据中心设计与实施的、具有全国代表性的大型追踪调查项目，旨在揭示家庭、学校、社区以及宏观社会结构对于个人教育产出的影响，并进一步探究教育产出在个人生命历程中发生作用的过程。中国教育追踪调查（CEPS）在研究对象初中阶段开始进行周期长达 30 年的逐年追踪调查，为教育学、经济学、管理学、社会学等相关学科的研究者提供基础数据资源，同时也服务于教育政策的制定者和学校的管理者，为其决策提供可靠的实证数据依据。

中国宗教调查（China Religion Survey，CRS）是中国人民大学中国调查与数据中心（NSRC）重要的常规调查项目之一，是我国首个严格按概率抽样的原则执行，从个人、组织、区域多个层次全面反映我国宗教状况与发展趋势的学术性社会调查项目。

中国老年社会追踪调查（China Longitudinal Aging Social Survey，CLASS），是一个全国性、连续性的大型社会调查项目。通过定期、系统地收集中国老年人群社会、经济背景数据，掌握老年人在衰老过程中面临的各种问题和挑战，评估各项社会政策措施在提高老年人生活质量方面所取得的实际效果，为中国老龄问题的解决提供重要的理论和事实依据。

二次数据通常有两种分类方式，一是根据不同的数据收集者划分，二是根据数据时空性质划分。

1. 根据数据收集者划分

根据原始数据收集者的不同性质，二次数据可以被分为公共数据与机构数据。

公共数据，也称官方数据，指的是由政府部门主导收集和公开的数据，例如，国家每年人口的出生、死亡与登记结婚的人数、每年各地区的税收与经济发展情况等。通常情况下，官方收集数据并非出于研究目的的，而是为了了解情况和行政管理。

机构数据是指由非官方机构或组织（如企业、教育机构、基金会、慈善组织及其他社会组织等）主导收集和公开的数据。首先，研究者可以直接联系这些机构获取数据。其次，国内外有一些组织从这些非官方机构收集或购买数据，再向其他有需求的研究者出售二手数据。例如，美国密歇根大学的 ICPSR 机构收集了庞大的全球二手数据，建立了数据库①，其他研究者可以以付费的形式访问该数据库，购买获得二次数据。由中国人民大学社会学系设立的我国首个社会调查数据库——"中国社会调查开放数据库"（Chinese Social Survey Open Database，CSSOD）以及由中国国家自然科学基金、中国人民大学中国政府统计研究院和中国人民大学中国调查与数据中心（National Survey Research Center，NSRC）共同创立的中国学术调查数据资料库（Chinese National Survey Data Archive，CNSDA）都是经济与社会数据共享平台，它们都有大量的二手数据可供研究人员取用。

与公共数据相比较，机构数据可能存在记录不完备或不准确的情况，研究者使用机构数据时需要了解收集数据的背景、过程以尽可能地确保数据的可靠性。

2. 根据数据时空性质划分

根据原始数据的时空性质划分，二次数据可以被分为截面数据、纵贯数据、时序数据及面板数据。

截面数据指的是在某一时间点上收集的数据，是对某一现象的"快照"，无法对研究对象进行跟踪调查，例如，2024年我国大学生中抑郁症的患病情况。与长期观测收集的数据相比，截面数据所需资源较少，适用于对某一特定问题的分析。

纵贯数据指的是经过长期跟踪观测，定期收集的数据，是在一段时间内对研究对象进行反复观测而收集的数据，对观测对象的长期调查可以为自变量和因变量之间的因果关系提供更有力的支撑，其难处在于较高的经济与时间成本。

时序数据又称时间序列数据，指的是某一个研究对象在某个维度（指标）按时间顺序记录的数据列，例如，根据社会支持水平量表检测，某人20岁时的社会支持水平为40，30岁时的社会支持水平为65，40岁时的社会支持水平为86；研究者对某女生在18岁以前每年进行自闭状况测量得出的数据。

面板数据，也称"平行数据"或"固定样本数据"，是指在时间序列上的多个时间点上对多个相同的个体通过相同的测量进行数据收集获得数据库。在这些时间截面上获得的样本数据共同构成一个数据矩阵。因为多个时间点上的样本是相同的，数据指标是相同的，排列出来给人的感觉是多块面板重叠一样，故学界形象地称之为面板数据。例如，2010—2020年各省、自治区、直辖市每年的GDP，某孤儿院50名孤儿每年的社会融入度测量数据等。如果在每个时间节点上每个样本都有相应的数据，则称之为平衡面板数据，否则称为非平衡面板数据。如果个体维度N比较大，时间维度T比较小，称之为"短面板"数据。反之则称为"长面板"数据。

（三）二次数据分析要点

1. 研究问题的确定

在确定研究问题时，应以数据为本，研究者应充分考虑研究现状及二次数据是否可以

---

① See https：//www.icpsr.umich.edu/web/pages/ICPSR/index.html.

支持研究。初始阶段，研究问题难以明确定下来，因为现有的二次数据可能会对研究问题有所制约，起初只确定大体的研究方向，在审视现有数据之后再明确研究问题。当现有数据无法支持研究问题时需做出调整，选择现有数据可以支撑的研究问题。

2. 数据库选择

学术界和政府部门有多种数据库，每个数据库都有其特定数据类型。研究者需根据研究问题仔细查阅和检索相关数据库，再选择合适的数据库。假如有多个数据库有与研究问题相关的数据，研究者可以把它们都放入考虑之列。

3. 数据选定

选定数据库之后，研究者细化数据检索，选定与研究问题最为相关的数据。选定之后，可以直接下载或购买二手数据，具体看现在该数据所属的机构性质。原始数据的收集目的与现在的研究问题不是一致的，所以挑选的时候最好能拿到其测量工具。拿到测量工具后，研究者就知道该数据中哪些题项是测量哪个概念的。最好的状况是研究者现在要测量的概念和原始数据要测量的概念相同。知道原始数据的测量工具后，研究者还需要看该测量工具的信度和效度（即可靠性和有效性）。对有效性的重视跟其他定量研究是一致的，因为定量研究最强调逻辑的严谨性，而数据有效是严谨性的基础之一。数据的可靠性主要看数据的原始收集者是否可信，题项是否设计合理（有无一题两问或诱导性提问设置），如是纵贯数据，则看测量标准是否有变化等。如果原始数据的样本和研究者要研究的总体相关，且测量工具信度和效度很高，研究者就可以选定该数据。有些时候，研究者在一份数据中只找到他研究问题的自变量，没有因变量，他可能需要从类似的其他数据中找到因变量，再将两份数据合并。

4. 二次数据分析

二次数据分析和其他定量数据分析没有很大区别，如方差分析、相关分析、回归分析、中介分析、调节分析等。主要区别在正式分析之前的数据整理。原始数据的研究问题和研究者现在的研究问题是不一样的，因此，数据中的题项不一定能完全测量研究者关注的概念，此时，需要研究者对原数据进行删除、合并、相减、平方、开根号、求对数等，从而使该数据能有效测量研究者关注的概念。

（四）二次数据分析法评价

二次数据分析最明显的优势是在很多时候能帮助研究者获得个人无法触及的数据，如全球、全国、某省、某市的经济数据、犯罪数据、患者数据等。二次数据多来自官方统计，所以样本量较大，这为统计推论奠定了更为扎实的基础。二手官方数据的测量一般较为精准，毕竟有其政府权威性，受访者的配合程度也会相对更高。二次分析也存在其局限性，主要体现在原始数据并非为研究者的现有研究问题所收集，所以数据和变量之间存在一定的距离。

五 文献研究之历史与比较分析

历史与比较分析（historical and comparative analysis）主要以历史文献与记录为依托，聚焦于一个或多个社会的发展脉络、规律和问题。与历史学家相比，社会学家所运用的历史与比较分析更注重"比较"，试图探寻在不同时空重复出现的共性与模式。比较性研究对社会工作实践大有裨益，例如，社会工作者通过历史与比较分析的研究方式可以了解不同国家地区、不同时期的贫困人口的致贫原因及成功脱贫的方式，为社会工作介入贫困群体提供有效的实践指导，并为防止脱贫群体再度返贫提供经验借鉴。

（一）历史与比较分析的数据来源

历史与比较研究的数据来源可以分为一手数据与二手数据。一手数据是由当时在场的人提供的第一手资料，例如，日记、信件、会议记录、目击者的口述等；二手数据则是对一手数据的再加工，是在一手数据的基础上的描述，具体有以下形式：第一，个人来源，许多家庭会记录并保存家族的重要历史事件，作为家族史传于后世；第二，大众传媒，大众传媒记录了历史上的社会生活，从侧面反映出当时的社会生活；第三，组织文件，组织机构一般都会定期发布正式的文件通告；第四，公共记录，官方设有记录历史的部门机构及人员，记录官方的档案等[1]。在历史与比较分析中，研究者不可完全依赖单一来源的数据信息，应尽可能将代表不同利益诉求和不同观点的数据信息纳入分析与考量的范围，使得历史与比较分析更为客观、真实而准确。

（二）历史与比较分析技术

与传统的"提出假设—检验假设"的研究过程不同，研究人员在分析历史文献的过程中可能会修改研究假设，甚至提出新的假设[2]。研究人员必须仔细分析不同研究对象，发掘共性的特征与模式。例如，韦伯（M. Weber）曾对官僚机构进行了大量的研究，分析了许多官僚机构之后，韦伯不仅总结了官僚机构的共同特征，并建构出了一个理想化的官僚机构模型。

六 文献研究法评价

文献研究作为社会科学领域重要的研究方法之一被广泛使用且备受推崇。文献研究在

---

[1] Neuman W L, Robson K. Basics of Social Research [M]. Toronto：Pearson Canada，2014.

[2] Thyer B. The Handbook of Social Work Research Methods [M]. Los Angeles：SAGE Publications，2009.

具备非介入式研究的各项优势的同时,还具有以下优势:第一,便捷性较高,文献已经存在,获取材料相对便捷;第二,灵活性较高,不受时空及地域限制,渠道多、来源广;第三,准确性较强,文献资料行诸文字,具有相对较高的准确性和可靠性,在一定程度上避免了访谈法中口头询问可能出现的偏差。

尽管文献研究具有其独到的优势,但也存在一定的局限性:第一,可能存在主观倾向性,存在偏离事实的风险;第二,不可穷尽性,无法穷尽所有文献;第三,研究人员自身存在局限性,文献记录者与研究人员自身的差异可能导致对文献理解的偏差。

中英文关键术语

非介入式研究(unobtrusive research)
文献(document)
文献研究(literature research)
内容分析(content analysis)
二次分析(secondary analysis)
历史与比较分析(historical and comparative analysis)

复习思考题

1. 文献研究法和文献综述的区别是什么?
2. 编码中的显性信息与隐性信息分别是什么?
3. 内容分析中量化分析时需遵循的原则有哪些?
4. 二次数据有哪些类型?

第 12 章 个案研究

一 个案研究概述

个案研究，顾名思义就是对某一单一特定个体、事物或是现象的一种研究，又称为个案调查。个案研究的对象可以是个人，也可以是团体或是某一社会现象。在研究的过程中需要经历广泛且细致的调查与收集资料，全面分析研究对象发展的过程以及各类影响因素，从而对研究对象形成较为客观全面的结论[1]。

社会工作个案研究是个案研究在社会工作领域中常见的一种研究方法，其思路可以是定量研究也可以是定性研究。通过对某个个体、团体或社会现象、行为等问题进行深入研究，通过收集资料、全面调查力求对研究问题有一个全面深入的了解，研究其发展原因、发展过程以及相关影响因素，包括家庭关系、社会环境等，再提出合理的解决办法。

（一）个案研究的起源

个案研究起源于 1870 年哈佛大学法学院用个案研究方法来训练学生对于法律条规的理解，之后，个案研究被运用到医学方面用于研究患者的病情，随后，在心理学、社会学、教育学领域逐渐被推广开来。例如，精神分析学派创始人弗洛伊德（S. Freud）在其精神分析研究过程中将个案研究法大量运用于其中，追求探寻个体的童年经历以及其创伤事件来帮助解释患者行为。20 世纪初芝加哥学派代表人物米德（G. Mead）提出，个案研究需要考虑研究对象的直接经验深刻影响到个案研究在社会学领域中的使用及发展。怀特（W. Whyte）的《街角社会》是个案研究法在社会学领域中被成功运用的典型代表作。随着个案研究法在社会学中的广泛运用，其在社会工作领域中更是经常被用于去描述解释服务对象的问题，以帮助更好地解决问题，帮助服务对象。

（二）为什么开展个案研究

1. 因为问题的复杂性

个案研究的对象，无论是个人、团体或社会现象，都包含了众多复杂的问题。某些问

---

[1] Scruggs T E, Mastropieri M A. Summarizing Single-Subject Research [J]. Behavior Modification, 1998 (3): 221-242.

题形成的原因和相关因素复杂交错，变量之间的关系更是复杂，复杂的问题是开展个案研究的前提。越是复杂的问题越是需要个案研究，不能够混为一谈，需要逐个开展个案研究，从而彻底剖析问题的成因、过程并挖掘解决问题的方法。举例而言，学生的抑郁现象是否与学业相关？还是与其人际关系相关？这两个问题中，相比前一个问题，后者涉及的相关变量和因素更多，其问题的复杂程度更高，更需要运用个案研究法去进行探讨和研究。

2. 为了理解的完整性

最完整的理解是个案研究的目的也是个案研究产生的初衷。个案研究就是为了获取对复杂问题的尽可能完整的理解而进行探究的一种调查方法。为获取最完整的理解，就要求研究者们在个案研究的各个过程中付出大量的时间精力，包括收集资料阶段、调查研究阶段以及整理资料阶段等等。当然，个案研究也是一个探寻真理的过程，但没有绝对的真理，因此最完整的理解也可以理解为现阶段最完整的理解，随着调查手段以及社会发展的进步，对于复杂问题的最完整的理解也会随之被更新迭代，因此，个案研究过程是一个努力追求相对更完整的理解的过程[①]。

3. 为了深层描述

深层描述是个案研究的必不可少的核心内容，它是基于个案研究所收集的丰富多元的资料之上发展而来的，通过对多元资料的深层、全面、细致的描述从而得出个案研究的相应结论，这是个案研究的关键。其中，对于所收集到的资料及情况的深层描述需要遵从不同资料收集方式的规则和要求，以此来确保结论的可信度。个案研究的信度与深层描述息息相关，深层描述不仅追求对研究对象描述的细致度与深度，同时也需要实证的可信度，对资料进行合理恰当的分析，力求分析结果真实可信。无论个案研究是运用定量研究或是定性研究思路，它都应该有其遵守的原则，在此原则上进行合理的深层描述才能够得出具有可信度的关于个案的结论。

二 个案研究价值

（一）个案研究的理论价值

个案研究法无论是在调查研究单一的个体、团体、社会现象或社会问题中，还是在给社会工作理论研究或是实务提供服务等方面，其分析过程和结果都具有一定的理论价值。

第一，个案研究有利于更加清晰地描述和解释研究对象的复杂情况。个案研究最显著

---

① 卢晖临，李雪. 如何走出个案——从个案研究到扩展个案研究［J］. 中国社会科学，2007（1）：118-130.

的理论价值就是其对所研究对象清晰的描述与解释,不同于其他种类的研究方法,个案研究由于视角更为聚焦,范围更加精准,因此其对于研究对象的客观描述和刻画则更加清晰且具有情境性[①]。个案研究的一大特色就是通过客观清晰的描述和解释帮助读者去理解研究的内容过程及结论,给人以意义感。

第二,个案研究更加有利于探索社会工作新理论和方法。运用个案研究方法不仅能够促进社会工作服务质量的提升,同时其研究的过程也是探索社会工作新理论和新方法的过程,通过个案研究能够更透彻地剖析服务过程中的问题症结,从而探索更加有利于问题解决的新方法;并且个案研究更加有利于新理论的凝练,因为个案研究有利于对事物总体的归纳和总结,可以为以后的分析研究、理论概括做好准备。

第三,个案研究可操作性强对社工实践具有一定的指导功能。由于个案研究法具有很强的操作性,并且其研究对象更为聚焦、研究规模更为精准、实验过程可控性强,因此研究的结论的信度和效度较好,由个案研究而来的相关数据和结论对于社工实践具有很强的针对性和指导性。在社工领域的个案研究中,其研究过程不仅能够辅助监测社工服务过程,同时调查过程也是一个增进社工了解服务对象的过程,其所得结论与内在解释力也对社工的服务具有一定的指导功能。

(二)个案研究的实践价值

个案研究在社会工作实务过程中也通过其独特的内在特征为社会工作实践提供了丰富的价值。

第一,个案研究有利于展现个案的全貌。社会工作个案研究的过程自始至终都是一个不断剖析个案面貌的过程,是一个不断丰富积累个案信息和资料的过程,有利于调查者和服务对象更加清晰地了解个案的种种情况,拥有较为完善的视角去理解个案中的种种复杂关系。这样一来,有助于社工和服务对象厘清思路,获得个案更加详尽的资料。

第二,个案研究有利于针对性解决问题,提高社会工作服务效率。由于个案研究的研究范围更加聚焦的特性,个案研究能够通过对研究对象进行更加深入的分析和解释,因此其对于问题解决的针对性也更强。此外,通过个案研究发现的研究对象外在特性与内在结构之间的联系能够帮助社工更加有针对性地提出解决问题的方法,从而对症下药,精准解决服务对象的问题。

第三,个案研究有利于社工摆脱理论禁锢,更加直观地面对问题。个案研究方法能够为社工提供更加直观清晰的第一手资料,让社工能够融入情境中,从而更加直观深入地理解服务对象与种种因素之间的关系,摆脱理论模式的禁锢,激发社工更多的灵感去进行丰富的联想,深入挖掘充分的条件,丰富解决问题的途径。同时,在个案研究的资料收集和个案调查过程中,社工也能够更加清晰了解服务对象的全貌,更加直观面对问题,身临其境的体验感更加有利于社工运用同理、共情等技巧。

---

① 王宁. 代表性还是典型性?——个案的属性与个案研究方法的逻辑基础[J]. 社会学研究,2002(5):123-125.

三 个案研究原则

（一）综合性原则

个案研究的综合性原则是由研究过程的复杂性而决定的。在个案研究的过程中需要综合运用多种研究测量方法，同时其也需要综合考虑各类因素来进行数据的整理和推断从而得出结论。在个案研究的调查和研究阶段，可供使用的方法包括文献研究法、调查法、测量法、实验法等等，根据研究对象的特征和表现，通常需要综合运用多种方法来进行全面的研究，来得到个案研究所需要的数据资料；此外，对数据资料的分析也需要运用定性或者是定量的方式综合研究判断，从而得出具有一定信度和效度的结论；同时，综合考虑各类可能的影响因素也是个案研究综合性原则的表现之一。

（二）灵活性原则

灵活性原则是指在个案研究的过程中，研究者或是社工需要根据个案研究中不同的情况和不同的特征变化进行灵活调整，这是由研究对象和研究过程的灵活多变性决定的。由于个案研究所涉及的研究对象较为固定和单一，因此其研究过程需要根据研究对象的变化而实时调整，以确保研究顺利进行，并且在研究的过程中也需要及时调整研究方法，选择最适合本阶段的方法来进行研究。

（三）谨慎性原则

个案研究的研究对象包括个人、团体、社会问题、社会现象等，其中无一不涉及社会中的个体，也就是社会中的人。每个人的社会关系都是复杂的，每个人的性格也都是多面的，个案研究在进行调查研究时需要考虑到众多伦理问题，例如，研究途径和过程是否获得研究对象的知晓与同意，或者调查内容的隐私性以及与研究对象之间的保密协议等，因此个案研究需要遵循谨慎性的原则，以确保个案研究的过程和结论不涉及伦理道德的黑洞。

四 个案研究类型

社会工作中的个案研究类型多种多样，根据社会工作个案研究的对象进行分类，大致可分为个人调查、团体调查和问题调查。

（一）个人调查

在社会工作领域的个案研究中，个人调查是指针对服务对象的内在心理、外在行为、价值观等多种方面的调查研究，也可以是去深挖服务对象问题背后复杂原因的深层次调查。针对个人的调查是个案研究中重要的组成部分。在社会工作实务中，个案工作是最常见的一种类型，针对服务对象个人的调查研究显得尤为重要[①]。个人调查除了对服务对象本身的调查，也包括对服务对象所处的环境调查（如生活环境和社会环境等），因此个人调查的对象也是错综复杂的。

在社会工作实务中，个人调查是指针对服务对象的某种问题，在其所处情境下广泛收集相关资料，从而进行整理、分析、推理和解释的过程。个人调查对于社会工作个案研究的意义在于通过此过程推动服务对象问题的解决，从而达到社会工作助人自助的目的。

社会工作实务中的个人调查也需要注意一些问题。首先，个人调查需要根据服务对象的特殊性因人而异，采取不同的方法，同时需要以明确的事实去证明其推断和假设从而帮助解释服务对象的问题。其次，在尽可能的情况下，需要最大化地将个案研究结论推广到此类群体中去，验证其有效性，同时也有助于发现和描述相关问题的总趋势。

（二）团体调查

团体调查是指对于某个特定团体的相关研究，这个团体包括团体中的人和事，以及团体内和团体外环境等。对于团体的调查相较于个人调查来说复杂许多，它不仅包括了对于团体内每个成员的个人调查，同时也包括了对整个团体的调查以及整个团体内部交错的关系的调查，因此，团体调查所需要做的工作更为复杂多样。

在个案研究的过程中，团体调查是进行团体社会工作的必要准备，好的团体调查能够促进个案研究的顺利进行并且促进社会工作服务的顺利开展，反言之，如若团体调查中存在诸多漏洞则会阻碍个案研究的进程，并且影响社会工作服务的进展，因此，团体调查对于社会工作个案研究而言尤为重要，其能够帮助社会工作者在遇到研究对象是一个群体或是组织的时候，遵循一定的方法进行详尽的调查。

团体调查具有一定特征。第一，虽然相比于个人调查而言，团体调查的研究对象更为多样复杂，但其研究对象一样具有典型性。其研究对象一般为一个具有典型性的群体或组织，其间的每个个体并不是孤立存在的，而是具有紧密的联系，他们的特点、问题都具有某些规律特征，具有共性和研究价值。第二，团体调查的对象决定了其研究方法的多元性和综合性。在个案研究团体调查中，社会工作者可能需要用到定性研究和定量研究中多种不同的方法开展调查，以获取更为详尽的资料，确保调查的详尽程度，并且可能是多种方法综合在一起去得出调查结论。

---

① Stake R E. The Case Study Method in Social Inquiry [J]. Educational Researcher, 1978（2）: 5-8.

（三）问题调查

问题调查是指针对某种社会问题或是社会现象开展的个案研究。社会工作除了帮助具体的个人或群体解决具体的问题以外，普遍性社会问题的改善也是社会工作重要目标之一，因此，针对社会问题和社会现象的调查研究也是社会工作实务中必不可少的。相较于前两种调查而言，其面对的对象不仅仅是具体的人，还有涉及面更广的问题现象，其中包含了众多的人和事情，因此问题调查对于社会工作研究者的要求更高。

在进行问题调查的过程中，社工首先要确定问题或是现象的具体范围，从而使调查研究的范围更为聚焦、更具有操作性和目的性。确定了范围即可确定需要调查的群体和内容，从而方便社工开始进行问题研究。对问题的调查研究既包括了对问题本身的研究，也包括了对问题相关影响因素的探究，所需要考虑的范围相对较广，因此在调查开始前，需要社工制定明确的方案计划，并在调查的过程中能够根据方案开展调查，同时也需要具备临时应变的能力，根据问题的多样性和复杂多变性及时调整调查方案，从而开展问题调查。

相比于个人调查和团体调查而言，问题调查更具有研究内容的深入性和普适性，因为其研究对象大多是某类社会问题和社会现象，其研究会更深入，不仅涉及个人层面同时也涉及社会层面，此外其研究成果也更具有普适性，能够推广运用于同类或相似问题和人群，其研究结果的应用性也较强，对于社会的发展具有重要意义。

五　个案研究的案例选择策略

选择与界定出与问题相关的个案是个案研究中重要的步骤与内容，因为个案研究的范围需要聚焦到具体的个案以及与研究问题相关的内容上来。个案研究通常是复杂的问题，所涉及的因素和变量十分多元，因此需要逐一比较，聚焦到问题上来，界定出与问题最相关的个案，再聚焦个案范围，开展相应的个案研究。同时，范围的聚焦也有利于个案研究的顺利进行，过于宽散的范围不仅会加大工作量甚至是做无用功，也会产生更多的干扰因素，因此，只有界定出问题相关的个案，确定与个案研究的主体究竟是个人、团体、问题或现象，才能够更清晰明确地筛选个案研究相关的有效信息，才有助于个案研究的顺利开展。常见个案选择策略有以下这些。

（一）典型案例

典型案例是社会工作个案研究中的常选，它是对一类问题关系的稳定例证，能够代表更多的同类型案例，其研究目的在于对案例内部进行深入研究，而不是与同类型案例进行比较研究。

（二）多元案例

多元案例是指在因变量和自变量存在差异的情况下，在存在差异的变化动态范围内挑选若干个案例，这些案例的变化具有一定的代表性，能够由此代表相类似的个案。

（三）极端案例

极端案例是指案例本身在自变量和因变量的变化上，相对于其他情况而言，有着极端变化或存在极值的情况，这类案例往往要进行特殊的个案研究分析。

（四）越轨案例

越轨案例是指个案中存在着违背现有理论、文化和常识的案件，其不仅像极端案例一样有着极端的情况，同时变量之间产生的因果关系也超乎正常发展趋势。

（五）有影响的案例

这一般是指案例是一种模式或是理论中的核心个案。

（六）相似案例

相似案例是指在个案研究中，除了研究者关注的变量外，其他变量和影响因素都极其相似的情况。

（七）差异案例

差异案例是相对于相似案例而言的，是指在个案研究中，除了研究者关注的变量外，其他变量和影响因素都是极其不同的情况。

六 单个对象个案研究设计类型

（一） A-B 设计

A-B 设计（A-B design）是单一主题设计中的一种，可用于社会工作中的因果研究、评估研究和干预监控，一般都有重复测量的基线阶段和继续相同测量的干预阶段。在个案研究 A-B 设计中分两个阶段，A 为自然观测阶段，对研究对象进行自然观测，从而观察其在无干扰的情况下各变量之间的关系，并以此作为基准线，在这个过程中需要进行重复测量，以确保 A 阶段数据的信度与效度；当测量得出的结果基本平稳后，随后进入 B 阶段，也就是干预阶段，在此阶段中，需要加入研究中所需要考虑的变量去干扰被测量对象，并观察在影响因素的作用下，研究对象发生何种变化，产生何种影响，由此将 A、B 两个阶段进行对比，从而更准确得出结论。在 B 阶段中根据个案研究的不同，所需要考虑的影响因素众多，但其测量的方式应当与 A 阶段保持一致，才能得出对比效果，从而分析变量与被测之间的关系。如下图为某个案研究测量反社会行为的干预效果（图 12-1）。

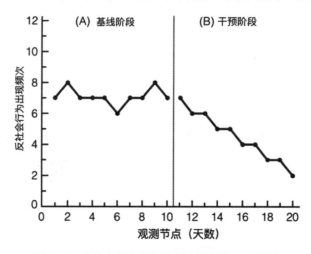

图 12-1　反社会行为干预效果个案研究 A-B 设计

早在 1997 年 Bradshaw 在面对患有精神分裂症的服务对象的治疗过程中，就使用 A-B 设计来测试认知行为疗法的有效性。Bradshaw 使用标准化量表收集了 3 个月关于症状、角色功能和心理社会功能的基线数据。随后进行了 18 个月的干预，每月收集数据。Bradshaw 在 A 阶段与参与者接触之前设定了研究的长度和特定结果，随后使用了有可靠性和有效性证据的标准化测量进入 B 阶段，并且实施了至少三个基线措施去对比两个阶段的数据，以确保效度。此外，A-B 设计也可用于监控服务对象的进度。例如，在社会工作的服务过程中，可以通过 A-B 设计去监控社工介入的效果，当在 B 阶段进行介入后，通过记录数据从而对服务对象行为改变进行跟踪监控，并与 A 阶段进行对比，判断其改变是正向的还是负面的；同时，数据对比的过程，也是监测社工介入效果的过程，有利于帮助社工自我反思。

（二）逆向设计

逆向设计（reversal design）也被称为 ABAB 设计，顾名思义是可以逆向反转过来的一种个案研究方法。不同于 A-B 设计简单的只有两个阶段，ABAB 阶段将个案研究过程划分为四个阶段，除了 A 基线阶段和 B 干预阶段之外，其还引入了 A2 撤除和 B2 恢复两个阶段，因此被称为 ABAB 设计。在逆向设计中，除了加入被测对象的干预，同时增加了对被测对象干预的撤销和恢复，并用同样的方式测量被测对象在被干预、干预被撤除、恢复过程中的行为变化，从而将这四个阶段进行对比，充分了解被测对象的变化过程与影响因素之间的关系。与 A-B 设计相比，逆向设计增加了两个阶段，使得其内部效度更强。它意在通过撤销干预和恢复被测对象与变量之间的平衡去检测影响因素与被测对象之间存在何种关系；当干预被撤除的时候，数据基本恢复基准线的水平，只有当干预发生时，被测对象行为才会有所改变，这可充分证明影响因素和服务对象的行为或心理之间存在某种因果关系。如图 12-2 为某个案研究测量孤独感程度干预效果图。

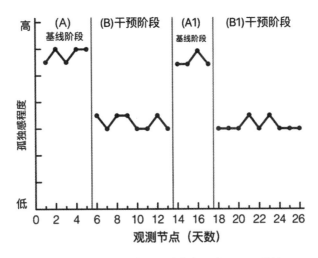

图 12-2　孤独感干预效果的个案研究 ABAB 设计

在社会工作的个案研究过程中，逆向设计经常被用于监测社工所实施的治疗对于服务对象而言是否确实有效。通常在社工介入前期为 A 阶段，作为基准线阶段，社工开始实施介入帮助行为则进入 B 阶段，当得出一定帮扶成效后，则社工撤销相应的介入手段，恢复 A 阶段与服务对象的状态，则进入 A1 阶段和 B1 阶段，如果服务对象表现在 A1 与 B 阶段相差无几，则表明服务对象的表现与干预关联不大，如服务对象在 A1 阶段和 A 阶段表现高度一致，在 B1 阶段与 B 阶段表现也高度一致，则能证明社工服务的有效性。

（三）多基线设计

多基线设计（multiple baseline design），相比于其他设计而言，考虑到了自变量对于被测行为所产生的不可逆性。其思路是在实施的过程中不需要移除、逆转或是复制之前的实验条件，而是同时建立两个及两个以上的基线（即找两个或多个服务对象），在每个基线的基础上引入自变量和相应影响因素，因此其称为多基线设计。其中，一次只对一个服务对象进行干预以确保实施过程的有效性，当被干预的服务对象行为发生了明显的变化，才对下一个服务对象进行干预。在多基线设计的操作过程中要求实验者对因变量以及服务对象给出明确的操作性定义，并给出关于操作方法的操作化定义。多基线设计的层层分析有助于研究者去厘清每一个自变量对于服务对象的影响程度和关系，从而准确理解研究对象之间的关系。图 12-3 是一个针对处于离婚边缘妇女的绝望干预效果多基线设计图。

由于多基线设计中存在不同基线，考虑到的自变量更加丰富多样，能够容纳更多的问题和变化，鉴于服务对象自身的复杂性以及服务对象问题的复杂性，它在社会工作个案研

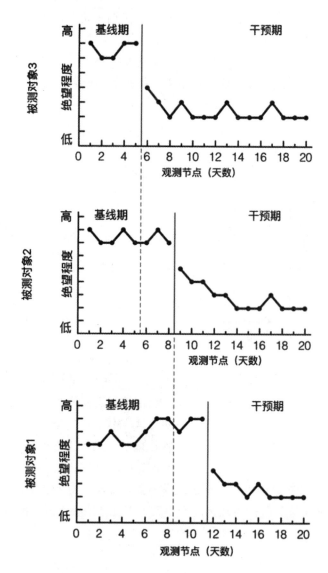

图 12-3 个案研究多基线设计：绝望程度干预效果对比

究中被广泛使用。在社会工作实务中，服务对象的情况不一，社工需要充分考虑到可能影响到服务对象行为的各类因素，因此多基线设计经常是理想的选择。

（四）多重干预设计

在多重干预设计（multiple-treatment design）中，干预随着时间的推移而变化，每次变化都代表设计进入了一个新阶段，随着进入新阶段，干预的强度可能会发生变化。多重干预设计一般也是多个阶段，第一阶段都是建立基准线的无干预阶段，从第二个阶段开始加入介入干预，但不同于 A-B 设计或是 ABAB 设计，多重干预设计不需要复刻干预环境，而是随着自变量的发展，逐渐进入新阶段，不断增加干预的强度，由此循序渐进，再收集数据，证明干预的效果。用字母可表示为 A-B1-B2-B3（如图 12-4）。

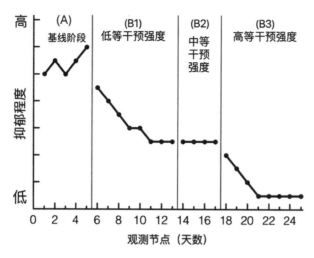

图 12-4 个案研究多重干预设计：抑郁程度干预效果对比

在社会工作的个案研究中，根据服务对象的问题变化选择多重干预设计为社会工作者提供了更加灵活的研究思路，因为并不一定要复刻研究环境，而是可以根据实际情况自由选择是增加干预强度抑或是改变干预手段，以此来完成研究调查。多重干预设计为社会工作者在个案研究中减轻了对于环境控制的压力，并且能够自由灵活根据实际情况去处理研究过程中的种种问题，因而在社会工作实务中被广泛使用。

（五）多重组件设计

多重组件设计（multiple-component design）与多重干预设计有着相似之处，也是随着时间的推移把研究分为 ABCD 这样的阶段，A 阶段是基线阶段，BCD 是干预阶段，但都不相同（不会重复控制测量环境和因素等）。不同于多重干预设计中的 BCD 阶段是随着时间的推移增加或减少干预的强度（干预手法基本没变），多重组件设计中的 BCD 阶段是采用了不同的干预方式，每个阶段采用相同的测量工具收集实验数据，再做比较分析（如图 12-5）。

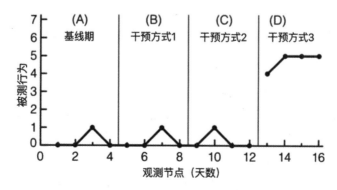

图 12-5 个案研究多重组件设计

在社会工作个案研究的实际使用过程中，多重组件设计常常被运用于帮助社工判断找寻最适合服务对象的最有效的干预手段。例如，针对重返社会的刑满释放人员，为了寻找有效的针对他们重返社会的服务方式，可以尝试多重组件设计。A 阶段对刑满释放人员进行回归社会状态测量，在 B 阶段开始介入，开展相应的干预服务，例如开展就业培训等，紧接着在 C 阶段就可以使用另一种干预手段，比如社交培训等，在后续 D 阶段社工则选取第三种干预手段，确保每一个阶段的干预手段都不一致，通过测量所收集的数据对比，从而判断哪一种干预手段是最有效的，最终确定最有效的介入手段帮助服务对象解决现有的问题。

（六）标准改变设计

标准改变设计（changing criterion design）也被称为强度改变设计，指当被测对象逐渐减少或增加某一行为时，研究者的目标也随之改变。可用符号表示为 A、B1、B2、B3。A 阶段与其他个案设计一样，是确定基线的阶段，从 B 阶段开始加入干预措施，并且随着被测对象行为的改变（增加或是减少），目标（或称之为合格的行为标准）随之改变（增加或减少），接着，依次进入 B2、B3 等阶段，目标随着服务对象行为的改变进一步改变，直至理想状态。改变标准设计可以逐步逼近目标行为所需的最终水平。

在社会工作实务中，标准改变设计通常用于监测与戒除香烟或酒精等物质成瘾相关的干预措施。例如，当将标准改变设计用于监测烟瘾患者的干预时，我们以患者每日的吸烟数量为因变量。在无干预 A 阶段，患者每天吸烟数量为平均 15 根以上，当社工开始介入进入 B1 阶段，通过一系列干预手段，将烟瘾患者的吸烟数量降至每天平均 12 根，此时将目标设为 10 根，进入 B2 阶段，社工继续进行干预，如成功将烟瘾患者的吸烟数量降至平均每天 10 根，则将目标设为每天 8 根并继续干预，如达到该目标则继续进入下一个阶段 B3，以此类推，直至患者成功戒烟。通过干预将所要达到的行为目标无限接近预期标准，这就是标准改变设计的初衷与目的。

（七）群体干预的个案研究设计

尽管我们熟知的个案研究大部分是运用于单一的个体或问题现象的一种研究方法，但在社会工作实务中，也存在着群体干预个案研究设计（single-subject designs with group intervention）。在这研究设计中，研究目的是针对某些个体的问题，但为了解决这些个体的问题，采取的不是个体干预，而是群体干预手法，在干预前后对这些个体做基线测量和效果测量，以验证干预效果。在社会工作的实务中，经常需要评估小组活动对于组员行为改变以及问题改变的效果。这是典型的群体干预个案研究。沟通小组如需了解每个成员的社交技能是否提高，在建立基线的阶段可以给每个成员都建立相应的基线，用相同的量表去测量他们的数据，在经过社工的群体干预后，再分别测量，如此能了解社工的干预是否具有相应的成效。

七 中青年失眠个案研究案例分析

（一）案例介绍

本次案例的服务对象为五个具有睡眠障碍的经常性失眠的中青年，其中三名男性、两名女性，年龄分布在 25 至 40 岁之间，下文以服务对象 1、2、3、4、5 称呼。他们向社区中的社会工作者寻求帮助，表示具有不同程度的睡眠障碍，经常性失眠严重影响着他们的生活质量，引起各种工作生活上甚至身体心理方面的问题，希望通过社工的帮助改善睡眠问题，恢复正常的生活。社工将这五名服务对象组建为一个失眠对抗小组，运用小组社会工作的方法和认知行为治疗法进行干预治疗。本次个案研究穿插于治疗过程中，用治疗过程中的数据进行分析研究，目的是发现社工的特别干预是否对改善中青年睡眠质量有所帮助。

（二）个案研究过程分析

1. 确定个案研究对象

由于本次个案研究的目标是了解运用认知行为治疗方法的小组工作对改善中青年睡眠质量的情况，研究内容是测量服务对象在不同阶段的失眠问题严重程度，并通过数据的对比得出结论。因此，这次研究对象确定为具有睡眠障碍的中青年，社工在经过筛选后确定选取五位符合相关标准的典型性服务对象。他们都是长期具有较严重程度失眠问题的中青年，每周大约有三个晚上都会失眠，失眠问题引起他们一系列的工作生活以及身体问题，并且这类问题都具有一定的典型性，例如服务对象 1 失眠导致的注意力不集中，出现许多工作失误，致使其工作中频繁受挫，工作压力大；失眠导致服务对象 4 经常精神崩溃、身材消瘦、心理压力大等问题。并且为了确保研究对象问题的真实性，社工通过访问其周围的重要他人，基本确定了选择的这五名研究对象信息与问题的真实性。由此可以判断社会工作者在众多具有睡眠障碍的患者中选取出的这五名服务对象具有代表性和典型性，其行为具有一定普遍性，适合作为此次个案研究的研究对象。

2. 制订个案研究计划

在确定个案研究的研究对象后，社会工作者需要根据研究的目的和内容，开展相应的调查研究，包括了解这五名服务对象的生活习惯、性格特点、生活境遇等，同时为了配合社会工作小组工作的开展，社会工作者也邀请五名服务对象一起参与制订个案研究的计划。最后经过充分的讨论和协商，将本次过程分为六个小组活动，而研究的目的是测量社工小组介入对改善中青年睡眠质量有无显著影响。

经过讨论，大家决定运用逆向设计进行测量，使用匹兹堡睡眠质量指数（PSQI）以及由国外学者 Buysse 编制的睡眠信念与态度量表（DBAS）来进行测量，以此衡量服务对象的睡眠质量。每个阶段都会有社工的监测以及五名对象的自测。最终根据测量所收集的数据以及通过访谈法等收集服务对象周围环境的资料来综合分析社工介入的成效，最终得出研究结论并撰写相关研究报告。

每次小组工作以及测量时间都是与服务对象商量好的共同计划的时间段，定于周日晚上，这有利于帮助五名服务对象总结和分享本周的睡眠状况。

3. 收集个案资料

收集资料的过程贯穿于小组工作的全过程。小组服务分为六次小组活动。为了配合个案研究的进行，社工运用逆向设计的方法将服务分为四个阶段来收集资料，每个阶段为时两周。分别为社工正式介入前的 A1 阶段（基线建立阶段）、社工开展小组干预的 B1 阶段（包含第一、二、三次小组活动）、社工干预中断 A2 阶段，社工再次开展小组活动的 B2 阶段（包括第四、五、六次小组活动）。

在 A1 阶段中，社工主要是与服务对象进行沟通，通过访谈法和观察法来了解服务对象的基本情况，包括个人生活习惯、身体状况、睡眠偏好、人际关系等，了解影响其失眠的各类因素。同时也要运用匹兹堡睡眠质量指数和睡眠信念与态度量表来分别测量他们的睡眠情况，以此作为基线，方便后续的对比研究。在这个阶段，五名服务对象表现出了不同的态度，例如，服务对象 1 向社工表示担心此次的社工治疗会没有效果，反而加重自身的心理负担；服务对象 2 表现出极高的积极性；服务对象 3 则并没有表现出过多的情绪，比较中立和平静；服务对象 4 质疑社工的专业性，表示不理解社会工作的专业和功能；服务对象 5 则表现出了对此次服务的期待与信任（见图 12-6）。

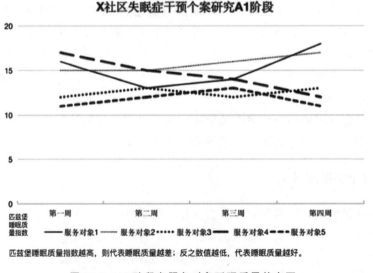

图 12-6　A1 阶段各服务对象睡眠质量状态图

在 B1 阶段社工主要运用实验法、观察法、测量法、访谈法收集资料，包括了解服务对象这两周内的失眠次数、量表所测其睡眠质量、自我行为和言语的变化以及其身边重要他人对于其的评价等等。B1 阶段开始了社工小组服务，因此在此阶段服务对象们的想法都发生了或多或少的变化，例如服务对象 1 和服务对象 4 的负面情绪有所缓和。并且随着小组活动开展的次数的增加，他们的行为也发生了改变，开始变得更加的亲密与团结，小组氛围渐渐融洽，大家相互之间鼓励与扶持，并且部分成员的失眠情况也开始好转（见图 12-7）。

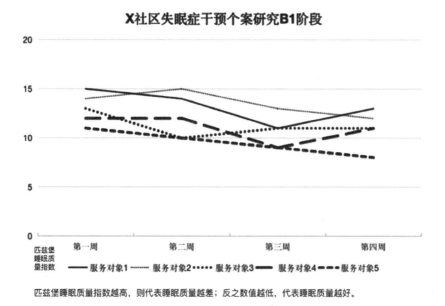

图 12-7　B1 阶段各服务对象睡眠质量状态图

与 A1 阶段一样，A2 阶段同样是运用访谈法和观察法来对服务对象进行测量，了解其个人生活习惯、身体状况、睡眠偏好等各类指标较 A1 阶段发生了哪些变化。同样地运用匹兹堡睡眠质量指数和睡眠信念与态度量表来分别测量他们的睡眠情况。测量的结果显示，即使 A2 阶段与 A1 阶段的一样，是无干预阶段，但是大部分服务对象的自测与他测的数据都没有很大变化，评分基本能够维持在 B1 阶段的水平或略低于 B1 阶段，只能说较 A1 阶段而言有所改善。此外，相比于之前阶段的小组氛围而言，A2 阶段的小组氛围以及成员之间的关系更加融洽，社工与小组成员之间的合作关系也十分轻松，整体而言，A2 阶段的状态是一个正向积极的状态（见图 12-8）。

在最后的 B2 阶段也是运用和 B1 阶段相同的方法，了解其相关指标数据的变化情况。这个阶段撤销了所有的介入与干预，是测量的最后阶段，但并不是社工活动的最终阶段。在此阶段，小组活动基本结束，小组氛围与组员关系的融洽度到达顶峰。经过测量发现，成员们的睡眠问题都得到了不同程度的改善，并且服务对象对于社工也更加信赖（见图 12-9）。

由此社工将四个阶段得出相应的关于五位服务对象的数据和资料进行收集整理，以便于个案研究的后续分析。

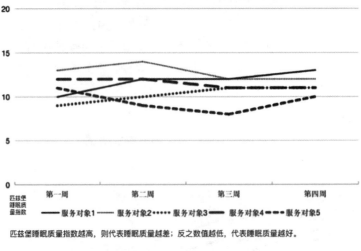

图 12-8　A2 阶段各服务对象睡眠质量状态图

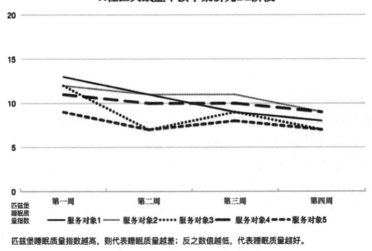

图 12-9　B2 阶段各服务对象睡眠质量状态图

4. 分析资料

本阶段对上一阶段资料进行分析，将四个不同阶段所收集的数据进行对比分析，如 A1 与 A2 阶段进行对比分析，B1 与 B2 阶段进行对比分析。根据收集的资料显示，在 A1 阶段中，五位服务对象每周失眠的次数约为 2～4 次，且都有不良的生活习惯，例如，每一位都有熬夜的习惯，其中三位有暴饮暴食的习惯，全部都缺乏运动，服务对象 2 受失眠影响，内分泌失调而在服用药物，且他们的身边人对其生活方式的评价也都是担心、不信任等等态度。

在 B1 阶段，随着运用认知行为治疗方法的每一次小组活动的开展，运用健康讲座、放松训练等手段，并通过量表的测量以及对服务对象的访谈和观察，社工了解到他们的失眠次数有不同程度的减少，睡眠质量也有一定的提升，例如，服务对象 5 以前每周大约失眠 2~3 次，在第三次小组活动结束后，表示本周只失眠了 1 次；服务对象 3 表示自己以前每晚都会起夜 3~4 次，最近有时甚至可以一觉睡到天亮等。

在 A2 阶段，停止小组活动后，通过相同方式的测量，部分服务对象表现出了紧张和压力，例如，服务对象 4 表示小组活动像是一次心理治疗，道理虽然懂，但是少了治疗还是感觉少了安全感，最近睡眠好像不如前段时间；部分服务对象表现出了依赖行为，如服务对象 2 说想要尽快开始小组服务，与人分享自己的失眠经历能够帮助其缓解失眠时候的痛苦；但也有正面的例子，比如，服务对象 1 表示虽然小组工作暂停了，但最近睡眠比较平稳，没有差很多，且其好朋友也表示，其状态最近看上去不错。

在 B2 阶段，通过相同方法得到的数据是重新开始小组活动后收集的，五个服务对象中有四人失眠次数明显减少，另一个服务对象也表示做梦、惊醒等次数有所下降，例如，服务对象 2 在 B1 阶段时每周大概失眠 2~4 次，此阶段失眠次数为 1~2 次；例如，服务对象 3 在匹兹堡睡眠质量指数量表中所测的分数明显下降。

通过对比 A1 阶段与 A2 阶段的数据资料、B1 阶段与 B2 阶段的数据资料、A1 阶段与 B1 阶段的数据资料、A2 阶段与 B2 阶段的数据资料，我们能够明显发现五个服务对象的失眠次数、睡眠质量、心理压力以及身体状况等各项指标都有所改善。

5. 形成研究结论与撰写研究报告

通过对个案研究前期数据资料的收集、整理与分析，包括数据的对比以及小组成员们的自测和社工的访谈等，社工基本可以推断出认知行为取向的小组工作对于中青年的睡眠障碍改善具有明显的正向作用，可以判定此次小组工作是基本成功的。

之后，社工根据本次个案研究的过程开始撰写研究报告，报告包括个案研究的每个步骤，包括确定研究对象、制订个案研究的计划、收集资料、分析资料、得出的结论等。资料包括对这五个服务对象全程、全方位的详细记录以及与服务对象及他人的沟通访谈记录、观察记录、测量数据记录、问卷量表模板、小组工作过程记录等。

八 个案研究法评价

（一）个案研究法的优势

社会工作个案研究能够被广泛使用，是因其具有一定的优势。第一，个案研究有一定的特殊性，有利于增进对社会中特殊情况的关注，符合社会工作关注弱势群体、发现社会问题的初衷，有助于社会工作的发展。第二，个案研究的过程是循序渐进的过程，有利于社会工作服务的开展以及社会工作理论的形成[①]。第三，个案研究具有一定的创新性和启

---

① Scruggs T E, Mastropieri M A, McEwen I. Early Intervention for Developmental Functioning: A Quantitative Synthesis of Single-Subject Research [J]. Journal of Early Intervention, 1988 (4): 359-367.

发性，有利于促进社会工作专业的发展与进步，同时个案研究相比其他调查更加人性化，符合社会工作人性化的价值观，能够更加生动具体地帮助更多的服务对象。

（二）个案研究法的局限性

个案研究同样具有一定的局限性。第一，个案研究缺乏严谨的科学性，个案研究在实验的过程中可能会受到个人模糊的证据和调查者带有偏向性的观念的影响，导致其数据收集以及推断结论的质量受到一定的影响，缺乏严谨的科学性支撑。第二，个案研究包含的范围与功能作用都有限，因为个案研究是针对特定事件、问题和群体而开展的调查研究，理论推论也因此受限。第三，部分个案研究存在时间和研究价值不成正比的问题，个案研究需要收集大量的资料和做大量的实验研究，但由于其研究的对象及范围有限，所得出的结论价值有限[1]。

（三）个案研究法运用注意事项

个案研究的局限性赋予了个案研究不断进步和完善的可能。研究者在使用个案研究时，需注意以下几点。第一，研究者或社工需要树立科学意识，尽可能地保证个案研究资料和结论的真实性，做到细节皆有据可依，才能提升个案研究的科学性。第二，在选取研究对象和控制实验环境时应当考虑研究对象问题的普遍性，更加贴合社会大众，使研究结果更加具有普适性、意义与价值。第三，方法更加专业化和效率化，发展出一套综合社会各界的合作模式，去帮助社会工作者或调查者提高工作效率。

中英文关键术语

个案研究（single case study）
个人调查（individual investigation）
团体调查（group investigation）
问题调查（problem investigation）
A-B 设计（A-B design）
逆向设计（reversal design）
多基线设计（multiple baseline design）

---

[1] Lidell E, Hildingh C, Arvidsson B. Awareness in Research Supervision: A Single Subject Study [J]. Vård i Norden, 2008（2）: 23-26.

复习思考题

1. 个案研究的价值有哪些?
2. 个案研究需遵守哪些原则?
3. 列举个案研究的类型。
4. 说明 A-B 设计与逆向设计的异同点。

第 13 章 行 动 研 究

行动研究（action research）最早源于美国 20 世纪 40 年代的社会问题研究，如今已经有了 80 多年的发展和演变历史。近年来，行动研究也逐渐被我国众多专家学者所接受和认可，并不断将其运用在我国各类社会实践中，以此来推动社会变革和发展。行动研究目前是广大社会工作者和社会学家们进行研究的重要工具，并且取得了一系列的成果。在如今全面建设社会主义现代化强国的道路上，更需要行动研究法来推动我国社会实践的发展。

一　行动研究概述

（一）概念

20 世纪 40 年代，行动研究在解决美国社会问题时兴起，是一种常用的质性研究方法，主要是指在自然、真实的社会环境中，相关人员按照一定的操作程序，综合运用多样的研究方法与技术，以解决实际社会问题为目标的一种研究模式，多被运用于心理学和教育学。

社会心理学家勒温（Lewin），被广泛认为是行动研究的奠基人。他提出行动研究是一种研究形式，是发生在从事科学研究的人和行动实施者之间，通过将科学的实验方法与社会行动计划相结合，以应对和解决某种社会问题的一种方法[1]。其后，不同学者从不同角度提出了特色各异的定义。如俄亥俄州立大学学者麦卡琴（McCutchen）和荣格（Jung）提出，行动研究是由调查者和参与者共同进行的集体性协作和自我反省，是批判性的系统调查。伊利诺伊大学学者诺夫克（Noffke）从研究者和实践者关系的角度认为，"行动研究使得研究者和实践者群体达成相互沟通合作"。英国巴斯大学的学者瑞森（Reason）和美国凯斯西储大学的学者布拉德伯里（Bradbury）提出，行动研究是一个参与性的民主过程，它结合了行动、反思、理论和实践，旨在解决问题并促进个人及其社区的繁荣。多伦多大学奥布莱恩（O'Brien）则认为行动研究是一个双重承诺的过程，涉及研究者与参与者之间的积极合作，注重科学性研究和干预。这些定义都突出了行动研究所具有的四个必备要素：参与者的赋权、知识的获取、参与者之间的协同合作以及社会实践的改进。我们可以认为行动研究就是由具有专业科学素养的研究人员和社会中的他人一起，通过协作性的合作，共同为获取更深刻的知识、培养人的自我意识、促进社会变迁与发展而进行的一种社会实践活动。

---

[1] Lewin K. Action Research and Minority Problems [J]. Journal of Social Issues, 1946 (4): 34-46.

(二)行动研究发展

1. 行动研究的兴起

行动研究最早可追溯到 19 世纪晚期的"教育科学化运动(Science in Education Movement)"。当时,一些社会改革家提出要用"科学方法"(即自然科学所重视的"假设—验证"方法)解决教育实际问题,这体现了行动研究的初步精神。

从 20 世纪 40 年代到 50 年代,行动研究的发展经过了近十年的兴盛期。"行动研究之父"勒温在 20 世纪 40 年代通过人际关系研究,让犹太人和黑人实践者以研究者的身份参与其中,使其积极反思自身处境并试图改变现状。在 40 年代中期,他在论文《行动研究和少数群体问题》中提出了"行动研究"一词,并系统地构建了行动研究理论,将行动研究描述为"循序渐进地以螺旋形的步骤进行,每个步骤都有循环的计划、行动、关于行动结果的事实调查"[①],他的努力使得行动研究开始受到社会各界的认可,并为行动研究的后期发展奠定了基础。

20 世纪 50 年代,行动研究的思想开始在教育领域广泛传播,当时哥伦比亚大学教授柯雷(Corey)是"教育行动研究"的重要倡导者。教育行动研究被应用于教育行政管理、课程、教学研究之中。后来,行动研究在美国的教育领域迅速发展,并被专家和教师广泛应用于解决课程编制和教师业务提高的问题。

2. 行动研究的衰微

20 世纪 60 年代,行动研究逐渐衰落,尽管美国仍有一些教育行动研究在开展。衰落的原因在于这一时期的行动研究受到实证主义研究的影响,延续了研究和行动分离的模式。在专家和教师之间的合作研究中,专家更倾向于将自己与教师的责任区分开来,专家负责研究问题和制定解决方案,而教师主要负责实施和验证方案的效果。

行动研究衰落也有其外部原因,受到国际形势的影响,"研究—开发—推广(research-develop-distribute,RDD)"模式在美国教育领域受到推崇。RDD 模式虽然注重教育理论与教育实践的结合,但也强调教师实验和理论应用与实践的开发研究环节。因此,研究由专家主持,教师则成为被调查者或推广者。

3. 行动研究的复兴

行动研究衰落了十多年后,于 20 世纪 70 年代再度兴起。这是因为,首先,定性研究方法的发展,使研究者重新回归学校实践,也为教师提供了更为可行的研究工具;其次,在教育领域,行动研究倡导的观点肯定了教育实践工作者在研究中的作用,为教师所接

---

① Kemmis S, Mctaggart R. The Action Research Planner [M]. Geelong: Deakin University Press, 1988.

受;最后,行动研究肯定了实践对理论、方案、思想、计划的检验作用,在一定程度上符合研究的发展逻辑和人的认识规律[1]。

行动研究的再兴起也有一些外部原因。一是传统的教育理论无法解决科技革命下学校面临的新问题,促使人们从现存的理论转向实际,而行动研究恰恰是从实际问题出发,通过研究者和实践工作者的参与协作来解决问题、探索新理论的思路。二是既有的研究方法无法应对教育实践发展的挑战,特别是"RDD模式"遭到批判。三是人文哲学的发展引起了人们对教师作为个体的重视,行动研究得到重新审视,认为实践者有着研究的动力和基础,应该对自身行动和研究负责[2]。

(三)行动研究的特点

1. 以解决问题和改进实践为目的

行动研究主要是为了做出行动而进行的研究,它以解决实际问题为主要任务,为实践本身的改善而展开研究。因此,它不强调理论上的建构,而是注重研究的应用价值性,旨在改善实践工作者所处的工作情境、解决实践工作中的问题,最终致力于改善实践的社会情境,增进社会福祉。

2. 研究的主客体具有一致性

在行动研究中,一般的研究者就是实践工作者,而实践工作者既是研究的主体,也是被研究的客体,但通常以研究的主体角色为主。实践工作者不是被动地接受局外人的研究成果,而是对自己所从事的实践进行研究,通过研究与行动的密切配合,最终提高自己改造社会实践的能力。另外,行动研究强调实践工作者要亲身参与研究工作,因此其还必须具备对专业的承诺与对工作的热忱。

3. 以"共同合作"方式进行

行动研究是发生在社会实践过程中的研究,而不是在实验室里进行的,因此,行动研究是研究者与实践工作者之间共同参与的协同式的工作过程。这样的一种"共同合作"的方式强调团队成员之间的伙伴平等关系,而非上下级关系;强调成员之间的分工合作、经验分享、共同做出决定等。在行动研究中,专家学者是实践工作者的合作伙伴,通常作为从旁协助的辅导角色,担任咨询顾问的地位,而实践工作者则是主要的研究者。

---

[1] 郑金洲. 行动研究:一种日益受到关注的研究方法 [J]. 上海高教研究,1997 (1):27-31.
[2] 郑金洲. 行动研究:一种日益受到关注的研究方法 [J]. 上海高教研究,1997 (1):27-31.

4. 研究成果具有即时性

行动研究重视研究结果的应用性，即实践工作者通过行动研究，可以有效地解决生活中面临的实践问题，从而改善实践工作情境，提高工作效率与工作效能。也就是说，行动研究可以为实践工作者提供其在实践情境中解决问题的方法与策略。因此，其重视的是研究结果的实用价值，强调研究所得结果的即时应用，而非学术理论的验证或建立。

5. 研究结果具有情境特定性

行动研究具有情境特定性，不同于其他研究方法所具有的普遍代表性和情境的类推性。行动研究的样本通常以特定对象为主，样本范围较小，一般以实践工作者所在情境中的人、群体、组织为研究对象，不重视取样代表性；而且每个行动研究方案，不论其规模大小，都具备自己独有的特点。它以特定实践中的问题为主，实践问题的解决也有其特定的适用情境，因而最终的研究结果也难以类推至其他的实践情境。

二 行动研究的方法论基础

行动研究与定量研究、定性研究以及其他的混合研究不同，它不但融合了量化分析与质性分析，还加入了实践的内容，所以它基于实证主义、诠释主义和实践主义三大方法论之上。

（一）实证主义

行动研究强调研究的开展和推动须基于事实，而且需要以客观的形式获得证据说明事实的存在。这体现了实证主义基于对客观现实的信念和运用感官数据独立观察验证的思路[1]。另外，行动研究对行动结果的证明会通过一定的量化分析完成，这也是现今实证主义方法论的体现。

（二）诠释主义

行动研究的开展不仅仅依赖于客观资料，也强调行动参与者的主观态度，因为问题的界定、干预的选择、结果的好坏、成员的动员都受到个人心理、社会文化和历史的影响。

（三）实践主义

实践主义认为实践和理论都是不可或缺的，并且理论常源于实践，由理论指导的实践

---

[1] Park Y S, Konge L, Artino A R. The Positivism Paradigm of Research [J]. Academic Medicine, 2020 (5): 690-694.

是行动研究的基础。一些研究者认为，诠释范式和实证主义方法论都不能完全描述出行动研究的整体方法论结构，实际上，马克思主义的实践概念（Praxis）是行动研究的坚实基础。行动研究中所有的客观分析、主观分析、意见收集、干预摸索都是为了把理论、经验、技巧付诸实践，推动社区发展。

三 行动研究的原则

为确保行动研究的顺利实施，不同学者提出了行动研究的基本原则。早期的纽约市立大学教授索梅克（Somekh）与勒温共同提出了行动研究八大原则。第一，行动研究是研究和行动的结合。第二，行动研究是研究者和参与者之间的协同研究。第三，行动研究必须建立在理论知识之上。第四，行动研究的目的在于社会变革和达到社会的公平正义。第五，行动研究必须具有高度的反身性。第六，行动研究要探索各种各样的实用性知识。第七，行动研究中的参与者能够学习到很多。第八，行动研究所探究的知识离不开其所在的政治、历史以及意识形态的影响[1]。我们认为行动研究的核心是一群有志人士的共同行动，围绕这个核心，我们可以提出几个原则。

（一）建立积极关系

在行动研究中，研究人员和其他参与人员之间的关系，需具备几个特点。首先，行动研究中的双方关系必须建立在平等的基础上。其次，行动研究中的双方须保持和谐的状态，体现行动研究的民主性，避免具有侵略性、操纵性关系的官僚制度的影响。另外，行动研究中的积极关系必须是接纳的，双方对最真实的人和行为须给予接纳。最后，积极关系原则还包括敏感性，即要求在行动研究中的双方，尤其是研究人员，要对所有的参与者的感受具有高度敏感性，能够随时发现行动研究中他人感受的变化。

（二）有效沟通

沟通是所有咨询过程有效运作的关键，能够确保人们充分了解事件和活动，并促进人们获得共同完成工作所需的所有信息。行动研究要求所有的参与者采用有利于发展和谐关系和有效实现团体或组织目标的沟通方式，以此提升行动研究效率，给行动研究中的主体带来积极的变化。

要达到真正有效的沟通一般需要满足以下基本条件：其一是理解，即要求行动研究中的接收者能够真正理解他人正在传达的内容；其二是真实，行动研究中传达的信息必须是真实准确的，以此得到他人的信服；其三是真诚，不管是在尝试进行沟通时还是在建立信任后的

---

[1] Somekh B, Lewin C. Research Methods in Social Sciences [M]. Los Angeles：SAGE Publications，2005.

日常沟通中，双方都应该保持毫无隐瞒的态度；其四是沟通的适当性，体现在行动研究中沟通的方式、风格和形式，必须因人、因环境和主题而异，以最合适的方式去进行。

（三）参与性

当人们能够参与探索与他们相关的问题的性质和背景时，他们就有机会深入了解其处境，并积极参与处理问题的过程。行动研究的任务就是提供这样一种氛围，促使人们采取行动改善其不利处境。研究人员在其中不是主导者，而是促进和支持他人的参与，以更好地达成行动研究的目标。

参与性原则强调行动研究的所有参与者都能够实现显著程度的积极参与，且这种参与不是被迫和强制性的，而是由人们自身内在动力促使的主动参与。在参与过程中，人们往往能够在采取行动时得到来自其他参与者的支持和帮助，体现一种共同参与的互帮和互助。

（四）包容性

作为一种调查方法，行动研究将调查过程中的所有利益相关者囊括其中，同时也创造了一种环境，能够使不同的群体在相互信任的氛围中协商各种不一致的意见，并为解决各方所关心的同一问题而努力去找到有效的解决方案。这就体现出了行动研究的另一重要原则——包容性。

行动研究中的包容性体现在人员的包容、问题的包容以及利益的包容上。首先，人员的包容是指能够最大限度地接受所有相关人员的参与，而不论其阶级、种族、信仰等，甚至包容那些社区或组织问题的制造者。其次，行动研究所致力于解决的问题包括社会、经济、文化、政治等各方面，而非只专注于狭隘的行政或政治议程上的问题。最后，在利益的包容上，行动研究能够确保与各类团体、机构和组织进行利益上的合作，不偏向于某一方，且能够使所有相关群体都从中受益。

四　行动研究模型

一般来说，不管是何种形式的科学研究活动，都有其自身严格的研究程序和步骤。行动研究作为社会科学研究方法的一种，是一类研究活动的总称，其实施步骤和其他方法也具有诸多不同。由于行动研究的整个过程是动态的，学界在总结和概括行动研究的过程中存在不同的看法，也总结出了不同的行动研究模型，且各模型之间也存在较大的差别。

（一）勒温螺旋循环模型

作为行动研究的创始人，勒温的行动研究"三阶段说"是最早有关行动研究过程的系统论述。在后续发展过程中，勒温又将其进行优化，提出行动研究应该包含计划、行动、观察和反省四个环节,并建立了有关行动研究的螺旋循环模式,如图 13-1 所示。后来,他进一步把反思后的步骤总结为重新修改计划,并将其作为另一个循环的开始,从而最终形成行动研究的螺旋循环模式[①],成为早期经典的行动研究模型,如图 13-2 所示。

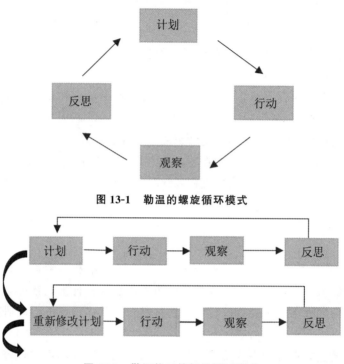

图 13-1　勒温的螺旋循环模式

图 13-2　勒温修正的螺旋循环模式

(二)凯米斯的四步周期模型

澳大利亚查尔斯特大学凯米斯(Kemmis)在勒温的行动研究框架上提出了典型的行动研究过程四步周期模型,认为每个周期中包括四个步骤:计划、行动、观察、反思[②],这四个步骤构成了螺旋式推进的循环过程,如图 13-3 所示。

"计划"是整个行动研究过程的第一个环节,一般包括三个方面的内容和要求:一是计划始于解决问题的需要和设想;二是计划包括总体计划和具体行动步骤计划;三是计划需要根据问题不断调整。"行动"是行动研究中的第二个环节,即计划的实施。"观察"是行动研究的第三个环节,包括研究者对自己的观察、他人对自己的观察以及研究者对他人的观察等。"反思"是第四个环节,它是一个螺旋圈的结束,也是过渡到另一个螺旋圈的中介,具体包括了三部分内容:第一,整理和描述,即研究者对观察到的、感受到的与制订计划、实施计划有关的各种现象加以归纳整理的工作;第二,评价和解释,即对行动过

---

① Dickens L, Watkins K. Action Research: Rethinking Lewin [J]. Management Learning, 1999 (2): 127-140.

② Kemmis S, McTaggart R. The Action Research Planner [M]. Geelong: Deakin University Press, 1988.

程和结果进行判断评价并分析解释；第三，对下一步行动计划的修改计划，是进入下一个行动研究循环的开始。

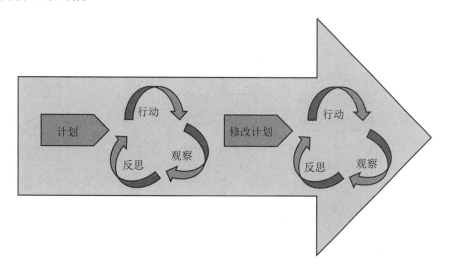

图 13-3 凯米斯的四步周期模型

（三）埃伯特的六成分模式

剑桥大学埃伯特（Ebbutt）提出的行动研究模型包括六个部分。第一，总体设想：包括研究问题的发现和提出，问题发生原因的诊断、问题发生具体情境的分析等。第二，考察：作为行动研究中的第二个过程，指的是资料和数据的收集阶段。研究人员需要对具体收集的方法、手段、资料内容、资料类型以及相关的人员分工等作出详细的计划。第三，总体计划：在此阶段，需要拟定有效的行动方案，针对第二阶段收集所得来的资料进行计划，这是实施行动的基础，能够对行动提供指导，而计划的制订也会根据后续的评估等进行调整和改变，以达到行动的最佳效果。第四，采取行动：此阶段就是将制订的计划进行执行的过程。第五，行动监控与自我评价：考察方案实施的结果，若问题没有得到有效解决，则应该对方案进行修正，即要求研究人员重新分析问题、重新诊断问题发生的原因、重新收集资料、重新计划和重新进行行动等。第六，过程，即修正概念、重新观察、重新计划和重新行动的过程（如图 13-4 所示）。

（四）瑞尔的渐进式问题解决模型

美国佩珀代因大学瑞尔（Riel）提出了行动研究的渐进式问题解决模型，认为行动研究中的人员在发现和提出研究问题后，会从多个来源寻求证据，从而帮助验证他们所要进行的研究并为此制订计划，通过计划后，他们将实施计划。随后，行动研究人员收集和分析在与他人互动过程中得到的证据，并与其他从业者共享分析结果。最后进入反思阶段，在该阶段，行动研究人员开始制订下一周期的行动计划。瑞尔主张让行动研究中的所有参与者都在每个周期中经历四个阶段，即计划、采取行动、收集证据和反思（见图 13-5）。

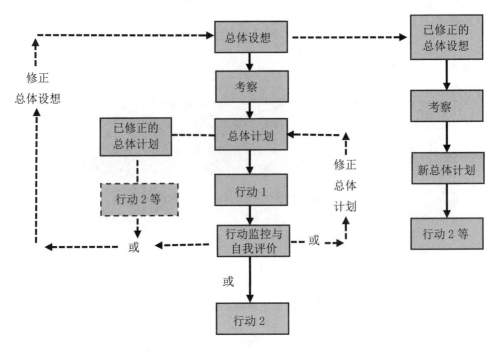

图 13-4　埃伯特的六成分模式

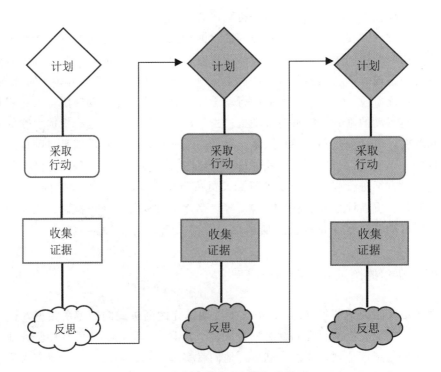

图 13-5　瑞尔的渐进式问题解决模型

五 行动研究的步骤

因为行动研究对实践的强调,所以其研究步骤较一般的社会研究有些差异。综合以上各专家学者提出的行动研究的开展模型以及过程,我们认为行动研究一般需要经过七大步骤(具体见图 13-6)。

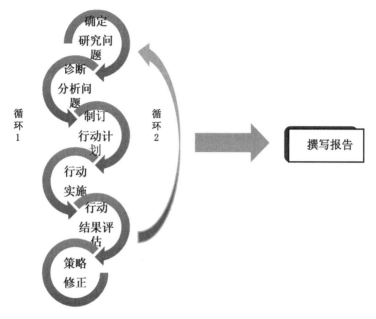

图 13-6　行动研究简易循环图

(一)确定研究问题

一般来说,确定研究问题是行动研究的第一步,也就是需要对研究的主题进行明确和选择。此步骤主要是指专业的研究者在其实际的工作情境中如何去发现、定位和识别当前最迫切、最需要得到解决的重要问题,以此作为自己的研究问题。在确定研究的问题时,需要注意以下问题:其一,研究问题的确定可以通过两种不同的方式,一是来源于社会问题,二是来源于研究者自身的实践。其二,研究问题的确定和人员密切相关,即需要提前判断所选择和确定的问题能否得到具有共同利益的人的支持,以及能否得到团队中其他成员的认同和支持。

(二)诊断分析问题

在研究问题确定后,需要对问题进行更为明确的分析,即要对所发现的问题进行初步的诊断,进一步找出问题的成因所在。在此,还需要进一步收集相关资料,以便对问题有更为科学的认识、厘清相关原因的主次关系、找出问题的关键和本质，便于后续在制订行动计划时从最主要原因入手。

在提出研究问题后，研究者需要对自己进行提问：造成该问题的原因是什么？有哪些影响因素？有关该问题的论述有哪些？是否有相关类似的问题，他人是如何解决的？从这些方面去思考如何对该研究问题进行资料和数据的收集和分析，具体可以使用问卷、访谈、网络资料查找以及文献阅读等方式。

（三）制订行动计划

根据研究所需，在诊断分析问题后，便需要对问题的解决制订详细周密的行动计划，这是解决问题、做出行动的前提。

总体而言，行动计划的制订需要考虑诸多因素，例如，在行动中，如何才能更好地和利益相关人群建立关系？有哪些可供利用的资源？怎样才能充分调动受益人群参与行动？行动计划的制订一般需要包括研究目标、范围、假设、步骤、进度和分工等。此外，在制订行动计划的过程中，更需要听取各方意见，努力使团队成员达成意见上的一致，只有这样，做出的行动计划才符合人们的利益需要，才能够为问题的解决提供最有力的支持。

（四）行动实施

行动实施是整个行动研究过程中最为主要的部分，即依据前面步骤制定的问题解决行动方案采取实际行动，将书面内容付诸实践。

在整个行动实施过程中，需要注意三点：一是伦理问题的考量和程序原则的遵循，由于行动的实施涉及将理论运用于解决实践问题，研究者需要严格遵循相关伦理原则，做到避免伤害、知情同意和价值中立等；二是需要特别注意整个研究团队的配合，将彼此视为相互协作的合作伙伴，专业研究者与所有的参与者都是整个团队的一员，且研究者可能转化为参与者，参与者也可能在此过程中转化为研究者，实现双重身份的转化；三是及时记录和观察，观察内容具体包括研究者和参与者如何做、有怎样的感受、出现了怎样的困难以及提出怎样的构想等一系列过程，而及时记录研究中的思维和想法，可以为后续的反思和策略修正提供资料支持，同时也能够为反思性协作打下基础，具体方法如撰写研究日记，它可以成为行动研究中事件、经验和想法的数据库。

（五）行动结果评估

行动实施后，需要对整个行动实施的过程进行评估，即对上一阶段的行动实施和观察记录到的结果进行归纳整理，然后对行动的全过程、问题解决的方案的实际执行和最终结果作出一定的评价和反思，包括问题定位是否准确、方案制定是否合理有效、执行过程的不足、行动过程的亮点，以及最终问题是否解决等。总之，在行动研究中，反思性评价具有极为重要的意义，它是后续的策略修正和改进的最主要参考依据，也能够使行动人员吸取经验教训，为下一次行动提供理论和实践的指导。

（六）策略修正

策略修正是行动研究中进行前一阶段行动结果评估后的补充，需要研究人员和其他参与者再次聚焦于未解决的问题进行行动计划的调整，将先前计划中存在的缺陷进行修正和补充，对行动过程的安排和执行做出新的方案，力求将问题真正解决。举例来说，如果反思后发现，行动实施过程中的程序操作不当或制订计划时未充分考虑突发因素等原因，导致问题未能得到彻底的解决或效果不佳，就需要重新制订和改进行动计划。

（七）撰写报告

在行动研究完成、问题解决后，需要对整个研究的过程、结果以及得出的相关结论等进行行动研究报告的撰写，这是将研究结论进行经验分享和提供学术借鉴的重要环节，也是整个行动研究的最终步骤。

行动研究报告的撰写可以以不同的"风格"呈现，比如，从对当前的实践评估开始，或者从收集参与者对一般问题的观点开始，甚至从某种形式的创新行动开始。总体而言，行动研究报告无严格的撰写规定，但一般包含以下要素。第一，研究问题的简要说明：包括研究问题的来源、界定以及选取的原因等；第二，背景：具体表现为对该研究问题产生背景的描述，参与者在此背景下的角色和行为，以及当前社会对该问题的理解和相关文献研究等；第三，对项目方法的解释：在此次行动研究中运用的具体方法、理论等的阐述；第四，实施行动研究的过程描述，包括前期的数据收集和分析过程、制订行动计划的过程、行动实施的具体过程以及团队如何协作等内容；第五，结果分析：对实施行动后相关问题的变化和影响的描述，以及如何解释和评估产生的变化或影响；第六，结论：最终实施行动研究的情况改进，以及整个行动的收获、结论推论、经验反思等。

六 行动研究的类型

学界有关行动研究的分类有多种，不同学者从不同角度对其进行划分。澳大利亚新英格兰大学格兰迪（Grundy）提出了技术型、实践型和解放型三种分类。技术型行动研究注重运用科学技术观点解决问题，强调实证主义方法和科学工具的运用；实践型行动研究是英美最为普遍的研究模式，强调专家和实践工作者之间的合作伙伴关系；解放型行动研究也叫批判性解放行动研究，强调实践工作者通过批判性思考来采取行动，有时甚至认为专家没有出现的必要。

美国凯斯西储大学布拉德伯里（Bradbury）和英国巴斯大学瑞森（Reason）提出，社会实践中的研究者是社会问题的解决者，同时也极大可能是某些重要社会政策的实施者，甚至他们的行为还可以影响社会政策的制定。从行动研究的参与者和研究者双方角度，他们将行动研究分为以下三类。

（一）第一人称的行动研究

第一人称的行动研究（first person AR）关注个体行动解释，强调研究者要在生活中培养探究自我生命的能力，以明确人生抉择中的意识和选择，理解社会外部力量对行动的影响机制。此研究中，研究者被置于整个研究过程和框架中，参与研究活动，研究者是行动研究中的一个活动工具，类似于显微镜或其他仪器。英国巴斯大学马歇尔（Marshall）和米德（Mead）在有关文章中提出，第一人称的行动研究就是"研究者自身生活在行动研究中，以练习新行为，并且在行动中进行反思，最终将其概念化的过程"[①]。

通过第一人称的行动研究的自我探究，有助于研究者澄清：我们来自哪里？我们是谁？我们在干吗？如何成为今天的自己？为何有这些人生的选择和行动？为了达到这个目的，研究者需要从几个方面认清自我：第一，自己的性别、阶级、年龄、种族、就业状况等如何影响行动研究，以及这些因素给行动研究带来的机遇和挑战；第二，研究者童年未解决的创伤、恐惧和愤怒对行动研究的影响机制；第三，我们人生所创造的作品反映了我们的生命原型。

（二）第二人称的行动研究

在第二人称的行动研究（second person AR）中，合作探究是最典型的类型。在这种探究中，所有参与研究工作的人都是共同的研究者，他们的思想和决策有助于产生新的想法，并在项目管理中积累经验和结论。作为共同的研究者，他们能够达成共识，协同参与思考研究思路、提出问题、选取合适的解决方法这一系列过程；他们也都尝试着形成新形式的个人或专业实践；在反思阶段，他们批判性地反思自己获得的经验，从成功和失败中吸取教训，并发展出理论观点，以便为下一步行动阶段的工作提供信息支持。

假如你作为一名社工，正在对街头青年进行行动研究，你通过和街头流浪青年充分建立信任，再有效干预街头流浪可能发生的危机。在整个过程中，你始终是"伴随者"，充分赋予街头青年权能，发掘他们存在的优势，共同商议解决问题的办法，将自己充分融入街头流浪青年群体中，通过行动来促进群体人员相互支持、信任、共同承诺和达成一致的团结。这一过程隐含着"增能""赋权""参与"的概念，体现了社会工作与行动研究的充分结合。在研究工作中，需关注六点原则。第一，非侵入式的协作：无论街头青年群体对问题做出怎样的决定，都必须得到专业研究人员的尊重。第二，相互信任和尊重：相信每个人都有能力理解和处理自己的现实问题，只需要给予其时间和耐心；对不同文化、阶级、种族和年龄的人给予真诚的尊重和信任，不歧视。第三，团结一致：整个团体都处于

[①] Marshall J, Mead G. Editorial: Self-reflective Practice and First Person [J]. Action Research, 2005（3）：235-244.

共同的命运中,要团结起来一致面对问题。第四,互惠和平等:所有参与者都应该明确自己的兴趣和目标,每个人的利益都是同等重要的。第五,注重过程:各参与者都需要付出情感和智力共同探讨以解决问题,强调互动的过程。第六,语言作为文化和权力的表达:对待街头流浪青年,尽量避免使用表达排斥或歧视的词语,通过语言来表达尊重[①]。这些原则须始终贯穿整个团队工作的始末。社工需要从最初的局外人转化为深入其中的局内人,这样就可以实现行动研究从单循环到双循环的转化。

(三)第三人称的行动研究

如果将第一人称的行动研究称为"为自己工作",将第二人称的行动研究称为"为合作伙伴工作",那么,第三人称的行动研究(third person AR)则可以称为"为人们工作"。第三人称的行动研究实践建立在第一人称和第二人称的行动研究实践之上,涉及一个更多人群的集体,在一个更大范围的社会环境中,他们彼此并不认识,具有非人格化特征。最常见的是社区行动研究,比如,社工在社区中进行某项意在改变社区状态的行动,与该项行动相关的群体互动并达成广泛共识,再付诸行动,并随着状况的变化与社区成员一起出谋划策,调整行动,最终解决社区的某个问题。有学者把第三人称的行动研究称为为那些从未见过面、从未说过话但相互具有工作上的依赖的集体努力创造对话机会而进行的实践。我们可以看出,社区行动研究蕴含以下三点:第一,社区行动研究是以促进不同团体之间以及与其合作的参与者和研究人员之间的、基于达成行动上的共识而产生的一种互动合作的关系;第二,社区行动研究能够为集体反思创造良好的环境,使来自不同组织的人们能够通过他人看到自己,从而使得反思更为深刻;第三,社区行动研究通过打破各个组织和团体之间的界限,学习和借鉴其他组织保持发展的行动措施,最终达成自身的变革和发展进步。所以,在社区行动研究中,研究人员会更加注重社区成员的参与,强调培养全体参与者的批判意识,为此社工要发动全体社区成员一起来了解自身的处境,识别和定义他们生活中最为关键的问题(此阶段焦点小组是常用的方法),再让大家针对该问题协同起来进行社区合作,从而进一步采取行动,解决问题。

七 移民妇女反暴力行动研究案例分析

(一)案例介绍

加拿大移民妇女咨询服务项目和马尼托巴省性教育资源中心(SERC)合作开发了一个移民妇女反暴力行动项目。该项目以预防性教育为主,得到了当地社区咨询小组的支持,旨在为来自不同种族和国家背景的移民妇女提供一个空间,以参与式研讨会的形式来

---

① Bradbury H, Reason P. Action Research: An Opportunity for Revitalizing Research Purpose and Practices [J]. Qualitative Social Work, 2003 (2): 155-175.

重新审视移民妇女所遭受的来自社会的各种暴力。该项目致力于提高移民妇女反暴力的能力，帮助建立移民妇女的非正式支持网络，进而促成该群体在当地社会的良好适应，增强她们的自我保护能力。

项目最初是由一个社区组织叫"安妮的移民妇女"发起的。安妮是一位专业的研究人员，对该组织如何影响移民的问题很感兴趣，便联系了当地大学社会工作学院的工作人员，希望能够与他们合作对该移民社区进行此问题的研究，帮助开发该社区，以链接更多的社会支持网和相关资源来满足移民妇女的需求。该社会工作学院的研究人员与她达成了合作意向，并邀请了移民领域研究专家、社会工作者和一位教育家加入团队。

整个项目持续了两个多月，专业研究人员以参与者、促进者和教师的身份深入到社区去了解当地的女性移民群体，与她们同吃同住。在这一过程中，获得女性移民群体的初步信任极为重要，是整个项目得以顺利进行的重要基础。由于安妮原本就是该社区移民妇女群体中的一员，她帮助团队很快获得当地群众的信任并融入该团队。

研究团队进入社区后，秉持初心致力于社区变革。但由于时间紧迫，无法组建起包含参与者、研究者和督导者三者在内的完整体系，因此，他们选择在获取研究群体的信任后，召集所有参与者一起对彼此利益相关的问题进行开发研究和设计，确立好整个过程应该使用的方法和工具，最终选择以焦点小组访谈为主要方法，并对社区所有利益相关者进行培训。之后，开始了整个项目的数据收集。

每次焦点小组访谈都有两名研究人员相互协作，其中一名研究人员进行访谈，另一名研究人员做访谈记录。机构的研究员一般负责进行外展工作，以找到更多符合要求的参与者。在这个项目中，由于该社区基本都是移民群体，在进行焦点小组访谈时，语言不通成为研究人员工作上的巨大阻碍。为了解决语言障碍、顺利进行项目，研究人员对女性移民参与者进行了英语培训，在确定不需要进行完全翻译的情况下，开始了焦点小组访谈。整体上，焦点小组的舒适度很高，所有参与者都能够在其中找到最舒服、最轻松的状态，加上前期进行过语言上的培训，女性移民群体和研究人员很快熟悉起来，焦点小组访谈也非常顺利。

专业研究人员具备专业知识和职业素养，对女性移民群体的关切问题敏感且洞察力强，能快速获取利益相关者的意见。他们参与焦点小组访谈，建立信任，促进坦诚沟通，并使用社会工作访谈中的倾听、鼓励、支持、澄清等技巧，收集了充分而全面的信息。研究人员与参与者相互合作、共同协商问题解决办法，将参与者视为研究人员经验上的专家，给予充分的尊重，并探索、记录、鼓励和综合归纳她们提出的所有想法。也正是由于此，该社区所有的利益相关者对研究团队的成员都表示出了非常热烈的欢迎和支持。通过焦点小组访谈，研究人员获得了大量可供分析的数据和资料。

值得注意的是，在参与性行动研究中，特别是与弱势群体或边缘化群体合作时，研究人员需要将研究中所获取的资料用于帮助社区成员的参与，并与他们共同分析和讨论数据。在数据收集时，研究人员使用录音带和录音笔进行记录，随后将数据进行转录和分类。研究过程中，研究人员邀请了对数据感兴趣的参与者来参加关于数据分析的简短的研讨会。会上，参与者被分成两个小组，各自负责不同的主题领域，以进一步产生新的主题，或者反思和评价以往的培训和访谈，向研究人员提出改进建议。

最终，该项目的调查结果被研究人员形成了更为规范和严格的文字报告，并邀请了参与者和其他利益相关者参加会议。项目参与者还参与了研究报告的撰写，将亲身经历的生活事件转为文字，为他人提供参考，这极大地增强了研究人员对研究的信心，也使得参与者对促进其自我变革和能力发展有了新的认识。

（二）案例反思

在整个项目中，研究人员面临了诸多挑战和问题。首先，研究人员面对的问题是进入场地，即如何获取研究群体的信任和快速融入该群体，成功融入与否都会对后续行动研究的开展环节产生巨大的影响；其次，女性移民群体使用的语言多样，能否使用通用的语言和文字对于较为专业的访谈是一个需要重点解决的问题；再次，在焦点小组访谈中，要促成弱势或边缘群体的参与，需要准备充足的资金来保障她们参与过程中所付出的花费（交通等），并且为参与者营造一个舒适安全的环境，如提供一定的食物、饮料等；最后，研究人员必须具备敏锐的洞察力，充分尊重群体之间的文化差异，这要求研究人员必须有一定的专业素养，能够对各种各样的文化有所研究和了解。

该项目有几处亮点值得一提。第一，项目由本地社区移民的研究兴趣发起，这说明在这个社区内已经存在具有自我意识和反压迫意识的人群，这对于行动研究的开始干预具有重要意义。第二，研究团队中有所在社区的本地移民，他们作为团队进入社区的中介，链接了研究人员与女性移民群体，帮助更好地建立起初步信任和合作关系，这是本项目的一个重要优势所在。第三，在与所有利益相关者建立协作关系时，研究人员和参与者共同探讨项目执行的方法和工具，邀请其参加焦点小组访谈和数据分析会议，给予其充分的平等、尊重，真正把其当作团队中的"自己人"，这是该项目中行动研究得以顺利进行的关键。第四，研究人员在此次项目中的自身素质和专业修养对行动研究的成功是必不可少的，由于研究人员都来自具有丰富研究经验的高校，具备相应的研究经验，能够在团队遇到问题时及时探讨并提出解决办法，加上专业的社会工作访谈技巧的运用，使得项目中该社区的女性移民群体的能力真正得到开发。

八　行动研究的评价

社会工作作为一门以实践为主的学科，其研究并非只是为了做研究而研究、为建构理论而建构理论，而是为了实践而研究[①]。在这一点上，行动研究和社会工作的目的不谋而合，开展行动研究是为了理解社会，描述社会现象，更好地解释社会的运作机制、社会问题背后的成因等，在此基础上探索解决社会问题的途径和方法，促进社会的发展。

---

① 古学斌. 行动研究与社会工作的介入 [J]. 中国社会工作研究，2013（1）：1-30.

（一）行动研究的优势

1. 行动研究的应用领域广泛

行动研究在社会工作领域得到了广泛的应用，包括残疾人士、失业者、青少年和社工人才培养等方面。可以说，行动研究具有很强的实用性和适用性，在各个领域都能够得到广泛的发展。

2. 行动研究提供了一种群体性反思的方式

在行动研究广泛应用的当今，参与行动研究的人员须由个人化的、孤岛式的研究走向群体化合作性研究。通过这样一种群体合作的方式，发挥群体的力量，更易于识别和确定群体问题，建立大量的行动假设且付诸行动，最终解决问题。从这个视角来看，行动研究为社会科学界提供了一种具有深刻"民主"型意义的研究方式，并为制度性难题的解决提供了良好的思路借鉴。

3. 行动研究为定性研究提供了诸多借鉴思路

定性研究强调在自然情境中去观察当地人的生活和理解当地的文化活动，但行动研究更多地采取行动措施去解决问题，改变所进入的自然情境。同时，在行动研究之前研究者就有了对问题的基本假设和构想，而定性研究则没有预想的策略。此外，在与参与者的互动上，行动研究强调与所有的利益相关者进行合作，以实现行动带来的变革影响，而定性研究更多的是观察当地人，参与者只是被观察研究的对象，并不强调一致的协作互动，其最终解释能否帮助社区解决问题存在一定的质疑。

（二）行动研究的局限性

1. 对实证主义的依赖

行动研究自产生之初就显现出对实证主义的反叛，但其在整个发展历程中，始终处于实证主义的阴影之下。行动研究追求一种实践者的理智自由以便摆脱权威专家的思想控制，在认识论上，看重"经验"对知识的有效性，因此，行动研究看似是对实证主义的反叛，实则却和实证主义有一致性，难以摆脱实证主义的影响。

2. 缺乏科学性与理论性

行动研究缺乏专业理论，程序与方法不够严格，受众主体未明确，似乎局限于实践者。在资料收集和分析方法上，缺乏独特体系，只能依赖叙事记录和日记等非科学方法。

研究成果缺乏科学严谨性，更多借用其他社会科学方法进行写作。在理论追求上，行动研究虽关注理论，但理解深度仅取决于个人研究素养和经验，难以快速掌握和应用。因此，行动研究的"合法性"一直受到学界质疑，其研究成果也往往难以获得学界认可。

中英文关键术语

行动研究（action research）
教育科学化运动（science in education movement）
"研究—开发—推广"模式（research-develop-distribute，RDD）
第一人称的行动研究（first person AR）
第二人称的行动研究（second person AR）
第三人称的行动研究（third person AR）

复习思考题

1. 简要归纳行动研究的发展历程。
2. 简述行动研究的特点。
3. 如何开展一项行动研究？
4. 行动研究有哪些优势与局限？

第 14 章 纵 贯 研 究

社会一直处于变迁之中。社会学鼻祖之一斯宾塞（H. Spencer）将社会学分为社会静力学和社会动力学。此后的社会学研究也大致分两大类，一类是研究某个时间点上的社会现象及其因果关系或机制，即横断面研究（cross-sectional studies），另一类是研究社会现象的历时性变化，以期掌握其变化规律，即纵贯研究（longitudinal studies）。

一 纵贯研究概述

（一）为什么需要纵贯研究

横断面研究所评估的事件、观点、行为和其他因素通常不会一成不变，因此，想要从一个横断面研究中总结事物的发展规律就变得很棘手。例如，在 2020 年、2021 年、2022 年调查同一访谈对象关于疫情管理的看法，可能会得出不一样的回应。面对横断面研究中的困境，研究人员想出了一种弥补方法——纵贯研究。

（二）纵贯研究定义

纵贯研究是一种与时间和社会变迁密切相关的社会调查，这种调查是对同一组研究对象（个体或群体）的变化和影响研究对象变化的因素进行长期的追踪观测（收集数据），主要目的是研究事件变化的规律、产生变化规律的原因及结果[①]。纵贯研究最早是运用在国家层面，包括国家普查，如 1665—1754 年加拿大进行的周期性普查、1790 年美国进行的全国普查等。

纵贯研究从时间角度呈现社会世界，促进对世代之间、生命历程以及历史变迁的理解，这为社工实务提供了强有力的理论性基础。例如，研究人员对精神疾病是否有遗传倾向进行追踪调查，发现父母有精神疾病的儿童发病率高于父母没有精神疾病的儿童；对有特定风险因素的人群和无特定风险因素的人群进行追踪调查可以发现两个群体间感染艾滋病毒的相对风险，这些都可为社工实务提供基础。

（三）纵贯研究中的主要概念

1. 时间

时间是纵贯研究的驱动力和媒介，为数据生成和分析提供素材，有助于了解社会变革

---

① Neale B. Qualitative Longitudinal Research：Research Methods [M]. London：Bloomsbury Publishing，2020.

和持续性的本质。纵贯研究的过程可以说是与时间进行多种互动的过程。研究人员首先会决定研究的时间框架（总时间跨度）以及实地考察的节奏（次数、时长和频率）。时间框架和调查节奏通常是根据研究问题、研究过程的性质、样本的特征、资金的实用性和资源的可用性来确定的。

2. 变迁

变迁是纵贯研究的灵魂，因为纵贯研究旨在发现社会现象的规律，而规律是从变迁中发现的。研究人员在确定自变量（影响因素）和因变量（结果）后决定如何测量或观察它们的变化，以探索事物间影响的规律。

3. 触发点

触发点的概念在纵贯研究中被用作一个松散的总括性术语，指的是大量的关键事件、具有决定性意义的时刻、互动或顿悟，这些事件对于促进研究对象的变化产生了重大影响。触发点意味着事物本身发生了从一种状态到另一种状态的具体变化。触发点概念强调了主观性、流动性及其通过时间流产生的微妙影响，它有以下特征：首先，触发点在时间上虽是离散的，却往往是在引人注目的时刻触发的；其次，触发点是在当下瞬间发生的，但是带来的长期因果效应往往需要随着时间的不断推移才能显现出来。因此，研究人员需要有一个定性的视角来识别研究对象生活过程中的触发点。

4. 过渡与轨迹

过渡是生命历程的一个动态阶段，指的是从一个具体状态或环境到另一个具体状态或环境的过程，它可能在不同的时间段以不同的速度和强度展开。它们可能在研究对象生命过程中由一系列触发点引发，以一系列微小转变的形式出现，以关键里程碑为标志，例如，人的出生、死亡或慢性病的前后过程都是过渡时期，标志着各种触发点的累积（这些触发点加在一起提供了改变的动力）。

二 纵贯研究分类

（一）基于不同调查对象的分类

1. 趋势研究

趋势研究（trend study）是对研究对象就某一特定问题在不同时间点进行若干次横断面调查，通过比较分析几次调查的结果，发现研究对象态度或行为的变化趋势或规律，再以此来预测或推断其发展结果的研究[①]。例如，为了解我国大学生价值观的变化趋势，研

---

① 仇立平. 社会研究方法 [M]. 重庆：重庆大学出版社，2015.

究人员可分别在 1980 年、1990 年、2000 年、2010 年、2020 年对全国大学生进行随机抽样调查，收集、分析数据，从差异中寻找趋势与规律。

2. 同期群研究

同期群研究（cohort study）是针对具有相同特征的同一人群进行追踪调查的研究，考察这一群体随时间变化在某一指标上的变化情况。假设研究人员调查精神分裂症患者药物滥用率随着他们年龄增长的变化情况，采用同期群研究设计，研究人员会在 2000 年对 20 岁（1980 年出生）的这类人进行抽样调查，询问他们饮酒的情况。2010 年，研究人员则会在 30 岁人群中抽样，再收集数据，然后又在 2020 年对 40 岁的人群进行抽样做数据收集。尽管研究中的三个年龄组人群并不完全相同，但每组样本都代表这个相同的群体：1980 年出生的人。

3. 同组研究

同组研究（panel study）是针对同一组人进行若干次追踪调查的研究。例如，想了解不同种族的女性青年如何承担他们养育孩子的责任，研究人员可以选择那些在 2010 年成为母亲的人进行采访，然后在不同的时间点对这些母亲进行后续采访，了解她们的生活发生哪些变化。

三种纵贯研究（趋势研究、同期群研究和同组研究）都具有随时间观察研究对象的优势。它们的区别在于研究对象的抽样方式：趋势研究在不同时间点对具有相同特征的不同人群进行抽样；同期群研究追踪对具有相同特征的同一人群在不同时间点进行再抽样；而同组研究是对同一组人在不同时间点进行调查，只有最初的抽样。表 14-1 总结了这三种类纵贯研究的差异。

表 14-1　研究设计的比较

特征	横断面研究	纵贯研究		
		趋势研究	同期群研究	专门小组研究
一个时间点上的快照	√			
跨时间测量		√	√	√
跨时间跟踪年龄组			√	
跨时间研究同一组人群				√

（二）基于数据性质差异的分类

1. 定性纵贯研究

定性纵贯研究是一种用来探索人们动态生命历程和生活本质的方法，它关注人们对其生活环境的理解以及这类理解如何随时间变化而变化。这种研究通过深入的定性视角（强调意义和个人主观建构)探索动态过程,深入了解个体如何塑造生活和演变世界。通常对个体或小集体进行深入研究,在相对短的时间内进行密集跟踪,生成丰富的传记数据,再进行诠释性分析[①]。

此类研究大致在以下领域展开。第一,纵向民族志研究。这类研究需要研究人员进行持续且较为密集的人种学调查,需要混合使用观察法和访谈法对某一种族文化、心理和社会行为进行研究,然后由同一批或不同批研究人员进行重访,有的重访时间跨度甚至长达几十年。研究的重点并非社区内的个人或小群体,往往是不断变化的社区本身。第二,社会学再研究。社会学再研究包括重新访问和更新早期研究,意在将新获得的研究数据与早前有关研究的数据及结果进行直接的比较,以发现与当下社会现象相关的过去,并找出新见解。第三,传记、口述历史和叙事研究。传记研究对个人生活历程和事件做重要维度分析,然后将这些生活事件置于微观社会联系、历史事件和过程以及生活经历的背景中,目的是鼓励以贴近研究对象的经验方式对生活进行创造性的解释性故事讲述,并从他们的角度看待社会历史过程。

2. 定量纵贯研究

定量纵贯研究采用量化研究手段对社会环境(结构性因素)对社会现象的影响过程做历时性数据分析,研究者常使用问卷在不同时间点对研究对象进行大规模抽样,再收集有关生活事件、环境、行为和时间的准确数据,之后运用统计分析手法对研究总体进行描述性分析和解释性分析(如历史事件建模、重复测量分析、持续时间分析),揭示总体的社会状况、发展规律和原因。

因为能在时间维度上发现社会现象变化的趋势或规律,定量纵贯研究对社会发展和政策制定有着突出的贡献。比如,关于孕妇的纵贯调查数据分析可揭示吸烟对胎儿发育的影响;家庭纵贯调查数据研究可以显示暴力画面对青少年后续暴力行为和犯罪行为的影响等。这些纵贯研究发现有助于理解个体、群体、社区和社会进程中的发展性规律,提出解释性理论,还可以帮助相关部门制定预防性政策或改革,阻碍社会不良社会现象发生。

定量纵贯研究有些局限性。首先,它为导致个人生活、塑造个人体验和个人行为的影响因素提供了强有力的逻辑性解释,但是对于了解人们如何构建以及叙述自己的情感似乎没有什么发挥的空间。其次,纵贯定量研究中的数据质量受到参与者无法准确回忆过去的事情或心态的影响[②]。此时,研究人员可以采用定性研究使用的关联技术帮助研究对象准确回忆研究人员感兴趣的事件信息。

---

① Smith D J, McVie S. Theory and Method in the Edinburgh Study of Youth Transitions and Crime [J]. The British Journal of Criminology, 2003 (1): 169-195.

② Fortune A, McCallion P, Briar-Lawson K. Social Work Practice Research for the Twenty-first Century [M]. New York: Columbia University Press, 2010.

（三）基于研究节奏的分类

1. 密集性纵贯研究

定性纵贯研究需要大量信息，时间点多且节奏快，所以数据收集的密集性至关重要。研究人员可能会对对象进行密集追踪或持续走访，或者通过频繁的实地考察来收集数据。民族学研究常采用沉浸式定性设计，需要深入参与，洞察研究对象日常生活的节奏、基调、同步性和变化细节。与在两三个时间点的数据收集不同，密集性纵贯研究因为数据收集频繁，可以产生周期性、自反性和过程性的理解。密集性纵贯研究有助于与那些边缘化的研究对象保持联系，并能够在中短期内为政策制定提供建议。

2. 广泛性纵贯研究

广泛性纵贯研究是研究人员通过定期、偶尔、断断续续的实地考察对研究对象进行广泛内容上的追踪。这种广泛性研究通常出现在大规模纵向研究和纵贯民族志的后期阶段中。这类纵贯研究类似于捕捉一系列同步"快照"，将时间在两个或多个时间点之间进行线性"拉伸"。例如，一位女性研究者可以在18年内的不同时间点（2001年、2005年、2010年、2018年）重复访问一组长期遭受家庭暴力的研究对象，关注研究参与者的心理变化过程。

（四）基于数据生成方式的分类

1. 前瞻性纵贯研究

前瞻性方法是纵贯研究的核心设计之一，也是建立动态过程和累积知识的主要方法。它将注意力集中在过去-现在-未来的时间维度上，视个人史或社会现象为一个线性结构，沿着一个方向有序地进行，主张通过对研究对象历史事件的研究，预测研究对象的发展。这类研究可以以定量研究或定性研究的模式展开。此类定量研究一般以宏观的人口、经济数据为基础，分析社会发展趋势，预测社会问题发生。此类定性研究常聚焦于个人人生历程，预测或解决个人问题，弗洛伊德的精神分析常关注个人的童年时期事件，采取的就是这种思路。

2. 回顾性纵贯研究

回顾性纵贯研究的落脚点是某个人、群体或社会现象的现状，然后通过追溯关于个人、群体或社区的历史性事件探索一个完整的动态过程，识别其中的因果关系，从而对个人、群体或社会现象的现状做出解释。运用回顾性方法的研究相对快速，具有较好的成本效益。

需要注意的是，前瞻性和回顾性研究方法不是两种对立模式，而是互补的。一份有效的前瞻性纵贯研究设计充分考虑回顾性元素，创造性地将它们糅合在一起，让时间的焦点在过去、现在和未来之间摆动，探索它们的复杂交叉点。

三 纵贯研究的关键

社会科学研究有其共性，这些共性决定了社会科学研究拥有共同的关键之处。纵贯研究，作为社会科学研究的一种，有其特殊之处，这些特殊之处也决定了纵贯研究有特色的关键部分。

（一）形成研究问题

制定一个清晰的研究问题是研究的前提。纵贯研究问题是对某一社会现象是什么、怎么了、会怎样和为什么的动态探索。例如，自 20 世纪 80 年代以来女性为什么越来越主张晚婚？这种趋势会不会在未来的 30 年内改变？研究问题可以随着数据的生成和分析的展开反复地被细化和完善。

（二）建立基线或核心数据

基线数据是对社会现象在时间维度上进行比较的前提条件，是纵观研究的起点。在特定的研究中，研究者认为的重要内容及将来可能变得重要的内容，都将被测量作为基线数据收集起来，如参与者最初的认知（态度、价值观和信念）和行为。有些时候也包括一些背景数据，如家庭结构、就读年级、以前的教育经历或培训、收入、社区环境等。基线或核心数据可以通过入户访谈、问卷调查和观察等方法收集。

（三）时间抽样

纵贯研究与横断面研究不同的关键是多次数据收集，那么何时收集数据就显得尤为重要了。时间点的选取和研究问题密切相关。研究问题的性质不同，数据间隔的时间长短和节点也不同。当然，作为实证研究的基础，仅考虑时间抽样是不够的，研究者还应确定研究单位和适当范围的案例，即对谁（或什么）进行抽样，选择多少个个案，收集研究对象哪方面的变化，以及何时何地进行采样。这一系列连锁决策组合起来是该研究的抽样策略。在抽样策略中加入时间维度会使过程复杂化，但同样也会丰富过程。时间维度会影响样本量、调查的广度和深度、数据收集的频率，以及如何解释案例之间的差异。

四 纵贯数据的收集

纵贯数据一般是通过收集样本在一系列不同时间点上发生的信息而获取的。如是定性纵贯研究，研究人员会通过连续性的长时间（如一年、两年）进行资料收集。如是定量纵贯研究，研究人员会在不同时间点针对研究对象进行数据收集。

（一）定性纵贯数据收集

定性纵贯研究生成数据的方法取决于研究问题、研究领域和研究者的科学视角。在社工研究中，研究人员可以采取观察、访谈等方式每周甚至每天持续且频繁地收集数据，这使得研究人员能够充分了解研究对象生活中的背景和干预条件。此外，研究人员会以点滴、涟漪（扩散式）和回顾的方式来收集数据，观察研究对象行为或心理过程，为研究对象行为和心理变化的细微差别和微妙之处的深入分析做丰富的资料储备。选定的资料收集方法都必须基于了解研究对象群体的需求、行为、目标、心理和世界观，且适合捕捉研究群体的变化。

（二）定量纵贯数据收集

当研究问题是宏观层面的社会变化或趋势时，重复的横断面调查是运用最广的定量纵贯数据收集手法。另外，利用现有数据库资源（尤其是官方数据）在某些研究中是最佳选择。

1. 多次横断面调查数据收集

虽然纵贯调查和横断面调查有着显著差异，但我们需明白的是横断面调查是纵贯研究的数据来源[1]。虽然横断面社会调查中的大多数数据只涉及一个时间点并只在一个时间点收集信息，但它仍然包含时间维度，可以为分析社会变迁提供有效信息，尤其是当研究者在多个时间点上用同样的问卷收集横断面数据时。因此，定量纵贯研究常常通过同问卷的多次横断面数据收集方法建立数据库。

2. 利用现有数据库资源

很多国家有一系列适用于社会科学研究的纵贯数据资源，部分是政府为了管理方便或为公民负责而收集的统计数据，部分是独立机构出于研究目的收集的数据。国内外都有类似的数据库，例如，英国的家庭小组研究和同期群小组研究（CLORE），美国的家庭小组

---

[1] 郝大海.社会调查研究方法[M].北京：中国人民大学出版社，2005.

调查（PSDI），德国的社会经济小组（GSOEP）研究，澳大利亚的家庭、收入和劳动动态调查（HILDA），瑞士的家庭小组研究（SHP），加拿大的劳动和收入动态调查（SLIDE）。

我国也有收集有关家庭、中老年人以及宗教数据的调查，如中国综合社会调查（CGSS）、中国家庭追踪调查（CFPS）、中国健康与养老追踪调查（CHARLS）、中国宗教调查（CRS）。随着大规模纵向社会调查数据库的数量不断增加，许多社会研究问题的研究和分析可以更加细腻和透彻。有时，可以使用多个数据资源来解答同一个研究问题。

五 定性纵贯数据分析

定性纵贯数据为不同规模的个体或群体提供了不同性质的资料，需要不同的分析策略。根据学科、理论和分析单位的不同，定性分析方法之间也会有所不同。

（一）分析过程

俄勒冈大学沃尔科特认为定性纵贯数据分析过程分为三部分：描述、分析和解释[①]。描述包括记录和描述研究对象发生了什么样的变化、发生地点、什么时间发生，以及发生在什么样的环境中。分析过程会采用按时间顺序排列的索引系统来区分类别。如果研究中有多个参与者，那需要一对一地访谈来了解参与者，同时通过其他方法收集数据。研究者要为每个案例创建一个单独的文件，作为每年或其他主要时间下的存档。解释是对资料分析的理论提升，通过对事件的过程、群体差异或现象间因果关系的厘清，再配之以学理分析，达到凝练概念、模式和理论的目的。

（二）引导分析的问题

对于定性纵贯数据的分析，没有规范的、系统的或通用的公式，依赖于分析人员对研究的特定情节的创造性和艺术性的诠释。研究是以问题为框架和导向的，引导着纵贯数据的定性分析过程。其中的问题大致可以分为以下三类。

1. 框架问题

在数据分析开始之前，研究人员一般会想好以下几个框架性问题，然后带着这些问题进行资料阅读和分析。

（1）这组数据与另一组数据有什么不同？

---

① Wolcott H F. Transforming Qualitative Data：Description，Analysis，and Interpretation［M］Los Angeles：SAGE Publications，1994.

（2）随着时间的推移，参与者在什么时候发生了心理、行为或观念变化？这些变化呈现何种规律？

（3）什么样的背景和干预条件使得参与者发生心理、行为或观念变化？

（4）随着数据分析的进行，可以对参与者的变化做出哪些初步断言（命题、发现、结果、冲击、解释和理论）？

2. 描述性问题

第二类问题是为了生成描述性信息，回答以上四个框架问题以及随后更复杂的分析和解释性问题。对这些问题的回答可以用数据型资料，也可以用文字型资料。研究人员不需要按照顺序逐一回答这些问题，只是在审查分析工作进度和数据时"根据需要"考虑这些问题。需明确的是，因为数据的雷同或变化，对这些问题的准备（数据的整理和归类）是一个迭代的过程，即对同一问题、不同时间点的数据逐个累加，最终形成对这个问题的回答。

（1）参与者自身和周边有什么会随着时间的推移而增加或出现？

（2）在参与者身上，什么是通过时间累积而改变的？

（3）随着时间的推移，参与者产生了什么样的顿悟？

（4）对于参与者而言，什么会随着时间的推移而减少或停止？

（5）参与者自身和周边有什么不随时间改变的事物？

（6）对参与者而言，在时间长河中什么是特殊的？

（7）随着时间推移，参与者会失去什么？

3. 分析性和解释性问题

第三类问题整合之前收集的描述性信息，引导研究人员进行更进一步的系统性分析和解释。以下问题的答案可能在前面分析阶段出现过，因此，这些问题的准备过程也是一个迭代的过程。

（1）参与者自身或周边环境中哪些变化随着时间的推移而相互关联？

（2）参与者自身或周边环境中哪些随时间的推移与人类自然或建构的社会过程对立或协调？

（3）随时间的推移，研究对象中呈现什么阶段性或周期性发展特征？

（4）在研究对象自身变化中是否呈现什么主线？

（三）概念搭建

通常来说，定性分析可以被视为一个概念搭建（conceptual scaffolding）过程，从总结性到描述性再到解释性的描述，研究人员从具细化入手，发展出更广泛意义上的社会理解[①]。其中，常见的定性研究的分析工具包括系列性总结、描述和数据排序。在资料分析迭代的过程中，研究人员需要在不同的抽象层次之间往返，从现象描述逐步形成解释性概念。另外，研究人员需要通过定期报告、分析讨论，并分享新见解来提高对研究问题的理解和分析能力。这个分析过程可以比作一个概念阶梯或脚手架，研究人员在脚手架上进行上下移动，并逐步形成更高层次的见解。这些见解可以通过外部验证来加强，并通过内部验证与原始数据进行对照。最终，新的见解将与现有经验、理论和证据相结合，得出更一般化的概念或理论。

（四）分析思路

1. 案例分析法

案例分析（case analysis）是一个深入读取数据和分析的过程。无论案件是关乎个人、家庭、组织、还是其他集体，都会被视为一个独立的实体，研究人员对之进行全方位的分析。该方法是利用并汇集在不同时间点对研究对象收集的各类数据（音像、图片、文字或临时收集的文献），建立对研究对象的全方位历时性理解。通过对数据进行分类与排序，可以将关于研究对象散漫的叙述转换为按时间顺序排列或事件归类的条理性档案。

案例分析中，研究人员会通过概括性和描绘性工具（手法）进行分析。案例分析中最常见的概括性描绘手法是素描，即对一个人物或群体的非正式的主体进行简短的（一到两页）文件梗概性描绘，记录个体或群体的简要过去和现在。这些描绘由研究人员按时间顺序或事物类别完成，并附有清晰的实地调查标题。人物或群体素描是用于压缩或突出个人或集体生活中的关键话题、情况和发展。样本中的案例很容易丢失，因此这些压缩工具发挥着至关重要的作用。它们也可以作为报告和已发表文章的附录，来概述样本。

案例分析中常见的描绘手法是案例概述和历史记录。通过描述性手法，研究人员可以对个人或集体生活进行更广泛的时间顺序重构。研究人员从各种资料来源（采访记录、现场笔记、参与性数据）中提取成分，并采用"深描"手法，呈现该案例的一个深入而又全面的画面。深描可以包含"背景"故事、未来的希望和计划，并用图表展示该事件（人物或群体）过去和未来的感知如何在研究时空框架内变化。与人物素描一样，案例概述通常分几个阶段来完成，每个阶段都有清晰的主题和副标题。如此，研究人员可在叙事中创造一根"贯穿线"，随时可以将其拉出来进行详细分析。作为描绘性工具，案例概述与原始数据密切相关，并保持高度一致。

2. 主题分析

主题分析（thematic analysis）是对意义的模式分析，一般是对多个案例的庞大数据

[①] Elisabetta R. An Introduction to Longitudinal Research [M]. Oxford: Taylor and Francis, 2003.

进行的主观意义解读。在这个过程中，研究人员将阅读来自研究对象的数据，在研究问题的引导下，对研究对象的主观体验或个人看法进行主题勾勒，找出其一般性主题和关键性主题，将相关数据整合成主题包，再往返阅读数据，通过自己的视角将其实质性意义提取出来。这个过程具有动态性、反复性和积累性[①]。主题分析是主观性的（研究者对研究对象主观体验的主观诠释）、描述性的（对概念的解释需要对研究对象支撑性的描述）、概念性（主题可凝练成一定的概念）或时间性的（提炼出的概念能解释研究对象的过去、未来以及生命中的转折点）。现在一些定性数据分析（qualitative data analysis，QDA）软件可以帮助研究人员标记、筛选数据并将其重新组合成新的主题。

主题分析中的概括性描绘工具一般是主题图表，即用图形显示样本在研究时间范围内的动态情况。图表可以使用 Framework、其他 QDA 软件、Microsoft Office 软件或手动构建。主题图表具有重要的浓缩功能，使研究人员能够在整个研究时间范围内快速掌握有关研究对象中浮现的核心主题。它们可以用于发现数据中需要进一步详细调查的动态模式。例如，主题图表可以在研究代际交往关系时，看出父母与他们的孩子亲密度如何，以及这类人的受教育程度等。

主题分析中常用的描绘性工具是框架网格。这些结构化工具特别适合于三维时间分析。它们最初由 NATCEN 开发，后来被纳入 NVivo QDA 软件，但也可以手动构建在 A3 纸张上，或者使用 Microsoft Word 或 Excel 软件构建。网格中纵坐标代表不同案例，横坐标代表不同时间。每个单元格代表一个案例在某个时间点的状况，并注明原资料的出处。例如，关于住房变迁的研究主题，垂直读数可以发现样本在一个时间点的不同的居住条件情况，水平读数可以辨别出每个个案的住房状况是如何随着时间的推移而改变的，综合"对角线"读数则比较了整个样本的住房变迁状况。

3. 整合分析

整合分析（integrative analysis）是对案例、专题和动态数据的交叉读取。时间分析有其自身的变量，它是通过研究的节奏来构建的，在每一波新的实地调查中逐步构建，并伴随着同步数据和历时数据的收集。随着研究的进展，产生的新数据不可避免地被重新配置并与之前的数据形成一个新的集合，因此需要从不同的时间角度来进行新的数据分析。

整合分析过程着重于对整体和描述性数据进行比对，找出个案之间、主题之间在特定时间内的相似性与差异，因此强调分析多角度视角，如个案与多个案例、微观与宏观历程、短期与长期时间、变化驱动和阻碍因素等。通过系统检查数据集与先前关系证据，构建适合整体数据集的因素影响路径和理论模型。

---

① Elisabetta R. An Introduction to Longitudinal Research [M]. Oxford：Taylor and Francis，2003.

（五）定性纵贯分析关注点

1. 百分比

将定性数据转换为比例从而判断研究对象的变化，这是一种描绘类别频率的定量策略。比例（proportion）可以比较不同时间点上不同类别事件出现的频率差异。对一些学者而言，依据定量指标来分析事物质变也许在统计学上是站得住脚的，但被用在定性研究上是极为不妥的。然而，如果一项纵向研究考察人类行为的多样性，那么识别质变的定量策略不应被视为一种不兼容的方法，而应被视为一套综合程序的一部分。

2. 过程

事物发展或演变的过程（process）是定性研究者的关注点之一。根据施特劳斯和科尔宾的观点，过程是"一系列随着时间和空间发生不断变化的人类行动或互动结果，随着情境的变化或改变或保持不变"[①]。需要指出的是，事物变化具有维度属性（速率、方向和影响程度）。随着时间的推移，事物变化可能呈现阶段性或周期性规律，也可通过参与者行动、互动结果和转换来观察。我们建议定性资料简化为网格分析，编码时可建立小型分析框架或概念图，将多个代码和类别整合成可管理的网格群，有助于确定变量之间的潜在关系。

3. 顿悟

通俗来讲，顿悟（epiphany）就是一个人生命中的重大事件，这类事件是"在人们的生活中留下印记的互动时刻，且极有可能为他创造转换性的体验"。一旦这些"转折点经历"发生，"这个人就和其以前再也不一样了"。例如，研究人员在两年的时间里采访了 20 名改变了职业的教师，发现这些教师都经历了顿悟的过程，顿悟后的行为分为三类：逃避退缩、放慢生活节奏和自我实现。调查参与者背景和干预条件对理解顿悟发生及其影响至关重要。纵贯研究者应该注意数据中不同量级的顿悟，因为这将为定位与变化有关的重要条件提供帮助。

六 定量纵贯研究数据分析

（一）横断面数据分析

利用重复横断面调查的多个数据集是研究随时间变化的趋势（或稳定性）的有效方

---

① Strauss A, Corbin J. Basics of Qualitative Research [M]. 2nd ed. Los Angeles: SAGE Publications, 1998.

法。运用人们熟知的标准和技术（量表、线性回归和逻辑回归模型）对不同时间点数据的分析和比较，研究人员可以发现差异和规律。在处理重复的横断面数据时，最大的挑战是确保措施在一段时间内充分等效，以便进行现实的比较。

（二）持续性时间分析

持续性时间分析通常用于分析事物在特定状态下保持多长时间，例如，毕业生离开大学后第一份工作保持多长时间，其核心是特定时间点事物的根本性变化。持续性时间模型允许研究人员评估许多因素对事件发生的相对影响。研究对象状态的改变通常以事件为标志。"事件"通常不用于描述逐渐发生的变化，而是用来表示与先前状态的相对突然分离与改变。持续性时间数据分析模型一般是持续期限模型（duration model）、生存模型（survival model）、Cox 回归（Cox regression）、Cox 模型（比例风险回归模型）、失效时间分析（failure-time analysis）、风险模型（hazard model）和事件历史分析（event history analysis）。

（三）重复测量分析

在一些定量纵向研究中，重点不是事件发生的时间，而是个体属性随时间发生的变化，如体重、表现、抑郁等。尤其是心理学家经常重复测量被研究对象的特征、性格或心理健康来检查哪些因素可能促进个体的变化或稳定。这种方法也可用于调查特定生活事件对个体变化的影响。例如，研究父母离婚对儿童的潜在影响时可以比较和测量父母离婚前后儿童的行为、数学和阅读成绩以及其他结果。统计分析软件（如 SPSS）中有相应的重复数据分析功能。

（四）面板数据分析

面板数据分析可通过不同软件完成，如 SPSSAU 或 Stata。为避免虚假回归或伪回归（spurious regression）现象[①]出现，面板数据分析前一般需检验数据的平稳性，一般通过单位根检验完成。统计软件中有 LLC、IPS、Breintung、ADF-Fisher 和 PP-Fisher 供研究者进行面板单位根检验。面板数据的变量间影响关系分析存在三种模型，即混合效应模型（Pooled Regression Model）、固定效应模型（Fixed Effects Regression Model）、随机效应模型（Random Effects Regression Model）。混合效应模型忽略个体效应（个体间差异），假定所有个体都拥有一样的回归方程，直接把所有数据混合到一起进行回归。因混合效应模型强制性地将面板数据当作一般的横断面数据，没有发挥出面板数据应有的优势，在实践中较为少用。固定效应模型考虑了个体间异质性。它假设所有纳入的研究拥有共同的真实效应量，除了随机误差外，所观察效应量均为真实效应量，而且个体不随时间改变的变

---

① 即时间序列间本身不一定有直接的关联，回归分析得出的 R2 会很大，但没有什么实际意义。

量与所预测的变量或自变量相关。如果个体间差异与某个自变量相关，则为"个体固定效应模型"；如果时间效应与某个自变量相关，则为"时间固定效应模型"；如果个体效应和时间效应均与某个自变量相关，则称之为"双向固定效应模型"。固定效应模型认为包含个体影响效果的变量是内生的，因此更适合研究样本之间的区别。如果个体间差异和时间效应与所有的解释变量均不相关，则可称该模型为"随机效应模型"。随机效应模型也考虑了个体间异质性，它假设全部的包含个体随机影响的影响变量是外生的，因此适合从样本来推断总体特征。

（五）事件史分析

事件史分析（event history analysis）类似于回归分析，是在纵向维度上对研究者关心的某件事或某个人的分析方法。事件史分析中的几个基本概念是状态（state）、事件（event）、风险期（risk period）、持续期（duration）和截断（censoring）。状态是因变量的几个类别，如因变量是婚姻状态，则有未婚、已婚、离异、丧偶几个类别。事件指的是从一个状态到另一个状态的转变（如从未婚转为已婚）。风险期是个体经历某种特别事件（如离婚）的时期。持续期是个体维持初始状态，事件未出现的时间长度。截断指个体在研究观察期未发生改变（参与者退出或事件未发生），一般是研究人员获得信息不全所致。

研究中首先确定自变量和"协变量"对因变量变化的重要性，建立初步模型。其次，需要注意事件史分析与标准多元回归的区别，因变量不是个人属性的测量，而是历史事件发生的可能性。事件史分析通过预测或因果模型来探究历史事件的发生，关注时间序列，如家庭形成过程。事件史分析广泛用于研究离婚、生育、死亡、工作变迁等现象，类似于生物学中的生存分析（survival analysis）、工程学中的故障时间分析（failure-time analysis）、经济学中的久期分析（duration analysis）等统计手法。它类似于逻辑回归但更强大，因为允许考虑随时间变化的协变量。

事件史数据分为时间连续数据和离散时间数据。时间连续数据中的事件发生时间非常精确（结婚的确切日子），离散时间数据中只知道事件发生的时间区间（结婚的月份或年份）。事件史分析的核心概念是风险率（hazard rate），即所观察的平均每一个体所发生该事件的概率，是统计分析结果中需要注意的地方。统计软件 SPSS，Stata 和 R 等都有相应的程序。

七 纵贯研究中的潜在问题

纵贯研究相对于横断面研究有其优势，尤其是在发现事物规律方面，但它也有局限性。

第一，纵贯研究对时间和资源成本的要求很高。

第二，数据反映参与者真实状态的程度受到质疑。毕竟，在多次数据收集中存在参与者的测试效应和成熟度效应。

第三，参与者存在流失问题。这对同组研究是一个致命的难题。

第四，长期保留研究人员也受到一定挑战。在高流动性的当今社会，如何维持一个始终如一、训练有素的员工队伍对研究者来说是一个难题。

第五，研究结果也可能受到研究开始时的历史事件的影响。比如，1920年到1980年全球都处于一个快速变化的时期，包括大萧条、第二次世界大战、工业化进程加快以及劳动力结构的变化。这些历时性因素对某些研究而言会成为严重干扰项。再如，某项研究是关于个人心理成长规律的，需对研究对象追踪调查40年，但这40年内的重大历时性事件会影响他们的心理成长规律，最后得出的心理成长规律可能不是纯粹的个人心理随着年龄增长呈现出来的规律。

第六，人们对过去的记忆可能不够准确，从而无法提供高质量的数据。虽然部分专家认为记忆模糊并不是收集重大事件信息的主要问题，但一些研究表明，错过一些细节信息可能会让研究人员得出一个不具备说服力的结论。

中英文关键术语

纵贯研究（longitudinal study）
定性纵贯研究（qualitative longitudinal study）
定量纵贯研究（quantitative longitudinal study）
时间抽样（time sampling）
横断面调查（cross-sectional investigation）
概念搭建（conceptual scaffolding）
横断面数据分析（section data analysis）

复习思考题

1. 纵贯研究较横断面研究的优势在哪？
2. 纵贯定性研究和横断面定性研究有什么差异？
3. 在纵贯研究中进行时间抽样，需要注意什么？
4. 在实务研究中，定性纵贯研究和定量纵贯研究的运用区别是什么？

第 15 章 评 估 研 究

进行社会工作评估是维护社会工作专业声誉的重要方式之一。我们经常面临这样的关于社会工作服务的问题：是否需要一个社会工作项目？如果需要，社会工作项目是否有效？如果它确实有效，它是否具有成本效益？对这些问题的回答涉及如何以研究者的身份来评估自己机构和社区内的项目。

一 评估研究概述

（一）评估研究定义

评估研究（evaluation research）指的是基于社会科学研究方法对为实现某一目标所花费的时间、金钱、努力和资源进行有组织的系统评估。对社会工作领域而言，它主要一般是为了准确评估社会政策或项目的具体方案是否达到了预期效果。它与传统的社会科学研究密切相关，但又略有不同。它使用许多与传统社会科学研究相同的方法，但由于它发生在一个组织范围内，需要考虑团队技能、人际关系技能、管理技能、政治智慧等其他因素。因为项目制是社工实务落地的主要机制，本章主要介绍项目评估。社会政策评估在第九章已介绍。

社会工作评估充满了科学性。社会工作评估是使用科学的研究方法对社会服务项目的设计、策划、实施和效果等方面进行的测度、诊断和评价的活动。[①] 评估研究过程是一个科学的、严谨的、系统的过程，如理性地收集有关组织、过程、项目、服务和资源的数据，并进行科学的分析。

（二）评估研究特点

第一，评估研究具有综合性。社会工作的服务领域具有多样性，包括儿童、老年人、青少年等，为他们开展的服务涉及社会、政治、经济、心理等多种元素，因此，虽然社会工作的评估研究只针对某一项目进行，但是其涉及多方面的知识，需要评估人员具有跨学科的知识体系和广阔的视野。如有些项目评估需要社会工作专业的理论，还需要心理学、法学、医学等相关知识，所以评估小组的成员通常是由来自不同学科的人组成的。

第二，评估研究具有应用性。评估研究的目的是运用科学的方法对服务项目进行评估，判断该服务项目是否取得预期效果。研究的重点在于服务项目或某一政策可否运用于更广的范围，而不是其存在的学术意义。

---

① 顾东辉. 社会工作评估 [M]. 北京：高等教育出版社，2009.

第三，评估研究具有一定的价值取向。这体现在两方面。首先，评估的服务项目或政策本身具有一定的价值取向。服务项目或政策在实施或制定时，往往是为了解决某一问题，具有一定的时代性和针对性，是利益集团的价值选择。背后的评估研究不可避免地掺杂着利益相关者的政治诉求和价值取向。其次，评估研究中存在着评估者的价值取向。站在什么角度进行评估，评估采取哪种方法，评估的标准采用哪种等，评估者在确定这些问题时，多少带有一定的价值取向。评估研究不单是一堆数据的收集，而是为了了解服务项目或政策对大众贡献和服务的质量，这需要评估人员将获得的信息纳入自己的思考[①]。

二 评估研究兴起的原因

现代项目评估方法可以追溯到 20 世纪初。早期评估出现在教育界，一般是对使用不同教学方法的学校进行评估，通过检查学生的标准化考试成绩来比较教育成果。之后，工业界通过实验性项目评估工人士气对生产力的影响，卫生部门评估公共卫生教育项目对国民卫生习惯的影响。20 世纪 40 年代，在新政的社会福利项目实施后，美国政府曾主导研究了工作救济与直接救济的效果差异、公共住房的效果，以及干预项目对青少年犯罪的影响。至今，项目评估在社会福利政策和项目的计划和管理中已经变得无处不在了。总的来说，社会工作领域的评估研究发展还得益于以下几个因素。

（一）问责制的建立

20 世纪 50 年代末，欧美国家出现了预防青少年犯罪等社会问题的干预项目，与此同时，对项目的问责意识和问责制度逐渐建立起来，资金来源方要求将项目评估部分作为批准拨款申请的先决条件，并将支持性的评估数据作为更新资金的基础，这使得项目评估变得逐渐普遍。到 20 世纪 60 年代末，欧美出现了评估类的教科书、专业期刊、全国性会议和一个专业协会。这种对项目评估兴趣的爆炸性增长持续到 20 世纪 70 年代，因为公众越来越需要证据来证明他们对各种项目的投资回报，如消除贫困、虐待儿童、药物滥用、犯罪和违法行为、精神疾病等。到 20 世纪 90 年代，项目评估在社会福利政策和项目规划管理中已经随处可见。社工机构可能没有设立一个项目评估员的职位，一般都会设有项目分析员承担相应工作[②]。

（二）管控型医疗保险的影响

由于"管控型医疗保险"的影响，健康和人类服务机构对项目评估的重视程度持续提

---

① 彼得·罗西，霍华德·弗里曼，马克·李普希. 项目评估：方法与技术［M］. 6 版. 邱泽奇，等译. 北京：华夏出版社，2002.

② Posavac E J, Raymond G C. Program Evaluation: Methods and Case Studies［M］. Englewood Cliffs: Prentice-Hall, 1985.

高。管控型医疗保险的基本理念是让一个大型组织（服务接受者的雇主或健康保险公司）与同意以较低的成本提供服务的护理提供者签订合同。

管控型医疗保险公司试图降低成本的一种方式是审查其所覆盖人群的服务要求，只同意为公司认为必要和有效的服务付费。这种规定要求服务提供者提出简短的项目评估，并证明需要多少次治疗才能达到某些效果。这种做法对社会工作服务提供者使用研究方法评估其服务产生了影响，因为在社会工作实践中，他们也需要使用这些方法来衡量服务效果。

（三）循证实践

近几十年来，循证实践已经成为助人行业广为接受的思路。虽然它与管控型医疗保险对成本的关注不同，但它以研究为基础的实践决策与对责任和有效性的关注是一致的。现在业界盛行的通过 Meta 分析来确定具有最佳成功机会的项目或干预措施就是循证实践思想的体现。

三 项目评估的意义

评估研究是项目制中不可或缺的一部分。它对社工机构、社工行业以及整个社会都是有意义的。

（一）支持行业职业道德

全球的社会工作者都视职业道德为行业存在和发展的基础。每个国家都制定了相应的社工职业道德准则，这些标准将有道德的社会工作者定义为为其服务对象的最佳利益而工作的人，这意味着要加强项目评估的实施和有效性，并利用研究来改善服务。

（二）影响社会政策和实践

来自项目评估的数据记录了项目的有效性，会影响政策和实践的发展。例如，美国对精神病院的评估数据表明，住院式治疗在治疗精神疾病方面效果不明显，而以社区为基础的替代方法更有效，也更符合成本效益考量，因此美国采用了社区精神健康服务[1]。

（三）确保服务资金

社工机构必须为所提供的服务寻找资金（可以是来自民政局、非营利组织、私人基金会，或其中的任何组合）。资助者希望看到他们所资助的服务是有效和高效的证据，而这种

---

[1] 林聚任. 社会科学研究方法 [M]. 3 版. 济南：山东人民出版社，2017.

证据必须基于精心设计的评估。如果没有项目评估显示其之前服务的质量，新的服务不太可能得到资助，正在进行的服务也需要评估数据，以便资助者能够决定是否增加或继续资助。

（四）改善项目决策

在服务过程中，社工组织必须不断地对项目进行决策。如这个项目是否应该继续？我们是否需要对机构服务的少数民族服务对象进行额外的宣传？项目评估数据可以促进对项目的理性决策，为使这一过程正常进行，数据必须是准确的、相关的、可用的，并能正确解释和使用。

（五）促进高效的服务

社工机构有义务提供可以做到的最有效和高效的服务。为了履行这一义务，一个机构必须记录和提供证据证明它是以成本低效益高的方式运作的。

四 项目评估目标

常见的项目评估目标有三个：第一，评估某一项目是否成功；第二，发现项目实施过程中的问题；第三，获得项目规划和发展所需的信息。

评估者必须对评估的短期和长期目标有一个明确的了解。如果不知道为什么被要求或需要进行评估，评估员可能只能在后面的评估中回答与机构主管或咨询委员会不感兴趣的问题。

在确定项目评估的目标时，应该采取几个步骤。首先，应该研究服务项目的目标。这些目标可以通过研究项目文件以及与关键的项目利益相关者交谈来了解。其次，查阅现有文献，了解类似的项目用什么来评估其结果，了解项目服务的理论基础。最后，评估者要与发起评估的人密切合作，确定评估的重点。这个过程应该确定项目的预期结果，以及这些结果中哪些将被评估。

五 项目评估的基本要素

在开始一项项目评估之前，必须首先考虑 5W 问题，即 Who（谁）、What（什么）、Where（哪里）、When（什么时候）、Why（为什么）。这些问题是决定评估策略和目标的关键。尽管在开始项目评估时，项目评估人员可能对这些问题没有完整的答案，但这些问题有助于制订计划，故在进行评估前必须回答。

第一，谁来做评估？项目评估员可以来自机构内部或外部。内部评估员是项目工作人员或机构的正式雇员，而外部评估员是为评估而聘请的合同制的专业人员。使用这两种类型的评估员各有优点和缺点。例如，内部评估员的优点是他们对工作人员和项目非常熟悉，这可节省大量的计划时间，缺点是外部机构（包括资金来源方）可能认为由内部评估员完成的评估不够客观有效。而外部评估员对项目没有个人投资，在评估结果方面偏见较少，能够较为客观地进行评估，但机构内部的工作人员经常把外部评估员视为"局外人"，这种身份可能会影响评估所需的时间，如果机构工作人员不愿意合作的话，甚至会影响整个评估工作的正常进行。

第二，有什么资源可以用来进行评估？雇用外部评估员可能很昂贵，而由内部评估员进行评估相对便宜。因此，从某种意义上说，可能是在用信誉换取更少的成本。事实上，每个评估方法的决定都会在可信度、信息水平和资源（包括时间和金钱）方面有所取舍。

第三，信息从哪里来？如果可以利用现有的数据进行评估，成本将低于重新收集数据。因此，评估人员必须对评估数据的来源有一定的了解。

第四，什么时候需要评估信息？换句话说，评估的时间框架是什么？时间框架将影响成本和研究方法的设计。

第五，为什么要进行评估？评估是在资金来源方要求下进行的吗？是为了改善服务而进行的吗？评估的意义越大，项目执行方关注得就越多，对员工的挑战就越大，尤其是当他们认为评估的目的是缩减和裁减多余的员工时。

六 项目评估研究分类

在确定项目评估的目标之后，进一步需要确定的便是评估研究的类型。评估研究可以从不同维度去划分。按其性质，可把评估研究分为形成性评估（formative evaluation）和总结性评估（summative evaluation）；按其范围，可把评估研究分为一般评估和专门评估；按时间，可把评估研究分为前期评估、过程中评估和完成后的评估等[①]。

这里，我们结合时间和社工实务将评估研究分为项目前期的需求评估（need assessment）和可评估性评估（evaluability assessment），过程中的实施评估（implementation evaluation）和过程评估（process evaluation），以及项目结束后的结果评估（outcome evaluation）和成本-效益评估（cost-benefit evaluation）。

（一）项目前期的需求评估

在社会工作领域，项目评估这个词也有诊断的意思。项目评估人员需要对服务项目的目标人群进行评估，以优化项目的设计和规划。他们可以评估项目所要改善的问题程度和定位目标人群的特点、问题、表达的需求和愿望。然后，这些信息被用来指导项目的规划和发展，如提供什么服务，如何最大限度地提高目标群体的服务利用率，在哪里提供服务等。

---

① 林聚任. 社会科学研究方法 [M]. 3 版. 济南：山东人民出版社，2017.

例如，假设你正在计划一个新的全市性项目来帮助无家可归者。以下情况可能是你想弄清楚的：本市大概有多少无家可归者？有多少人选择无家可归？他们无家可归多长时间了？在该市的特定地点有多少人？有多少人是外地人？他们无家可归的原因是什么？有多少人似乎是因为精神疾病而无家可归？有多少人是因为失去工作又找不到工作而无家可归？无家可归者中，儿童和整个家庭单位所占的比例是多少？儿童在教育、健康、营养、自尊等方面遇到了什么特殊问题？成年无家可归者、有情绪障碍的人和其他人有什么特殊问题和需求？这些是研究者需要了解的诊断性问题。这些问题的答案将帮助研究者决策制定什么样的干预措施，在哪里采取这些措施，如何配备这些措施等。

在需求评估中，有一个棘手的问题：即如何对研究中的需求进行定义，是以外在规范的方式，还是以服务对象的内在需要为基础来定义？如果需求的定义是规范性的，那么需求评估的重点是将目标人群的客观生活条件与社会普遍接受的标准相结合。如果是以服务对象的内在需要来定义需求的，那么项目成功则是以服务对象需求得到满足为标准。对一个事物的定义从来没有绝对的，很多时候需要融合规范性定义和服务对象需求性定义进行具体技术选择，一名好的评估研究人员要善于捕捉关于需求的不同观点。

（二）项目前期的可评估性评估

可评估性评估是指在项目执行之前对项目各项内容进行评估，确定该项目是否可以用可靠的、可行的方式进行评估。可评估性评估检查项目的使命、目标、目的和数据收集计划的明确性和一致性，目的在于检查该项目是否可以得到合适的评估。

1. 项目结构是否合理有效

确定项目整体结构的合理性和有效性是项目得到合适评估的基础，是一个有效的、可评估的项目的第一步。这个过程包括了解项目的行政结构、资源、目标的运作、实现目标的活动、评估工具和方法，以及实现目标的时间框架。

2. 评估目标是否已设定

评估人员在评估项目或某项政策时，可能会发现机构设立的目标是不可直接测量的，或者不需要全部实现目标就能使得项目获得成功。所以，在明确一个项目是否具有可评估性时，需要对其目标进行提前评估和确认。在社会服务项目中，常见的有两种类型的目标，即过程目标和结果目标。

过程目标是为了达成结果目标的阶段性目标。过程评估会在每一阶段对目标的完成情况进行评估，即对项目初步情况进行评估，判断项目是否按照原要求执行。

结果目标是指最初制定项目时想要取得的最终效果。项目接受者的变化通常被称为项目的结果，而更大的社区或社会系统的变化被称为项目所导致的影响。评估人员通常在项目或政策结束后，将最终取得的成果与结果目标进行对比，用来判断项目是否达到预期效果,这一过程被认为是结果评估。在结果评估中,研究人员要在心中保留这些问题。第一,将发生哪些具体的可衡量的变化?第二,变化将发生在谁身上?第三,用什么方法来衡量变化?第四,将会发生变化的时间框架是什么?

一个好的评估研究目标应该是明确的和可衡量的。例如:

至少80%的家长在下一年参加六次家长教育课程。(过程目标)

工作人员将在年底前让20名高中生参与制定两项反吸烟社区意识运动。(过程目标)

在未来三年内,该计划将使女性拥有的企业数量每年增加5%。(结果目标)

项目结束时减少社区内青少年因毒品相关问题被捕的人数(结果目标)。

相反,不符合明确和可衡量的目标标准的评估研究是不合格的,例如:

收养人数增加10%。(在哪些人群中?何时?)

在培训结束时,工作人员将对文化多样性有所了解。(了解是模糊的,如何衡量?)

将不遵守机构预约的消费者数量减少15%。(到什么时候为止?)

3. 可评估性评估路径

在进行可评估性评估时,将计划的目标、目的和措施放在一个整体性框架中是一种较为有效的方式。逻辑模型(logic model)框架经常被项目评估人员用来描绘从项目开展的社会条件到项目效益评估的路径。

作为一种结构图,逻辑模型描述了一个项目的基本组成部分,显示了这些组成部分如何与短期过程目标相联系,规定了实现短期目标的可衡量成功的指标,传达了这些短期目标如何导致长期项目效果,并确定实现长期效果的可衡量成功的指标。图15-1显示了一个关于恢复性司法干预逻辑模型。[①]

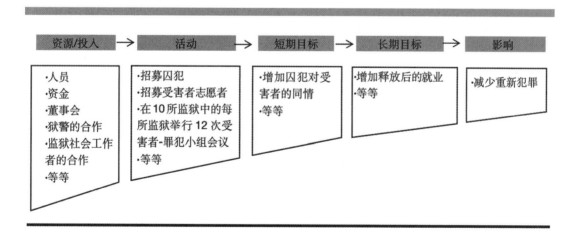

图15-1 刑满释放人员恢复性司法干预逻辑模型

---

① Rubin A, Babbie E. Empowerment Series: Research Methods for Social Work [M]. 9th ed. Boston: Cengage Learning, 2016.

构建逻辑模型的方法有很多种。凯洛格基金会归纳了三种不同的方法。选择哪种逻辑模型将取决于项目的需要，以及哪种模型对参与项目管理和评估的人最有帮助。

第一种方法是理论型逻辑模型。它强调影响项目组成部分决策的基本理论，再解释这些决策的形成原因。基于理论的逻辑模型将从识别潜在程序的步骤开始，不是关注特定程序的基础构成要素和细节。框架图从描述项目资源投入开始，进而描述如何组成项目过程和如何开展活动，活动如何实现短期成果，短期成果如何导致长期成果，再描绘长期成果如何形成在系统层面上的最终影响。

第二种是结果型逻辑模型。基于这种思路的模型方框中包含很多结果的细节。结果型逻辑模型一般不从基本的干预假设开始，而是从干预投入（资源）开始。

第三种是过程细节型逻辑模型。其建构方法强调执行过程的细节，一般不包括显示理论性假设和资源投入的方框，也不太显示有关结果的细节，但包含每项活动的详细实施情况，保证计划的顺利实施。

（三）项目过程中的实施评估

有些项目之所以评估失败仅仅是因为它们没有得到正确的实施，所以，无论我们多么重视结果研究，都需要对项目实施过程进行评估。对项目实施的评估不一定只关注一个项目是否按计划实施的问题，还包括如何最好地实施和维持该项目。

以下是实施评估中经常需要考虑的问题：

目标人群中有多大比例正在接受服务？

哪些类型的人没有得到服务？

为什么有这么多目标人群拒绝服务？

各种类型的专业服务人员在临床干预方面的技能如何？

在哪些方面专业服务人员似乎准备不足，需要继续教育？

工作人员对新的机构项目的反应如何？他们在项目上遇到了什么困难？

服务对象对服务满意吗？为什么满意或为什么不满意？

为什么有这么多服务对象过早地退出治疗？

（四）项目过程中的过程评估

1. 过程评估的概念及方法

过程评估一般是在一个项目的早期阶段启动的内部评估过程。过程评估有许多与上述实施评估阶段相同的过程，它侧重于发现计划过程中的优势和劣势，并提出所需的改进建议。

过程评估与实施评估的不同之处在于，它要求研究者建立一个基线或研究的起始点，建立项目目前运作的状态，并允许研究者跟进一段时间，然后监测基线的变化。它在很大程度上依赖于定性方法，寻求新的信息来回答诸如我们的项目看起来怎么样，我们的计划是否有效，以及服务对象对我们的服务是否满意等问题。

过程评估可以采用两种手法。一是定性分析。定性分析评估通过开放式访谈和参与式观察两种方式进行。开放式的访谈是了解工作人员对机构新项目的反应以及他们遇到什么困难的最好方法，也可能是发现服务对象对服务不满意，拒绝或尽早终止服务的最佳方式。参与式观察可以用来了解工作人员与服务对象或彼此之间的关系。在一些研究中，评估人员扮演服务对象，观察工作人员的行为方式以及他们的行为对服务对象的影响。二是定量分析，即问卷调查。如问服务对象"你对你所接受服务的满意度如何？"要求受访者在1（完全不满意）到5（非常满意）的范围内回答。

过程评估可以在多个时间段进行，许多研究者倾向于在早期就开始进行过程评估——一般是在新项目实施的前十天。然后，可以每隔一段时间（例如，每季度、每半年、每九个月或每一年）重复进行过程评估，以确定该项目是否完成了其预期阶段性目标。

2. 过程评估目标

福克纳夫妇（Faulkner）认为过程评估有三个主要目标：完成项目描述，项目监测，以及评估所提供服务的质量[①]。

1）项目描述

项目描述指的是勾勒出项目的基本设置、常规事项和服务对象特征。项目的设置包括提供的服务类型、服务地点和任务（即提供这些服务的理由）。常规事项包括服务的提供频率、提供服务的时间和天数，以及工作人员的数量和类型；服务对象特征包括数量、性别、种族、年龄、收入水平、婚姻状况、孩子的数量等。我们以中学的帮派预防项目为例说明如何做项目描述。

本项目的服务对象群体包括校园内年龄在13岁至19岁的学生。帮派预防项目相关人士涉及校长、教导主任、家长、教师和其他相关的家庭成员或专业人士。学生一旦被转介到帮派预防项目，将与项目专家会面，进行初步评估，并对帮派预防项目进行指导。大多数学生参加该计划是因为他们被学校、父母或法院要求这样做。学生在周一至周五放学后参加该项目，时间为一个小时。

该干预计划的三个目标分别是：帮助高危学生抵制帮派成员，减少学生在校期间的破坏性行为，并提高成绩。将目标进行具体化和测量化，可以表达如下。

（1）到学年结束时，所有学生在课堂上的破坏性行为将减少10%，这部分通过行为检测表（由教师完成）来衡量。

（2）到学年结束时，所有学生对如何抵制同龄人参与帮派活动的压力的认识将提高50%，这一点可通过前测和后测的分值来证明。

---

① Faulkner S S, Faulkner C A. Research Methods for Social Workers: A Practice-Based Approach [M]. New York: Oxford University Press, 2016.

(3) 所有学生从期中成绩到期末成绩都将提高 10%，这一点可以通过成绩单来证明。

为了实现这些目标，项目专家在服务区域的五个地点提供每周一小时的小组服务。为了解决课堂混乱问题，项目专家教授课堂社交技巧。这是在每周与学生和学生的教师进行单独讨论时进行的。

为了解决抵制加入帮派的压力问题，项目专家开设了一个特别课程来教授学生拒绝技能。他们通过使用体验式学习任务、说教式讲座和小组讨论来实现这一目标。学生们每周四天参加半小时的课程（第五天是保留给教师会议）。

为了解决学生在课堂作业方面的表现问题，教师与学生一起制定每周作业的目标，以及帮助他们准备考试的学习技巧。在学生参加完帮派拒绝技能培训或教师会议后，教师可在周一至周五提供半小时的辅导。

2) 项目监测

项目监测用于检查人们接受项目服务后发生的状况。例如，可以用项目监测来跟踪服务的使用情况以及服务对个人的影响。通过监测服务对象对服务的使用情况，研究者可以确定哪些服务是最需要的，哪些服务可以按季节提供。监测项目包括服务对象的访问频率、他们在项目中的平均时间、每个人的预约次数以及不出现的次数。例如，研究者发现在春季和夏季，只有两名服务对象定期参加每周的支持小组，而在秋季和冬季有很多人参加。根据这一发现，项目主持方应该只在秋季和冬季提供支持小组。研究者也要确定所提供的服务中哪些是对服务对象有益的。

例 1

假如你是一名社会工作者，在一个为青少年母亲提供服务的机构工作。你的机构收到了一笔拨款，将用于为这些年轻母亲提供育儿课程。拨款中列出的一些目标是：参加育儿班的母亲中，有 70% 的人在育儿技能后测中的得分要高于前测。你的工作是在 6 个月后进行一次过程评估，以了解该计划是否达到预期目标。可以看出，这个过程评估的部分任务是检查这些母亲的前测和后测分数，看她们对育儿技能的认识是否有所提高。假设 6 个月后，一百名青少年母亲完成了育儿课程，调查发现其中至少有 70% 的人在后测中比前测中表现得更好。如果情况确实如此，研究者就会知道这个项目已经走上了正轨；如果你发现这个目标没有达到，只有 50% 的人在后测中比前测做得更好，也许你就需要做一些中期修正。

例 2

设想你是一个社会救助项目的社会工作者。你的主管申请到一个为弱势群体申请救援服务的项目，为这些服务对象提供援助服务，帮助他们完成社会救助项目的申请。你和你的主管决定在提供服务 90 天后进行过程评估。你选择在某一周采访服务对象，询问以下问题。

(1) 您之前有援助服务的相关经历吗？
(2) 您最喜欢援助服务中的哪一点？
(3) 您最不喜欢援助服务中的哪一点？
(4) 您希望看到援助服务以何种方式进行？
(5) 您对援助服务还有什么其他意见吗？

3）评估所提供服务的质量

过程评估的最后一个目标是通过监测保证服务质量。质量保证是确定服务对象对服务的满意程度和工作人员对规划问题的满意程度的一种手段。作为终止服务过程的一部分，项目通常要求服务对象完成满意度调查。有些服务的满意度调查可能是一次性的，有些可能持续几周、几个月或几年，何时和多长时间对参与者进行调查取决于服务的长度。另外，如何对服务对象进行调查也取决于项目的结构和资金。例如，有的项目服务对象是在服务结束后将满意度调查表匿名存放在一个盒子里。有的项目会要求项目管理者通过邮寄满意度问卷表的方式进行调查。鉴于满意度调查中服务对象对服务满意度的报告常常比他们实际感觉的要高，业界常采用定性方式进行补充和纠正，控制报告偏离情况。例如，问研究对象"你在这个机构的经历中最好的部分是什么？"和"你在这个机构的经历中体验感最差的部分是什么？"[①]

在过程评估中，也可以把工作人员纳入其中，向工作人员提出诸如"我们做得好的是哪些方面？"和"我们能做什么来改善我们的服务？"等问题，发现项目实施过程中的失误。

（五）项目结束后的结果评估

结果评估，有时称为影响或总结性评估，是衡量一个干预计划整体有效性的评估。它着眼于计划所确立的目的和目标，旨在回答"这个项目是否完成了它所设定的目标？"这个问题。它是一种外部评估，意味着它是由机构外的监管或资助系统要求或开展的。

每个项目在设立的时候都阐明了其目标。结果评估的一个重要部分就是看项目结构目标是否达成。就性质而言，目标是可观察和可测量的。如果项目目标是直截了当和可测量的，项目评估人员在评估一个项目的整体成效时会容易得多。

假设你需要协助一个项目进行结果评估。该项目为遭受家庭暴力的成年女性提供小组咨询，目的是提高她们的自尊心。在以下两个目标中，你愿意尝试评估哪一个？其一，本项目的服务对象在接受咨询后自尊心明显提高。其二，在为期 10 周的项目结束时，25 名服务对象将在琼斯自尊量表中至少得到 40 分。显然，第二个目标更容易评估，因为它有

---

① Ingram B, Chung R. Client Satisfaction Data and Quality Improvement Planning in Managed Mental Health Care Organizations [J]. Health Care Management Review, 1997 (3): 40-52.

明确的标准（琼斯自尊量表的 40 分）用来判断变化。

我们建议，所有的项目目标都应遵循 MOST 标准，即一个项目的目标应该是可测量的（measurable）、可观察的（observational）、具体的（specific）、有时间限制的（time-limited）。通过设定符合 MOST 标准的目标，评估者可以更好地确定目标是否得到满足。

（六）项目结束后的成本-效益评估

评估项目成果对于衡量项目的有效性是必要的，通过评估项目成本和经济效益状况，我们可以对项目的"成功"有一个更全面的了解。这种评估凸显了财政问责制，并提高了对向特定人群提供服务的成本认识。成本-效益评估一般聚焦于帮助回答以下三大类问题。第一，单位成本。花在每个服务对象的平均成本是多少？每单位服务的平均成本是多少（如接收、评估、干预、跟进）？第二，成本分配。有多大比例的成本分别用于直接服务、行政管理和项目开发？哪些服务是因缺乏资金而没有提供？第三，成本削减/回收。是否有办法在不损失效果的情况下减少成本。如可否通过提供集体治疗而不是个人治疗缩减成本？成本回收的策略是否可行？

当一个项目能够以较低的成本实现其预期的效果时，与另一个有项目目标但花费较多的项目相比，该项目被认为具有成本效益。例如，"缓刑计划"比"监狱计划"成本低，因为缓刑计划没有 24 小时的监控和机构设施等方面的开支。如果缓刑计划一方面成功地预防了犯罪行为，另一方面节约了成本，那意味着缓刑计划具有更大的社会效益。

当成本-效益评估与过程和结果评估相结合时，来自成本-效益评估的数据可以给研究者提供更有价值的洞察力，帮助研究者了解如何更好地分配项目资源。因为成本-效益评估为项目过程和结果提供经济效益分析，所以只有当我们准确地知道项目在做什么（过程评估）和准确地知道服务对象发生了多少变化（结果评估）时，成本-效益评估才发挥最佳效用。

七 项目评估研究设计

对于一个项目而言，评估设计是一个关键性的决定。如果没有适当的评估设计，可能会让利益相关方缺乏对评估结果的信心。一个强有力的评估设计可以最大限度地减少替代性解释，帮助评估者考察可归因于干预的真正效果。

（一）数据的来源

1. 定量数据

项目评估中，定量数据来自两个渠道，一是现成的二手数据，二是原始数据。

1) 二手数据

因为收集全新数据费时、费力、费钱，所以有些项目评估采用现成的数据。评估人员收集二手数据后可以重新安排或组合数据。例如，按季度划分或按年度划分数据，以揭示一段时间内的模式和趋势。常见的现成数据包括以下这些。

（1）项目所保留的服务对象记录，如人口学统计信息和服务相关的数据。

（2）项目费用和财务数据。这些数据可以帮助评估者将一项干预措施与另一项干预措施的成本-效益状况进行对比。

（3）服务机构年度报告。评估人员可以对年度报告进行纵向比较，通过图表显示服务和项目的发展趋势。

（4）政府数据。由国家卫生部门和其他国家机构维护的数据库。每个城市都有公共数据，如出生、死亡和离婚数据。这些可以揭示特定服务对象的数量和社会背景。政府卫生部门有特殊疾病、门诊和住院数据，教育部门有特殊学校的学生统计数据。

（5）非营利组织数据。心理健康服务规划委员会、儿童保护委员会、学校委员会等可以提供精神疾病、儿童虐待案件等统计数据。

（6）基金会数据。因为长期与特殊人群接触，某些基金会有一些具有参考意义的数据。

2) 原始数据

评估设计中的数据大部分是原始数据，即评估人员通过访谈法或问卷法在相关人士中获取的数据。原始数据有着二手数据所不具备的优点，一是数据可信度更高，二是能够直接回应评估问题。评估人员可以更加具体地了解到项目中存在的不足以及不足的具体表现。假如机构评估的是一个反家庭暴力项目，所收集原始数据可能会告诉评估人员该干预使得 55 位服务对象面对家庭暴力时敢于用法律保护自己。项目评估时采取哪种定量数据，需要根据具体评估目标而定。大多时候评估人员会结合二手数据和原始数据。

2. 定性数据

定性数据经常用于过程评估，包括对项目进展和服务现场的观察、现有的质性项目文件（如政策和项目手册、深入访谈数据或焦点小组数据）等。从积极的方面看，定性数据提供了对项目运行的"深描"（如项目如何运作，工作人员对于项目的积极或消极方面的看法，或服务对象对整个项目的真实看法）。从消极的方面来看，定性数据不具有代表性，只是针对某一个具体的评估内容进行详细描述，难以说明评估的总体效果。另外，定性数据容易代入评估人员的主观看法，因此，通常情况下，定性数据评估和定量数据评估需相互结合和佐证。再者，定性数据对方法上的偏差比较敏感，例如，如何选择接受采访的参与者、观察形式、焦点小组的数量，甚至是所问问题的顺序、语气、长短等微妙之处，因此在分析和解释信息时必须格外谨慎。

（二）评估研究设计类型

1. 横断面调查设计

此类调查设计中，评估人员在干预结束后的某个时间点以随机抽样的形式抽取样本，对项目开展的效果进行数据收集，再通过资料分析来确定干预项目的成效。

2. 纵贯调查设计

纵贯调查设计指的是在相当长的时间内对一个特定的群体进行跟踪调查，以发现因项目的影响而产生的潜在变化。一般而言，为更加充分地证明干预效果的存在，研究人员在干预开始前、进行中以及结束后采用相同测量工具对服务对象进行多次干预过程和效果的数据收集，最后通过对这些追踪数据的分析找出干预的成效。

3. 预实验前后测评估设计

在社会服务机构中最常见的定量评估设计或许就是预实验前后测，业界也称之为基线评估法。在这种设计中，在困境中的服务对象在干预开始前接受一个测试，该测试结果被确定为基线数据，在干预结束前或干预结束后的某个时间点对该组进行第二次同样的测试（后测），用前后测数据差反映服务干预后服务对象情况的变化，以此来判断干预的效果。

4. 准实验对照评估设计

准实验对照评估设计中会引入对照组，用来和实验组进行对比以发现差异。两个小组成员通过非随机方式分配。在某个时间段结束时，对两组进行测量并比较差异。这种设计的问题在于，对照组与实验组在干预前就存在较大差异。例如，将沿海学校与内陆学校进行欺凌比较可能欠妥，因为即使是同一个县的两所不同的学校，在生源、学习环境、学校图书馆的电脑和书籍数量、校长的聘用方式等方面也可能异大于同。在这种设计下，两组干预后的差异都有可能是因为实验组和对照组在干预之前存在差异。因此，这种类型的评估设计不能提供最严谨的因果关系证明。

5. 真实验对照评估设计

在此设计中，参与者被随机分配到对照组或实验组，由此确保两组在年龄、居住地区和治疗历史等控制变量上是相等的。这种设计为干预与实验对象行为心理之间的因果效应提供了一个更具说服力的基础。干预后两组之间观察到的差异基本可以归因于干预。真实验对照评估设计中两组被访对象具有同质性，外部因素对其影响不大，内部效度较高。

（三）抽样策略

当所关注的服务对象群体太大，评估人员无法从每个服务对象那里获得信息时，就需要抽取样本。样本量可以通过均值（或百分比）、置信水平和误差范围来求算。在确定样本量时，评估人员必须平衡严谨性与便利性以及资源的有限性。评估人员有必要在评估效果和评估成本之间做一个权衡。如果预期干预之后服务对象有大的变化，小样本也是可以接受的。当预期干预效果的差异很小时，较大的样本有助于剔除可能影响实验结果的混杂变量。另外，样本量也要基于评估的决策意义，决策意义越重大，样本量就应越大，这样才可以为重大决策提供准确信息。为保证评估结果的准确性和可推论性，一般建议采用概率抽样方法，概率抽样为从样本推及总体提供了坚实的基础。非概率抽样严重降低了评估者将研究结果推广到更大的人群的能力。

八 对服务对象的干预效果评估

如果是干预效果评估，研究者就必须在干预完成后对研究对象进行效果评估。如前所述，我们可以运用定量研究思路和定性研究思路进行资料收集与分析。如果是采用定量研究思路，需注意三点。一是要确定分析单位是什么，避免生态谬误或还原论推论错误。我们知道，分析单位是指在项目评估中被研究或测量的人或事物，它可以是个体、团体、机构、社区、学校，甚至是国家。如果资料收集单位和分析单位不在同一层次，研究者需格外小心。

二是注意项目的核心概念，做好概念测量工作。每个项目中的结果变量是不一样的，具体取决于服务项目中提出的问题。例如，某一个项目关心的是社区青少年的反社会行为是否减少；而在另一个项目中，结果变量可能是住院的次数或住院的天数。

一旦结果变量确定，就必须确定针对该变量的客观测量标准。以戒毒项目为例，测量标准可能涉及以下内容：如何测量戒断情况？如何测量药物使用的减少？如何测量犯罪行为？如何测量就业情况？

当没有合适的测量工具（量表）时，评估者可能需要创建一个新的量表，或者至少修改一个现有的量表。如果评估者修改了前人开发的量表，那么他就有责任证明改编的工具是可靠和有效的，也就是要对量表进行信度和效度检验。

在评估预防计划时，测量问题较为复杂，因为预防计划的典型目标是防止一个特定的问题或行为的出现。如何测量从未发生的事情？如果预防计划是成功的，问题就不会出现。但也无法确定如果没有预防计划，问题就会出现。因此，包含对照组的研究设计变得非常重要。

三是要根据评估目的选定数据分析手段。具体分析手段视研究设计而定，可以是针对分析单位的重复测量分析，也可以采用实验设计的组间差异分析，抑或是距离分析、匹配样本分析。这些在统计软件 SPSS 中都可以实现。

九　项目评估困境

尽管项目评估是必要环节，对项目和机构大有裨益，但还是有一些社会工作者不愿意参与项目评估，原因有很多。

（一）评估需要宝贵的时间和资源

反对项目评估的社会工作者认为，他们没有时间进行评估，因为他们的案件量已经太大或等待名单太长。收集评估数据和编写报告会占用直接服务的时间和资源。此外，员工们担心评估会转移用来提供服务的资金。

（二）评估可能会伤害服务对象

社会工作者的另一个主要担忧是评估会以多种方式伤害他们的服务对象。如担心服务对象会认为填写评估表和参与其他非服务的活动是对干预的强加项，数据收集将破坏社会工作者与服务对象的关系。另外，当第三方进行评估时，社会工作者担心会影响服务对象的隐私、安全和记录机密性。

（三）评估会伤害社会工作者和组织

除了可能伤害服务对象之外，如果负面结果被公开，评估还有可能对社会组织基层员工、管理人员产生负面影响。此外，它也可能会产生严重的政治后果。评估信息可以突出机构的不佳表现，从而影响到机构的资金及其在社区中的声誉。

（四）评估结果不可信

政治压力和既得利益者可能会影响评估团队的聘请、数据的选择性报告、数据的获取方式以及数据的解释方法。在某些情况下，主管部门可能会"扭转"评估结果。

十　项目评估中的特殊伦理问题

项目评估通常要从服务对象处获得数据，还经常要求服务对象对项目提出意见，可能会让服务对象觉得是胁迫性的。换句话说，在进行项目评估时，服务对象可能会觉得他们必须参与研究，否则他们的项目利益可能会被剥夺。评估研究团队应该尽一切努力减少工作人员或服务对象必须参加评估的感觉。

随机分配也是评估中的一个伦理争议问题。一方面，很多时候，项目利益相关者往往认为随机分配是不道德的，尤其是当他们认为实验项目对他们有益时；另一方面，对于社会工作者而言，干预服务是对有需要的服务对象而言的，效果在他们身上也体现得最明显，而非那些被随机分配的服务对象。

另一个伦理困境是评估人员的角色冲突。在做内部评估时，评估人员身兼双职，既是独立的社会工作者，又是项目利益相关者的左右手。当利益相关者对评估者施加压力以改变结果时，双方会陷入困境。

中英文关键术语

评估研究（evaluation research）
形成性评估（formative evaluation）
总结性评估（summative evaluation）
逻辑模型（logic model）
过程评估（process evaluation）
成本-效益评估（cost-benefit evaluation）
实施评估（implementation evaluation）
可评估性评估（evaluability assessment）

复习思考题

1. 评估研究的特点有哪些？
2. 评估研究有哪些意义？
3. 请解释评估研究的目标设定 MOST 原则。
4. 现阶段社工服务评估常遇到的困境有哪些？

参 考 文 献

［1］袁方．社会研究方法教程［M］．北京：北京大学出版社，1997.
［2］Kuhn T. The Structure of Scientific Revolutions［M］. Chicago：University of Chicago Press，1970.
［3］Berg B L. Qualitative Research Methods for the Social Sciences［M］. 6th ed. Boston：Allyn & Bacon，2007.
［4］风笑天．社会研究方法［M］．5版．北京：中国人民大学出版社，2018.
［5］Payne M. Modern Social Work Theory［M］. 4th ed. Basingstoke，UK：Palgrave Macmillan，2014.
［6］Wallace W L. The Logic of Science in Sociology［M］. Chicago：Aldine-Atherton，Inc.，1971.
［7］关信平．社会研究方法［M］．北京：高等教育出版社，2004.
［8］Richmond M. Social Diagnosis［M］. New York：Russell Sage Foundation，1917.
［9］Rubin A，Babbie E. Empowerment Series：Research Methods for Social Work［M］. 9th ed. Boston：Cengage Learning，2016.
［10］韦恩·布斯等．研究是一门艺术［M］．陈美霞，等译．北京：新华出版社，2009.
［11］胡荣．定量研究［M］．北京：北京大学出版社，2021.
［12］C·赖特·米尔斯．社会学的想像力［M］．陈强，张永强，译．北京：生活·读书·新知三联书店，2001.
［13］Merton R K. Insiders and Outsiders：A Chapter in the Sociology of Knowledge［J］. American Journal of Sociology，1972（1）：9-47.
［14］彼得·伯格．与社会学同游［M］．何道宽，译．北京：北京大学出版社，2008.
［15］周晓虹．重建中国社会学（上）［M］．北京：商务印书馆，2022.
［16］林聚任．社会科学研究方法［M］．济南：山东人民出版社，2017.
［17］欧阳康，张明仓．社会科学研究方法［M］．北京：高等教育出版社，2001.

[18] 乔纳森·H. 特纳. 社会学理论的结构 [M]. 7版. 邱泽奇, 张茂元, 等译. 北京: 华夏出版社, 2006.

[19] Thyer B. The Handbook of Social Work Research Methods [M]. 2nd ed. Los Angeles: SAGE Publications, 2010.

[20] Warwick D, Lininger C. The Sample Survey: Theory and Practice [M]. New York: McGraw-Hill, 1975.

[21] Brewer J, Hunter A. Foundations of Multi-Method Research: Synthesizing Styles [M]. Los Angeles: SAGE Publications, 2005.

[22] Engel R J, Schutt R K. The Practice of Research in Social Work [M]. Los Angeles: SAGE Publications, 2016.

[23] Krysik J L. Research for Effective Social Work Practice [M]. 4th ed. London: Routledge, 2018.

[24] Grinnell R M Jr., Unrau Y A. Social Work Research and Evaluation: Foundations of Evidence-Based Practice [M]. 11th ed. Oxford: Oxford University Press, 2018.

[25] 郝大海. 社会调查研究方法 [M]. 北京: 中国人民大学出版社, 2019.

[26] 曾宪涛, 任学群. 应用STATA做Meta分析 [M]. 北京: 中国协和医科大学出版社, 2017.

[27] Littell J H. Systematic Reviews and Meta-analysis [J]. Oxford: Oxford University Press, 2008.

[28] 恩格斯. 英国工人阶级状况 [M]. 北京: 人民出版社, 1956.

[29] 加达默尔. 哲学解释学 [M]. 夏镇平, 宋建平, 译. 上海: 上海译文出版社, 1994.

[30] 陈向明. 质性研究方法: 反思与评论 [M]. 重庆: 重庆大学出版社, 2008.

[31] 斯丹纳·苛费尔, 斯文·布林克曼. 质性研究访谈 [M]. 范丽恒, 译. 北京: 世界图书出版公司, 2013.

[32] Gorvine B, Rosengren K, Stein L, et al. Research Methods from Theory to Practice [M]. New York: Oxford University Press, 2018.

[33] O'Loughlin M, O'Loughlin S. Effective Observation in Social Work Practice [M]. Los Angeles: SAGE Publications, 2015.

[34] 关信平. 社会政策概论 [M]. 北京: 高等教育出版社, 2014.

[35] 安东尼·吉登斯. 第三条道路——社会民主主义的复兴 [M]. 郑戈, 译. 北京: 北京大学出版社, 2000.

[36] Aurini J D, Heath M, Howells S. The How to of Qualitative Research [M]. Los Angeles: SAGE Publications, 2021.

[37] 李迎生. 社会工作概论 [M]. 3版. 北京: 中国人民大学出版社, 2018.

[38] Creswell J W, Clark V. Designing and Conducting Mixed Method Research [M]. Los Angeles: SAGE Publications, 2011.

[39] Scott J. A Matter of Record: Documentary Sources in Social Research [M]. Hoboken: John Wiley & Sons, 2014.

[40] Berg B L. Qualitative Research Methods for the Social Sciences [M]. 6th ed. Boston: Allyn & Bacon, 2007.

[41] Neuman W L, Robson K. Basics of Social Research [M]. Toronto: Pearson Canada, 2014.

[42] Scruggs T E, Mastropieri M A. Summarizing Single-Subject Research [J]. Behavior Modification, 1998 (3): 221-242.

[43] Somekh B, Lewin C. Research Methods in Social Sciences [M]. Los Angeles: SAGE Publications, 2005.

[44] Neale B. Qualitative Longitudinal Research: Research Methods [M]. London: Bloomsbury Publishing, 2020.

[45] Wolcott H F. Transforming Qualitative Data: Description, Analysis, and Interpretation [M] Los Angeles: SAGE, 1994.

[46] Elisabetta R. An Introduction to Longitudinal Research [M]. Oxford: Taylor and Francis, 2003.

[47] 顾东辉. 社会工作评估 [M]. 北京: 高等教育出版社, 2009.

[48] Posavac E J, Raymond G C. Program Evaluation: Methods and Case Studies [M]. Englewood Cliffs: Prentice-Hall, 1985.

[49] Faulkner S S, Faulkner C A. Research Methods for Social Workers: A Practice-Based Approach [M]. New York: Oxford University Press, 2016.

网络增值服务

使用说明

欢迎使用华中科技大学出版社人文社科分社资源网

1 教师使用流程

（1）登录网址：https://bookcenter.hustp.com/index.html（注册时请选择教师身份）

注册 → 登录 → 完善个人信息 → 等待审核

（2）审核通过后，您可以在网站使用以下功能：

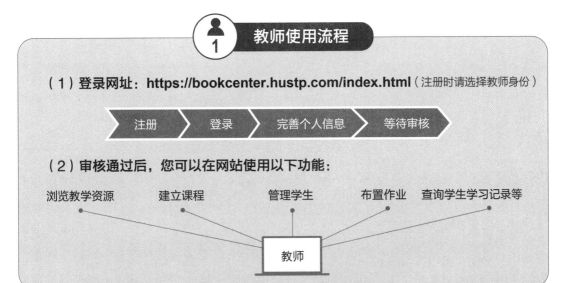

2 学员使用流程

（建议学员在PC端完成注册、登录、完善个人信息的操作）

（1）PC端学员操作步骤

① 登录网址：https://bookcenter.hustp.com/index.html（注册时请选择学生身份）

② 查看课程资源：（如有学习码，请在"个人中心—学习码验证"中先验证，再进行操作）

（2）手机端扫码操作步骤

如申请二维码资源遇到问题，可联系编辑宋焱：15827068411